经典理论赢利实战系列

波浪理论赢利实战

黄凤祁 编著

经济管理出版社
ECONOMY & MANAGEMENT PUBLISHING HOUSE

图书在版编目（CIP）数据

波浪理论赢利实战/黄凤祁编著. —北京：经济管理出版社，2013.3
ISBN 978-7-5096-2394-7

Ⅰ. ①波…　Ⅱ. ①黄…　Ⅲ. ①股票投资　Ⅳ. ①F830.91

中国版本图书馆 CIP 数据核字（2013）第 057187 号

组稿编辑：勇　生
责任编辑：孙　宇
责任印制：杨国强
责任校对：陈　颖

出版发行：经济管理出版社
　　　　　（北京市海淀区北蜂窝 8 号中雅大厦 A 座 11 层　100038）
网　　址：www. E-mp. com. cn
电　　话：(010) 51915602
印　　刷：三河市延风印装厂
经　　销：新华书店
开　　本：720mm×1000mm/16
印　　张：19.75
字　　数：332 千字
版　　次：2013 年 8 月第 1 版　2013 年 8 月第 1 次印刷
书　　号：ISBN 978-7-5096-2394-7
定　　价：48.00 元

前　言

投资者都知道著名的道氏理论，艾略特波浪理论是基于道氏理论的又一著名理论。该理论在理解上并不难，但是灵活运用却非常困难，实战中取得投资收益更加困难。能够深刻理解并且娴熟地运用于实战操作当中的投资者，便可以获得不错的收益。

众多的投资者在实战中会使用几个技术指标来判断股价短期的涨跌，从而决定投资过程。但是仅靠几个指标就获得不错的收益还是比较困难的事情。而真正好的理论，理解起来虽然容易，却又与股票的实战操作过程相去甚远。若投资者能够在股票买卖中运用理论知识作为股票中长期操作的指导，并且使用技术指标来判断短期股价的涨跌变化，获得对应的买卖点位，这样获利就将成为大概率事件。

本书的内容虽然只有三部分，但是却紧贴投资者买卖股票的实战过程。在股市牛熊转换的过程当中，如果能够灵活地运用本书中所提到的技术指标与理论相结合的操作过程，那么投资者的收益将不会停滞不前。书中最后一部分列举的诸多应用波浪理论来买卖股票的实战案例，更是会带领投资者进入真正的盈利状态中。主要内容过后，投资者还会了解一些股市中常用的术语以及一些漂亮的波浪走势图形。

如果读者自认为自己的理论水平还没有达到炉火纯青的地步，各种常用指标还不能灵活运用，或者说指标不能够同理论相结合来判断股价的运行趋势和买卖价位，那么这本书将非常适合您来品读。本书字数虽然不多，但是实用性非常强，相信读者看完之后会大受启发，并且在股票市场上屡创佳绩。

目　录

第一部分　波浪理论基础

第二部分　量能与指标里看各浪

第三部分　完整实战策略

第一部分

波浪理论基础

第一章 认识波浪理论

波浪理论（Wave Principle）的创始人是美国的拉尔夫·纳尔逊·艾略特（R.N.Elliott）。他自认为人类行为在某种意义上是可认知的形态，并且利用当时的道琼斯工业指数作为研究对象，发现了股价变化的形态具有某种和谐之美。艾略特结合道氏理论提出了一套股市分析理论，总结出来股价呈现出波浪变化的趋势，这个趋势不仅是一种价格的运动趋势，更是一种大众心理变化的趋势。这些趋势不断在市场中交替出现，只是出现的时间及其对应的股价涨跌幅度不同而已。而这些形态又可以组成相似的但是周期会更长一些的图形，由此得出了投资者青睐的波浪理论。

第一节 波浪理论的渊源——道氏理论

波浪理论究竟是什么样的一种理论呢？从本质上说，它是一种价格不断变化的理论，说明某只股票的价格变化将按照一定规律的波浪形式和周期性的涨跌来循环运动。一句话，艾略特波浪理论认为股价的运动是包含了三波上涨和两波下跌的波浪形走势的再现。

而事实上，艾略特波浪理论不仅是股票价格运动的再现，也是投资者的投资心态及其买卖行为的一种综合反映。而这恰好与名声大噪的道氏理论不谋而合。可以说这两个理论都说明了投资者的总体买卖的行为，是指导投资者获得投资收益的不可多得的理论。

同样地，道氏理论之所以能够盛行于股市而经久不衰，就是因为其描述的股价变化的规律反映了众多投资者追求投资收益的本质。股票价格在投资者追求利润的过程中上涨，并且在投资者将利润套现的时候开始下跌。股价周而复始地循环往复运动，形成了股票市场的运行的大小周期。

波浪理论与道氏理论所描述的股票运动的趋势是相通的。既然这样，在说明艾略特波浪理论之前，就不得不先回顾一下著名的道氏理论。

查尔斯·道始创的道氏理论在最初并不是用来预测股市，更不是帮助投资者来买卖股票的理论，更多的只是一种预测市场总体运行趋势的理论。而用于股市的投资的时候，道氏理论又因为其反应迟钝的买卖信号而受到批评。

说道氏理论前，要先说一下道氏理论的三大假设：

假设一：人为操作的问题。短期内的个股以及指数的走势很容易被操作，走势上也会形成小的折返趋势。但是长期看来，个股和指数的走势是不容易被操作的。

假设二：指数的走势将反映所有的信息。就是因为指数的走势将反映市场中所有的信息，走势上才有了变化无常的指数形态。指数这种多变的走势反映了每一个投资者对今后市场走势的预期，因此不容易被普通的投资者看穿其变化的方向。

假设三：道氏理论是客观化的。利用道氏理论指导投资活动时，应该客观地研究市场的情况，得出相应的操作依据，而不是用主观的想象来判断市场的走势。只有这样，道氏理论才能够发挥它应有的指导作用，使投资者的投资活动渐入佳境。

了解了道氏理论的三大假设之后，就可以继续研究道氏理论里说的股票运行的三大趋势了。三大趋势包括主要趋势、中期趋势和短期趋势。

主要趋势持续的时间最长，一般会在一年及以上的时间里形成。在这个阶段当中，个股在走势上基本上是随着市场的变化而变化，涨幅也会大大地超过20%的水平。而中期趋势是与股价的运行趋势相反的方向运行，持续时间会超过一个月，波动的幅度应该在股票基本运行趋势的1/3或者是2/3水平上。短期趋势的持续时间更短，一般会在一周左右，并且其运行的趋势有较大的不确定性。

在道氏理论所说的三大趋势当中，穿插了基本趋势中的三个股票运行阶段。这三个运行阶段分别是主要的牛市阶段、主要的熊市阶段和其中穿插进行的次级折返阶段。主要的牛市行情持续的时间是比较长的，一般都在一年以上的时间里持续进行。而主要的熊市行情同主要的牛市行情相似，只是方向发生了改变。投资者想获得不错的收益的话，准确判断行情的趋势无疑是非常必要的。只有这样，获利才成为可能。而次级折返趋势持续的时间要短得多，从性质上来说只是对股票的主要牛市行情以及主要熊市行情的一种修正罢了，不会对趋势造成根本的影响。

总之，投资者可以在本质上将道氏理论看做一种波浪理论，该理论说明在市场的变动过程中，股价的波动趋势会像波浪一样不断地延续着涨跌的过程。道氏理论是波浪理论得以形成的基础，两者都说明了股票市场的波浪形运行的特点。投资者在学习波浪理论前对道氏理论有一定的认识是非常必要的。

第二节　8浪循环

一、8浪组合

波浪理论作为描述股票市场运行趋势的一个重要技术分析理论，其描述的股票运行趋势贯穿于任何一个市场的任何股票中。不仅是指数符合这一运行趋势，个股的运行趋势同样受到相应的影响。波浪理论认为世界是有序的、人类的投资活动（或者说是投机活动）也是有序进行的。这种有序进行的投资活动不仅表现在股票市场，而且更广泛的适用于期货、债券、外汇等市场当中。有序的波动着的股票价格就像潮涨潮落一样，一浪接着一浪的延续下来。投资者可以根据股票周期性波动变化的特征，选择恰当的时机进出股票，并且获得投资收益。

构成波浪理论循环波动的波浪，从形态上看是典型的8浪特征。8个股价波动的波浪形态，基本上已经包含了从股价波动的熊市行情到牛市行情的多数阶段。其中，前五个浪组成了股价最初上涨的牛市行情。而后三个浪组成了股价下跌的熊市行情，两者结合来看，就构成了股价波动的完整波浪理论形态。

在波浪理论的前五个浪当中，第一个浪表示第一个"推动浪"，而第二个浪是对第一个推动浪的调整，是一个"调整浪"。第三个浪、第五个浪又是一个"推动浪"，而对应的第四个浪是一个"调整浪"。对应的第六个浪、第七个浪、第八个浪是熊市当中的三浪，也可以叫做a、b、c三浪。这样五浪上升和三浪下跌构成了完整的波浪理论。

二、各浪特征

1浪：作为牛市行情中的首浪，第1浪的出现并未完全改变市场上投资者的看空态度。因此，从股价的走势上来看，第1浪多数会在涨幅过大之后，重新下跌回落，并且成为一个蓄势待涨的恢复人气类型的浪。虽然第1浪过后牛市行情不会轻易的开始，但是熊市行情却因此而结束了，牛市行情即将在酝酿当中到来。投资者这个时候可以跃跃欲试了，等待市场真正好转后开始大量地建仓。

2浪：第1浪只是牛市行情的开端而已，空头不会就此罢休，1浪过后的第2浪调整的幅度也不可避免的会很大。但是，显然投资者不必过分地看空后市了，等待第2浪调整到位之后，牛市必然到来，赚钱机会也终究会出现的。在第2浪的调整过程中，成交量随着股价的下跌而出现不断萎缩的过程，会相应地出现很多的诸如双底、三重底、V形反转之类的见底回升信号，投资者就可以买入股票了。

3浪：作为牛市行情当中的一个大浪，第3浪具有极强的爆发性，即使出现跳空缺口上涨的趋势也不足为奇。而该浪的上涨过程是由不断创出新高的很多小浪组成的连续上涨的大浪。量能随着股价的上涨而不断地膨胀是这个时候非常重要的特征，体现了多头不断看涨的良好前景。在股价运行的三浪阶段，持股的投资者可以看得长远一点，只要股价的上涨趋势还没有出现显著的变化，持股待涨就是个不错的机会。

4浪：第二次出现的第4浪是对股价短期暴涨的调整，其间调整的幅度很大，并且投资者很难提前预计股价的调整幅度，但调整的最低价位应该不低于前期第1浪的高位，这样才可以保证股价处于上升趋势当中。

5浪：第5浪作为继第1浪、第3浪之后的推动浪，是股价创新高的动力来源。人气的空前高涨并没有反映在股价上。有一定的上涨空间后，股价通常会在一片向好的氛围中见顶回落。而个股在飙涨的过程中，涨跌幅度也是有很大的差距的。见顶前疯狂地飙涨一段时间，也是有很大的可能性的。

A浪：多数投资者还沉浸在5浪拉升的行情当中时，股价已经逆转了方向，出现了紧随5浪而来的A浪。因此，在A浪出现的时候，多数投资者并未意识到行情的大逆转，股价调整的幅度不会过大，但是一定会将股价的上涨趋势破坏掉。

B 浪：B 浪只是对股价见顶回落的 A 浪的一个小反弹行情。鉴于多方继续看涨的信心已经受到了重大的打击，即使出现了 B 浪的回调行情，股价的上升空间也是非常有限的。而微不足道的缩量反弹行情却会吸引一些跟风盘继续买入股票，以至于反弹成了众多投资者再次套牢的陷阱。

C 浪：B 浪之后出现的 C 浪是对熊市行情再一次的确认，股价疯狂的下跌过程还将持续下去。这个时候，市场中看多的投资者已经寥寥无几了，C 浪持续的过程就是股价重新见顶回落的过程。艾略特 8 浪循环如图 1-1-1 所示。

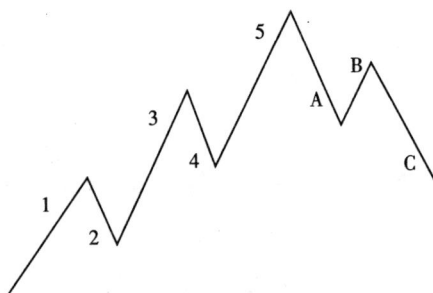

图 1-1-1 艾略特 8 浪循环

第三节　基本规则

一、理论三方面含义

股价的走势之所以会成为艾略特波浪的特征，就是因为其具有一些非常显著的特征，只要投资者牢牢地把握住这些特征，识别出股价的波浪走势也应该不是什么大的问题。总体来讲，艾略特波浪理论包含了三个方面的含义：

1. 波浪形态

波浪的形态是波浪理论成立的基础，没有股价运行的 8 浪形态，就不能说股价是按照波浪形态发展的。投资者在运用波浪理论来研判股价的运行趋势的时候，首先看股价的波浪形态是否已经具备了，之后再观察其他方面的问题。

2. 各浪之间的比例关系

艾略特波浪理论中的 8 个浪之间的比例关系虽然不是确定的，但是却经常符合很特别的比例关系。而黄金分割数字及其派生出来的比例关系就是投资者选择股价波动转折点的好机会。

黄金分割数字是我们所熟知的 1、2、3、5、8、13、21……而其对应的黄金分割比例有 0.382、0.5、0.618 等比值。

对于波浪当中的推动浪来说，第 3 浪可以当做第 1 浪的延伸。两个浪在运行时间、上涨的幅度上都会非常相似。或者说第 3 浪很可能是第 1 浪的 1.618 倍。而第 5 浪作为第 1 浪、第 2 浪的延伸的话，其上涨幅度也会是后两者之和的1.618 倍。当然事实上，其比例关系可能有一定的差别，并不限于 0.618 的关系上，也有可能是 0.382 或者 0.5 等数量关系。

对于 A、B、C 三段调整浪来说，C 浪的最终下跌幅度可以根据 A 浪的下跌空间来判断，通常是前者的 1.618 倍。B 段的调整幅度可以用 0.5 的黄金分割比例来判断，通常 B 段的下跌空间可以有 A 段下跌幅度的 0.5 倍。从第 2 浪的调整幅度上看，回调的幅度通常也是与 0.618 相关联。第 4 浪的回调幅度可以使用0.382 这个比例作为对应的参考价位。

3. 波浪之间的时间间隔

波浪理论的每一波浪的开始都有一个相反的浪伴随产生。依照主要的趋势运动的浪就是推动浪，与之相反的是调整浪。在主升段中，推动浪就是 1、3、5浪，对应的调整浪就是 2、4 浪。而在主跌段中，推动浪就是 A、C 浪，B 浪就成了调整浪。当 8 个浪完成了一个主升段和主跌段之后，股票的一个完整 8 浪循环就宣告完成了。这个完成的 8 浪循环也不是孤立存在的，它会构成下一个更大的8 浪循环的 1 浪（推动浪）和 2 浪（调整浪），这样，股价的大 8 浪循环就宣告完成了。

如图 1-1-2 所示，图中显示的从 1) 浪到 5) 浪五个推动浪和 a)、b)、c)三个调整浪构成了一个完整的艾略特 8 浪循环。而这只是一个小的开端而已，之后 1) 浪到 5) 浪的推动浪又变成了今后的 1 浪，而 a)、b)、c) 三个调整浪又成为今后的 2 浪，这样 8 浪循环的过程得到了不断的延续。今后，由 1 浪到 5 浪和图中的 A、B、C 三个调整浪将构成更大的 8 浪循环的一部分，也是有可能的。

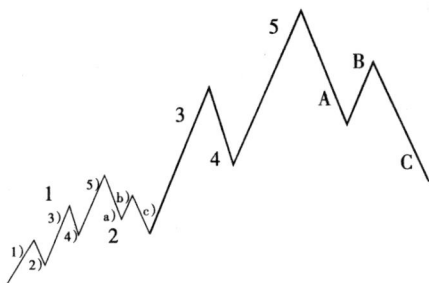

图 1-1-2　8 浪循环的再循环

二、四条规则

波浪理论的基本规则有四条：

规则一：波浪理论中的三个推动浪（1 浪、2 浪、3 浪）中，第 3 浪是牛市开始后一个真正的推动浪，上涨幅度也是最值得期待的。投资者真正获得投资收益的阶段也会出现在第 3 浪中，可以说把握住第 3 浪的股价涨幅，8 浪循环的利润就基本上被锁定了一半以上了。

规则二：波浪理论中的第 4 浪的底部，绝不可以低于第 1 浪的顶部。原因很简单，既然波浪理论中的第 5 浪出现在牛市行情当中，并且第 3 浪这个推动浪过后，股价即使出现了第 4 浪的调整，也不应该破坏牛市行情的大趋势。而第 4 浪调整的低点价位当然也不能够低于第 1 浪的最高价位，只有这样才能使股价维持在牛市之中。

规则三：第 2 浪和第 4 浪属于调整浪，既然股价在不断的调整，那么其运行趋势就有很大的不确定性。投资者在判断当时股价的运行状况的时候，也应该更加注重股价的波动形态，而不必过分强调其调整的过程。只有这样，投资者才能够准确地把握住股价运行的趋势，而不是在小的节骨眼上浪费时间。

规则四：调整浪的下跌幅度是不可预测的，第 2 浪的下跌幅度可能会小一些，而第 4 浪的调整空间往往是比较大的。经过第 3 浪的疯狂拉升之后，股价经常会以几乎不受约束的形式见顶回落。投资者在空头市场向多头市场转换的过程中，要做好更低的价格开始建仓的打算，这样才能抓住更大的获利空间。

以上所说的四条规则中，前两条是最基本的规则，投资者应该牢记在心。只有股价的运行趋势符合了这两条规则，后市真正的波浪形的走势才是比较可期待的。后两个规则如果也能够被投资者理解，并且正确地加以运用的话，获得收益就是可以期待的。

第二章　波浪理论的特征

艾略特发明的波浪理论有很多自己的特点，投资者使用该理论的时候还应该注意才好，这样才能获得更好的投资效果。像波浪理论中，涉及各浪持续周期的长短、波浪之间的距离、推动浪和调整浪以及波浪的调整形态问题。只有对波浪的这些特征有清晰的理解，使用起来才能够得心应手，获得好的投资效果。

第一节　周期性

投资者都知道，波浪理论的 8 浪循环是一个不断延续的过程，并没有真正的终点。小的循环可以构成 8 浪的循环过程，而这个小的 8 浪循环过程又可以构成更大周期的 8 浪循环过程。可以说大的 8 浪循环是由小的 8 浪循环构成的，而大的 8 浪循环又可以构成更大一个周期的循环。波浪的真实形成过程中，只要不是最小的浪，都是由小一级的 8 浪循环构成的。也就是说 8 浪循环可以构成一个单独存在的大浪，而更大的浪是由小一级的 8 浪循环构成的。只要股市还存在一天，那么更大一级的 8 浪循环就会持续进行下去。

既然艾略特波浪理论的 8 浪循环是沿着周期性的波动循环的，那么它的周期的划分和长短一定是投资者重点关注的事情了。概括来说，波浪理论的持续的周期主要有三种：短期波浪循环、中期波浪循环和长期波浪循环。这三种周期在实战当中是最为实用的。其持续的时间可以认为短期波浪持续数周，中期波浪持续可以是数月或者长达一年左右的时间，而长期 8 浪循环持续达到几年之久。

更多的波浪周期划分方式还可以有更长或者是更短的周期，例如持续时间比短周期波浪还要短的很短周期、特别短的周期都是可以有的。而长周期虽然持续时间已经长达几年的时间，但是却不是持续时间最长的，更长的周期还会持续十几年、几十年的时间，但是持续时间如此长，对投资者来说，实战意义就非常小了。短周期以下的波浪持续时间很短，股价的波动范围非常小，并且具有很大的不确定性，这样投资者要想获利将非常难。而长达几十年甚至更长的波浪，不适合投资者做中短期的投资。这样，我们将把实战的重点放在短期、中期和长期波浪的循环当中。

线（复权）上证指数 MA10：1858.50

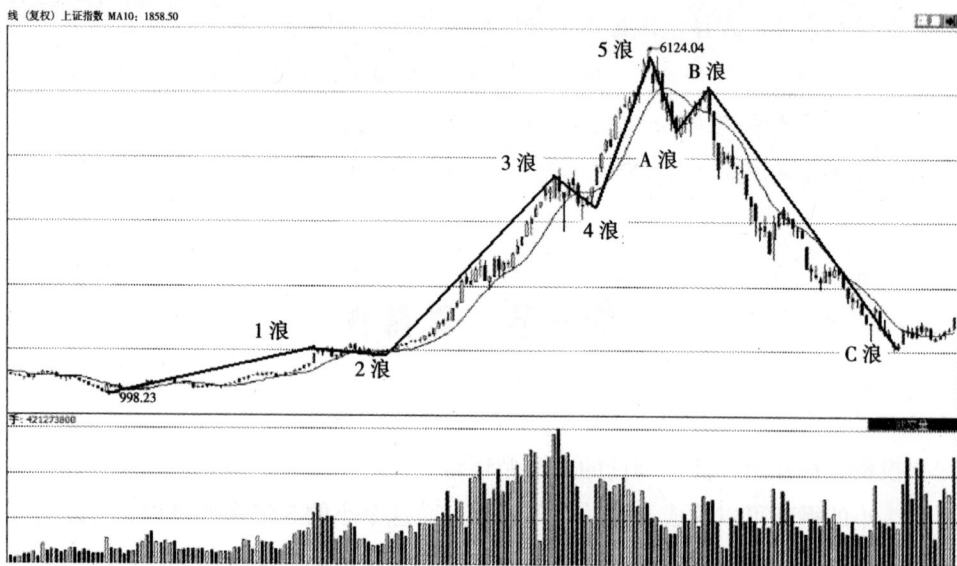

图 1-2-1　上证指数的周 k 线

如图 1-2-1 所示，上证指数的周 k 线中，指数从 2005 年的最低点位 998.23 点附近开始了牛市行情。开始上涨以来，指数从 998.23 点一直震荡上行到 2007 年 10 月的最高点位 6124.04 点。而之后的调整行情一直持续到了 2008 年 11 月的 1664 点附近。牛市行情和熊市行情组成了上证指数的 8 浪循环过程，持续时间长达三年半之久。

该 8 浪循环持续时间之长，可以称得上是长周期的 8 浪循环了。这期间的个股走势同样与指数的走势是相似的，也是 8 浪大循环的行情。例如天地源就是如此。

同线（复权）天地源 MA10: 2.87

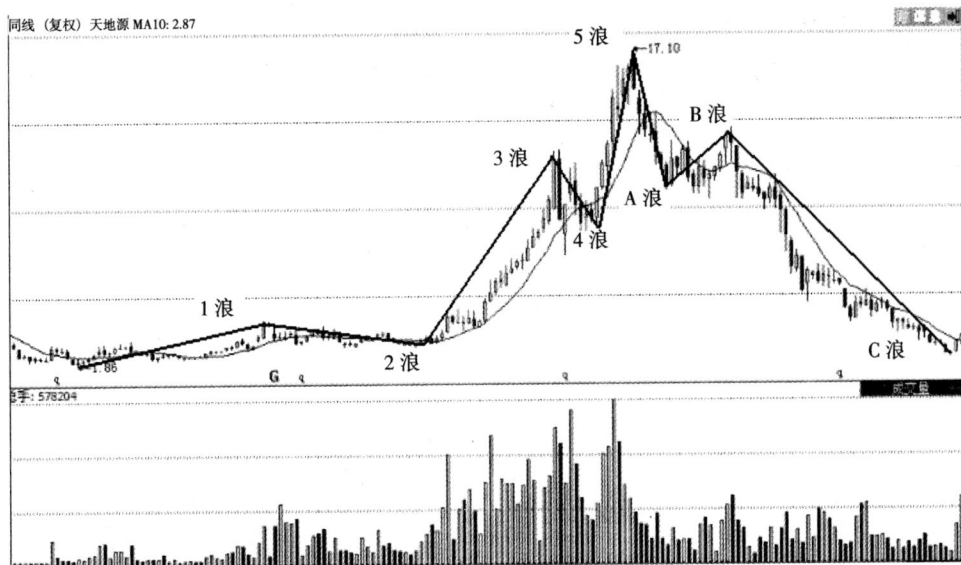

图 1-2-2　天地源（600665）长周期 8 浪循环

如图 1-2-2 所示，天地源的周 k 线中，从该股的走势上来看与指数极其相似，有非常显著的 1 浪突破后的行情，以及 3 浪、4 浪调整完成后 3 浪、5 浪的冲高行情。而 A 浪、B 浪经过长时间的下跌后，该股之前的 1 浪之后的绝大部分上涨空间消失殆尽。尽管如此，如果投资者抓住了之前牛市中的 5 浪上涨行情，那么获利应该是不错的。

该股的复权价格从 1 浪上涨前的最低价 1.86 元大幅飙涨至最高 17.10 元，拉升幅度高达 9 倍。同期指数的上涨幅度也是高达 6 倍之多。说明了长周期的 8 浪循环过程中，股价的可操作空间还是非常大的，投资者可以获得丰厚的投资收益。三年半的时间里，指数 6 倍的上涨幅度，显然是投资者在这段 5 浪飙涨行情中操作股票的好时机。

如图 1-2-3 所示，同是天地源这只股票的 8 浪循环走势，但是其持续的时间和上涨的幅度却有很大的差别。这次天地源 8 浪的持续时间只有五个月，牛市中 5 浪的上涨幅度也只有 100%。

如图 1-2-4 所示，三普药业的 8 浪日 k 线中，该股的复权股价走势形成了持续时间仅仅三个月的 8 浪循环走势。虽然时间比较短暂，但是艾略特 8 浪循环周期的每一个浪的形态都表现在这期间的股价中了。牛市中的上涨 5 浪以及熊市中的下跌 3 浪，都有模有样地呈现在投资者的面前。

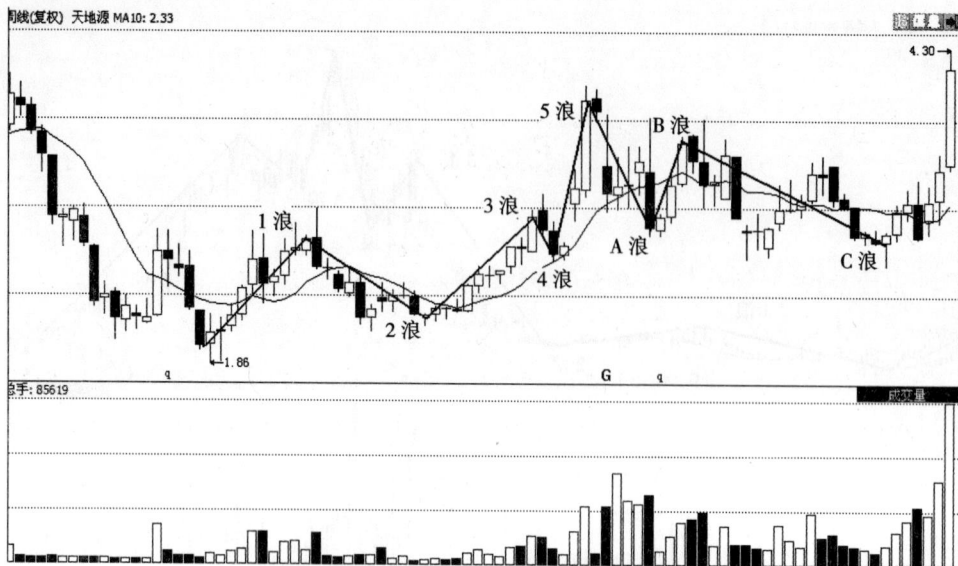

图 1-2-3 天地源（600665）中期 8 浪循环

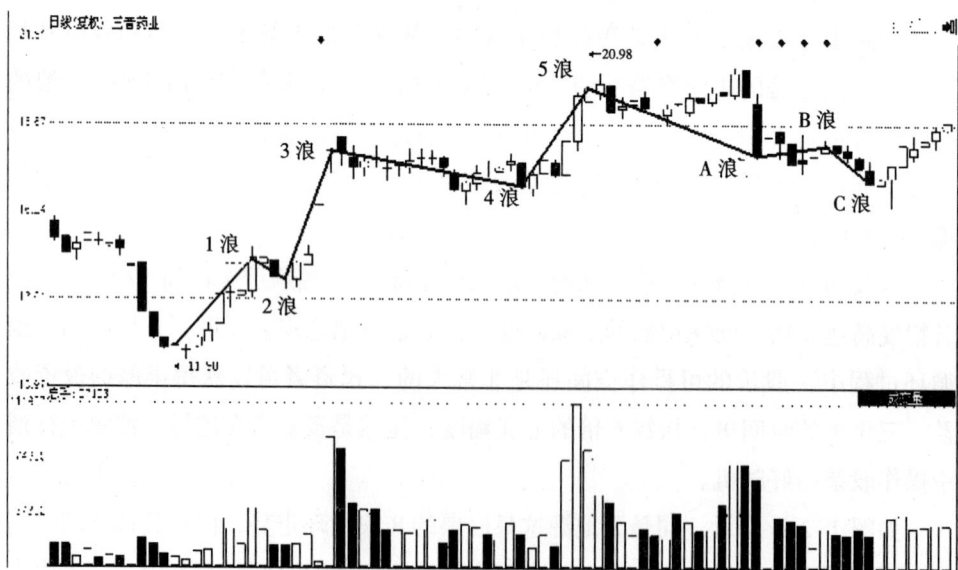

图 1-2-4 三普药业（600869）短周期 8 浪循环

　　该股总计上涨的幅度已经接近了 100%，投资者对于这样的 8 浪循环也不能够错过。虽然相比较中长期的 8 浪循环的股价上涨空间要小得多，毕竟其上波动的特征十分的显著，投资者可以相对容易地把握这样的投资机会。

第二节　波浪间距

波浪的运行过程中，8 浪循环中的各个浪的运行距离是有一定的讲究的。一般的，前边 5 浪中的 1 浪与 5 浪的运行是趋于一致的，是两个几乎相同大小的推动浪。这样的话，投资者在实战当中，可以针对先前 1 浪的上涨空间来间接地判断 5 浪的潜在拉升高度，这样有助于投资者提前预见潜在的下跌风险，避免在股价涨幅过大后面临高位跳水的风险。

除了 1 浪和 5 浪的近乎相似的关系外，2 浪和 4 浪这两个调整浪也有相似的关系。这两个浪在进入调整状态后，其下跌的空间也相差不多。既然是这样，投资者可以利用这个特征来大致判断股价在 4 浪见底的位置，提前布局 5 浪的拉升行情，获得好的投资回报。

第三节　两 种 浪

波浪理论当中，8 浪循环的过程中有两种浪：一种是推动浪；另一种是调整浪。推动浪是使股价沿着大趋势运行的浪，波动的幅度比较大。调整浪恰好相反，与当时股价的运行方向是相反的。若是在 8 浪之前的 5 浪上升行情中出现，则飙涨的 1、3、5 浪是推动浪，而进入下跌行情中的 3 浪当中，下跌的 A 浪、C 浪是推动浪，而 B 浪是调整浪。

推动浪和调整浪分别代表股价的大势的趋势和短期调整的趋势，清晰判断这两种浪，有利于投资者获得丰厚的收益。调整浪在股价的大势面前，不论其发展的势头有多么的大，调整到一定幅度之后也会向着相反的方向。并且，在调整幅度上，若调整浪是下跌的，那么下跌的空间一定不能够过大，因为只有这样大的趋势才能够继续维持下去。调整浪如果能够调整到驱动浪之前的上涨最高位（或者下跌的最低价位），这样调整浪的调整空间就已经到位了，投资者可以提前做出与驱动浪的波动趋势相同的操作，以免错失良机。

值得注意的一点是，股价在调整的过程中，其调整的幅度虽然有前期驱动浪的限制，但是调整的时间是不确定的。如果调整浪的调整幅度已经到位，投资者做出与驱动浪方向相同的操作之后，不应该急于一时。股价即便不会走出调整的行情，但是像前期那样继续沿着驱动浪的方向继续运行也是需要时间的。

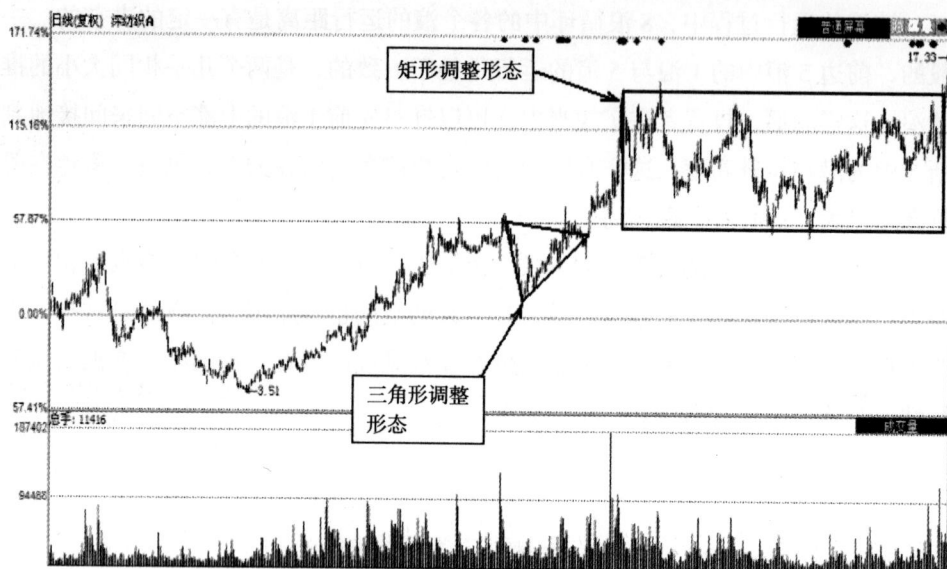

图 1-2-5　深纺织 A（000001）牛市中调整

如图 1-2-5 所示，深纺织 A 的日 k 线中，该股从最低价格上涨到 17.33 元的过程中，虽然其间的大的震荡行情不断的出现，但是股价长期上行的大趋势并未出现大的变化。图中标注的一个三角形的整理形态和顶部附近的矩形整理形态，可以说都是牛市中的调整浪，调整浪的下跌空间再大，也不足以改变推动浪这一主行情。

从图中调整浪的下跌空间来看，牛市中个股上涨的趋势是不变的，中途调整浪的下跌空间虽然大，但是显然没有跌破前期的高位。低位进一步获得支撑之后，该股可以进一步上涨。

如图 1-2-6 所示，德赛电池的日 k 线中，该股的走势也是一只难得的牛股的走势。股价在驱动浪的拉升过程中，虽然也经常出现下跌调整的行情，但是却没有明显的破位前期拉升的成果，股价只是短暂的回调就进入了横盘整理。最后，调整浪最终还是再转变为推动浪，使股价不断创新高。

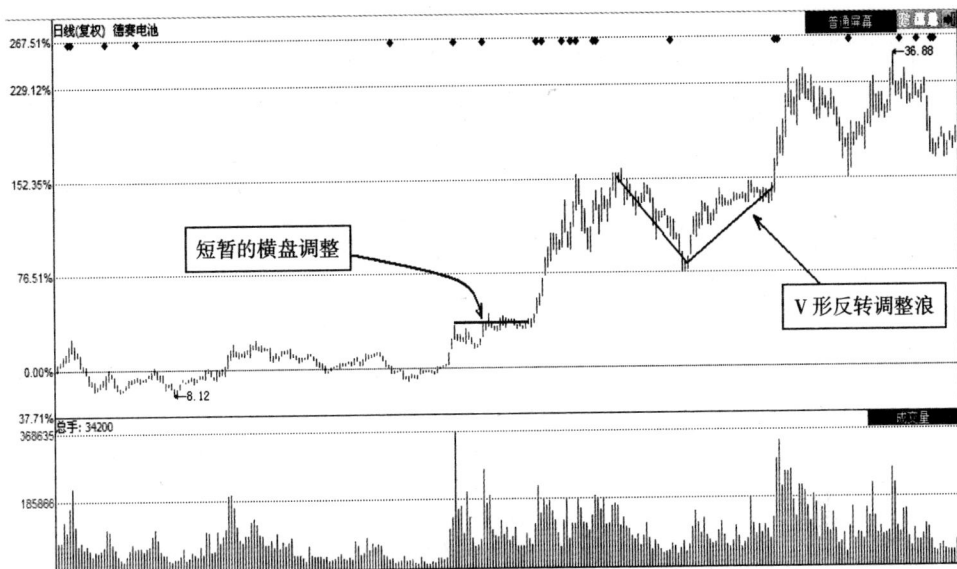

图 1-2-6　德赛电池（000049）牛市中调整

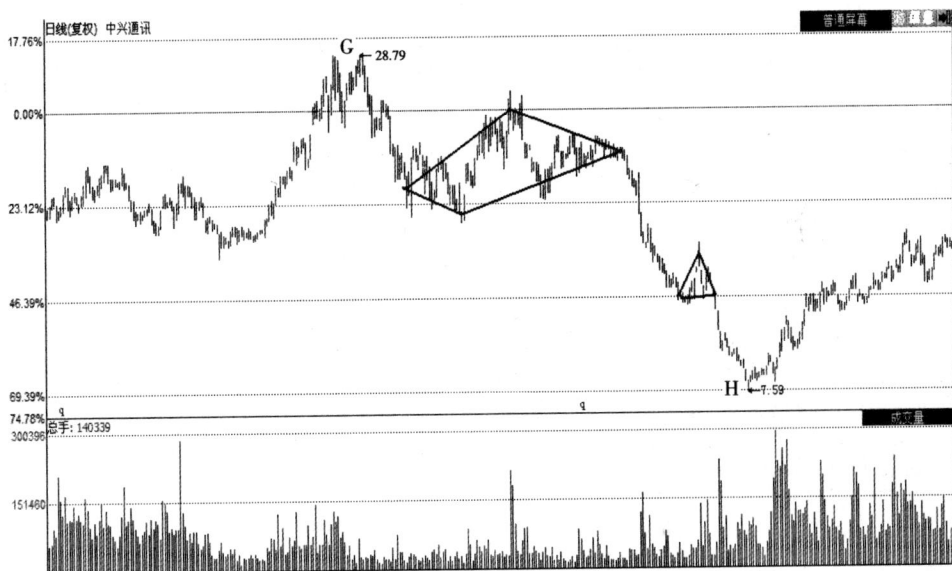

图 1-2-7　中兴通讯（000063）熊市中调整

　　如图 1-2-7 所示，中兴通讯的日 k 线中，股价从图中的 G 位置见顶回落之后，推动浪由牛市当中的拉升转变为熊市中的下跌。而途中每一次的反转回调，都可以看做是调整浪。调整浪不管持续的时间如何，其调整的本质是不会发生变化的。该股大的趋势仍然是熊市，推动浪使股价不断创新低。

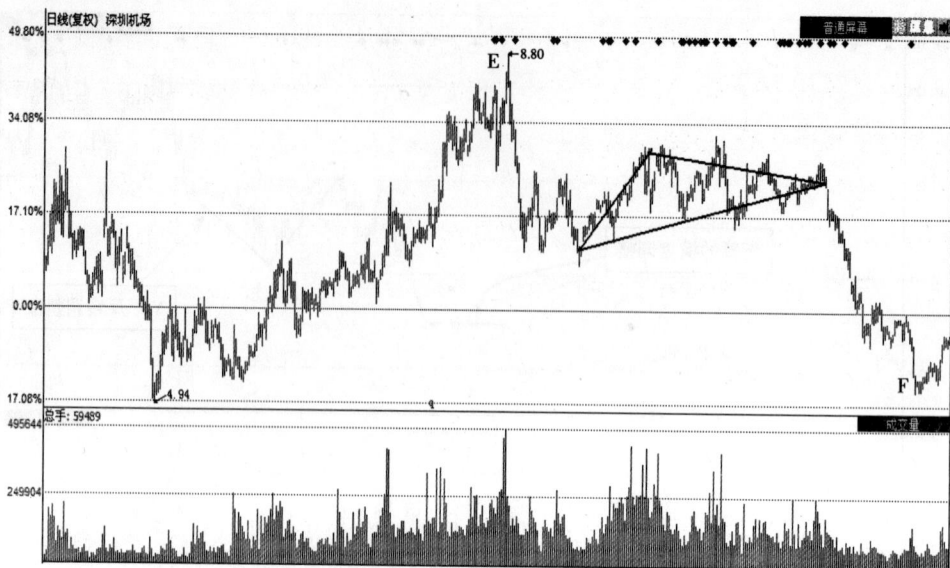

图 1-2-8　深圳机场（000089）熊市中调整

如图 1-2-8 所示，深圳机场的日 k 线中，该股从图中的 E 点开始启动下跌行情以来，熊市的大趋势就已经确定无疑了。不管其间的调整是什么样的形态，其熊市的本质是一直延续下来了。直到图中的 F 点标注的位置，股价之前都没有任何一个上涨的调整浪变成真正的驱动浪使股价进入到牛市当中。投资者辨认的就是这种真正的趋势中的驱动浪和调整浪，选择驱动浪的位置来做出相应的投资决策，总不会有太大的损失。调整浪在调整幅度上是有很大的不确定性的，驱动浪的趋势却不会轻易的改变。若是前边牛市行情中的驱动浪的话，投资者应该选择在驱动浪上多持股，并且避开下跌时候的调整浪。而熊市当中，驱动浪是使股价下跌的浪，调整浪是使股价短暂反弹的小浪，这样投资者应该选择驱动浪的时候空仓，而反弹的时候又少追涨，才不会造成太大的损失。

第四节　不同调整形态

艾略特波浪的 8 浪循环中，有推动浪和调整浪之分。推动浪的趋势不容置疑的是，一般都会是延续性的走势，而调整浪则不同了，有各种各样的调整形态。

这样看来，能否准确地判断 8 浪循环的起始位置和终止位置，就关系到能否准确地抓住波浪的主行情。抓住了波浪的主要波动趋势，持仓获利或者是止损出局后才能够实现资金的保值和增值。

调整浪有多种不同的形式，但是其主要的形式就是三角形的整理形态，实盘中最为常见的就是这种整理形态。三角形整理形态的形成过程就是调整浪的形成过程，这之后大趋势将延续先前的波浪行情。

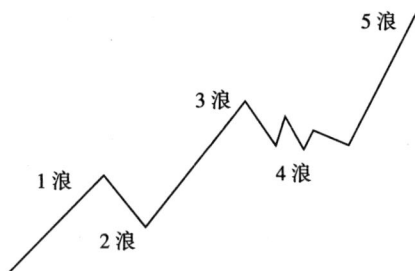

图 1-2-9   4 浪调整

如图 1-2-9 所示，从图中可以看出，三角形的调整浪经常可以在 4 浪中出现。调整浪出现的时候，重点不是其持续的时间有多长，而是股价何时能够形成这样的三角形整理形态，并且一举突破这样的区域。投资者重点关注的也应该在这一点上。只要 8 浪循环的牛市行情始终在持续当中，其调整的时候下跌空间就是非常有限的，不会跌破前期的高位。而股价在持续调整的过程中，只是在为今后的上涨蓄势而已。等股价调整到位的时候，也就是股价再次进入飙涨的时刻。

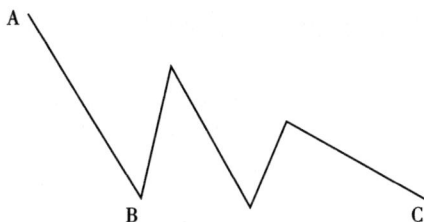

图 1-2-10   三角形调整

如图 1-2-10 所示，4 浪中的三角形调整行情从上图中摘出来，就是这样的一个形态。A 点是三浪的顶部，B 点是 4 浪调整的过程中最初创下的新低点，而C 浪则是三角形的整理形态即将结束的时候出现的最低价格。4 浪的调整行情开始于最高价格 A，在投资者的恐慌性抛售下见底最低价格 B，然后经过小幅震荡之后，终于在图中的 C 点获得支撑而一跃而起。

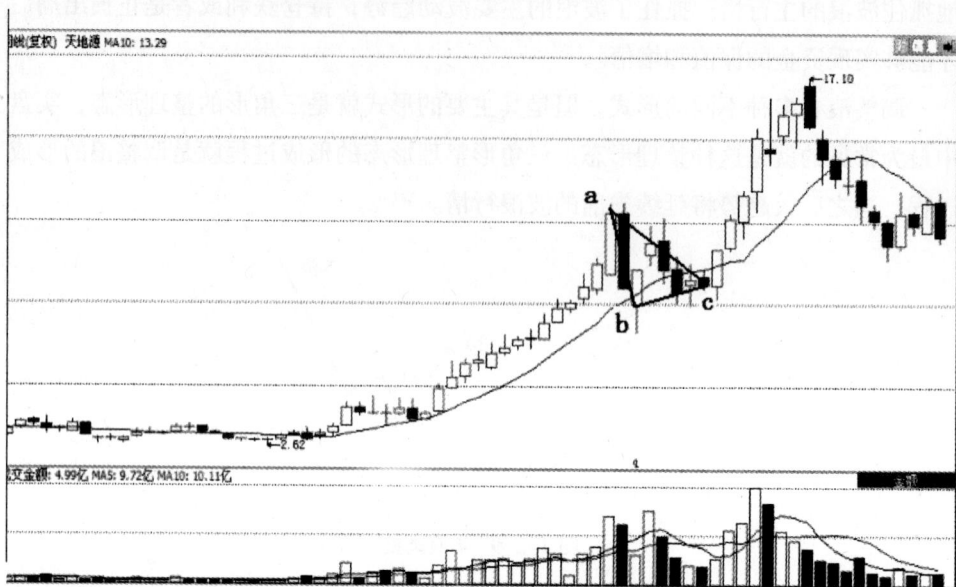

图 1-2-11 天地源（600665）周 k 线三角形调整

如图 1-2-11 所示，天地源的周 k 线中，该股上涨的过程中出现了持续七周的下跌行情。周线中的一根大阴线跌破了前期两周的上涨幅度，之后股价震荡回落，并且最终形成了三角形的整理形态。

该股的调整行情起始于图中的波浪的最高点 a，在投资者的恐慌性抛售下，达到最低点 b 所在的价位。最后股价经过不断的反弹之后，终于在图中的 c 点趋于稳定。多头就是在 c 点这个位置开始再次放量拉升股价的。

如图 1-2-12 所示，天地源的日 k 线中，该股的三角形整理形态更为显著地表现在投资者面前。股价在 3 浪见顶之后投资者恐慌性抛售股票，使股价下跌到低位。然后又是投资者在低位买入股票，使股价出现技术性的反弹，多空双方争夺到最后不分上下的时候，就形成了 c' 点的萎缩状态。股价最终有所突破的位置也是在这个价位。

如图 1-2-13 所示，深深房 A 的日 k 线中，该股持续时间长达两年的 8 浪循环过程中，股价在经历了 4 浪的调整和 B 浪的调整的时候，都是以不同的整理形态来完成股价的波动行情的。

图 1-2-12 天地源（600665）日 k 线三角形调整

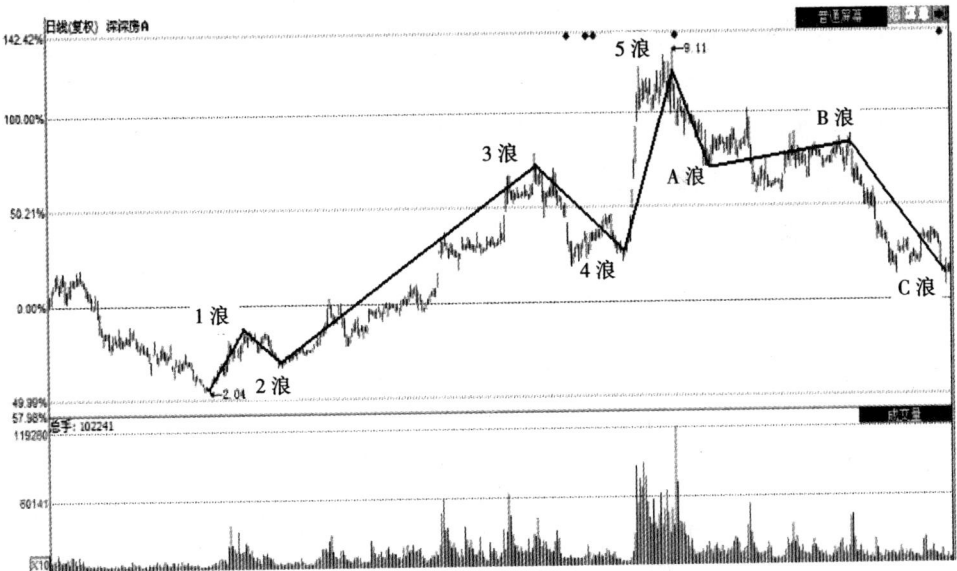

图 1-2-13 深深房 A（000029）8 浪循环

可以说这两个浪的调整浪的性质没有变化，持续的时间有长有短。但是当股价完全形成了调整趋势的时候，推动浪的趋势就延续了下来。

如图 1-2-14 所示，该股的 4 浪调整行情如果单独拿出来研究的话，就是一个底部水平延伸，顶部处于 3 浪最高价位的三角形调整形态。调整浪在牛市行情

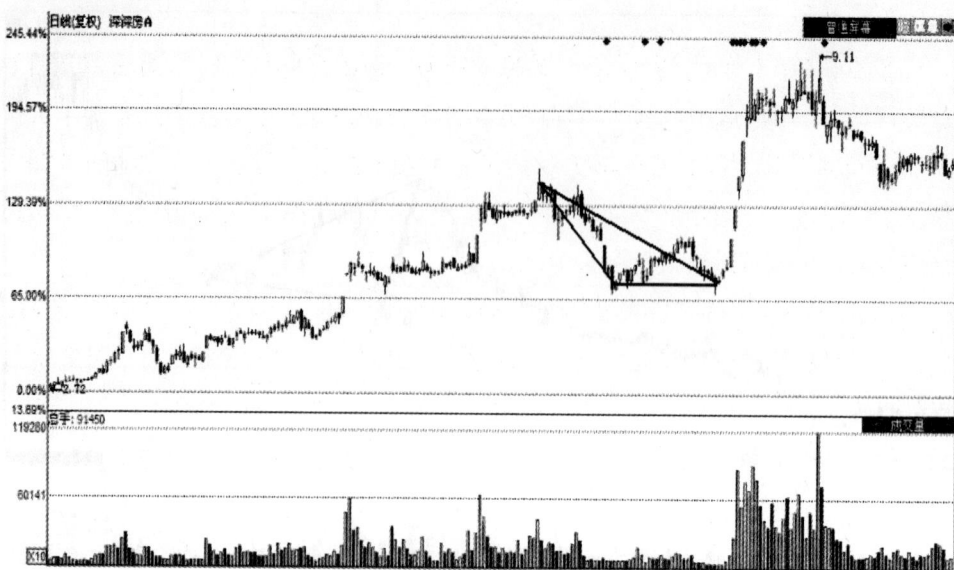

图 1-2-14　深深房 A（000029）4 浪调整

中其实并不可怕，只要投资者不急于买入股票，在调整形态形成之后，并且股价有所突破的时候开始建仓，这样机会就不会轻易地被错过了。

值得一提的是，调整的时候成交量萎缩至地量的水平，而股价上涨的时候持续放量的话，那样的行情将是值得投资者把握的大行情。本例就是这样的一

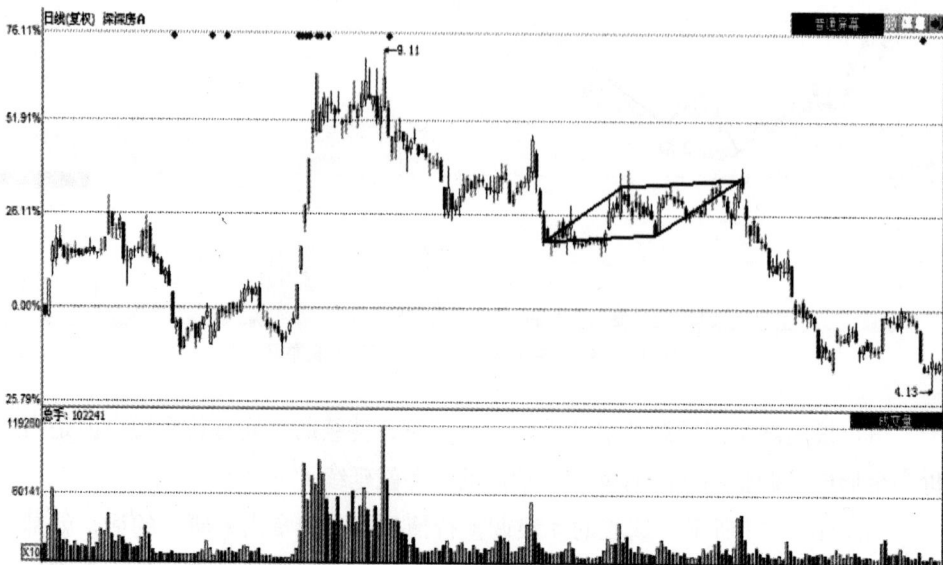

图 1-2-15　深深房 A（000029）B 浪调整

只股票。

　　如图 1-2-15 所示，深深房 A 的日 k 线中，该股在见顶 9.11 元之后就开始下跌的行情。B 浪的调整行情就出现在 A 浪的突然下跌之后。调整的过程中，股价见底后震荡回升，并且不久就上涨到了一个短期的高位附近。从波动的形态来看，恰好就是一个菱形形态。菱形的起始点是股价开始震荡走高的低位，菱形的结束点就位于该股的阶段性高点附近。

　　该股进入到 A 浪之后的熊市行情后，虽然股价再次调整，但是不管如何震荡，不会轻易地改变该趋势的延续。调整的形态虽然是向上发展的，但是股价上涨到一定阶段之后，一定会在形态的顶部形成阻力开始下跌。认识到了这一点的话，投资者就不会失去出货的良机了。

第三章 基本浪：推动浪和调整浪

　　艾略特波浪理论当中所说的波浪都可以大体分为两种浪：推动浪和调整浪。凡是股价的大趋势是处于牛市行情当中，而股价也同样处于飙涨的趋势中，这个时候的浪就是牛市的推动浪。而如果股价处于熊市行情当中的话，使股价下跌的那个浪就是推动浪。相反，与股价的大趋势方向相反的浪，就是对应的调整浪。牛市和熊市是可以互相转换的，而对应的推动浪和调整浪同样可以互相转换。本章就针对推动浪和调整浪的不同性质、不同形态做一个有针对性的说明。并且根据不同市场中出现的推动浪和调整浪，举例说明两种浪的走势变化情况。

第一节 推动浪

　　在艾略特8浪循环中，推动浪是股价形成牛市飙涨行情以及熊市下跌行情的基础。只有推动浪足够的强大，牛市中股价的上涨幅度才会更大，而熊市当中推动浪也将决定股价最终能够出现的下跌幅度究竟有多大。可以说，投资者掌握了推动浪的属性，就掌握了赢利的主动权。理解了推动浪，也就在一定程度上预期了股价的涨跌变化情况。投资者要想在牛市中赢利、熊市中顺利出逃，都离不开对推动浪的理解。

一、特征

1. 持续时间长

　　既然是推动浪，其持续的时间必然是与股价上涨或者下跌的时间一致。牛市当中，推动浪在使股价上涨的过程中，除了其间的调整行情外，定会使股价长期处于上升态势当中。而熊市当中，推动浪同样会使股价处于长期的下跌行情中，直到股价最终见底回升为止。

2. 变化幅度大

在牛市的主升浪中，推动浪的上涨幅度非常大。熊市当中，推动浪同样会使股价出现巨大的下跌幅度。这样，对于推动浪的变化幅度来说，就不难理解其巨大的涨跌幅度了。

3. 控制大趋势

不管调整浪的调整幅度有多么大，调整时间有多么长，推动浪的上涨一定不会轻易受到调整浪的影响。推动浪是使股价长期处于一个趋势中的大浪，控制着股价运行的大趋势。

4. 指标配合好

在推动浪促使股价上涨或者是下跌的过程中，不管是什么技术指标，都会很好地配合推动浪的运行。牛市当中，技术指标会形成看涨的信号，促使推动浪更好地使股价上涨。而熊市当中，技术指标又会出现相应的看空信号，促使推动浪不断地打压股价到更低的底部价位。

二、牛市推动浪

牛市中的推动浪是使股价创新高的大浪，股价的飙涨全靠这些推动浪。牛市中推动浪的形态会有各种各样的变化，但是终究是使股价创新高的浪。不必担心股价会见顶下跌并进入熊市当中。推动浪在趋势性的行情中，更具有较大的推动力。股价即使出现回调，也应当是短暂的行为，之后还可以延续上涨的趋势。

如图 1-3-1 所示，国旅联合的日 k 线中，该股从见底最低价格 2.30 元之后，就开始了牛市上涨的大行情。股价震荡走高的过程中，也曾有过调整，但是始终没有脱离 60 日均线的支撑。上涨的趋势不断得到延续。图中标注的 a1、a2、a3 中，股价就是始终处于牛市的推动浪当中。在这些大的推动浪当中，只要趋势没有出现大的调整，从始至终地不断持股，总是很不错的操作方法。

以上所说的 3 个推动浪中，不是说推动股价上涨的时候没有任何的调整，只是调整持续的时间比较短暂，调整的幅度也比较小，这样才忽略了其间穿插的小调整。投资者在大的方向上把握住股价的牛市行情，就不会失去本来应当据有的收益了。该股的 a1 所示的行情当中，股价完成了牛市当中的第一个推动浪——1

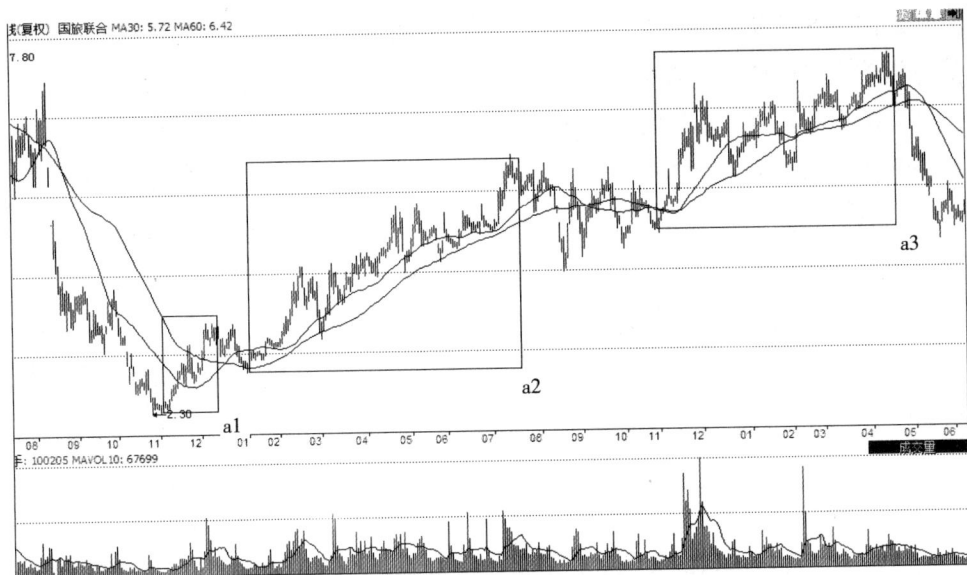

图 1-3-1 国旅联合（600358）牛市中推动浪

浪。而 a2 和 a3 所对应的行情中，推动浪完成了对应的 3 浪和 5 浪。倘若投资者能够抓住这三个牛市中的大行情的话，收益就不会少了。牛市中，股价绝大多数的上涨空间都是在 1 浪、3 浪和 5 浪中完成的。特别值得一提的是 3 浪，股价在此期间的上涨幅度更大，投资者应该认真对待。

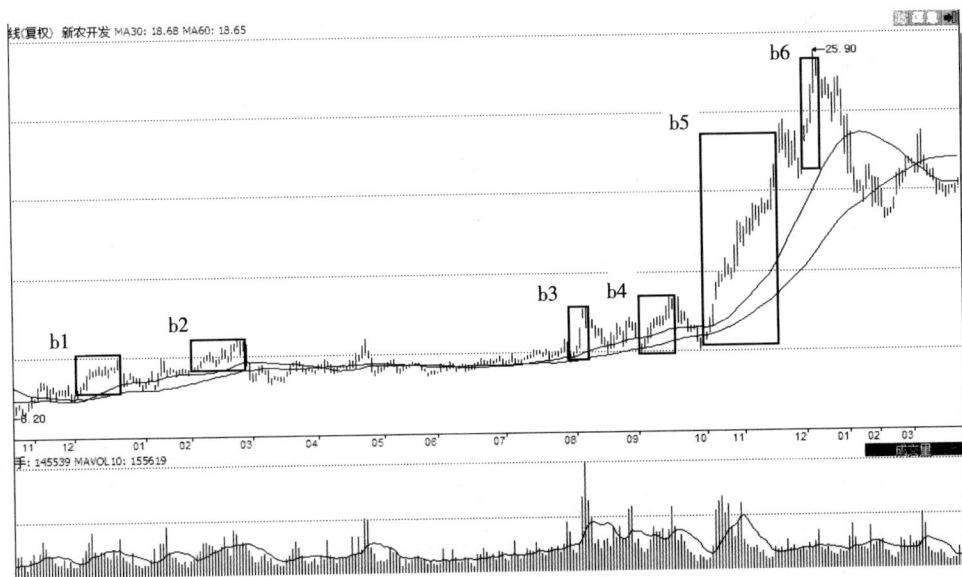

图 1-3-2 新农开发（600359）小的推动浪

如图 1-3-2 所示，新农开发的日 k 线走势图中，该股在上涨的过程中，推动股价沿着牛市行情上涨的浪有大有小，但是其推动浪的性质都是一样的。推动浪与调整浪不同，其波动的时候会使股价出现很大的上涨幅度，调整浪是无法与之相比较的。该股对应的 b1 到 b6 的推动浪当中，b1、b2、b3、b4 的推动行情比较小，是牛市进入高潮前的比较小的推动浪，而 b5 的推动浪就比较大了。显然，推动浪 b5 是股价进入牛市顶部的最大的一个浪了，股价之所以创新高，很大程度上要看这样的一个大浪。最后出现的 b6 这样的一个浪，是该股牛市行情当中最后一个推动浪，有了这个推动浪，该股就完成了 8 浪循环中的牛市行情。

三、熊市推动浪

熊市中，股价运行的大趋势是下跌。牛市中促使股价上涨的浪，到了熊市当中已经变成了调整浪，而牛市中的使股价下跌的调整浪，到了熊市中则变成了推动浪。两种浪的推动与调整性质的改变，决定了股价的运行趋势。进入熊市中的股票，推动股价下跌的浪必然会成为推动浪，不论股价中途出现多么大的调整，股价终究会回归到下跌趋势当中。抓住了推动股价下跌的大推动浪，就掌握了股价波动的特征，这样一来，就不会被股价下跌中的众多反弹的调整浪诱导了。

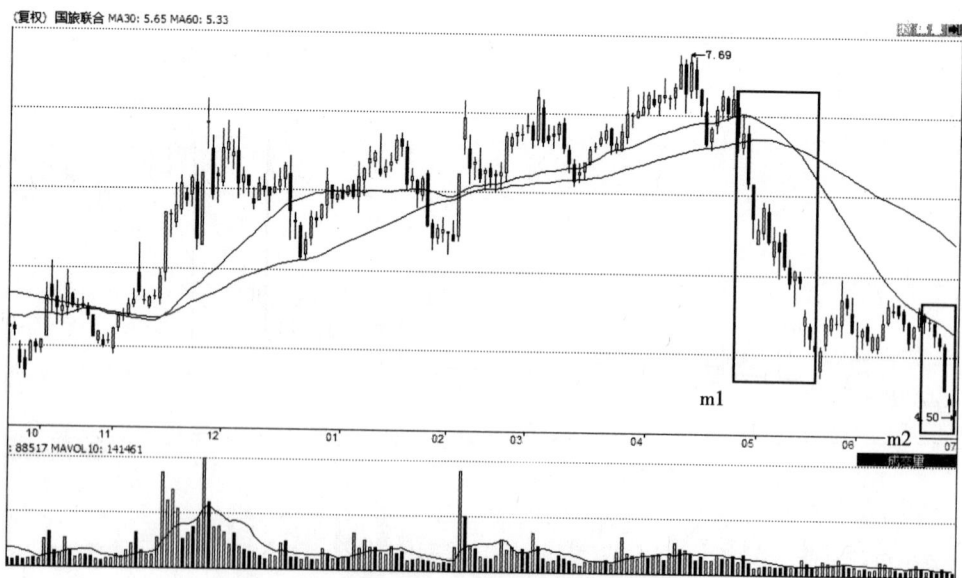

图 1-3-3 国旅联合（600358）熊市中大推动浪

如图 1-3-3 所示，国旅联合的日 k 线中，该股在见顶 7.69 元之后很快进入到了熊市当中。熊市中推动股价下跌的浪才是推动浪，而造成股价短期内回调的浪就是调整浪。首先看该股的见顶回落的第一个浪——推动浪 m1。该股见顶回落并且率先出现破位的浪，就是图中的 m1 标注的浪。该浪虽然是该股熊市当中很普通的推动浪，但是普通中有不一般的意义。牛市行情之所以结束，就是在这个本来是调整浪的破位下跌中形成的。

在 m1 处的这个推动浪出现之前，该股是沿着牛市行情不断创新高的。但是前期该股上涨的动力已经完结了，该股即将进入熊市当中，而这个 m1 处的调整浪就转换为熊市中的第一个推动浪。在实际的操盘过程中，在股价有破位的现象的时候，应当率先做出选择才行。熊市中股价的下跌过程是一定会持续的，不管短期内股价的下跌幅度有多么小，长期来看，股价是会沿着推动浪的方向不断延续下跌的趋势的。

该股图中 m2 处的推动浪，是一个不同于 m1 但却是推动股价下跌的浪。熊市的行情会在该浪出现之后继续延续下跌的趋势。从操作上来看，投资者还是应当持币等待股价企稳才行。

如果说用艾略特 8 浪循环的理论来说明该股的运行趋势的话，那么图中 m1 位置出现的波浪就是我们所熟知的 A 浪行情，而图中 m2 处的推动浪就是我们所

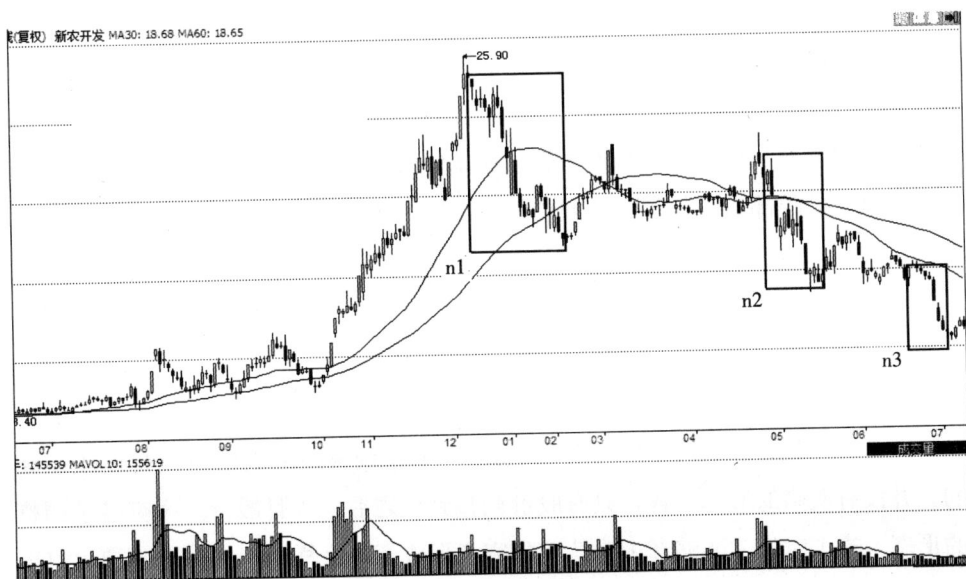

图 1-3-4　新农开发（600359）小的推动浪

说的 C 浪。A 浪承担股价牛熊转变的任务，而图中的 C 浪承担着股价延续熊市行情的任务。这两个浪的共同作用是使该股稳稳地在熊市行情当中延续走势。

如图 1-3-4 所示，新农开发的日 k 线中，该股从见顶牛市中的最高价 25.90 元之后，下跌的趋势就开始了。最开始出现的推动浪是 n1 对应的这一个浪，股价就在该浪首先跌破下跌了，熊市行情也就此被打开了。而图中 n2 和 n3 所对应的股价下跌的浪，显然是熊市当中的该股进一步破位下跌连续出现的推动浪。如果结合艾略特 8 浪循环的理论来说的话，图中的 n1 对应的浪就是我们所说的 A 浪推动浪，而接下来出现的 n2 和 n3 两个浪就是我们所说的 C 浪。准确来说，这个 C 浪行情并不是一个浪完成了下跌的趋势，而是由 n2 和 n3 以及这两个浪之间的浪组成的组合浪，使股价最终进入熊市当中。

第二节　调整浪

不管股价处于牛市还是熊市，阻止股价沿着这样的大趋势波动的浪，就是调整浪。牛市中，股价的上涨过程并不是一帆风顺的，上涨的大趋势当中会出现许多反弹的行情，这些阻止股价继续创新高的浪，就是调整浪。而熊市当中，阻止股价创新低的浪，就是熊市中的调整浪。调整浪虽然能够在短时间内限制股价沿着大趋势波动，但是终究不能够影响股价运行的大趋势。调整浪可以占据很长的时间，形成复杂的形态，但是不能够从根本上改变股价运行趋势。除非是在股价达到了真正的顶部或者是底部，调整浪才会转变为推动浪，促使股价沿着这样的方向运行。

一、特征

1. 形态各异

调整浪不同于推动浪的走势，一般情况下，调整浪的波动过程是比较复杂的，并没有明确的形态可言。只有股价调整到位之后，并且股价一举突破了调整的形态，这个时候才能够真正确认股价究竟形成了什么样的形态。调整浪可以形成三角形、矩形、喇叭口形等调整形态。

2. 持续时间可长可短

调整浪重在调整，跟持续的时间没有关系，但是与股价调整的幅度或者说调整的充分程度有关系。只要股价一天没有完成调整形态，推动浪就不会发挥作用。

3. 波动频繁

调整浪出现的时候，是多空双方争夺最为激烈的时候。双方的不断买卖股票，将促使股价在两个方向上不断地波动。调整浪的完成，就是股价不断波动并且重新确认运行趋势的过程。

4. 调整空间可大可小

调整浪之所以会出现，是股价不能够沿着推动浪的方向继续前行的结果。调整浪将试着扭转推动浪主导的大行情，但是限于双方力量的不同，调整的幅度也是有大有小的。强势股在主要的推动浪延续的时候，需要的调整空间可能会大一些。而弱势股的波动范围都不是很大，小幅调整就可以了。

二、牛市调整浪

牛市当中的调整浪，是使股价下跌的浪。在艾略特 8 浪循环当中，这样的调整浪出现的位置是在 2 浪和 4 浪当中。1 浪之后的 2 浪调整浪，其下跌的幅度是源于前期套牢盘的解套，也有的是短线获利的投资者出货所致的股价下跌。2 浪的调整过程一般不会太复杂，调整到位之后就会继续延续牛市行情。4 浪的调整过程出现在 3 浪的大幅度上涨之后，其调整的空间会比较大，并且调整形态也复杂多变。

如图 1-3-5 所示，江西铜业在见底最低价格 8.27 元之后，开始了该股漫长的牛市行情。单从该股被拉升的走势上来看，股价的推动浪与拉升浪之间的区别并不是很大。股价沿着 30 日均线之上，不温不火地延续着牛市的行情。即便如此，投资者仍然能够分辨出其中的调整浪和驱动浪。调整浪就是图中 s1 到 s4 对应的浪，有了这些调整浪，股价的上涨过程才会有一波三折的变化。从该股的走势上来看，其拉升股价上涨的推动浪与阻止股价上涨的调整浪之间不断地转换，如果将其对号入座到艾略特 8 浪循环当中的话，还是有很大的难度的。真正的实盘操作当中，投资者可以结合技术指标的变化来综合判断股价的调整浪究竟是属于 8 浪循环当中的哪一个浪。股价虽然波动频繁，但是对应的技术指标却不一定

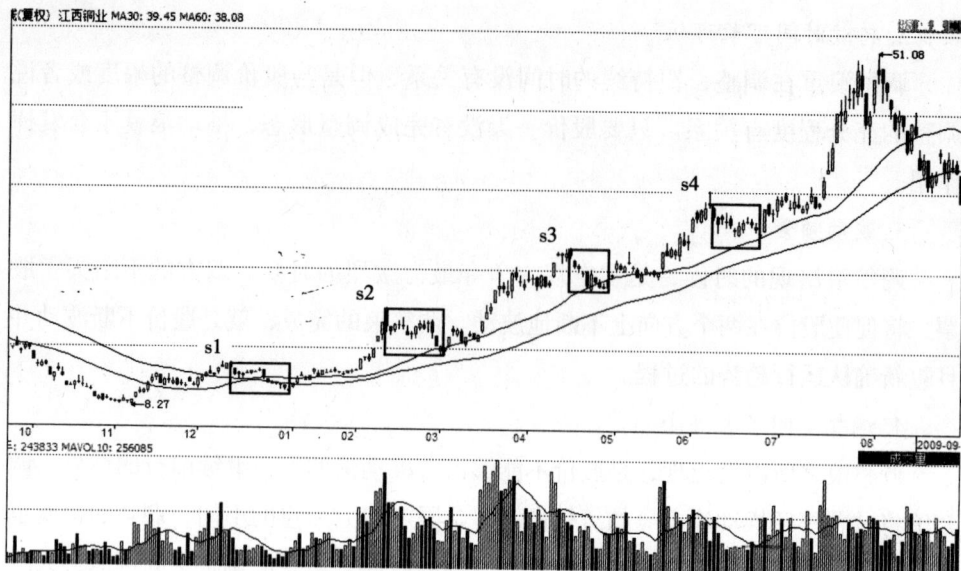

图 1-3-5　江西铜业（600362）小的调整浪

随之频繁的波动，投资者可以在灵活地设置技术指标的情况下，辨别出股价运行的各个浪来。

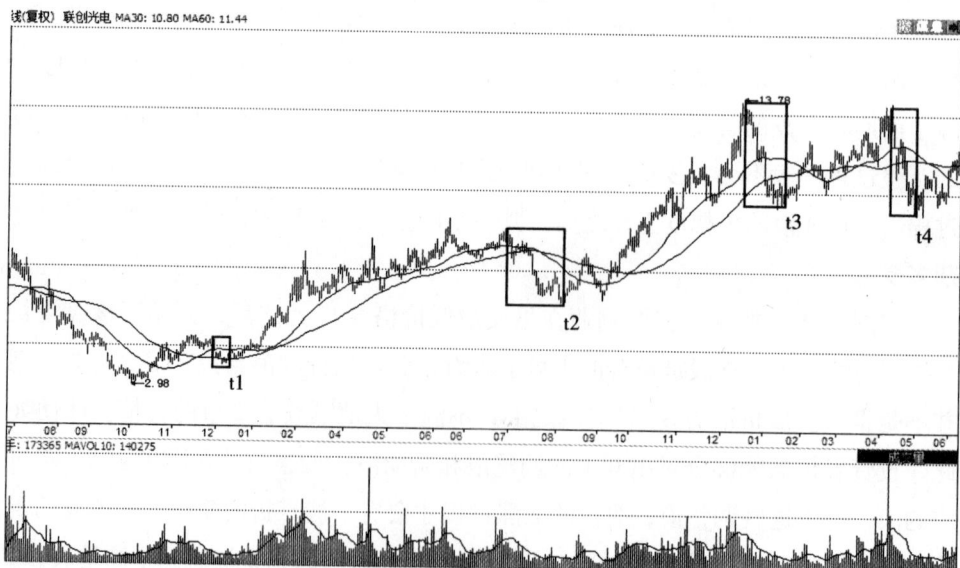

图 1-3-6　联创光电（600363）小的调整浪

如图 1-3-6 所示，联创光电的日 k 线中，该股在震荡上行的趋势中，出现了图中标注的 t1 到 t4 的四个显著的调整浪。调整浪的出现，使得该股的上涨过程最终有了短暂的停顿。该股的调整浪虽然下跌幅度不是很大，但是每次都达到了预期的调整效果，股价在之后再次企稳回升并且再创新高。

个股在牛市当中出现的调整行情，调整的形态是各种各样的，尤其在 8 浪循环当中的第 4 浪当中，诸如三角形、菱形等的调整形态是很常见的。判断这些复杂调整形态结束的依据，是股价顺利地突破形态。

三、熊市调整浪

熊市中的主要调整浪是 A 浪完成之后出现的 B 浪调整行情。B 浪因为没有成交量的配合，其上涨的空间是非常有限的，不会超过前期五浪的顶部。可以说，熊市中的调整浪比牛市中的调整浪更弱一些。股价在 B 浪中反弹没有成交量的配合，反弹的力度会逐渐的减小。C 浪并不是在 B 浪出现之后马上就开始的。等待支持 B 浪反弹的多方力量完全消耗殆尽的时候，C 浪才会自然形成。真正实盘操作当中，正确的操作方法并不是在 B 浪中获得更大的投资收益，而是以比较合理的价位卖出手中剩下的股票。只有这样，才不至于在之后的 C 浪中遭受更大的损失。

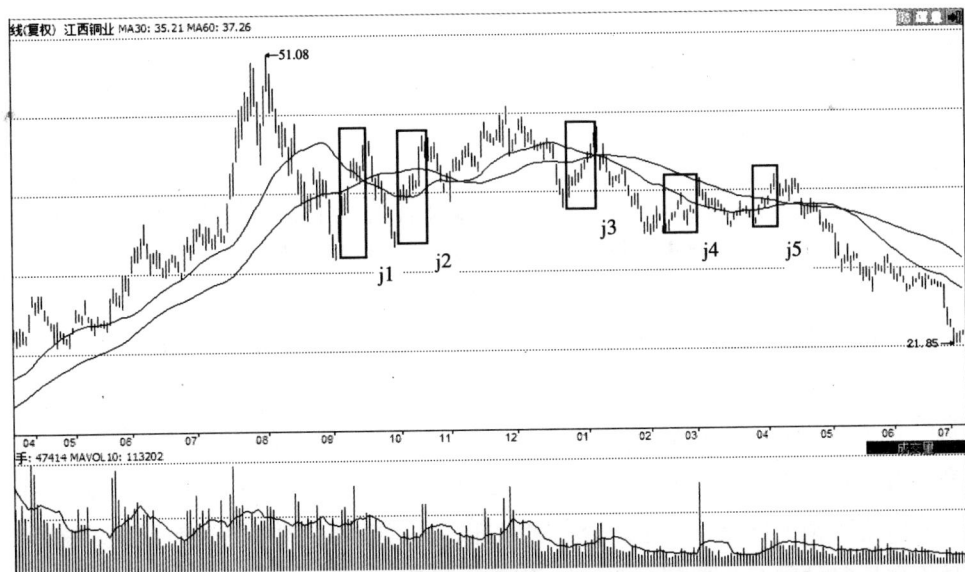

图 1-3-7　江西铜业（600362）小的调整浪

如图 1-3-7 所示，江西铜业的日 k 线中，该股从见顶最高价 51.08 元之后，就开始了漫长的熊市行情。震荡走低的过程中，图中出现了众多的调整浪。该股反弹的调整浪不仅频繁出现，而且难以捉摸其波动的特征。但是万变不离其宗，综合分析来看，图中标注的 j1 和 j2 这两个浪大体上组成了 8 浪循环中的 B 浪调整浪，而 j3、j4 到 j5 这三个浪组成了 8 浪循环中的 C 浪行情。B 浪本身是一个浪，但是却由两个更小的调整浪组成了这个大的调整浪。而 C 浪本身就是一个熊市当中的驱动浪，里边却夹杂着三个中途出现的调整浪。如此看来，不仅调整浪是复杂多变的，推动浪同样是由复杂的小浪组成的。

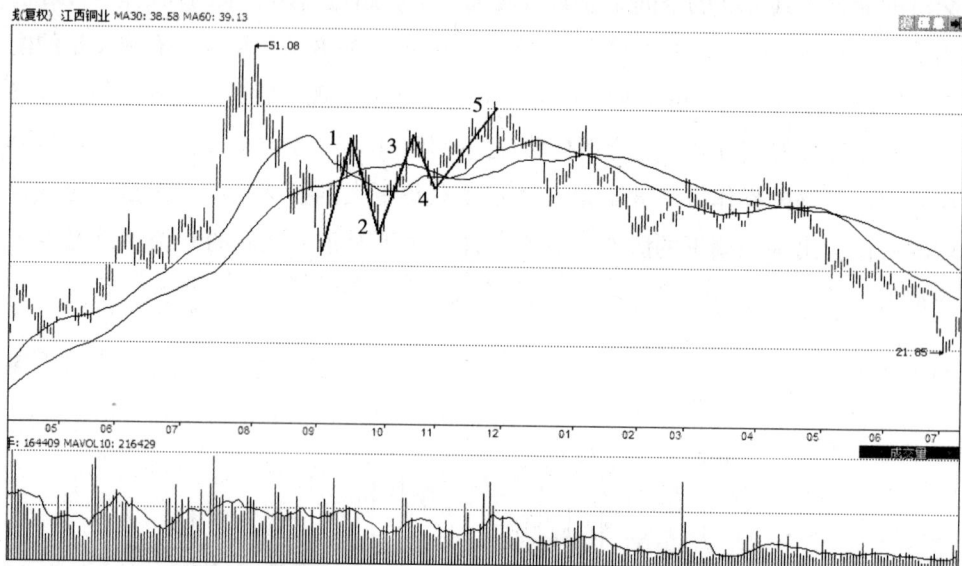

图 1-3-8 江西铜业（600362）B 浪的分解

如图 1-3-8 所示，江西铜业的日 k 线中，股价从 51.08 元见顶回落之后，就开始了下跌走势。其中推动浪 A 浪完成之后，B 浪的出现显然是很复杂的形态。图中看出，B 浪从 A 浪的底部开始反弹的时候，首先是形成了第一个浪——1浪。当 1 浪见顶回落之后，并不是马上迎来 C 浪行情。股价在 1 浪下跌之后并未跌破前期 A 浪的低点，而是开始止跌回升，从而形成了图中的 3 浪行情。这样，股价在反复的震荡上涨的过程中，形成了 1 浪、2 浪、3 浪、4 浪和 5 浪行情。这五个浪共同组成了 8 浪循环中的一个大浪——B 浪。

之后看来，如果该股没有完成这样的 B 浪行情的话，很难有投资者会提前判断出该股能出现如此复杂的调整浪来。本来一个连续反弹的短期拉升的浪就能够形成 B 浪了，但是该浪却最终由 5 个不同的小浪形成了。实盘操作当中，既给投资者创造了诸多的出货时机，又给投资者带来了很多判断浪形态的麻烦。

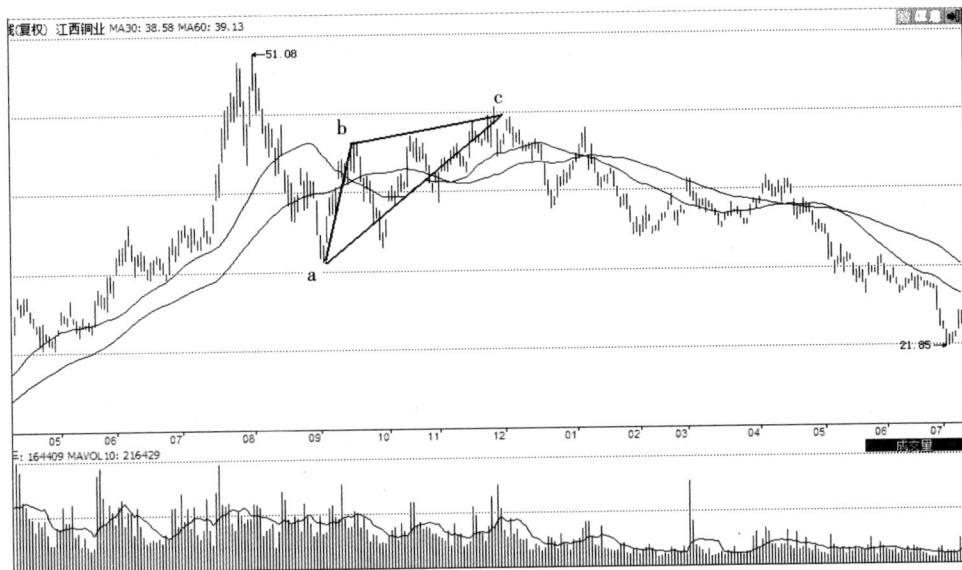

图 1-3-9 江西铜业（600362）B 浪的合成

如图 1-3-9 所示，江西铜业的日 k 线中，前期由五个浪形成的 B 浪反弹行情，最终组成了一个三角形的调整形态。三角形的角 a 就是 B 浪开始反弹的位置，而角 b 就是该浪反弹的过程中首次出现的一个顶部价位。角 c 就容易判断了，是该 B 浪反弹的最高价位。该股在完成了这个三角形的调整形态之后，终于见顶回落，进入到了艾略特 8 浪循环中的 C 浪下跌行情中去了。

第四章 波浪的不同整理形态

艾略特波浪理论中有推动浪和调整浪之分。推动浪的运行趋势与大势的方向相同，一般都不难判断，而调整浪在运行的过程中就有很大的不确定性了。可以说，能够准确地辨别大的趋势并不难，而清楚地知道调整浪的各种形态就比较麻烦了。针对实盘操作中的各种不同种类的调整浪，这一章就重点说一下这些调整浪的不同特征，以便投资者正确地使用波浪理论。

第一节 三角形调整

不管是在牛市中还是熊市中，三角形在实盘操作的过程中都是一个经常出现的调整形态。三角形的整理形态是多空双方经过争夺达到一种近乎平衡的状态之后，股价在形态上出现的一种三角形形态。三角形调整形态出现的时候，一般都会出现成交量萎缩的现象。后市股价如果能够止跌回升的话，股价会放量地突破三角形的形态。

三角形的调整形态不管其走势如何，一般会延续之前的股价走势。牛市中出现的三角形调整形态，其后仍然是延续之前的走势，也就是说股价很可能会继续拉升。而熊市当中出现的三角形调整形态，其后的走势将是下跌行情。

三角形的调整形态，从其三角形的形状上来看，基本上可以有三种情况：第一种情况是，三角形的底部平行，而顶部不断震荡下行的三角形形态。这种三角形形态中，股价会在起始阶段破位下跌而创新低，之后股价继续震荡走低，但是却不会跌破前期的低点。股价就在底部同一个价位附近获得了支撑，并且在三角形形态形成之后，放量突破形态，投资者就会发现之前的三角形调整形态是股价的短期走势而已。

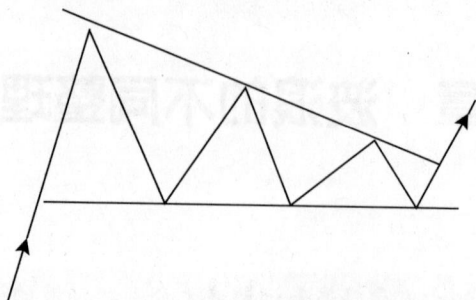

图 1-4-1 平底三角形上涨

　　如图 1-4-1 所示，是一个平底的三角形调整形态。股价从底部向上冲高某一个价位之后，遇阻力开始回调。但是，股价的回调只是短期的调整行为，牛市行情还将延续，股价在同一个底部价位的支撑之下再次放量上涨。

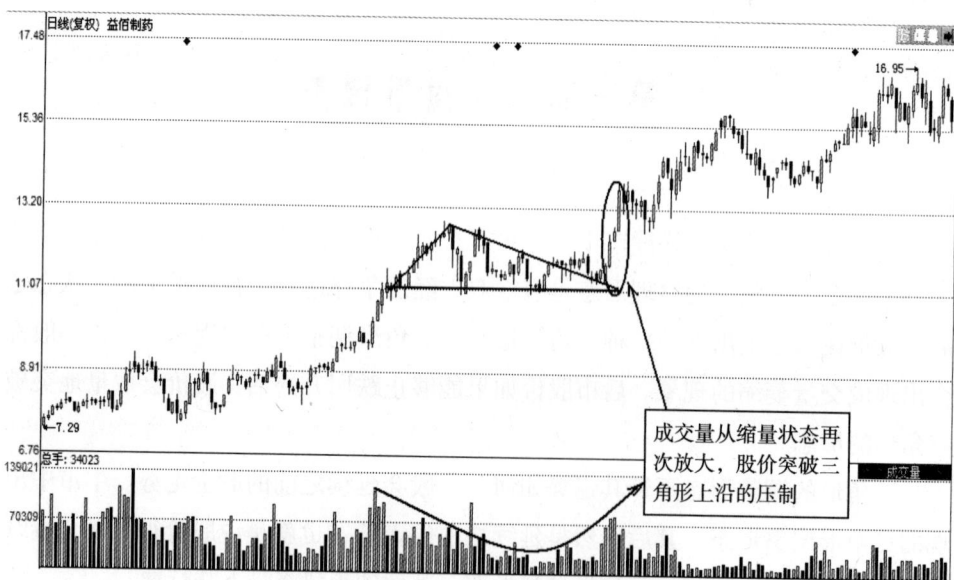

成交量从缩量状态再次放大，股价突破三角形上沿的压制

图 1-4-2 益佰制药（600594）突破向上

　　如图 1-4-2 所示，益佰制药的日 k 线中，股价在上涨的过程中上涨乏力之后，开始缩量调整。股价形成了一个三角形的调整形态，该三角形的底部对股价形成了强大支撑，而上方的阻力同样很大，股价震荡回落至三角形下边的支撑位置。

最后，量能放大带动股价一举突破了三角形形态，股价调整的趋势就此结束，股价在量能放大的情况下继续创出新高。

图1-4-3 益佰制药（600594）双三角形调整

如图1-4-3所示，益佰制药的日k线中，该股连续出现了两次三角形调整形态。而每一次的调整之后，股价虽然高位不断向下移动，但却没有跌破底部的支撑价位。就在高位降无可降的情况下，股价从三角形形态的两条边放量上涨，再次延续牛市行情。

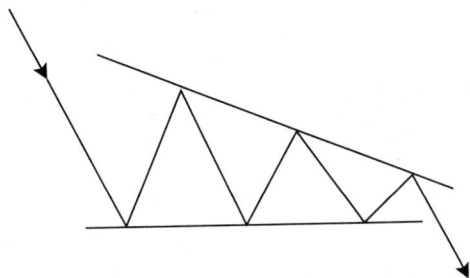

图1-4-4 平底三角形下跌

如图1-4-4所示，是一个底部水平，而高位不断向下移动的三角形整理形态。与前边对应的是，该三角形的调整形态只是股价进一步创新低的短时间弱势回调而已。

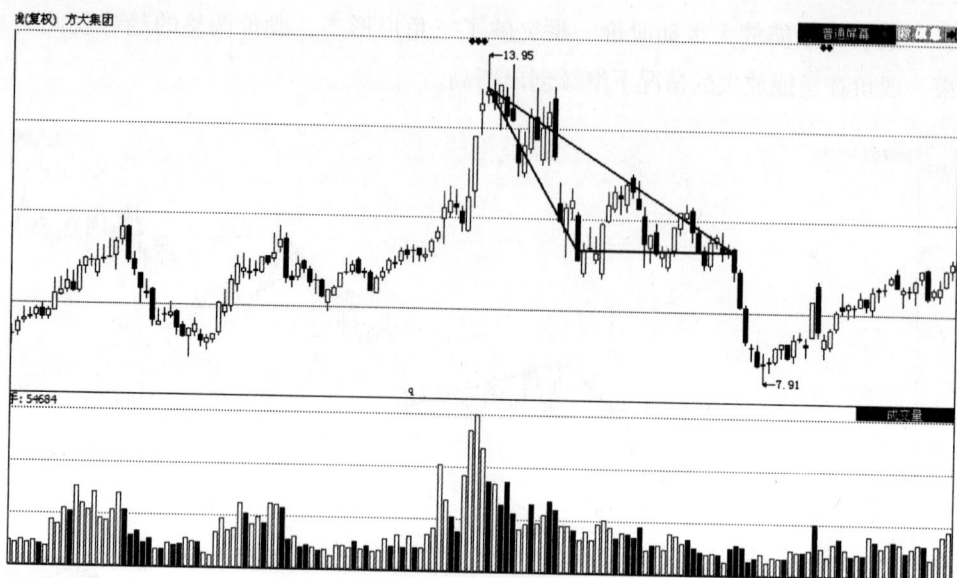

图 1-4-5　方大集团（000055）三角形见顶

如图 1-4-5 所示，方大集团的日 k 线中，股价天量上涨到了高位 13.95 元后，主力短期内完成了出货，股价快速回调了下来。在该股下跌至前期高位附近的时候，形成了三角形的整理形态。

三角形的底部支撑虽然强大，并且使股价在短期内停止了下跌的走势，但是支撑只能够在短期内起作用。随着三角形的整理形态形成之后，该股价延续了缩量下跌的走势。

第二种情况是，三角形形态的顶部是平行的，而底部是不断抬高的。股价不断在同一个价位遇到阻力下跌，而股价下跌之后又不断地触底反弹。在股价的底部不断抬高，并且连续挑战高位的过程中，就出现了相应的三角形形态。若是出现在牛市行情中，调整之后股价会在震荡空间萎缩的过程中，放量突破前期的形成强大压力的高位。

如图 1-4-6 所示，该形态是一个高位遇阻力回调，而底部不断向上抬高的三角形整理形态。股价上涨的过程中，出现了这种调整形态，是一个强势震荡上涨的过程。股价虽然没有创新高，但是底部被不断抬高显然是一种强势牛股的走势。

如图 1-4-7 所示，重庆啤酒的日 k 线中，股价突破了前期的低位之后强势上涨的过程中，形成了三角形的整理形态。三角形的底部不断被抬高，但是顶部却

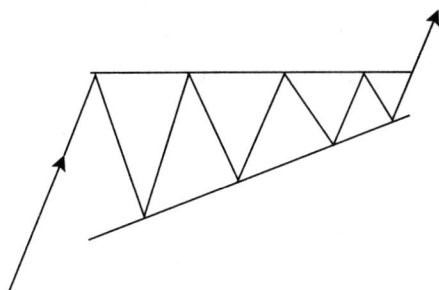

图 1-4-6 平顶三角形上涨

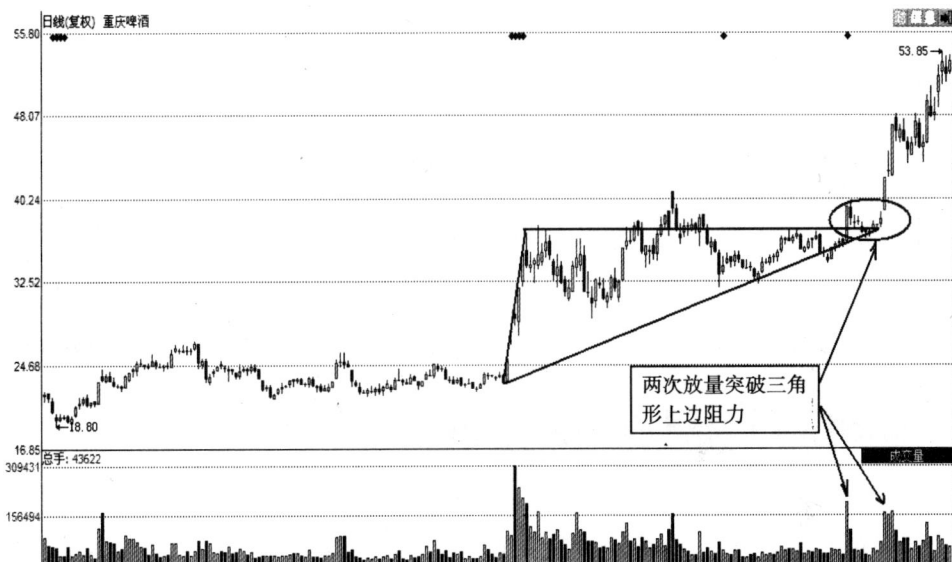

图 1-4-7 重庆啤酒（600132）放量上涨

没有多大的变化。该股真正突破的位置出现在成交量两次放大，并且顺利地放量突破了三角形整理形态的时候。如果是打算建仓的投资者，见到这样的底部不断被抬高的三角形整理形态之后，应该马上在突破位置建仓。

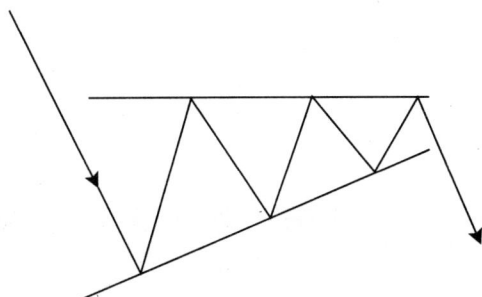

图 1-4-8 平顶三角形下跌

如图 1-4-8 所示，是一个顶部价位不变，而最低价不断向上拉升的调整形态。该形态出现在股价下跌的途中，短期的三角形整理并不能够改变该股的熊市行情。缩量回调完了之后，股价在三角形的上下两线交叉处再次破位下跌，并且下跌的趋势加速进行了下去。

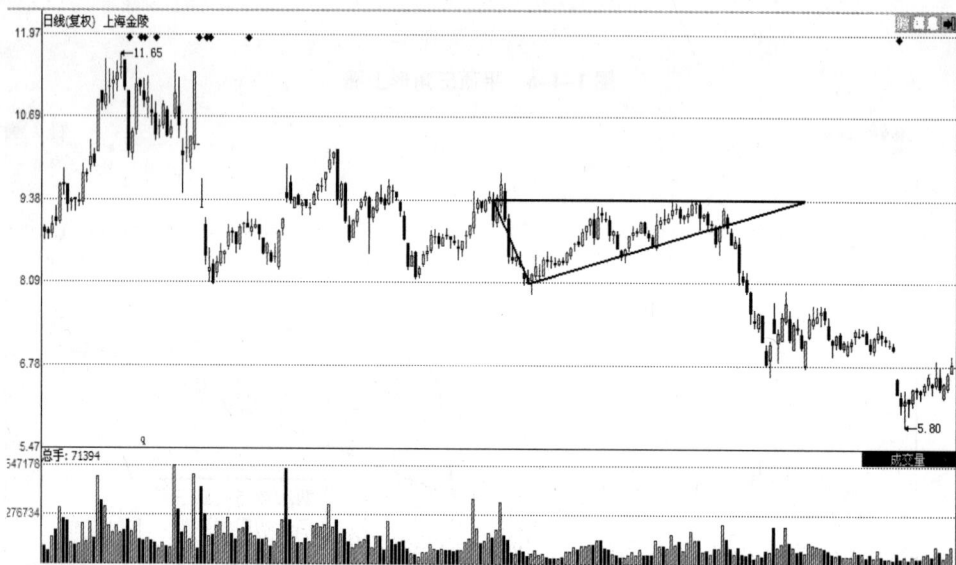

图 1-4-9　上海金陵（600621）缩量下跌

如图 1-4-9 所示，上海金陵的日 k 线中，股价在见顶 11.65 元之后，成交量不断萎缩，而股价也持续下跌。就在该股破位下跌之前，股价震荡的空间不断地缩小，并且始终未有效地突破上方的高位。这时候，该股突破了三角形的形态，并且一举打开了下跌的空间。

第三种情况是，股价进入调整趋势后，开始不断地上下震荡。震荡的过程中，形成了三角形形态。这个时候形成的三角形形态中，上边和下边同时走向中间一个价位。股价就在上方受阻回调，而下方受支撑上涨的过程中，形成了三角形的形态。最后突破的时候，就是多空双方的力量有了结果，股价将在突破之后形成真正的趋势。

如图 1-4-10 所示，这是一个等边三角形的调整形态。多空双方的力量不相上下，股价在上有阻力下有支撑的作用下，在某一个价位之上不断缩小了震荡的空间。最终股价将在图中所示的三角形形态的下沿获得新的支撑，并且顺利进入了牛市之中。

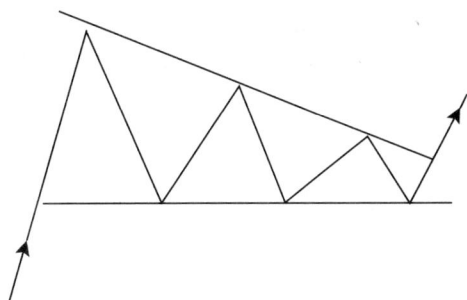

图 1-4-10 等边三角形上涨

图 1-4-11 辽通化工 (000059) 放量突破

　　如图 1-4-11 所示,辽通化工的日 k 线中,该股在震荡上涨的过程中出现了一个缩量调整的行情。无力创新高的股价持续走低,成交量并未跌至地量的程度,股价就在量能放大的程度下突破了这个三角形的整理区域。

　　如图 1-4-12 所示,这是一个等边三角形调整形态完成之后的股价走势。该调整的趋势出现在股价的下跌过程中,股价虽然短期内回调并且形成了三角形的调整形态,但是却是短期的行为,短暂的多空双方力量的平衡并不能够阻挡该股的下跌趋势,最终股价顺利地进入熊市当中,量能也进一步地萎缩下来。

　　当然,股价完成了调整的三角形之后,并不一定会延续之前的跌势,也可能就

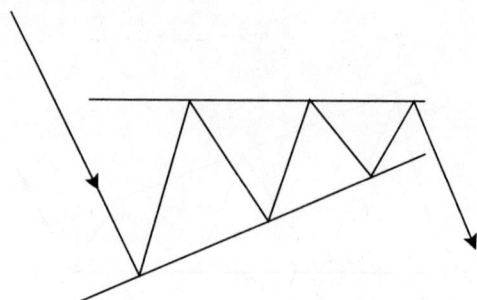

图 1-4-12　等边三角形下跌

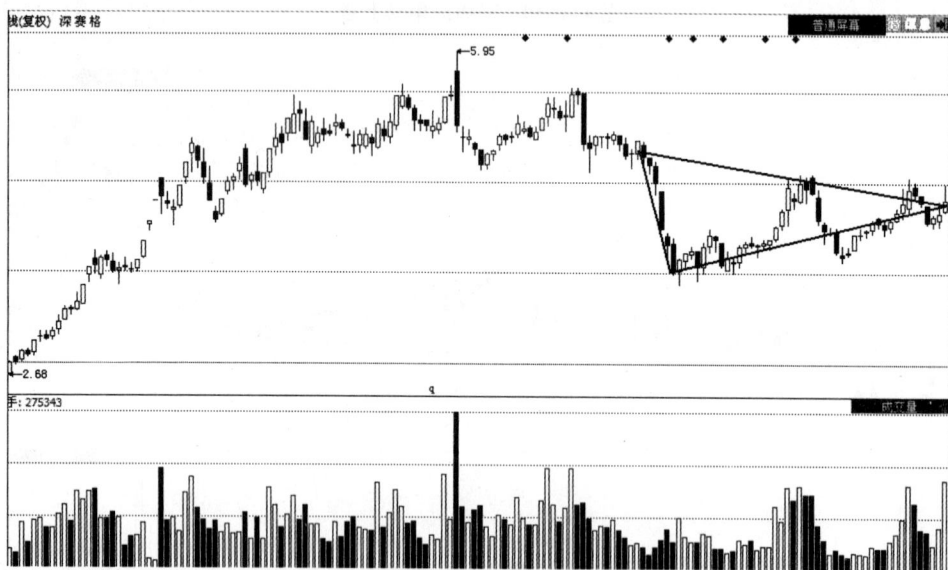

图 1-4-13　深赛格（000058）缩量三角形回调

此见底回升进入牛市当中。向哪一个方向运行，就要看股价向哪一个方向突破了。

　　如图 1-4-13 所示，深赛格的日 k 线中，该股见顶 5.95 元之后持续下跌，最终在图中所示的位置回调形成了三角形的调整形态。调整形态形成的时候，量能在股价震荡的时候形成了价涨量增的趋势，能否创出新高，就看该股能否放量突破该三角形形态了。

　　如图 1-4-14 所示，深赛格在三角形形态完成之后，图中以涨停的方式突破了三角形的整理区域，并且连续创新高上涨。投资者选择买入的时机就出现在该股突破了之后。之后，三角形的调整只是构成了一短期的调整浪而已，并不是实质上的下跌，调整浪过后之前的牛市行情不变。

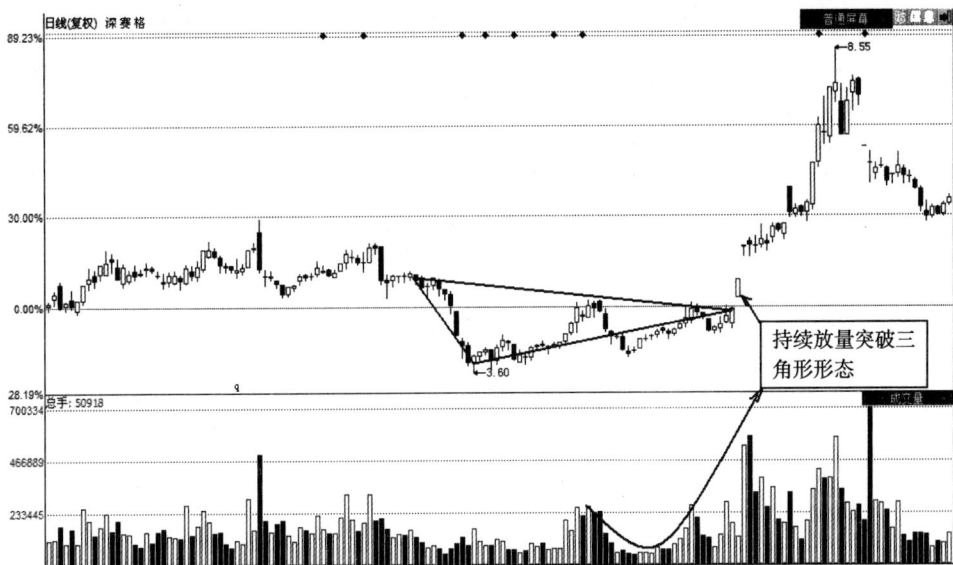

图1-4-14　深赛格（000058）突破三角形形态

第二节　之字形调整

　　之字形的调整形态也是一个常见的调整形态，基本上可以看做是一种三浪的调整行情。或者可以说是一种涉及 A、B、C 三浪的调整行情。三浪调整的过程中，其波动的形态是一个"之"字形状，所以称为之字形的调整行情。

　　之字形的调整行情出现的时候，形态特征是非常容易识别的，投资者只需要准确地把握住行情的节奏，在适当的时候抓住形态的趋势就可以顺势操作了。

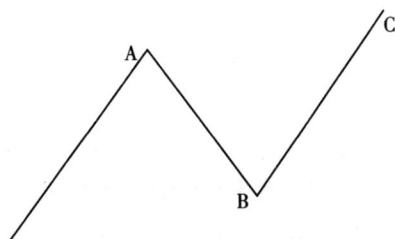

图1-4-15　之字形回调

如图 1-4-15 所示，是一个之字形的回调形态。股价上涨过程中，在某一个价位之上遇阻力下跌，但是跌至某一个价位再次获得支撑后上涨。形成了近似"之"字形的调整浪。之字形的调整趋势持续的时间不会太长，只是达到了短期内调整的效果，股价的上涨趋势在此得到了加强，后市仍然看涨。

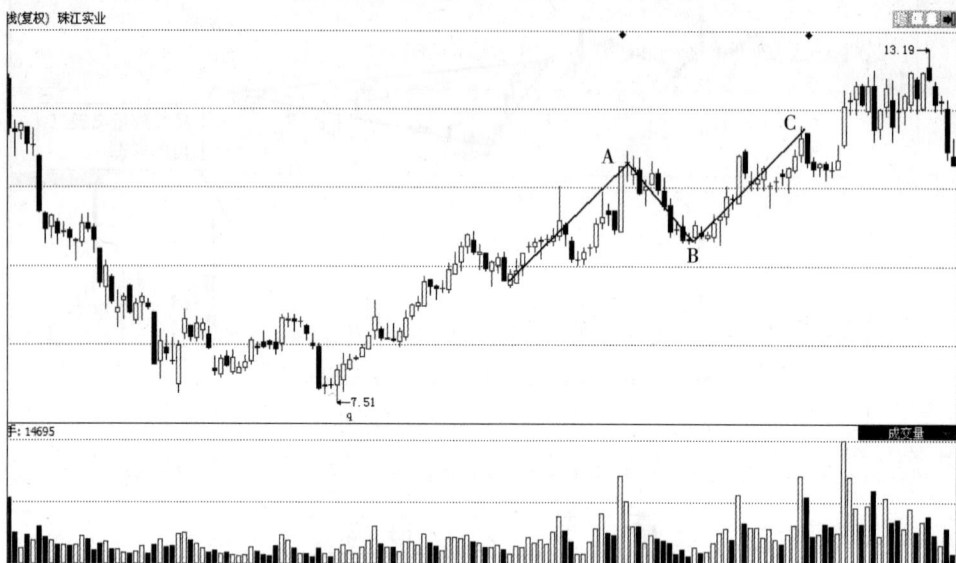

图 1-4-16　珠江实业（600684）之字形回调

如图 1-4-16 所示，珠江实业的日 k 线中，股价上涨的过程并不是持续性地上涨，而是以"之"字形形态不断地创新高。图中的每一个低点都是一个低位吸筹的好机会，投资者买入的机会就出现在股价不断调整的低位。

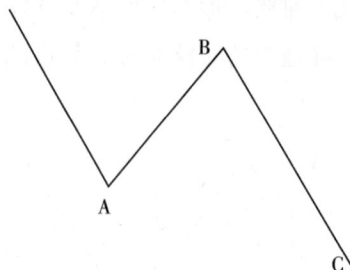

图 1-4-17　之字形探底

如图 1-4-17 所示，之字形的调整形态出现在股价的下跌过程中。下跌的趋势若是出现在熊市的起始阶段，那么调整只是为继续创新低来蓄势而已。若出现在股价即将见底的时候，那么就是调整很可能会演变成股价上涨的两个底部，后市看涨。

图 1-4-18　飞乐股份（600651）之字形探底后上涨

　　如图 1-4-18 所示，飞乐股份的日 k 线当中，股价在底部出现了一个创新低的"之"字形调整形态。这次的调整之后，股价并未再次破位下跌，而是强势横盘之后再次延续牛市行情。

第三节　菱形调整

　　菱形的整理形态其实是两组三角形形态的组合结构。菱形调整的过程中，其持续的时间比较长，量能会在股价调整的过程中不断放大，一旦股价有效地突破了菱形形态，爆发力是非常强的。

　　菱形既然是两个三角形形态的组合形态，那么就有以下一些显著的特征：

　　首先，显著的对称性。既然菱形是两个三角形组成的调整形态，那么在形态上就具有对称的性质。而从持续时间上来看，也具有很明显的对称性。这是需要投资者注意的。对称的时间内形成菱形调整形态之后，股价的突破口也就会在之后顺势形成。

其次，强大爆发性。爆发性是菱形形态很大的特征。该形态形成的过程中，会有很大的成交量聚集于此，一旦突破该形态，将出现绝佳的操作机会。股价在菱形形态形成之后，不管其后市的走势如何，投资必须做出正确的选择才行，不然的话会失去获利机会或者是止损机会。

最后，之后的反转性。菱形形态若形成于股价在 2 浪和 4 浪的形态当中，这个时候的反转形态将是一个短期的调整行情，之后股价还将延续之前的走势。但是如果这个形态形成于 B 浪的调整行情中或者是在股价的顶部出现，这样的调整行情将会仅仅是多头的短暂挣扎而已，其后的下跌趋势还将延续下去，投资者应做好准备才行。

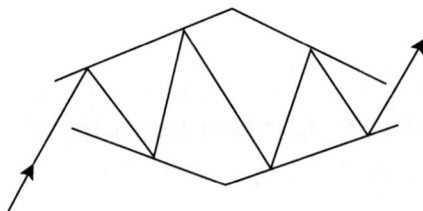

图 1-4-19　菱形整理

如图 1-4-19 所示，菱形调整的形态中，股价从不断扩大震荡空间到缩量回调，形成了近似菱形的整理形态。菱形调整的形态一般都出现在市场的方向不明朗、多空双方开始争夺主动权的过程中。若股价后市看涨的话，经历了菱形的调整形态之后，股价上涨的幅度将会更大，突破阻力的力度也会更强。

如图 1-4-20 所示，浙江东方的日 k 线中，该股就是在上涨的过程中突然跌至一个菱形整理的价格区域。方向不明朗的调整形态就出现在了菱形调整的过程中，股价最终的突破位置是以放量连续涨停的形式实现的，由此可见，菱形形态对于股价今后的走势多么的重要。调整到位之后，投资者将会获得非常不错的买入机会。

如图 1-4-21 所示，中青旅的日 k 线中也出现了菱形调整的形态。这个调整浪形成的过程与上个例子中的浙江东方有很大的不同之处。该股形成菱形的时候，成交量不断地放大，说明多空双方争夺非常激烈。而形态完成之后，量能已经萎缩了下来，股价突破菱形放量上涨的位置是新一波推动浪出现的时刻。投资者可以在此处完成建仓过程，等待后市主力拉升股价。

图 1-4-20 浙江东方（600120）菱形短暂调整

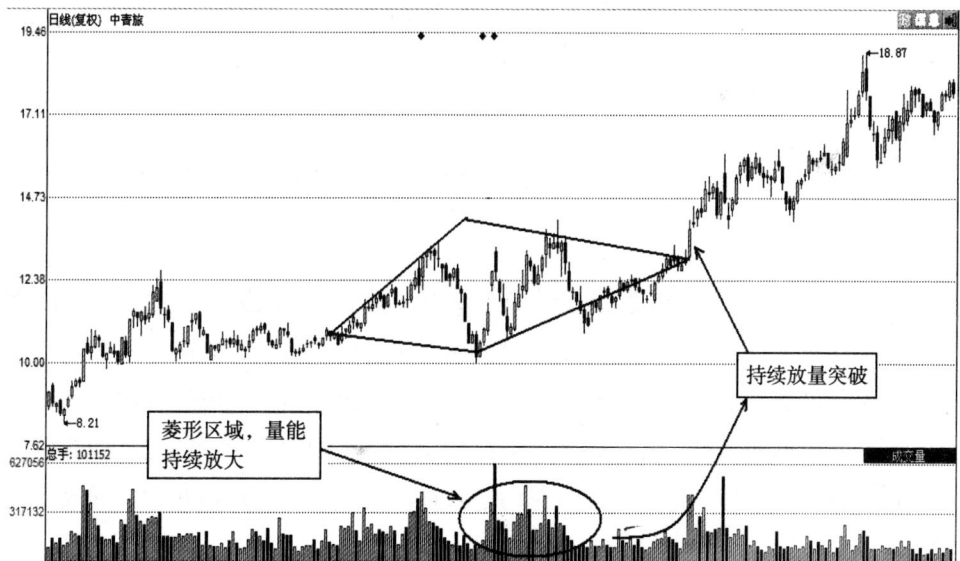

图 1-4-21 中青旅（600138）放量震荡的菱形

如图 1-4-22 所示，股价下跌的途中出现菱形调整形态，股价调整的过程起始于高位，而在菱形形态完成之后快速地跌破了菱形的下方支撑线，且下跌的趋势一发不可收拾。

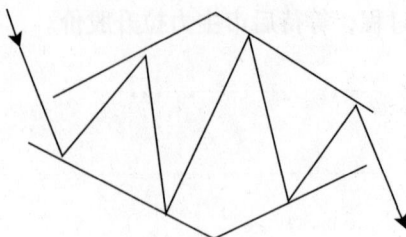

图 1-4-22 菱形下跌

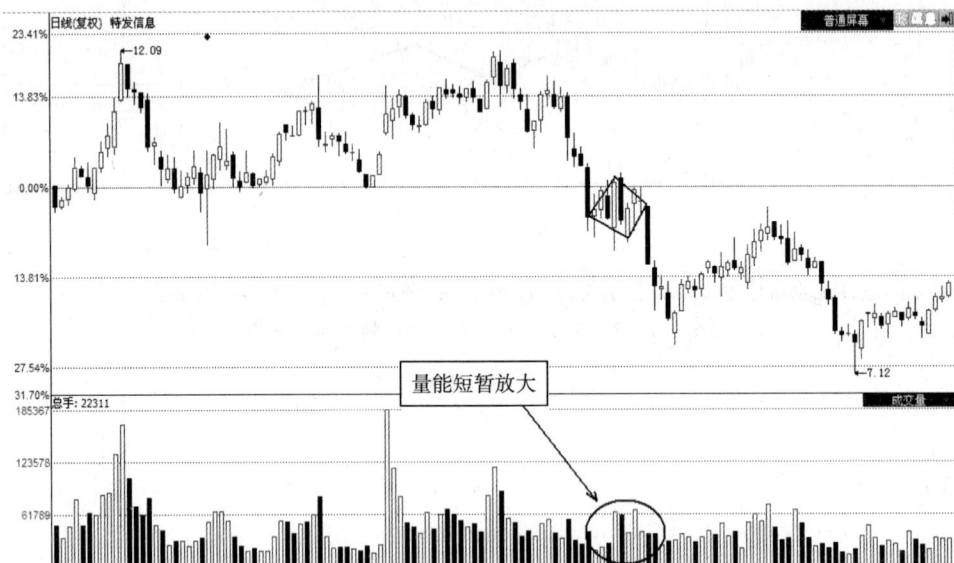

量能短暂放大

图 1-4-23 特发信息（000070）短暂菱形调整

　　如图 1-4-23 所示，特发信息的日 k 线中，股价的下跌途中出现了小幅度震荡的菱形形态。该形态形成的时候，量能也有所放大，虽然持续的时间不过八天而已，但是俨然一个小的菱形整理形态形成了。股价持续下跌的过程就出现在该形态形成之后。如果投资者能够在之前就认识到该整理形态形成的是短期的调整浪的话，将不会因为股价短暂的震荡而再次被套牢。即使是短短几日内形成的菱形调整浪，也没能够避免股价下跌的命运。

第四节 5 浪循环调整

5 浪行情会出现在 8 浪循环的牛市当中,而调整过程中也会出现这样的 5 浪行情。

8 浪循环的调整形态有很多种,当然也可以是更小的 8 浪循环组成的调整形态。也就是说,规模比较小的 8 浪循环走势,构成了规模较大的 8 浪循环中的一个调整浪。在这个时候,投资者分析 8 浪循环的调整形态,只要寻找到 8 浪循环走势的运行过程,便能够把握好价格的调整节奏了。事实上,股票价格不同规模的 8 浪循环是相互衔接着出现的。大规模的 8 浪循环中有小规模的 8 浪,而小规模的 8 浪循环又存在于大规模的 8 浪循环形态的内部。两者可以说是有机结合的。

图 1-4-24 中珠控股——8 浪循环的调整形态

如图 1-4-24 所示,中珠控股的日 k 线图中,股价的下跌趋势还是很明显的。但是,构成下跌趋势中的调整形态,是以 8 浪循环的方式出现的。图中显示,从价格底部的 6.87 元开始反弹的 8 浪循环，显然构成了重要的调整形态。该调整形态持续时间虽然长达三个月之久，却并未改变价格回落的大趋势。从 8 浪循环的走势看来，投资者可以在这 8 浪循环中短线操作股票，或者说根本不必理会这种回调走势。毕竟价格还处于空头趋势中，短线买涨做多，并非有效的获利方式。

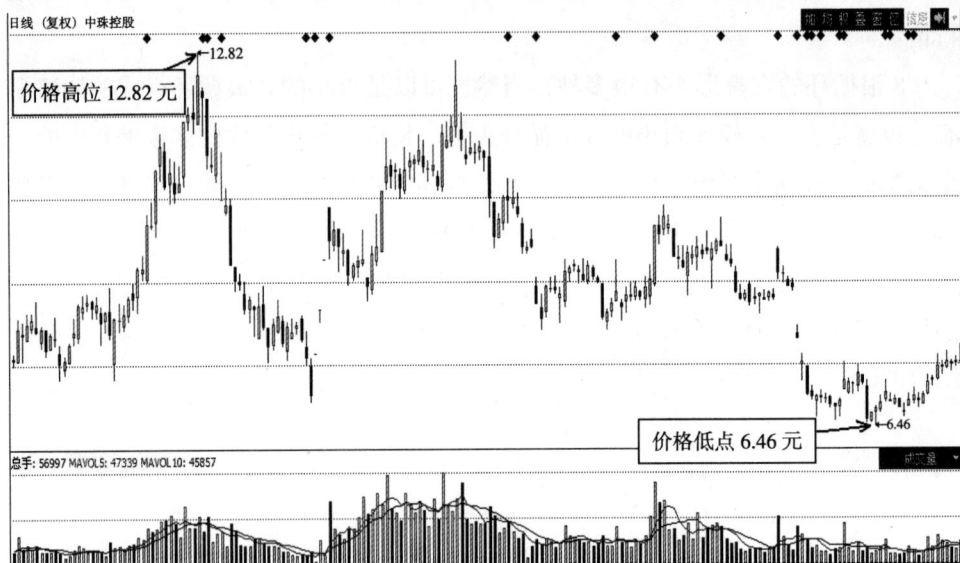

图 1-4-25　中珠控股——价格的空头趋势

如图 1-4-25 所示，中珠控股的日 k 线当中明显看出，股价从高位的 12.82 元见顶回落以后，显然已经在持续下挫。前期所说的持续时间为 3 个月的 8 浪循环形态，并非有效的操作机会。该 8 浪循环显然构成了从高位 12.82 元到低点 6.46 元的空头趋势的调整形态。8 浪循环持续时间为 3 个月，是空头趋势中下跌浪的重要调整形态，而不是一个新的多头趋势中的 8 浪循环。

第五节　喇叭口调整

喇叭口形态的调整形态出现在多空双方争夺非常厉害的时候。股价的震荡幅度不断扩大，但是并没有出现显著的趋势性涨跌。股价波动的过程中，不仅表现在股价的喇叭口形的波动形态，而且成交量也会放大许多。可以说喇叭口的调整形态就是市场中多空双方过分争夺的结果，并且其后的趋势很难预测。

　　若是出现在股价顶部的话，成为5浪见顶的信号，股价将在喇叭口形态形成的过程中经过充分的换手，主力完成出货，股价即将见顶下跌。而牛市当中出现在了喇叭口形态的话，股价将在突破喇叭口的上沿之后顺利进入牛市中，这个时候是投资者建仓的好时机。

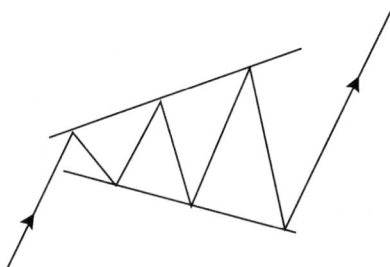

图1-4-26　喇叭口形回调后上涨

　　如图1-4-26所示，放大的喇叭口形态是股价交易活跃的表现，同样也是趋势形成的前兆。多空双方的不断争夺使股价出现了喇叭口形态的反转走势，该形

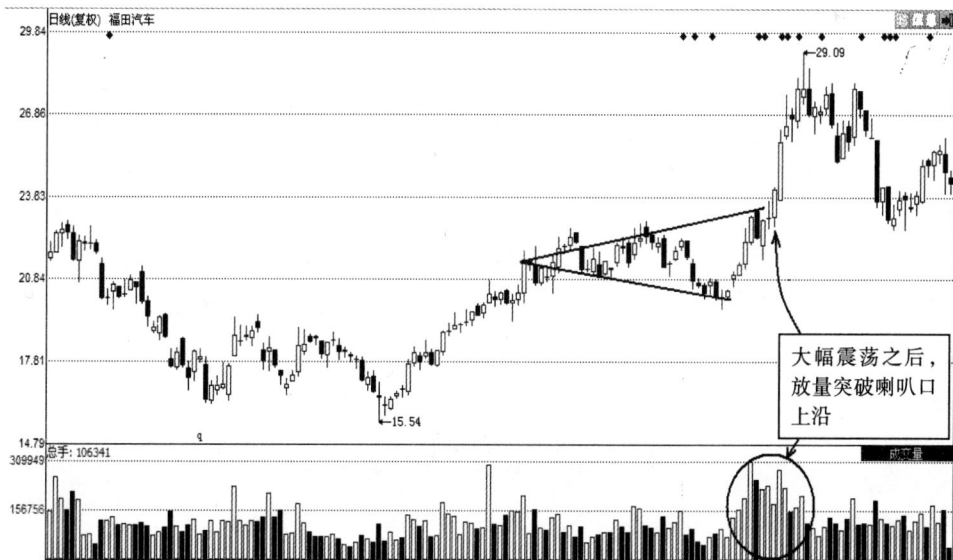

图1-4-27　福田汽车（600166）持续放大喇叭口

态完成的时候是投资者开始买入股票的最佳时机。牛市当中遇到喇叭口形态的时候，投资者应该密切关注量能和股价的变化。若个股能够在喇叭口形态的下沿放量企稳，将是个不错的买入机会。

如图 1-4-27 所示，福田汽车的日 k 线中，该股从最低价 15.54 元企稳回升之后，出现了个喇叭口形态。喇叭口形态是多空双方势均力敌，股价涨跌方向不明朗的时候才出现的。图中成交量持续放大的维持，正是股价从喇叭口形态的下沿启动的时刻，当然也是新的主升浪开始的时候，投资者可以在此处做多，后市获利将非常丰厚。

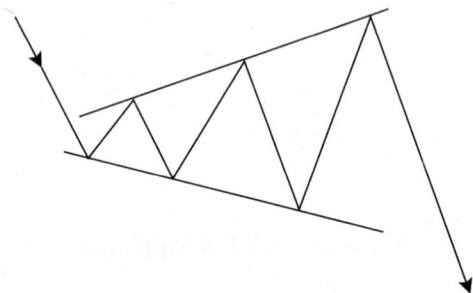

图 1-4-28　喇叭口形回调后下跌

如图 1-4-28 所示，喇叭口形态不仅是牛市当中继续上涨前的调整浪，也可以成为熊市中的短期调整浪。该图中的喇叭口形态就出现在了熊市当中，股价的下跌趋势不会因为短期内喇叭口形的调整浪而出现转变，后市依然是看跌的。

如图 1-4-29 所示，兴发集团的日 k 线中，该股持续不断的下跌过程中突然有了一次放量反弹的行情。这次反弹真的是趋势的扭转吗？恐怕下结论为时过早。

从之后的该股走势看，喇叭口形态形成的过程中，虽然成交量再次放大，但是终究没能够持续下去。该股在连续几次小幅震荡之后，就开始缩量下跌了。喇叭口形态的调整浪只不过是该股短期内一个小幅调整浪而已，熊市又一次延续了很长一段时间，该股才从最低价 4.55 元企稳回升。

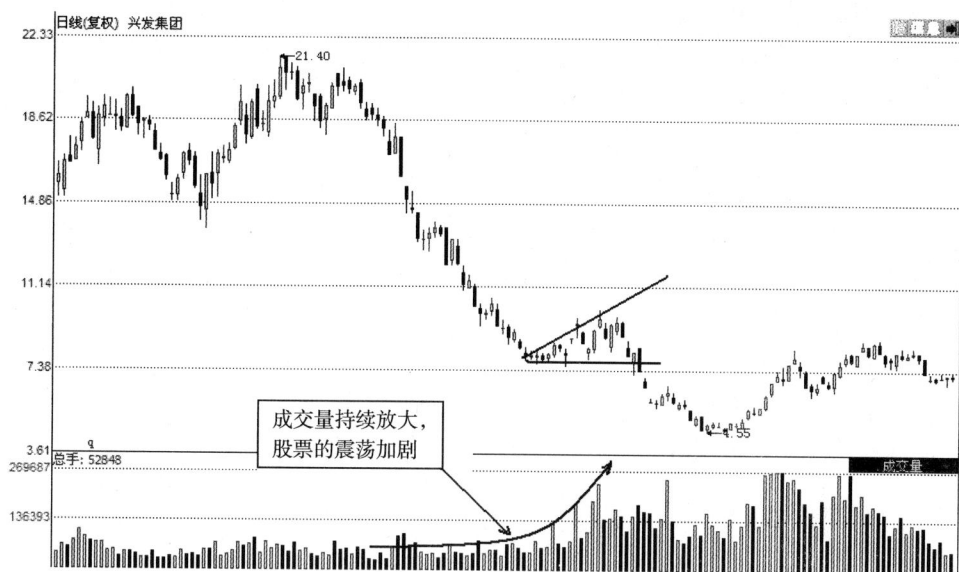

图 1-4-29 兴发集团 (600141) 喇叭口短暂上涨

成交量持续放大，
股票的震荡加剧

第五章　波浪理论的缺陷

波浪理论实质上很注重股价运动出现的每一个波动，不管波动幅度本身的大小，如果投资者也照做无误的话，很容易迷失在众多无关大局的小波浪中。之后，即使出现了事关股价涨跌方向的大波浪，也不会引起投资者的注意。

第一节　波浪现象看法不一

关注波浪理论的投资者，不管其学识有多么渊博、投资经验有多么丰富，都不能对波浪现象做出唯一的决断。一个浪是否已经完成，另一个浪是否即将到来呢？这种看似简单的问题却困扰了多数的投资者。就连波浪理论的发明者——艾略特本人也没能得出一个令人信服的观点。

看似浅显的问题，若不能够得到很好的解决，遭受损失的还是广大的投资者。就如波浪理论中的 1 浪、2 浪一样，一个是驱动的上升浪，而另一个则是下跌的调整浪。判断错误后，就会做出与市场截然相反的操作，这样的话不亏损才是奇迹。市场中股价的波动是剧烈而频繁的，渴望将如此纷繁复杂的市场理出个头绪来，标注上 1 浪、2 浪、3 浪……实属不易！

像波浪理论这样，并不能准确地确定波浪的性质，而投资者用于操作风险非常大的股票市场当中的话，亏损的可能性是极高的。

如图 1-5-1 所示，航天长峰的日 k 线中，股价上涨的趋势真是不温不火地进行着，从未出现过大幅度的回调，大涨的行情也是极其少见的。对于走势如此缓慢的股票，投资者究竟如何才能够应对呢？哪一个浪才是上涨的 1 浪，哪一个又是 2 浪、3 浪、4 浪、5 浪呢？真的很难得出一个令人信服的答案。

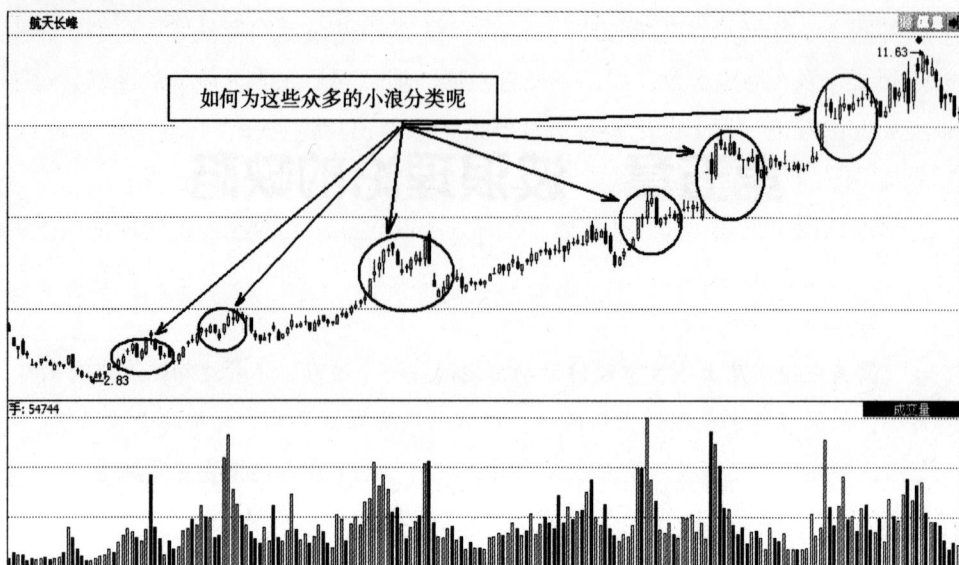

图 1-5-1 航天长峰（600855）震荡上涨的小浪

不仅对于该股票，股票市场中很多股票价格走势都不是显著的 8 浪循环模式运行的。各浪之间没有明显的区别，投资者很难对股价走势做出对应的判断，也就是说艾略特 8 浪循环是一仁者见仁、智者见智的理论。

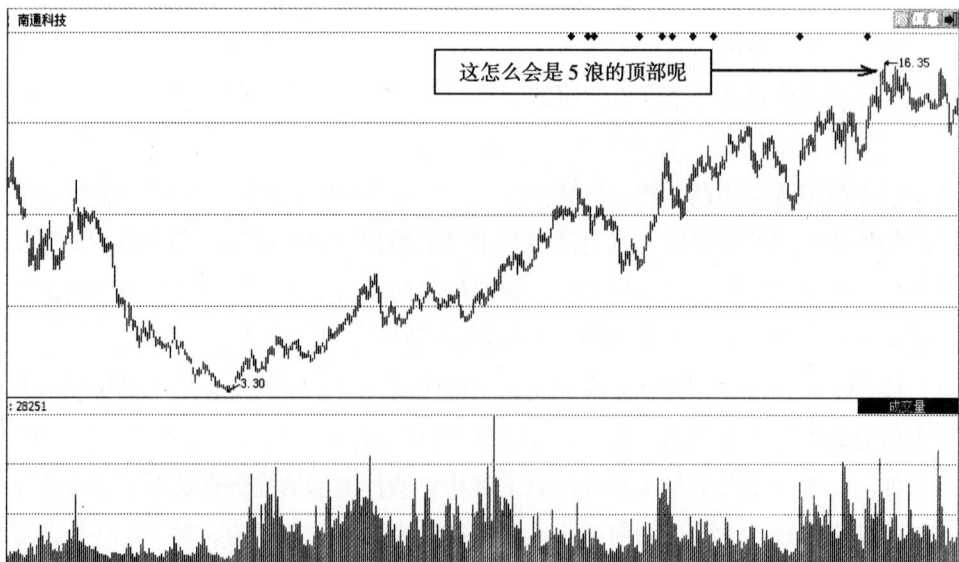

图 1-5-2 南通科技（600862）创新高的小浪

如图 1-5-2 所示，南通科技的日 k 线中，股价的波动幅度虽然比前者航天长峰要频繁得多，但是长此以往，也没有在浪与浪之间形成非常显著的区别。对于该股如此的波动过程，怎么样把握住 5 浪的顶部出货位置呢？真的是很难做到。如果连 5 浪的顶部都没能抓住的话，还谈什么保住利润呢。

该股在图中见顶 16.35 元之后，又开始小幅调整。判断不出 5 浪顶部的投资者，一定不会随意地将 16.35 元定位于顶部最高价位，但是如果投资者往下看的话，一定会大吃一惊的！

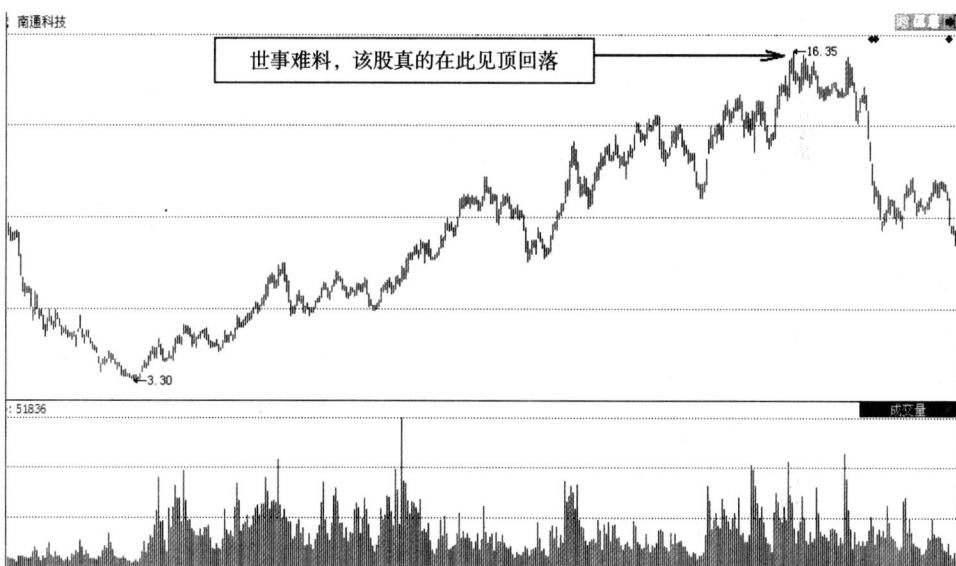

图 1-5-3　南通科技（600862）见顶回落的 A 浪

如图 1-5-3 所示，该股前期震荡上行的趋势还保持得不错，而突然间就见顶16.35 元开始回落了。是什么原因导致这样的结果呢？图中就很难发现见顶信号。这样一来，投资者在该股遭受损失也就是意料之中的事情了。

如图 1-5-4 所示，南京化纤的日 k 线中，股价在见顶 10.24 元之后就开始大幅度震荡了。从图中看出，每一次震荡的顶部不断的向下移动，到了第三个调整的高位后，股价下跌的幅度已经很大了。难不成该股真的还能够震荡走高吗？这是很难说的事情。后市只能根据实际情况来判断股价的涨跌情况。

如图 1-5-5 所示，南京化纤的日 k 线中，该股经过大幅度的震荡之后，终于顺利地突破了前期的整理平台的高位，并且顺利地创新高。前期怀疑该股是否能

南京化纤

—10.24

39

56566

成交量

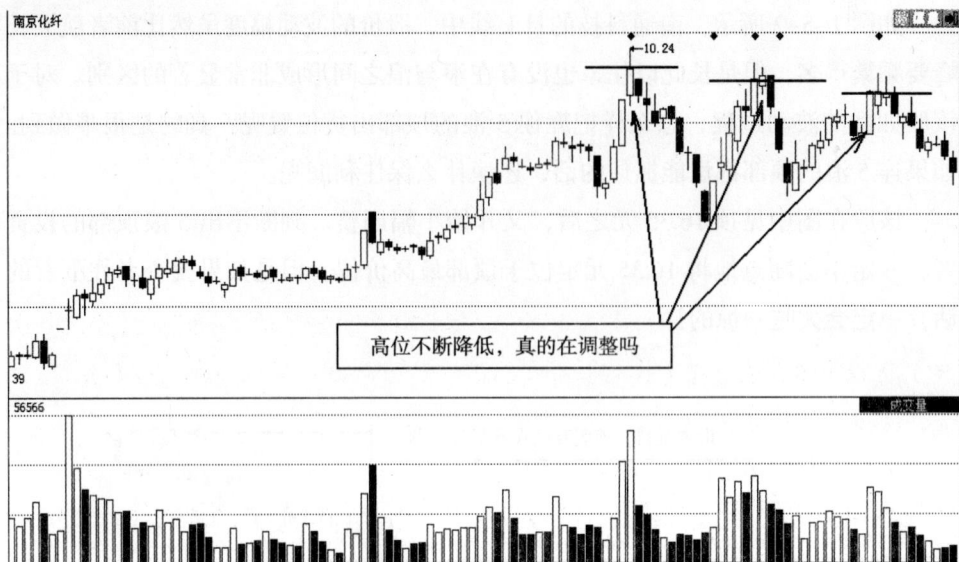

图1-5-4　南京化纤（600889）不断探底的浪

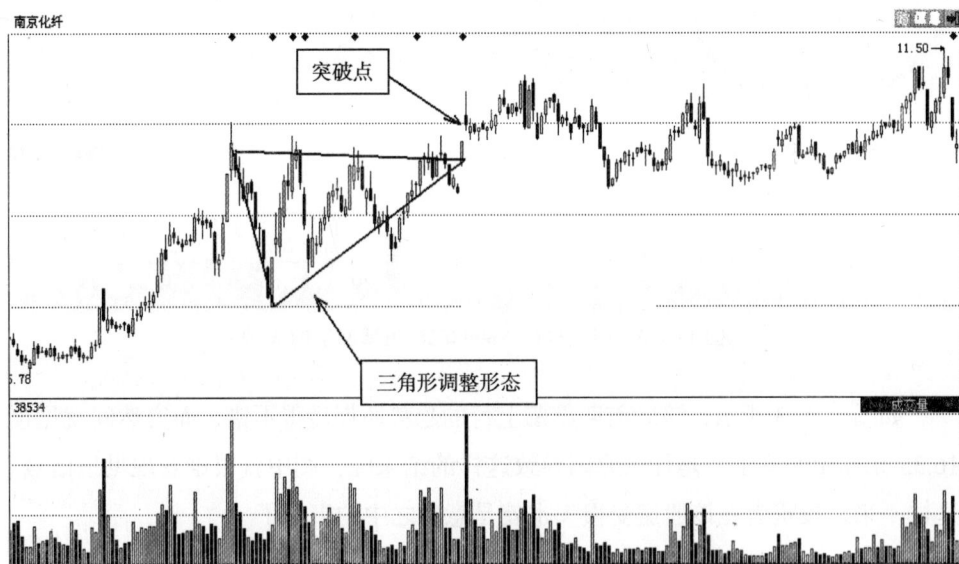

高位不断降低，真的在调整吗

南京化纤

11.50

突破点

6.78

三角形调整形态

38534

成交量

图1-5-5　南京化纤（600889）突破调整形态

够再创新高的想法，这个时候已经没有任何用处了。股价真的顺利进入更高的价位，即使成交量萎缩了下来，也没能够阻挡该股再创新高的大趋势。

第二节 如何准确地确定一个完整的浪

波浪理论当中，一个完整的波浪的定义是不存在的，因此投资者要想确定一个完整的波浪，也是一件非常难的事情。实战当中，股价的运行趋势也不总是按照5浪上涨加3浪下跌的模式循环进行的。若市场的走势稍微有些许的变化，8浪循环就会转变形态，投资者必须做出相应的转变才行。

虽然一些波浪理论的权威人士总能够得出一些看似确定无疑的波浪形态，但是仔细揣摩之后，投资者又能够得出一些截然不同的结论，这就是波浪理论的"灵活"之处。对于这种灵活性而言，投资者想要准确地判断一个完整的波浪，还是有很大的难度的。不能得出相对准确的波浪的话，操作股票想要赢利就非常的困难了。

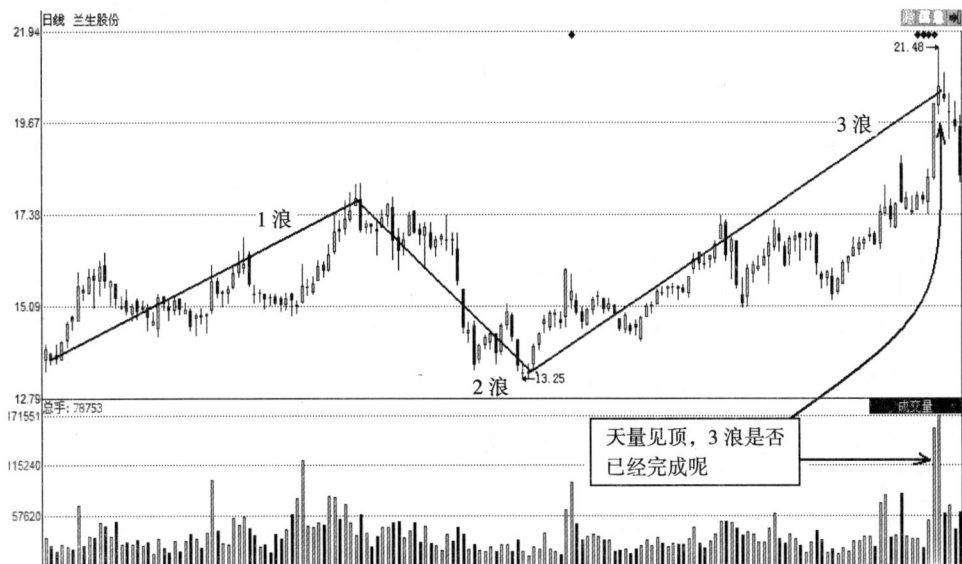

图1-5-6 兰生股份（600826）快速见顶21.48元

如图1-5-6所示，兰生股份的日k线中，股价在上涨的过程中见顶21.48元后，连续两天出现了天量，之后股价快速破位下跌。投资者都清楚的是，5浪的上涨行情中，股价经常是以天量见顶的方式开始回落的。而该股的走势就如同 5 浪见顶的过程一样，也是天量见顶并且开始快速回落。那么这个时候持有该股的投资者是否真的应当出货呢，还是有其他的操作方法？

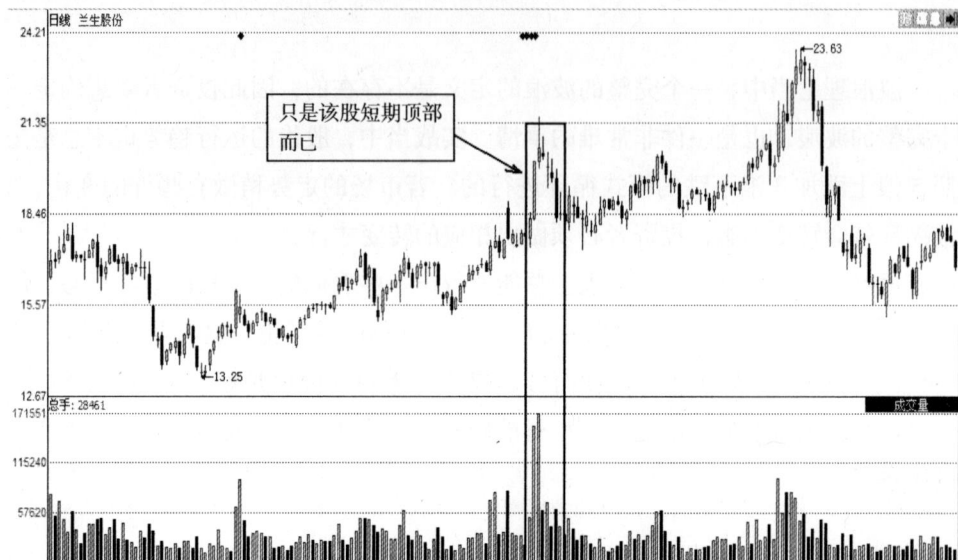

图 1-5-7　兰生股份（600826）再创新高

如图 1-5-7 所示，像极了 5 浪放量出货的形态，但是兰生股份却没有就此见顶回落，而是再次震荡走高，并且达到 23.63 元的高位。牛市就是这样产生的，前期天量却不是 5 浪真正的顶部价位，后期该股还能够上涨。这种结果有几个投资者能够做出判断呢？波浪理论就难在这里。

如图 1-5-8 所示，申通地铁的日 k 线中，自从该股见顶 10.37 元的高位之后，调整的趋势不断持续进行着。而图中突然出现的持续四天的放量上涨是否就是该股调整到位的表现呢？股价是不是在后市当中再次放量大涨呢？恐怕多数投资者是看涨的吧！但是是否真的能够上涨，还要看该股的走势了。

如图 1-5-9 所示，申通地铁持续四天的放量上涨果然是看涨的信号，但是股价只是上涨到了前期高位附近，就又一次大幅度下跌了。这样的飙涨行情，恐怕对任何一个投资者都不起作用。即使碰巧取得了一些投资收益，后期该股再次大幅度下挫也会使投资者遭受更大的损失。

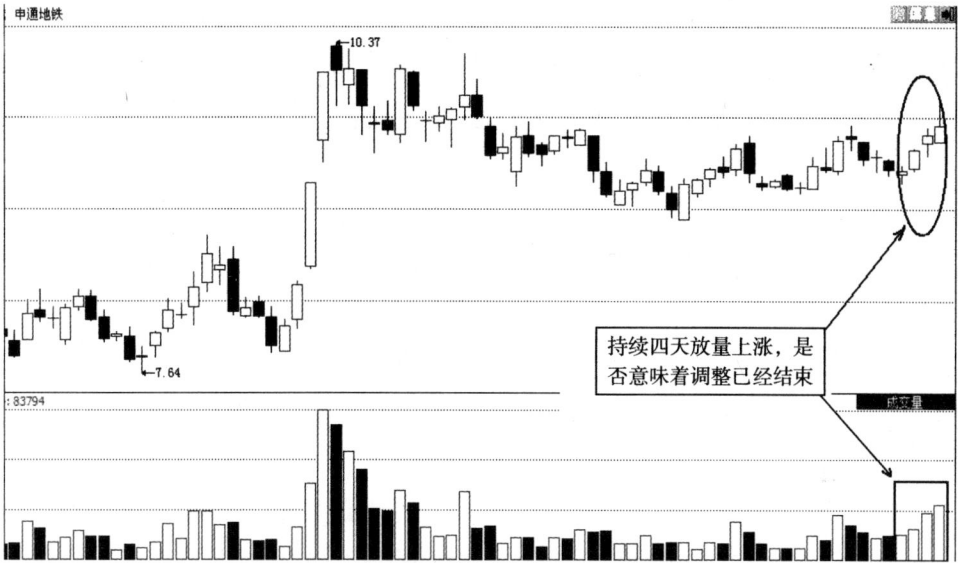

持续四天放量上涨，是
否意味着调整已经结束

图 1-5-8 申通地铁（600834）放量飙涨

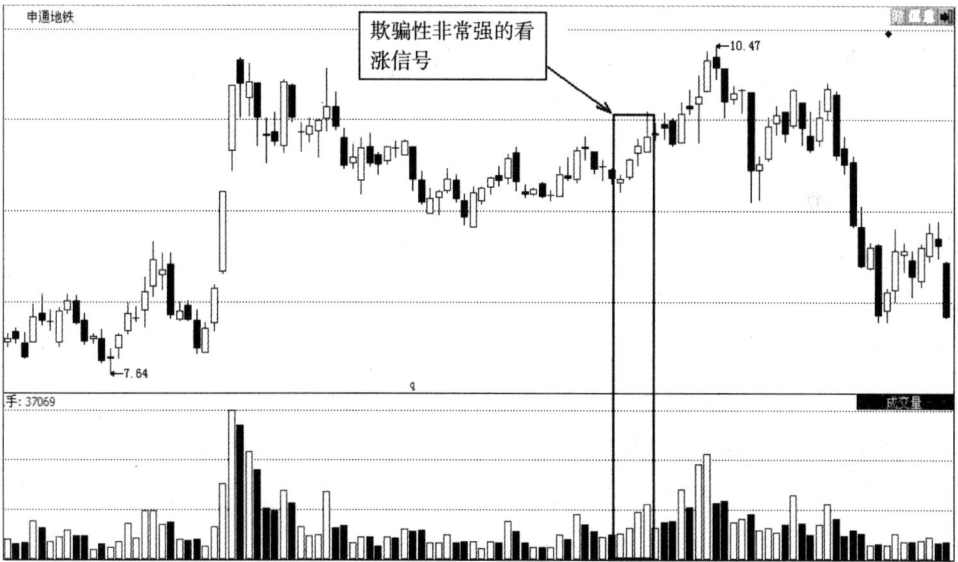

欺骗性非常强的看
涨信号

图 1-5-9 申通地铁（600834）快速见顶

第三节 如何延伸波浪的问题

    8浪循环在波浪理论中从来都不是简单的循环往复运动，而是可以不断地延伸的波浪。市场的发展变化是非常难于预测的，波浪在何时可以延伸、何时不能延伸，艾略特波浪理论并未给出非常明确的说明。投资者可以做的就是根据实际情况，或者说是牛熊的强弱状况，适时地调整操作策略，这样才可能相对准确地把握股价波浪运行的节奏。

    真正的实盘交易当中，投资者遇到的问题可能会更多。尤其是那些没有业绩支撑，涨跌趋势非常不明朗的股票，运用波浪理论来判断股价的波浪特征都很难，更何况什么延伸浪呢！使用波浪理论的延伸浪恐怕不是普通的投资者能够熟练掌握的技巧，多数投资者还只是对更为清晰的股价波浪运行趋势有一些了解，判断8浪循环才成为可能。

    认识到波浪理论这一非常显著的缺陷之后，投资者恐怕是要仔细地观察、分析之后，才能够得到可靠的波浪形态。至于其后的延伸浪，能够判断出来最好。若判断不清楚的话，还是在波浪运行的大方向上把握，这样才可以获得稳定的收益。

    如图1-5-10所示，四川长虹的日K线中，股价持续放量上涨最终见顶7.13元后开始快速地回落下来。放量上涨后快速下跌，创新高的位置恰好是一个上影线很长的大阴线。如此清晰的见顶回落，很难说不是该股顶部。

    如图1-5-11所示，事实总是与投资者相反的，四川长虹在放量上涨见顶之后，不断地震荡走高。最后出现了两个创新高的延伸浪。试问前期能有几个人想到该股还会出现延伸浪呢？第一个延伸浪出现后，又有几个人能够清楚还有第二个延伸浪呢？判断这样的延伸浪的难度之大，是难以想象的。

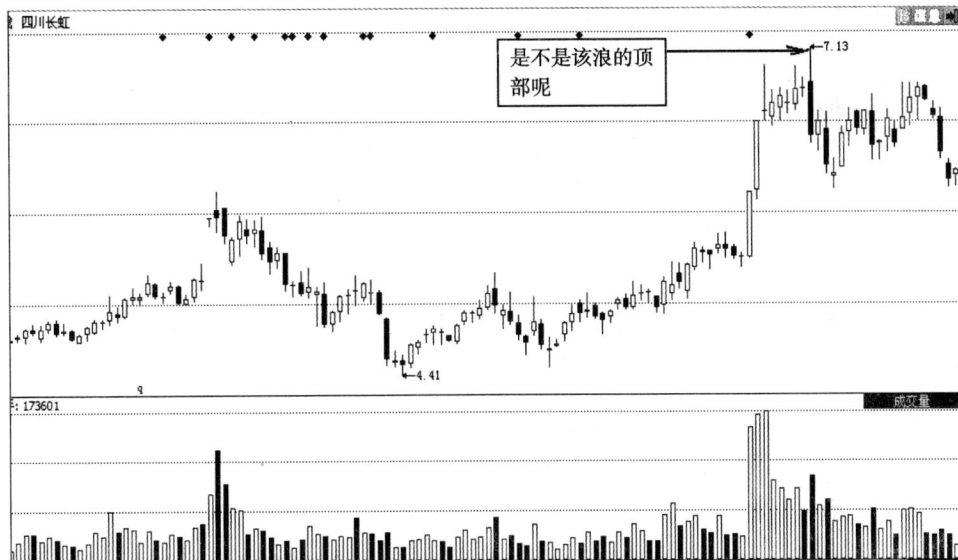

图 1-5-10　四川长虹（600839）大阴线见顶

图 1-5-11　四川长虹（600839）出现延伸浪

第四节 波浪理论可以无限延伸，判断顶部和底部是件难事

波浪理论具有大浪中有小浪，而波浪又可以不断延伸的特性，投资者想要运用这样的理论获得投资收益，是非常困难的。依据波浪理论，股价如果始终处于牛市行情当中，那么上升的5浪可以无限制地延伸下去，而不是停滞不前，或者是转为下跌的3浪。熊市当中，股价的下跌趋势一天没有停止，下跌的3浪在跌幅上可以继续扩大，而每次反弹的时候也只是形成了下跌3浪的延续浪，不代表市场即将见底回升。

不断延续的波浪形态，使投资者很难判断股价真正的顶部和底部位置，而只能够被动地接受市场走出来的趋势。实战当中，投资者想要通过波浪理论来判断股价的顶部和底部，实在是一件难事。事实上，投资者通过k形态或量价关系等来判断股价的顶部和底部，可能得到的效果要好得多。

图 1-5-12　自仪股份（600848）天量见顶

如图 1-5-12 所示，自仪股份的日 k 线中，该股在图中所示的位置天量涨停了。股价天量涨停之后又持续放量下跌。按照常理来说，股价短时间内天量涨停，只是主力拉升股价诱多并且短时间内出货的结果。而之后的放量下跌，也说明持股的投资者一致看空后市，大量地抛售股票所致。既然如此，投资者又何必要去追涨买入呢？如此显著的见顶回落信号，只是股价下跌的开始。

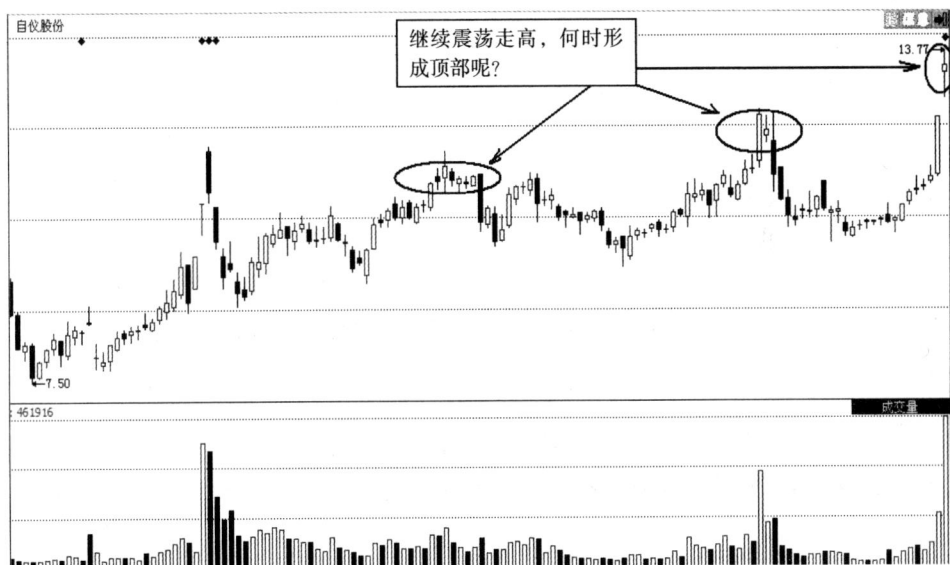

图 1-5-13 自仪股份（600848）震荡走高

如图 1-5-13 所示，自仪股份的走势真是让众多的投资者大跌眼镜，股价出现 V 形反转的见顶信号后，震荡走高又一次出现在了该股上边。并且在图中三个位置达到了新高价位。回头看一下前期的股价放量涨停后快速见顶回落的 V 形反转形态，早已经成为该股上涨途中的调整行情了。

从这个例子中看出，判断股价的顶部还真的不是一件简单的事情。前期放量见顶回落的时候，只是该股短期的顶部而已，后市当中该股出现了更多的顶部形态。

如图 1-5-14 所示，传化股份的日 k 线中，该股从见顶 28.44 元之后就开始了持续下跌的 C 浪行情。下跌的趋势之大，是难以想象的。但是图中显示，该股突如其来的天量上涨行情中，股价却出现快速上攻的走势。单从成交量放大的程度以及股价反弹的力度上来看，俨然一个大型反转的走势。但是事实真的如此

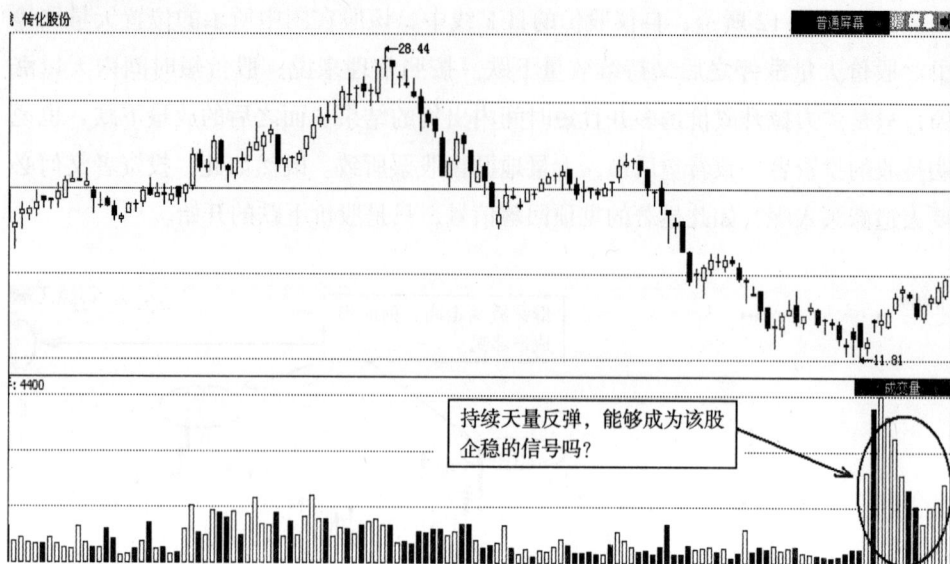

持续天量反弹，能够成为该股
企稳的信号吗？

图 1-5-14　传化股份（002010）天量上涨

吗？该股真的可以从最低价 11.81 元企稳回升吗？还是有个大大的问号在里边！

　　倘若该股见顶的过程真的如此简单的话，那么众人岂不都能够赢利了吗？看一下后期该股的走势就知道事情如何了。

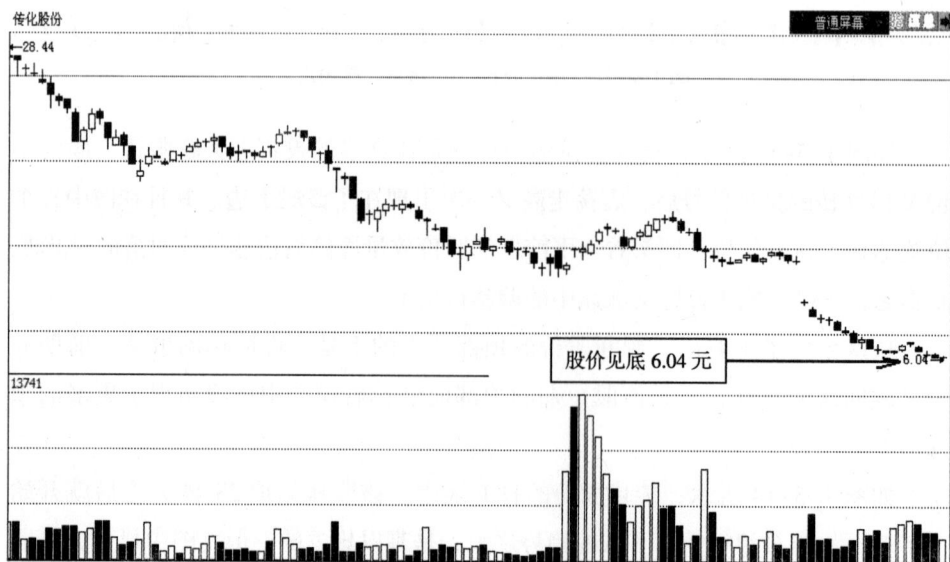

股价见底 6.04 元

图 1-5-15　传化股份（002010）继续 C 浪下跌行情

如图 1-5-15 所示，传化股份虽然出现天量上涨的行情，但是股价非但没有触底反弹，反而出现了再次破位下跌的走势。前期放出如此大的成交量来，没有对该股下跌的趋势造成任何的影响。恐怕对于该股走势的判断，多数的投资者都判断错误了。该股从放量上涨时的最低价格 11.81 元下跌至 6.04 元后，几乎一半的市值被蒸发了。因此看涨而持股的投资者也将遭受到近半的资金损失。

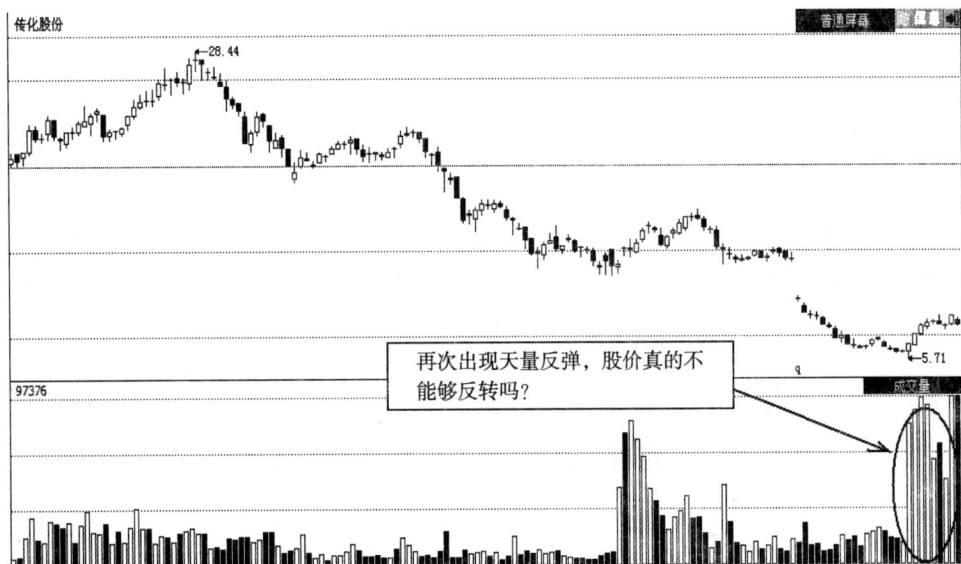

图 1-5-16　传化股份（002010）再次出现天量拉升

如图 1-5-16 所示，传化股份的日 k 线中，该股第二次出现持续天量上涨的现象。天量上涨之后，股价能否企稳回升呢？有了前期股价放量上涨之后快速回落作为铺垫，这一次恐怕没有投资者再敢做多了。倘若真的在此位置做多的话，那么遭受损失的可能性还是有的。

如图 1-5-17 所示，传化股份在 C 浪行情中连续出现了两次天量上涨的趋势，都没逆转该股 C 浪下跌的行情。巨大的成交量形成的堆积状态后，股价的下跌过程还是持续了下来。最后该股企稳的地方是图中所示的位置。量能放大的程度并不比前期的高，而股价却开始触底反转了。

从这个例子可以看出，投资者要想准确地判断股价的 C 浪底部，确实不是一件容易的事情。艾略特的底部可以更低，而顶部对应的股价又可以更高一些，如何衡量是该理论的一个大问题。

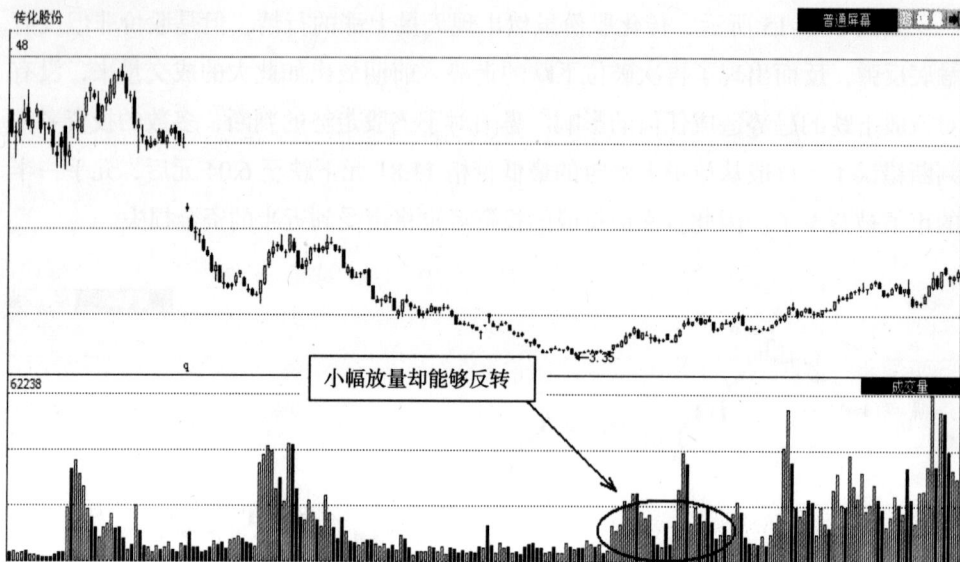

图1-5-17 传化股份（002010）小幅放量即开始反转

第五节 波浪理论是一套主观分析工具

　　总的来说，波浪理论是一套主观性很强的理论，而没有客观依据的支撑。这样的话，投资者在实盘操作当中，很难不被市场的真实走势所左右。主观得出的买卖信号，在真实的操作当中很难不出现亏损。

　　实际的股票交易中，市场的变化是难以预计的，而应用主观化的波浪理论来指导实际的买卖行为，不出现亏损都是不现实的。并且，投资者买卖股票的时候，出错的几率还是蛮大的。从这一点上来看，投资者还是应该事先有所准备才好，这才不会在错误的操作下使亏损扩大。

第六节　不能够轻易的用于个股

　　艾略特发明的波浪理论，起初并不是应用在个股运行趋势的判断上，而是首先应用在了指数的波动上。最初在道琼斯指数得到验证的波浪理论，应用上同样是使用于指数的变化，而不是个股的涨跌变化上。这样看来，投资者买卖个股的时候应用波浪理论，还真是应该小心为好，不然造成亏损的结果就不是理论的问题了。

　　显然，投资者使用艾略特波浪理论，首先在指数上判断波浪的特征，确定指数当时正处于第几浪中，这样对买卖股票才更有帮助。多数个股在走势上与指数有一定的正相关性，确定了指数的波浪形态，也就确定了多数个股的走势状况，这样获得收益将成为可能。

第六章　波浪与成交量

股价不论涨跌，其原因无非是成交量的不断变化。波浪理论中之所以有5个上升浪和3个下调浪，也是量能有规律的变化的结果。牛市行情中，投资者的情绪会随着股价的上涨而不断高涨，而做多的能量同样会不断地放大。量能增加、股价上涨就成为上升5浪的重要特征。与此对应的是熊市中下跌3浪的成交量萎缩状态。

第一节　牛市放量上涨5浪

波浪理论中，股价在前5浪震荡上涨的过程中，成交量不断放大是很健康的牛市行情。不管第2浪、第4浪的调整幅度有多么的大，股价总是要上涨的，短暂的回调是多空双方再次展开争夺的表现，最后的结局一定是多方继续掌握趋势的主动权。既然多方可以掌握行情的主动权，量能会随着市场中人气的聚集而不断地放大，投资者可以沿着量价齐增的这条主线来操作股票。

下面就针对上升5浪中每个浪的走势，分别说一下成交量与波浪走势的关系：

1浪：量能稳步抬高，股价蓄势待涨。

第1浪是股价上涨的起始阶段，也是波浪中的第1浪，垫底浪。不平凡的位置注定了第1浪的量能不会是熊市中的缩量，放量上涨是这一浪的大趋势。即便股价真的已经告别熊市行情，也只是少数投资者在做多，更多的人处于观望之中。反映在波浪的形态上，这一波的上涨行情也只能是一段筑底过程，股价会在众多投资者惯性做空的影响下迎来跌幅较大的第2浪，投资者要对这种即将到来的调整有所准备。

波浪理论的第1浪是投资者时来运转的第一个低位建仓的机会，多空双方争夺最为激烈的时候也是出现在1浪当中。牛市的号角不是轻而易举就出现的，蓄势完成之后股价自然放量上涨。第1浪其实就像打破平静的那嘹亮的歌声，一旦出现的话，牛市行情会重新燃起投资者的热情，更多的投资者会不由自主地再次买入股票。

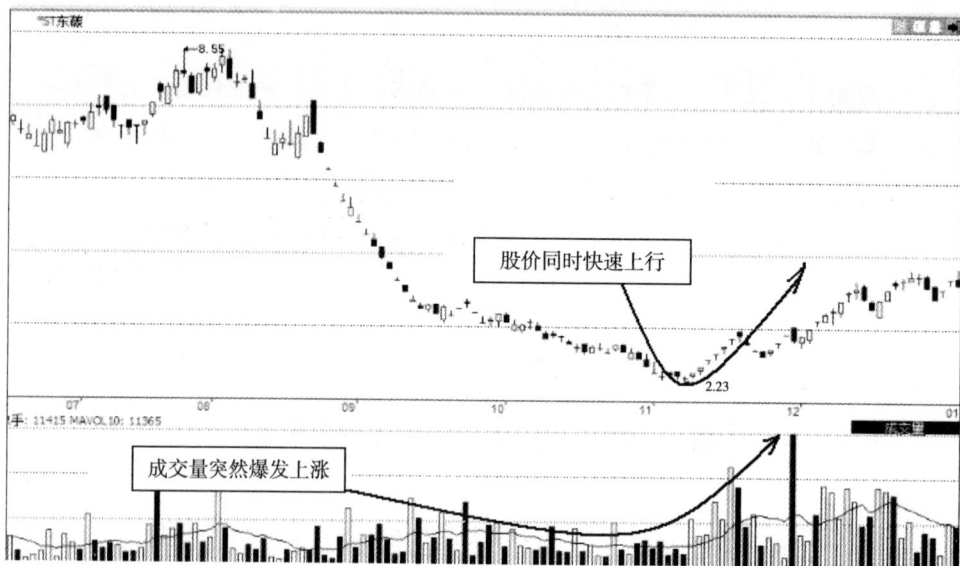

图 1-6-1　*ST 东碳（600691）放量涨停，开启牛市

如图 1-6-1 所示，*ST 东碳的日 k 线中，股价经历了疯狂跌停式的下跌行情后，股价跟随指数在同一时间内放量上涨。图中显示，该股的上涨方式与下跌时相对地出现了连续的涨停。量能在这个时候显然是放大了许多。市场从此开始火爆了起来，反转的意味非常之强烈。

该股的上涨过程仅仅从量能的放大上来看，就具有很强的延续性，如果不是如此放量，摆脱熊市进入牛市的1浪行情也不会如此快的到来。

如图 1-6-2 所示，上证指数的日 k 线中，指数在 *ST 东碳反弹的时候也开始了放量反转。图中显示出来，指数在上涨的时候，成交量一跃而起。而之后回调的时候，量能虽然萎缩到图中 F 所示的大小，但是却没有低于前期 E 点的量能。调整的行情虽然出现了，但是仍然是一定程度上的放量，市场的上涨趋势还坚持，指数不会因此而再次陷入跌势当中。

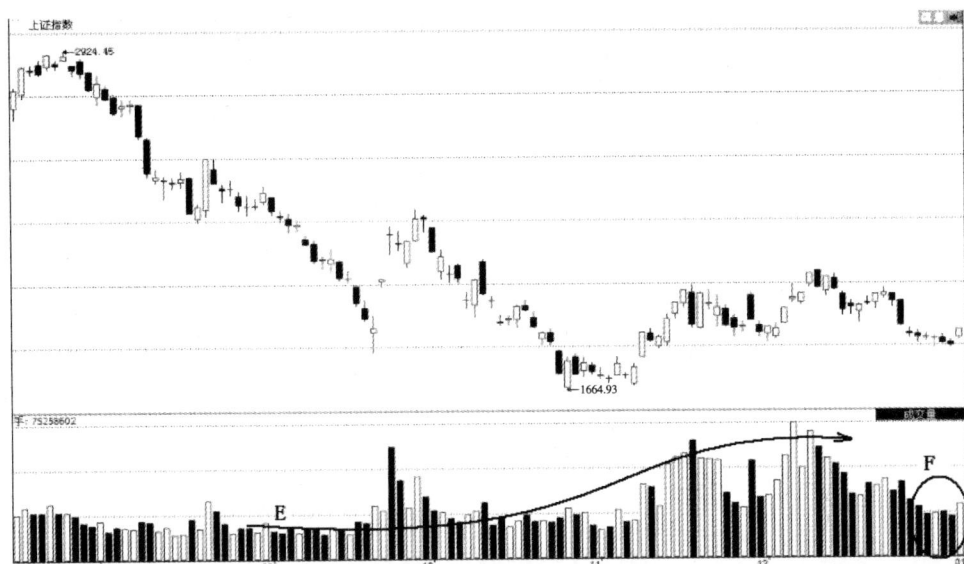

图 1-6-2　上证指数同期走势

2 浪：牛市前的第一次较量。

波浪理论中的第 2 浪对多方的打击是空前的，其原因是多数投资者并未真正地摆脱熊市的思维习惯，即便放量上涨的牛市开端期间，也没能使他们摒弃做空的惯性思维，这样股价出现 1 浪之后的大调整也是理所当然的事情。即便股价出现了非常大的破位下跌，从成交量上看，没有多大的量能支撑股价继续走低，这就是筑底待涨的过程。筑底完成后通常可以见到双底、三重底甚至于 V 形反转等形态，都是市场再次走强的征兆。

造成股价出现 1 浪后下跌的行情，原因主要是前期的熊市当中的套牢盘以及短线的投机客。事实上，多数的投资者并未参与做空，少数的不坚定分子制造了第 2 浪的深幅下跌行情。反映在量能上，会出现非常显著的萎缩情况。既然是萎缩下跌，众多的投资者都在观望之中，因此，股价短期内触底反弹一定会在缩量中出现。耐心等待市场中人气重新恢复到牛市应有的水平，投资者的贪婪真正战胜恐惧之心，那么市场就自然会在量能放大中创新高了。

如图 1-6-3 所示，*ST 东碳在放量突破了之后，随之指数的下跌也出现了回调，从成交量上看也是开始萎缩，但是股价的跌幅却不是很大，这样 8 浪循环中的 1 浪上涨行情就告一个段落，该股即将迎来 2 浪的调整行情。

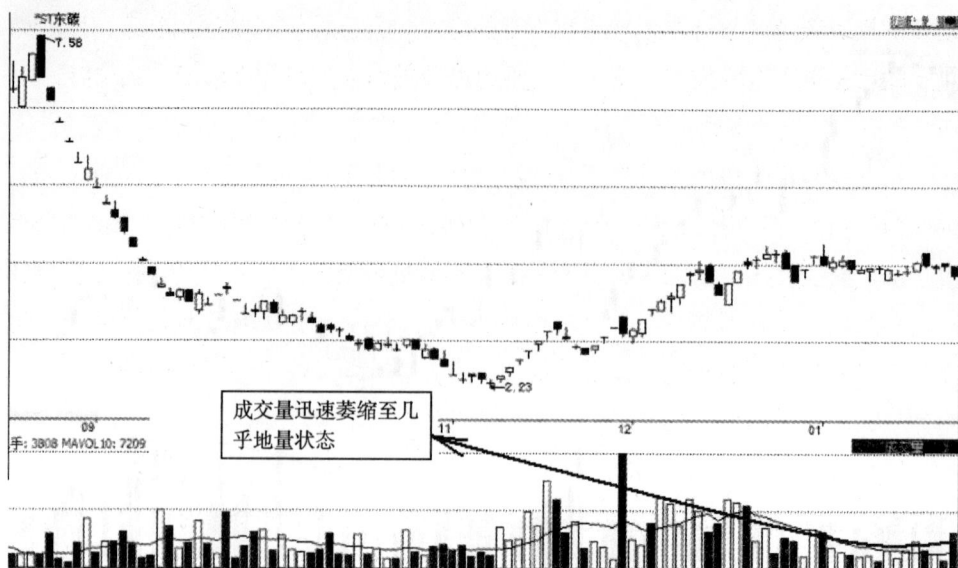

成交量迅速萎缩至几乎地量状态

图 1-6-3　*ST 东碳（600691）缩量横盘

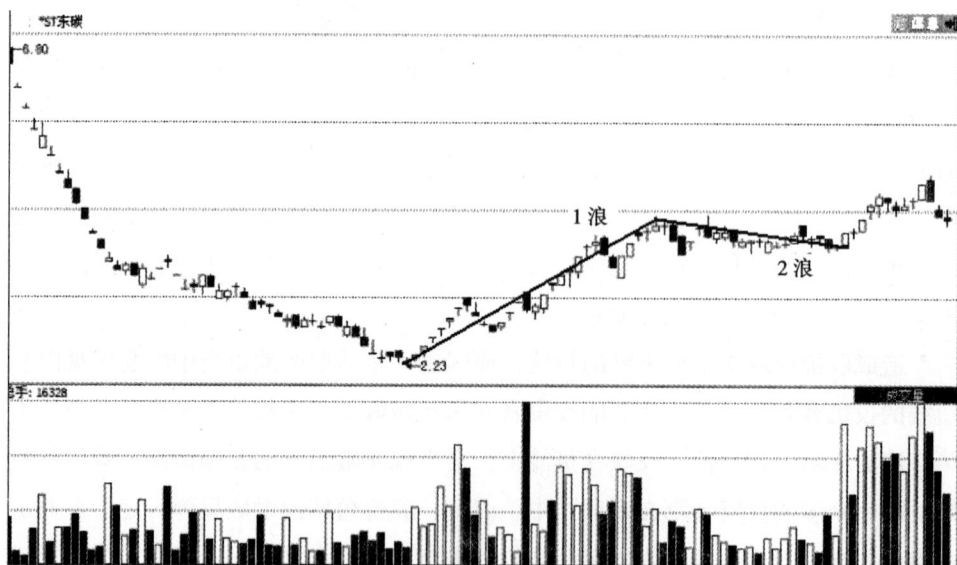

1 浪

2 浪

图 1-6-4　*ST 东碳（600691）2 浪形成

如图 1-6-4 所示，该股经历了 1 浪的快速飙涨之后，累计的上涨幅度已经高达 100%。而出现横盘调整的行情，这种调整正是为今后的蓄势上涨创造上涨的动能。从成交量上来看，该股同样是一个缩量的过程。

投资者都知道，1 浪的上涨是熊市刚刚结束，牛市开始的初期，这个时候，众多的投资者还对股价的上涨持有观望的态度。并且在解套盘的出货下，股价缩量下跌已是很正常的反应。图中股价横盘滞涨的时候，就是 2 浪所在的位置。

3 浪：真正的带量上涨行情。

第三浪与第 1 浪虽然同属于驱动浪，但是却有很大的不同之处。相对于今后的牛市行情，1 浪充其量是一个放量上涨的小反弹——量能略微放大，股价小幅度上涨。而经过 2 浪的缩量调整之后，第 3 浪的发展就有了多数的投资者参与进来，并且同时推动股价放量上行。可以这么说，3 浪不论在上升行情持续的时间上，还是累计上升幅度上，都是空前绝后的。错过了这一波放量上涨的大行情，再想要出现同样的牛市行情就非常不容易了。

3 浪的发展过程中，成交量会不断地膨胀，股价也随之不断上移。有的时候，即便以跳空上涨的方式来拉升股价，也难以充分地说明牛市的强度。股价这会儿的上涨不仅是已经完成建仓动作的主力所为，更是众多的投资者在股价上涨的过程中完成建仓的结果。极具人气的牛市行情在 3 浪中得到充分的体现，市场的狂热程度是多头沉默已久的爆发性追涨所致。投资者可以在 3 浪中大胆地做多，利润加速奔跑定会使投资者的收益进入膨胀的过程中。

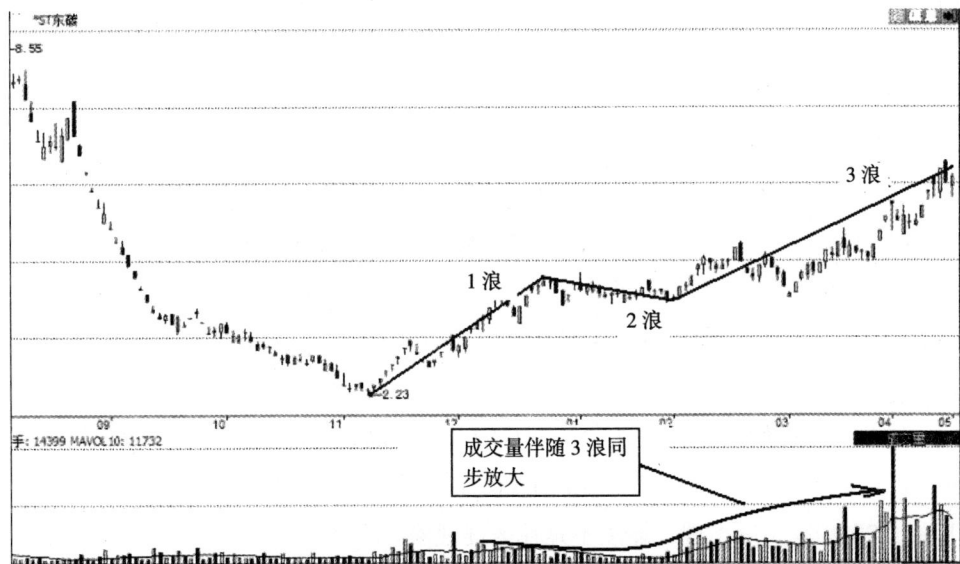

图 1-6-5　*ST 东碳（600691）再放量形成三浪

如图 1-6-5 所示，该股的走势就在缩量调整完成之后又开始了牛市行情。从成交量上来看，量能放大到了一定程度，并且接着放到天量程度。放量显然是股价能够继续上涨的动力，而该股又出现了难得一见的"天量"，股价的上涨就有了进一步创新高的强大动力。该股的上涨幅度将因此而再创新高。

与前期缩量调整的 2 浪不同的是，这次出现上不见顶的 3 浪推动浪。股价的上涨空间将进一步打开，牛市行情将不断延续，投资者不需要猜测具体的顶部在哪里，只需要在上涨动力不足的时候，在出货信号出现的时候出货即可。

4 浪：多方获利出局。

4 浪也是以一个调整浪的形式出现的，这与第 2 浪是相似的。而造成 2 浪和 4 浪下跌调整的原因却并不相同。2 浪出现在熊市第 1 浪上升过后，其原因更多的是投资者解套和获利恐高后的抛售行为，只是短期的缩量下跌，并不具备将股价打压至底部的强度。而经过 3 浪近乎疯狂的暴涨拉升后，牛市行情已经不仅限于雏形状态了，而是进一步地得到了加强。大涨之后，多数的投资者已经尝到了市场给予的丰厚投资回报，在高位主动地出货兑现利润，是股价在 3 浪之后下跌的主要原因。

虽然是获利的多方主动性抛盘所致的股价下跌，但是却没有进一步跌破前期高位的可能，因为 3 浪的大牛市刚刚走完，4 浪的调整幅度再大也不至于转眼间即进入到熊市当中。可能性更大的情况是，股价缩量下跌形成三角形的整理形态，并且在前期 1 浪的顶部之上再次企稳回升，这就是 4 浪的调整。

4 浪是投资者获利丰厚之后的主动性抛售所致，来时难于预料，而触底反弹的位置也不容易判断，投资者需要仔细分析市场的走势，才能够较好地判断底部和顶部的位置。从成交量上来看，4 浪出现之后，抛售的量能有所放大，这与多方的获利程度是相关的。成交量有所放大并不是说牛市就已经结束，而是牛市得以继续运行的必要动作。经过 4 浪有所放大的成交量配合下，调整过后抛售的压力将大为减小，市场有望调整到位之后再次发力上行。

如图 1-6-6 所示，该股从 2 浪调整浪开始上涨，上涨到最高价 10.56 元的时候，已经是放量三连阳线了。三连阳线就是所说的"红三兵"形态，在该股再次上涨了 200% 以上后出现，显然不是什么好现象。

从成交量上来看，量能在涨停的时候已经开始萎缩了。该股能否再创新高，是很值得怀疑的事情。市场虽然没有转向的信号，但是上涨的动力显然是不足了，后市有待进一步观察。

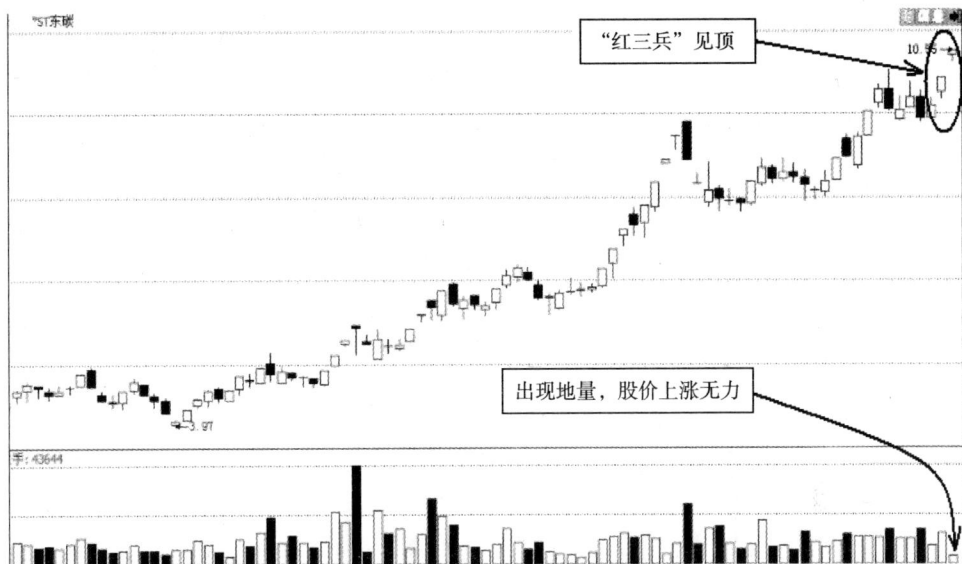

图 1-6-6 *ST 东碳（600691）三连阳线见顶

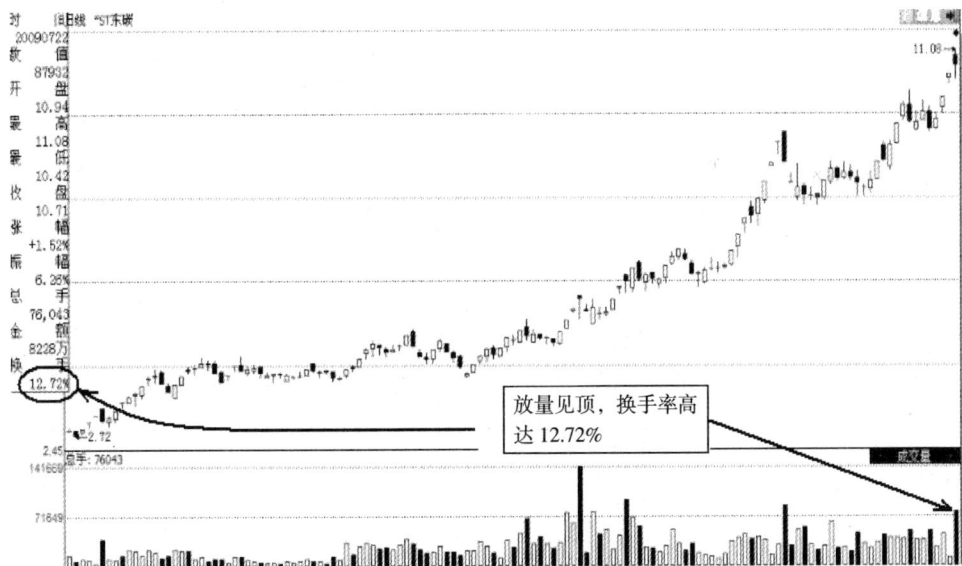

图 1-6-7 *ST 东碳（600691）主力放量出货

　　如图 1-6-7 所示，该股在"红三兵"形态出现之后，一个放量跳空上涨的阴线出现了。当日的换手率高达 12.72% 之多，而股价的累计上涨幅度更是已经接近了 300%。这个时候出现了放量阴线，显然不是正常的上升行情应有的现象，投资者应该提防这个 3 浪行情提前结束。减仓在这时是个不错的选择。一旦 3 浪

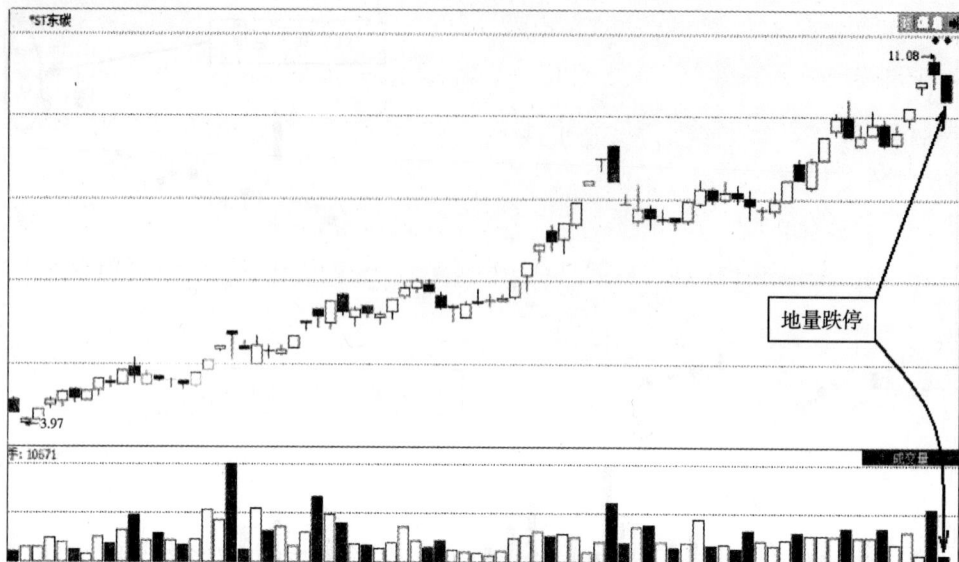

图 1-6-8　*ST 东碳（600691）地量跌停

真正见顶回落，那么股价就会加速见顶回落。

如图 1-6-8 所示，该股的上升趋势显然是受到了非常大的打击，图中该股突然地量跌停就是这个熊市行情的开始。"红三兵"冲高见顶 11.08 元后能够跌停收盘，见顶的信号可见一斑。这个时候是无需等待了，出货将是个不错的选择。

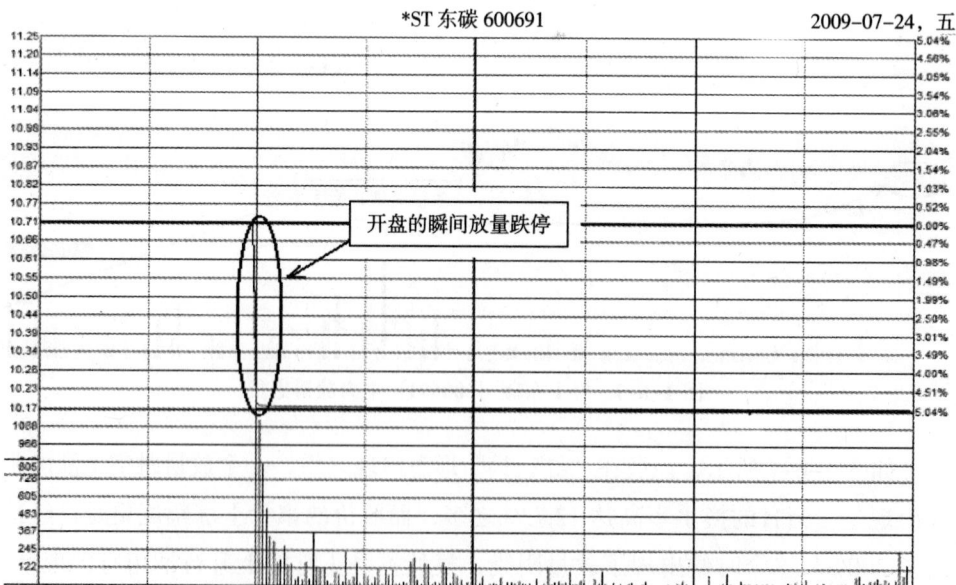

图 1-6-9　*ST 东碳（600691）2009 年 7 月 24 日分时图

如图 1-6-9 所示，该股在 2009 年 7 月 24 日的分时图中，因为连续上涨而被限制半小时后开盘，开盘之后几乎是瞬间跌停了。虽然从日 k 线中看，成交量没有放大，但是在短短的几分钟内放出如此大的成交量，显然是遭受了很大的抛压。

下跌来得如此的突然，是众多投资者没有提前预知的。既然该股的下跌已经出现了，那么理性面对跌势，避开即将到来的 4 浪的下跌将是个不错的选择。

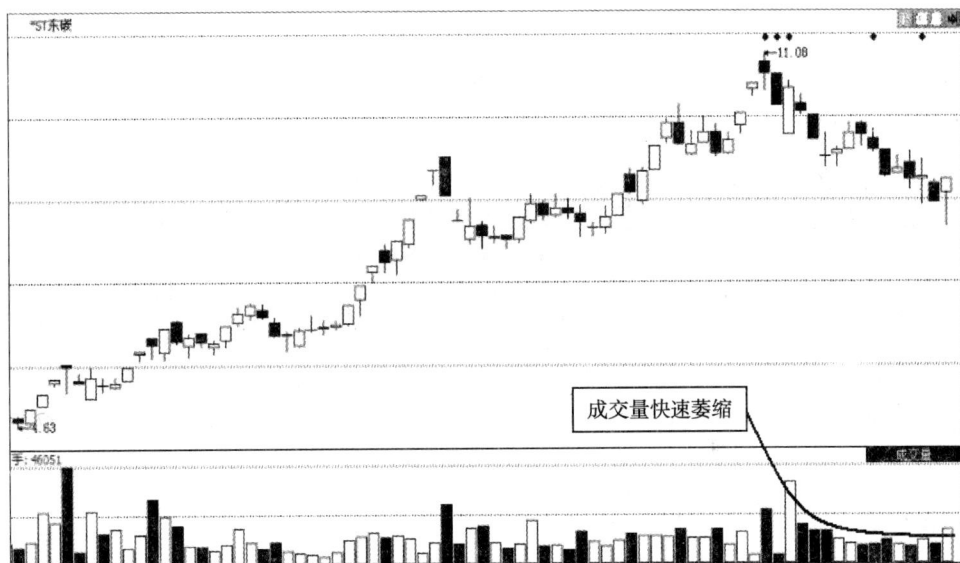

图 1-6-10 *ST 东碳 （600691） 缩量下跌

如图 1-6-10 所示，该股在缩量跌停之后，接下来的一段时间里不断地缩量走低。该股前一阶段的 3 浪飙涨行情已经完结了，等待 4 浪调整到位之后再买入股票是投资者的最佳选择。

如图 1-6-11 所示，该股在一根下影很长的阳线的支撑下，开始了造底反弹的走势。连续两次的震荡调整之后，显然在图中形成了两个非常显著的底部形态。4 浪的持续下跌走势将因此而受到抑制，震荡中再次放量，是该股最后一个拉升浪——5 浪的开始。

5 浪：多方穷途末路。

第 5 浪虽然算是波浪理论中的三大推动浪之一，但是从上涨的幅度上来看，却与 3 浪有很大的差距。反映在成交量上，也是缩量的状态。可以说 5 浪是牛市

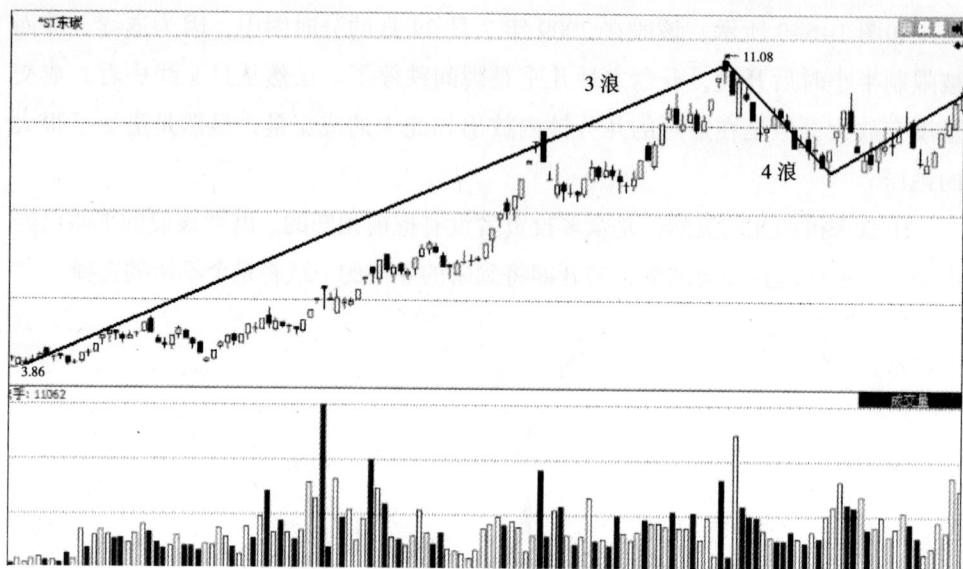

图 1-6-11   *ST 东碳（600691）4 浪形成

中投资者热情出奇的高涨，但却上涨乏力的最后一波拉升行情。

俗话说物极必反，用在第 5 浪的拉升行情中是再合适不过的了。有了前期三浪的大幅度上涨作为铺垫，5 浪时股价的上涨更为疯狂，但是市场整体的涨幅却不是很大。在前期涨幅不大的个股，将在 5 浪的飙涨行情中被充分地挖掘，市场就是在热点板块充分上涨之后开始见顶回落的。

5 浪见顶的过程中，起初是有一定的成交量配合的。而随着股价的重心不断地上移，成交量也降到不能再降的程度。无量推动的市场中，必然是以下跌作为结尾的。多空双方经过争夺之后，见顶回落成为必然的现象。股价突破支撑线的时候，就是牛市行情结束的时刻。一旦市场不能够延续前期的牛市行情，5 浪结束之后的三浪下跌幅度将是空前的。

如图 1-6-12 所示，*ST 东碳告别 4 浪的调整之后，在图中出现了新一波的天量拉升上涨的走势。这次的上涨过程中，该股又一次达到了新高 14.99 元的高度，涨幅高达 50% 之多。但是天量之后，该股接着出现了缩量回调的走势。

天量上涨与地量调整本身就是股价见顶回落的征兆，该股的牛途将因为 5 浪的结束而画上句号。股价虽然未曾下跌，但是一旦 A 浪的下跌趋势开始的话，清仓等待新一轮牛市行情的到来就是唯一的选择了。

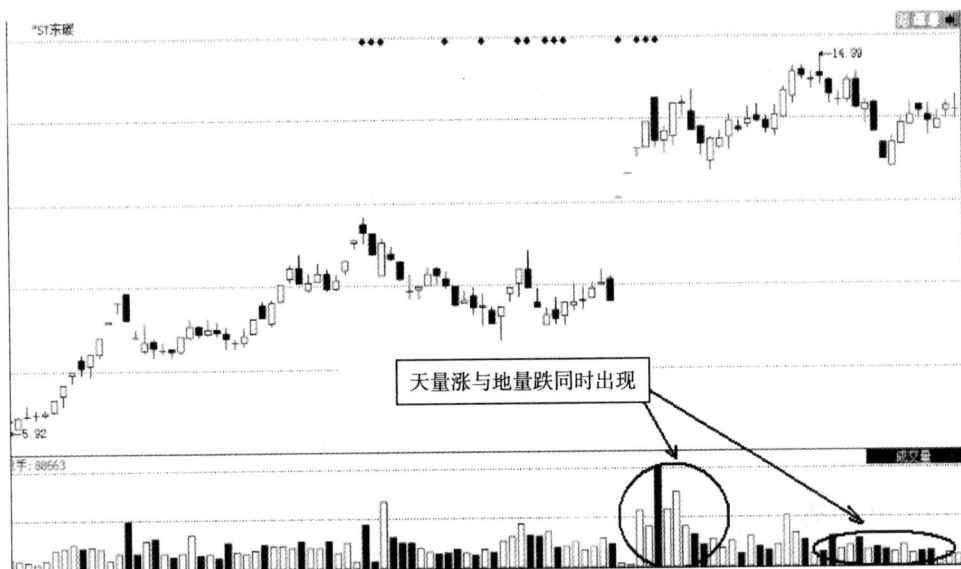

图 1-6-12 *ST 东碳（600691）天量见顶，地量下跌

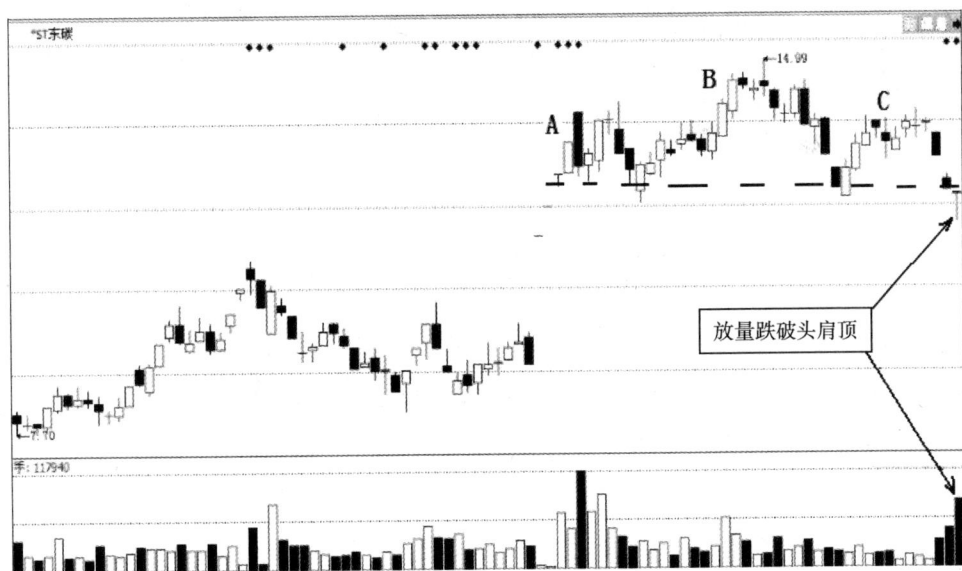

图 1-6-13 *ST 东碳（600691）放量跌破头肩顶

如图 1-6-13 所示，该股形成了图中的顶部头肩顶（A 为左肩、B 为头部、C 为右肩）形态后，在图中标注的位置一举跌破了头肩顶的形态。投资者在 5 浪的最为显著的出货机会莫过于此了，股价跌破了头肩顶的时候，就是出货的最佳时

机。这个时候也是熊市中 A 浪的下跌的起始位置。牛市中 5 浪上涨行情将在这个时候结束。

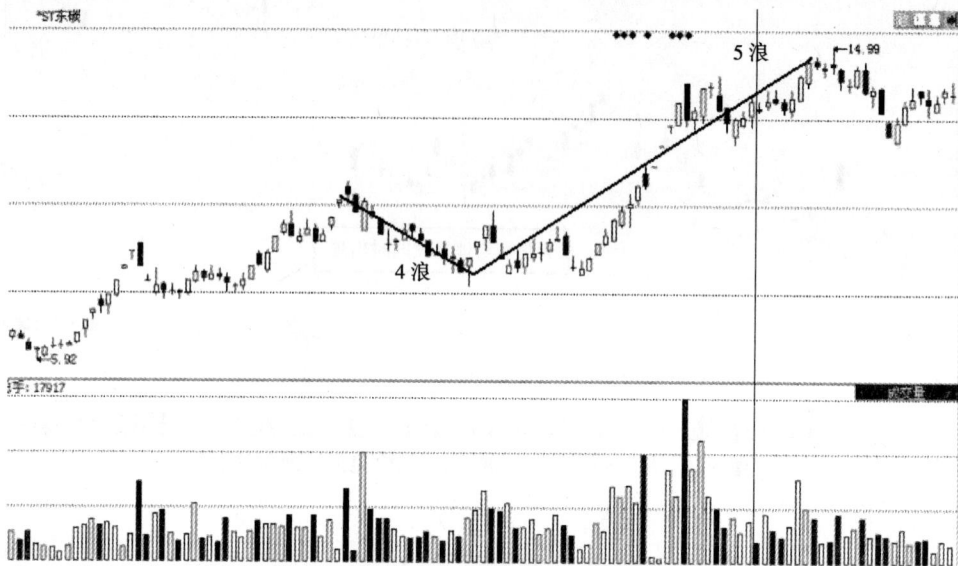

图 1-6-14　*ST 东碳（600691）天量中形成 5 浪

如图 1-6-14 所示，该股在跌破了头肩顶形态之后，就迎来了新一轮的下跌行情。而最高价位 14.99 元正好是该 5 浪行情的结束点，牛熊市将在这个位置发生转换。

第二节　熊市缩量下跌 3 浪

A 浪：市场反转的逆流。

5 浪之后出现的 A 浪调整行情，并不被多数的投资者看成是市场转势的形态，认为其充其量是一个调整行情罢了。从形态上看，A 浪的三角形整理或者是横向调整的行情，通常会与随之而来的 B 浪再次下跌行情融合在一起。因为前期 5 浪的上涨已经消耗了多方的绝大多数能量，这样出现了 A 浪的弱势调整行情是情理之中的事情，经过 A 浪的调整之后，股价即使没有量能的配合仍然能够见顶回落。

股价在 A 浪的下跌行情中，究竟能够走多远要看市场的估值水平，或者说是市场的做空动能和基本面的情况了。

A 浪的下跌幅度虽然不一定很大，但是却给投资者一个见顶的显著信号。市场的方向由此将发生实质性的变化，把握节奏适度建仓才是上策。

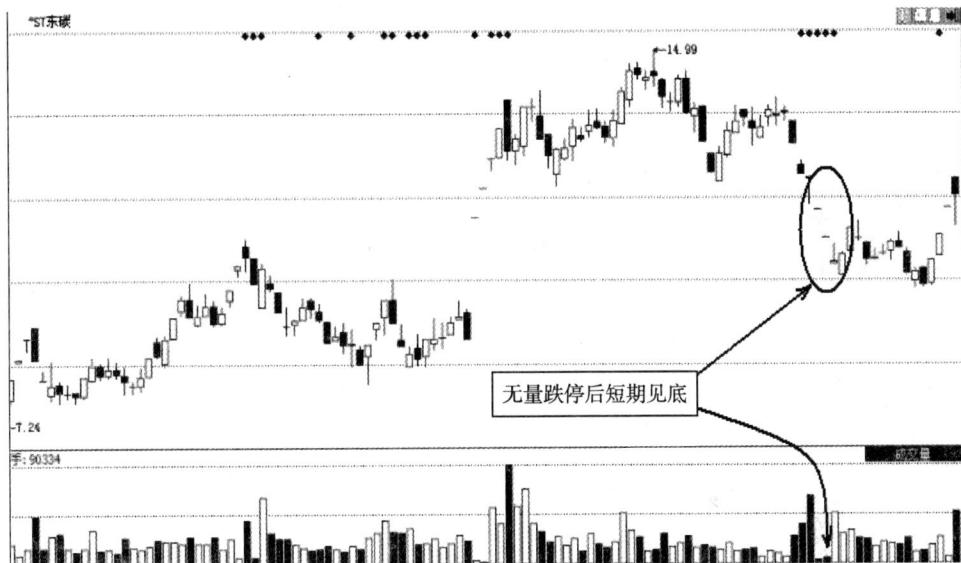

图 1-6-15　*ST 东碳（600691）三天无量跌停

如图 1-6-15 所示，该股 A 浪行情在三天连续出现跌停板之后，股价出现了图中的触底反弹行情。A 浪行情显然是给众多的投资者突然袭击，无量跌停就是一个很好的例证。虽然 A 浪的下跌速度比较快，跌幅也是破位形式的下跌，但是终究不是真正的 C 浪下跌行情。因此，该股在连续三天跌停之后，就出现了企稳回升的现象。B 浪的反弹行情即将出现。

如图 1-6-16 所示，该股的 A 浪行情已经兑现出来，前期该股跌破头肩顶的位置已经是投资者不错的出货机会了。A 浪在下跌探底 q 位置的价位时，显然是相比前期 3 浪的最高价位 p 线低了，这也证明该股的 A 浪行情不是什么主力洗盘的行为，该股以后的熊途就开始了。

B 浪：短暂回调。

既然 A 浪已经开始见顶回落，市场就已经进入到了熊市调整阶段，B 浪只不

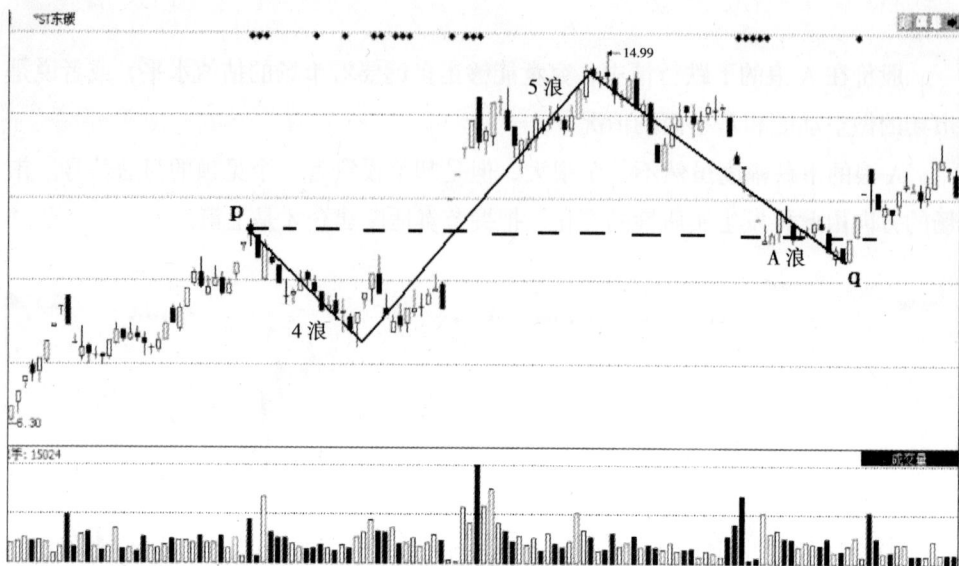

图 1-6-16　*ST 东碳（600691）A 浪在跌停中完成

过算是调整途中昙花一现的小反弹而已，跌势不会因为少数看多的投资者的继续抢反弹而出现变化。从市场的走势来看，B 浪的短暂反弹也是充满了诱多的陷阱的。貌似见底回升的信号在这个时候不断的出现，但是却掩饰不住两节背离的本质。股价出现 B 浪的无量反弹过程说明只是一小部分投资者在看涨，无量上涨持续的时间是非常短暂的，出货的时机应该尽快把握住才好。

　　市场的下跌过程是大概率的事件，而上涨的空间是非常小的，并且没有多方的一致看多，没能把握住 B 浪的出货机会的投资者，将会面临股价在今后放量下跌的巨大风险。处于 B 浪中的股价，没有进入下跌之前是看不出来其破坏性的，一旦跌破重要的支撑位置后，深不见底的跌势就将开始加速进行了。

　　如图 1-6-17 所示，A 浪下跌之后，该股虽然不断地震荡上涨，成交量已经不能够放大了，这一波 B 浪的缩量上涨可以是投资者出货的时机，但一定不是持股待涨的时候。B 浪的反弹行情也是非常难以预料的，投资者如果仍然持股的话，一定不能忽视即将出现的 C 浪巨大下跌风险。

　　如图 1-6-18 所示，无量跌停在 B 浪反弹的过程中，触及前期高位的时候出现了。以跌停的形式开始 C 浪的熊途，正是说明了 C 浪的破坏力之大，是前所未有的。本身就处于熊市当中的最后一个下跌浪，一定会使多数的投资者陷入亏损状态。

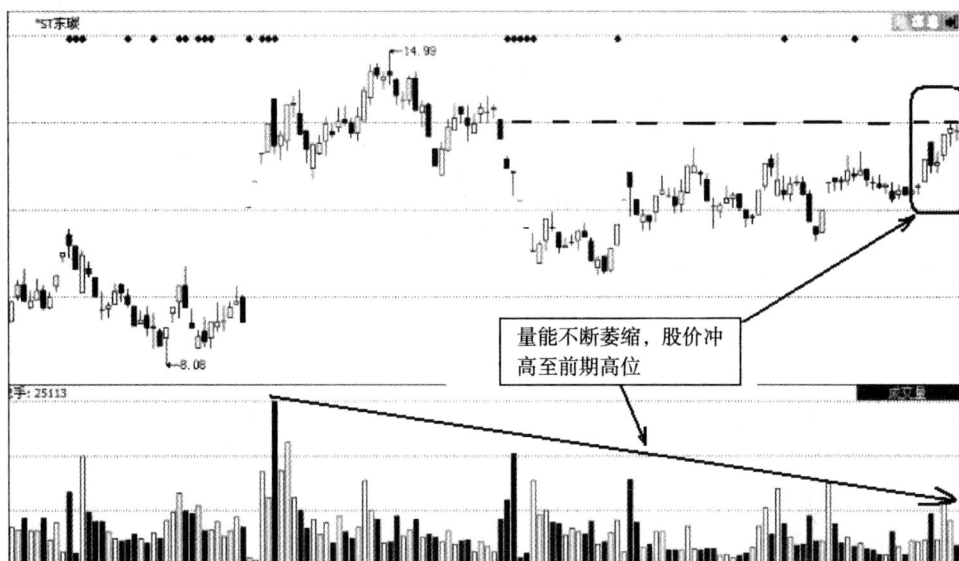

量能不断萎缩，股价冲
高至前期高位

图 1-6-17　*ST 东碳（600691）无量慢涨

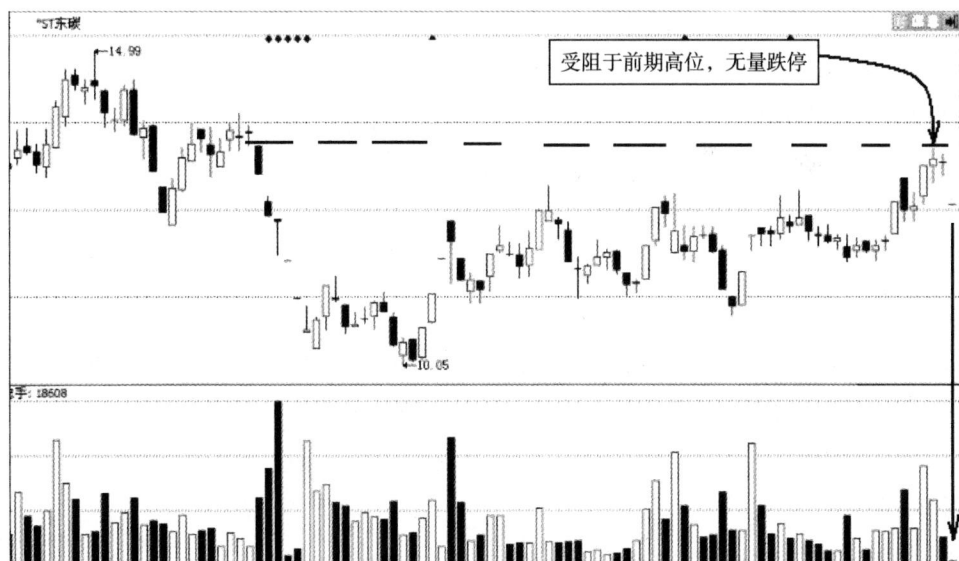

受阻于前期高位，无量跌停

图 1-6-18　*ST 东碳（600691）突然跌停见顶

　　如图 1-6-19 所示，该股的 B 浪行情起始于前期 3 浪最高价位的下边，而终结于顶部头肩顶的右肩部位对应的价位。在该股跌停的时候，B 浪也就完成了它短暂反弹的"使命"，C 浪在瞬间开始了。

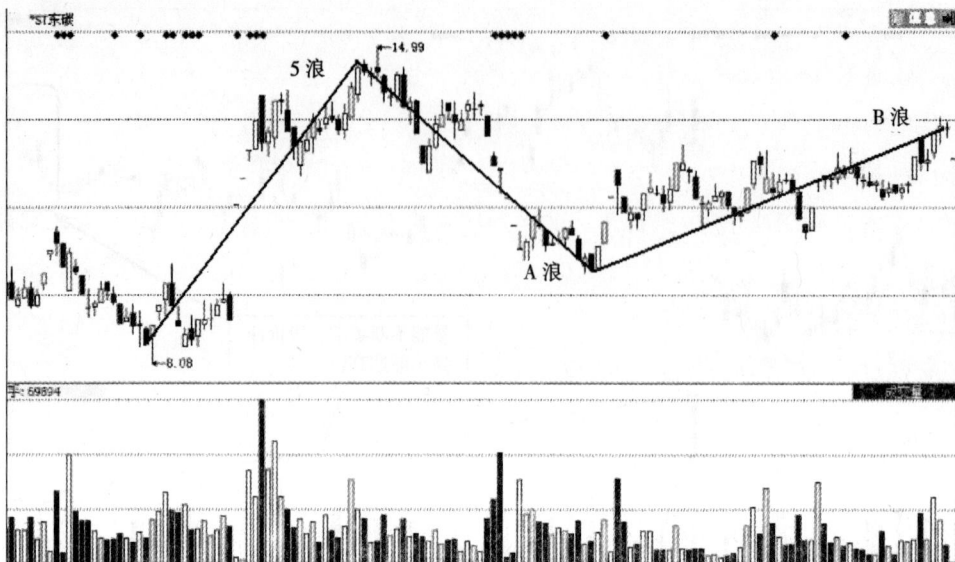

图 1-6-19　*ST 东碳（600691）B 浪形成

C 浪：破坏力超强的跌势。

8 浪循环的过程中，C 浪是最后一浪，也是极具破坏力的一波下跌行情了。在这波下跌行情中，更多的投资者意识到了股价已经反弹无望，而转向卖出股票的操作。除了抛售股票的投资者外，剩下的几乎都是采取观望的消极态度对待跌

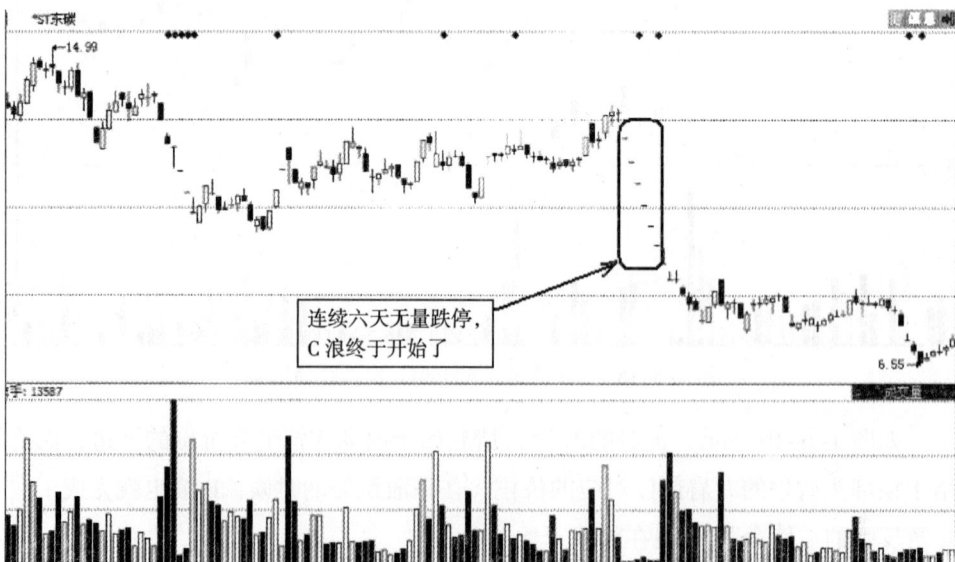

连续六天无量跌停，C 浪终于开始了

图 1-6-20　*ST 东碳（600691）无量六天跌停板

势。这样下去，市场在短期内是很难见底回升的。

出现 C 浪的时候，不仅仅是技术面的见顶回落，还有基本面的持续打压，两者同时对投资者的心理施加压力，市场恐慌性的抛售股票在所难免，股价持续回落后跌势将是非常漫长的。

如图 1-6-20 所示，C 浪开始之后，连续出现了六天的跌停板，并且都是以"一字"无量跌停的形式出现的。这种跌停方式开始了该股的熊途，投资者在起始阶段是没有任何的出货机会的。只能等待跌停价格打开后再强行出货，但是到那个时候损失已经非常大了。

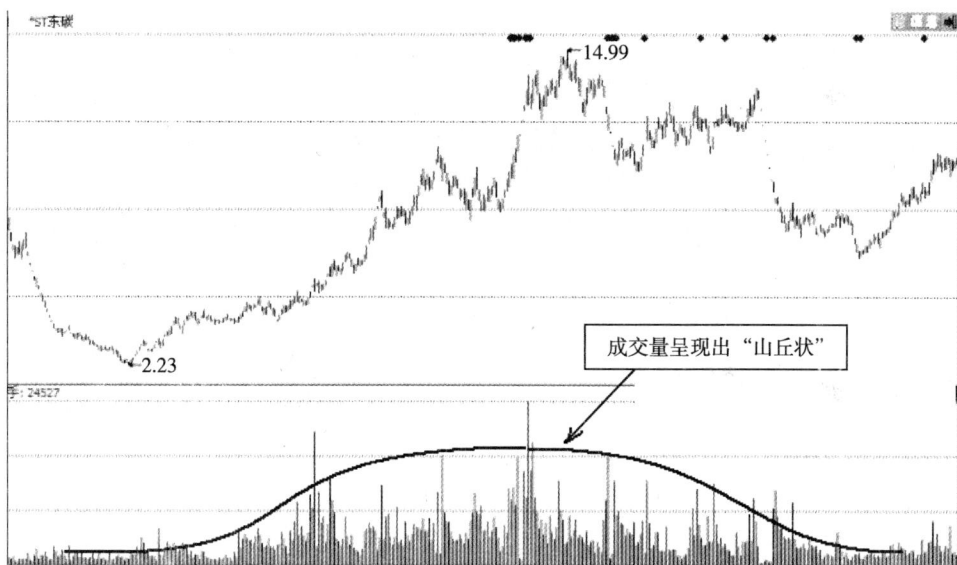

图 1-6-21　*ST 东碳（600691）成交量总体趋势

如图 1-6-21 所示，该股的整个 8 浪循环过程中，成交量从放大见顶再到最后的缩量下跌，经历了一个"山丘状"的形态。这个形态显然是与股价的"过山车"式的 8 浪循环对应了。8 浪循环的过程就在股价和成交量同时壮大和下跌的过程中完成了。

如图 1-6-22 所示，该股的上涨 8 浪循环过程已经显示出来，股价经历了一番大涨之后，又下跌至最高价位的近一半的位置。

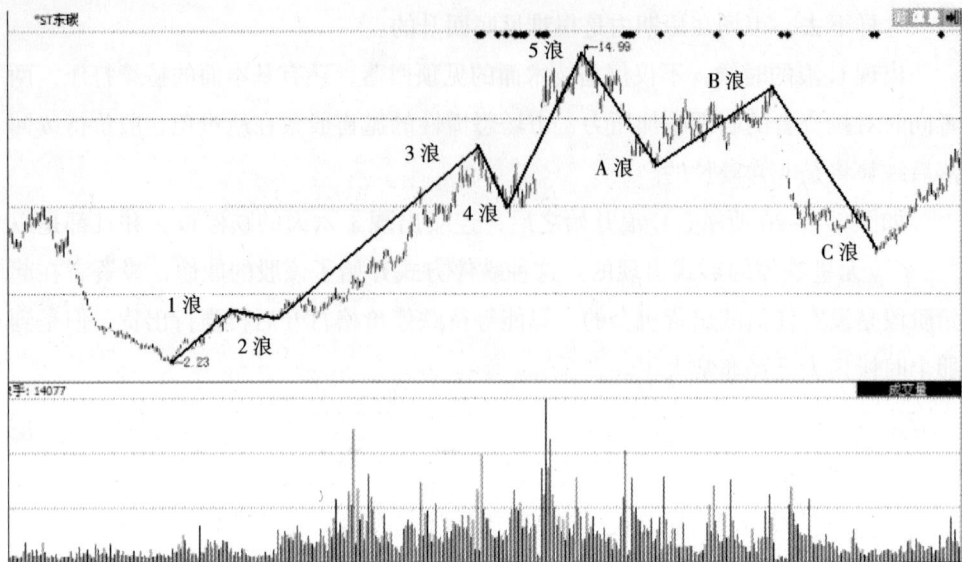

图 1-6-22　*ST 东碳（600691）完成 8 浪循环

第七章　波浪与技术指标

波浪理论注重的就是8浪循环进行的形态，是波浪理论存在的依据。投资者在使用波浪理论判断买卖的价位的时候，就需要准确无误地判断股价的波浪形态的起始位置，甚至是终了的位置，这样才有助于投资者取得投资收益。那么究竟如何才能够抓住波浪形态的转变点呢？笔者认为利用技术指标与股价波动之间的联动关系来检测波浪形成的信号，或者说依照技术指标发出的买卖信号来选择买卖点位。这样，投资者就不会因为波浪理论的抽象难懂而没能抓住波浪转变点。

第一节　波浪的开始

波浪理论中有8个浪，其中前5个浪是牛市行情中出现的浪，而后3个浪是熊市中的下跌浪。牛市当中，1浪、3浪和5浪是牛市行情得以延续的三个主要的推动浪，是投资者应该主要把握的三个大浪。而2浪、4浪则属于牛市中的调整浪，股价会在此期间进入跌势中，投资者应该努力避免在这两个浪中持股，以免造成投资损失。

针对8浪循环的特征，掌握波浪走势的首要问题是准确判断波浪的起始点。只有波浪的起始位置找准了，下面根据每一个波浪的特征做出不同的投资决策才是有意义的。如果投资者眉毛胡子一把抓的话，最后也只能落得鸡飞蛋打的局面。要找准8浪中的第1浪，只是看股票价格的涨跌变化，恐怕是很难的事情。而参照股价相对于技术指标的变化来发现波浪的运行趋势，显然是个不错的想法。

技术指标里边，能与股价的涨跌形成对应关系的，不外乎均线、MACD、

KDJ、RSI 以及 SAR 等指标。股价从 1 浪的见底回升，到 5 浪的冲高回落，指标同样经历了这样的过程。投资者只需留意股价在经历了长期的熊市之后，初次反弹的拉升机会，很可能就是第 1 浪形成的过程。下面首先以股价相对于移动平均线的变化来说明 1 浪形成的过程。

一、1 浪的均线表现

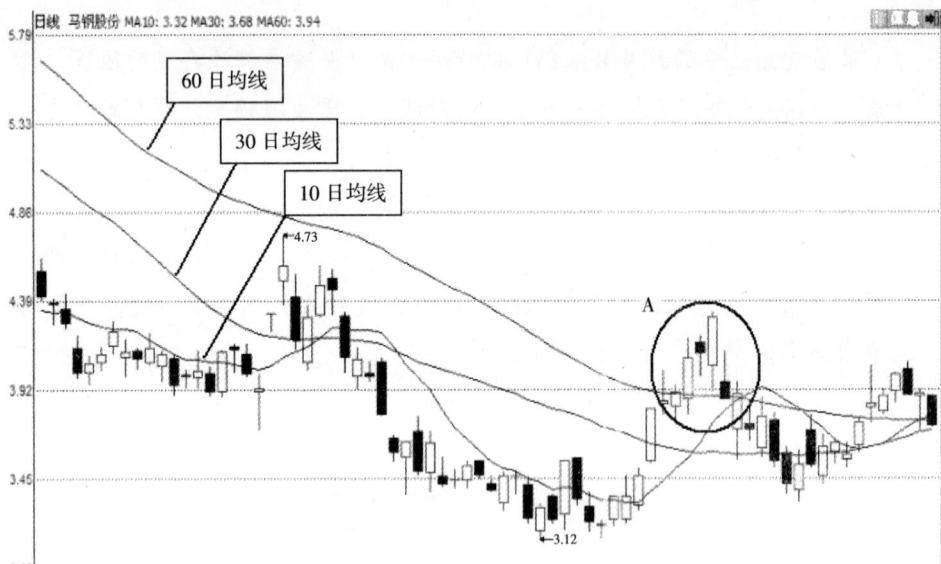

图 1-7-1　马钢股份（600808）突破均线的 1 浪

如图 1-7-1 所示，马钢股份这只股票在熊市中不断地徘徊不前，直到之后见底最低价 3.12 元才有了一些起色。图中显示，该股从 10 日均线底部开始发力上涨，并且一举突破了 10 日、30 和 60 日均线，连续上冲到了 60 日均线之上，反转意味非常强烈。

与前期该股在当时印花税下调的利好下，涨停上冲后快速回落不同的是，这次该股连续上涨之后，稳定地站在了 60 日均线之上，多方的力量十分强大。这就是该股进入牛市行情的第 1 浪形态，后市该股经过短暂的回调后会有更好的涨幅。

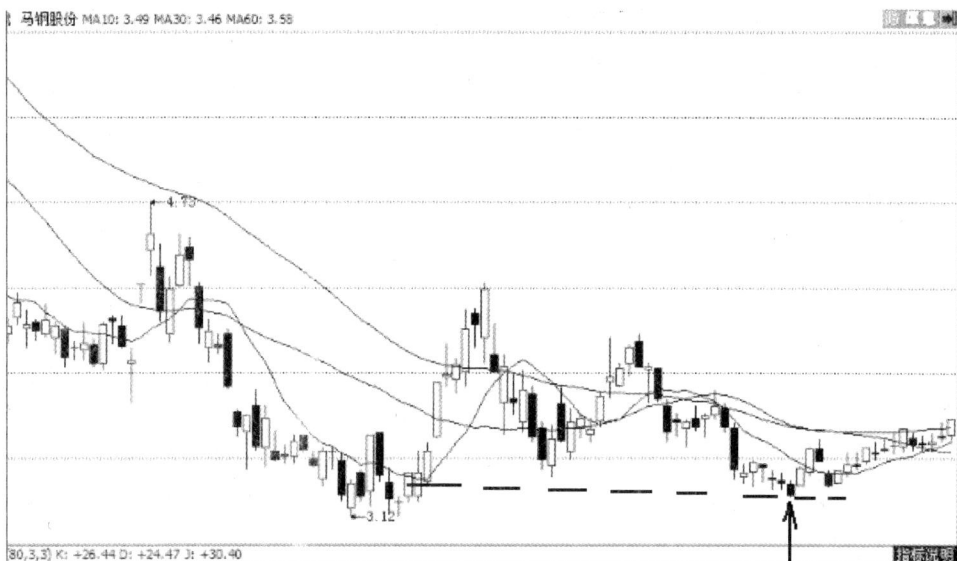

图 1-7-2 马钢股份 (600808) 震荡回调

如图 1-7-2 所示，马钢股份在冲高 60 日均线回落后震荡走低，并且在前期股价的低点之上重新获得支撑。这样该股的有效突破 60 日均线进入熊市的 1 浪得到了确认，接下来的 2 浪回调至前期 3.12 元低点之上重新企稳，也是该股走势再次好转的一个信号。

在股价有效突破 60 日均线后，1 浪被确认出现了。2 浪的再次缓慢下跌至前期低点以上，说明波浪走势正在不断地延续，股价有望在今后的 5 浪上升行情中得到延续。

二、1 浪的成交量表现

如图 1-7-3 所示，马钢股份的日 k 线中，同样是该股的 1 浪突破行情中，成交量显然有了翻天覆地的变化。与前期熊市中量能萎缩至地量对应的是，该股在形成 1 浪的过程中已经有很大的成交量，来推动股价上涨。投资者都清楚，股价的下跌不需要量能的配合，但是上涨是一定需要放量的。该股连续放大的成交量与前期萎缩的成交量有了 10 倍以上的差距，不是熊市和牛市转换的股价底部出现的话，恐怕很难有如此放量的情况出现的。

第 1 浪就是在这样 10 倍的量能的驱动下形成了。之后该股的量能若是能够维持在一定的水平的话，那么继续延续 5 浪上涨的行情还是有很大的可能性的。

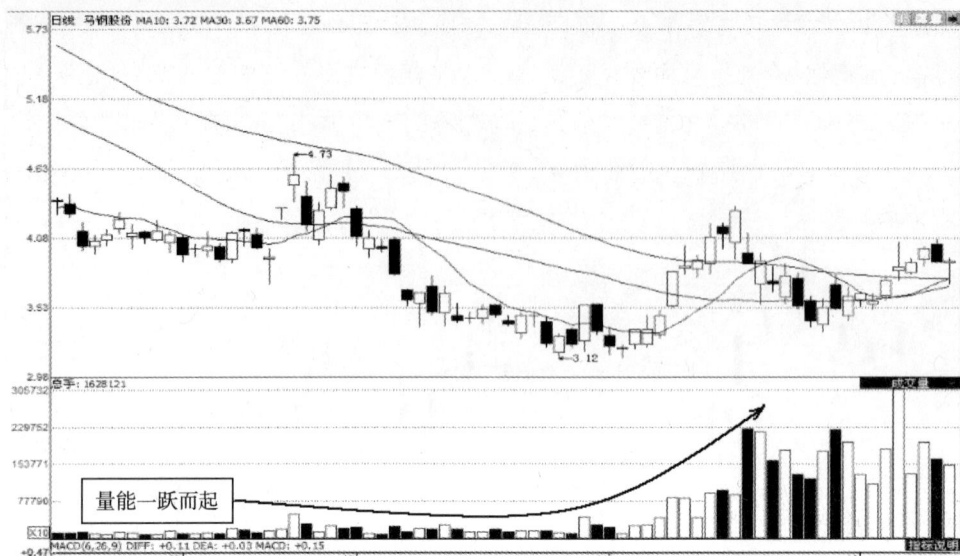

图 1-7-3　马钢股份（600808）放量上涨

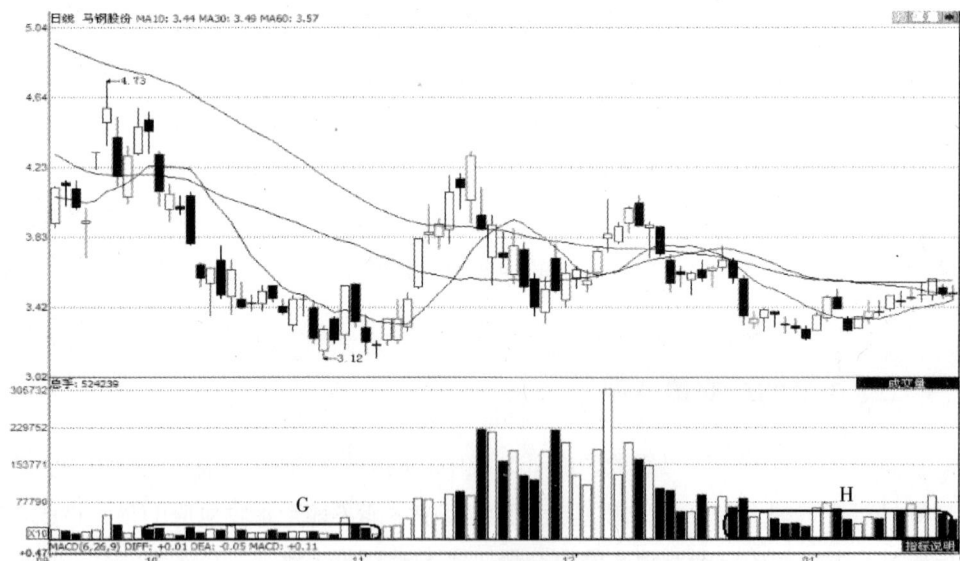

图 1-7-4　马钢股份（600808）缩量 2 浪回调

如图 1-7-4 所示，马钢股份虽然放量上涨一举改变了熊市阴跌的行情，但是短期的上涨并不是被所有的投资者共同看好的，2 浪回调将不可避免地出现。

回调既然肯定会出现，那么就要看该股是以一种什么样的形式调整了。告别熊市而迎来牛市行情后，市场中成交的热度一定是要维持在一定水平之上的，否则股价再创新高就无从谈起。图中显示该股的确出现了回调，从成交量上来看，量能也随着股价的下跌而萎缩了下来。但是相比之下，图中 H 位置的成交量相比前期的 G 位置的成交量，显然是后者的两到三倍大小。两者的股价相差不多，而成交量却没有下跌至前期的位置，那么市场的调整显然是短暂的行为，2 浪的缩量下调后，3 浪的拉升行情还将延续。

三、1 浪的 MACD 表现

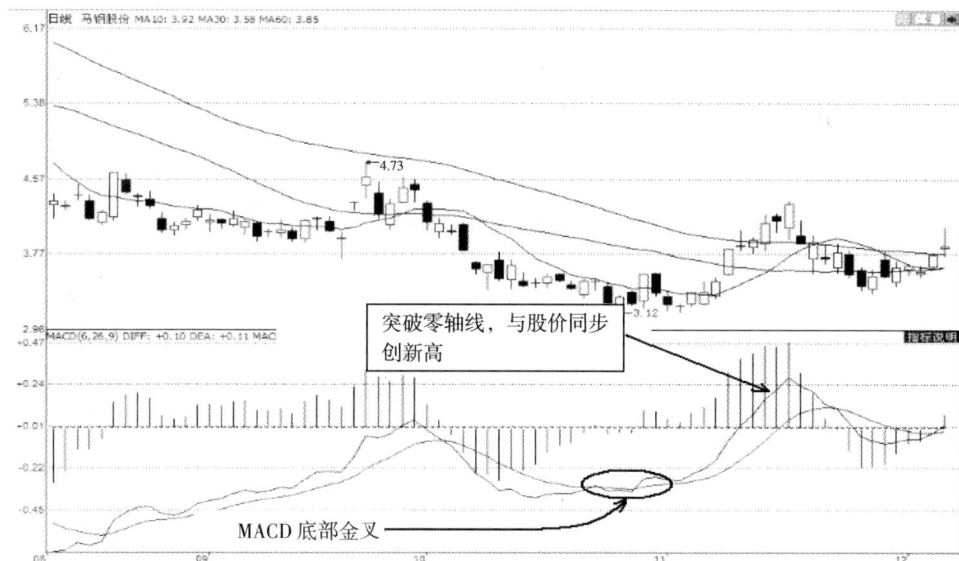

图 1-7-5　马钢股份（600808）MACD 穿越零轴线

如图 1-7-5 所示，马钢股份在长期的下跌中见底回升之后，第 1 浪的上涨行情就已经展开。图中 MACD 指标在零轴线之下形成了金叉之后，上涨的动能终于得到了释放。前期该指标还只是上冲到了零轴线附近，就开始再次转升为跌。而这一次该指标已经顺利地突破了零轴线的束缚，第 1 浪的拉升行情就这样被确认了下来。

如图 1-7-6 所示，MACD 指标在冲破了零轴线之后，随着股价的下跌而震荡回落下来。但是该指标的低点与前期的指标启动上涨行情的低点相比较，显然是有了很大的提升。

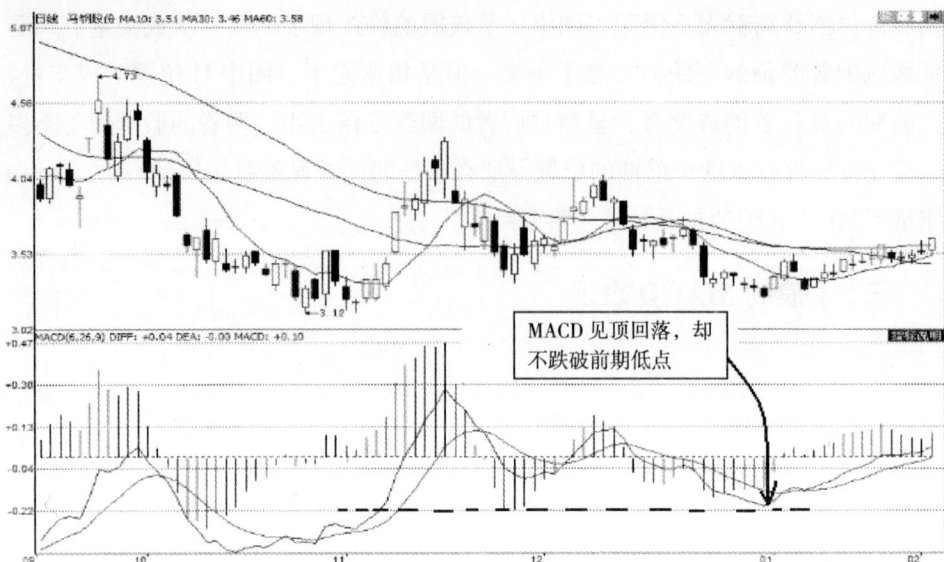

MACD 见顶回落，却不跌破前期低点

图 1-7-6　马钢股份（600808）MACD 回调不跌破前期低位

四、1 浪的 KDJ 表现

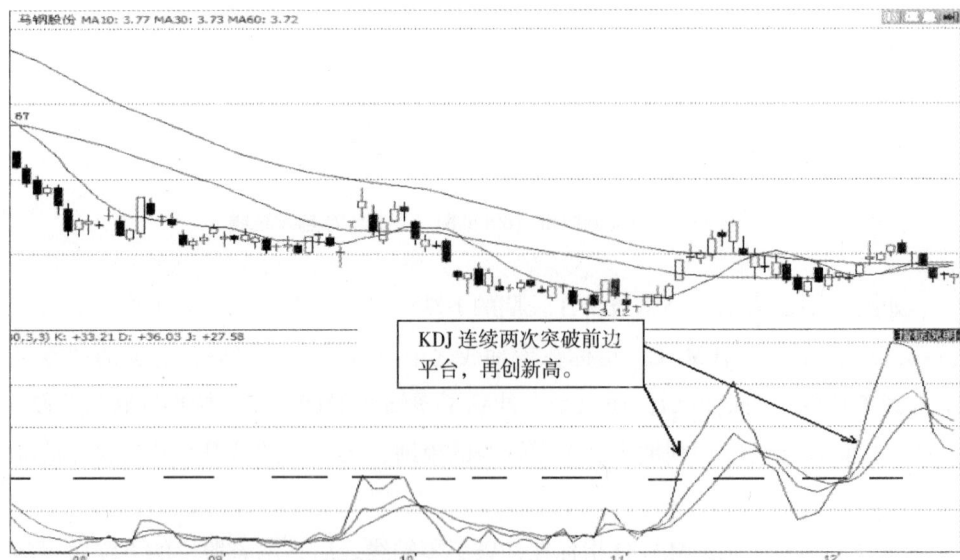

KDJ 连续两次突破前边平台，再创新高。

图 1-7-7　马钢股份（600808）KDJ 两次突破前期高位

如图 1-7-7 所示，马钢股份的日 k 线中，KDJ（80，3，3）指标随着股价的上涨，一次性突破了指标的前期高位，并且在震荡的过程中连续冲高。从该指标的走势上来看，形成了非常明显的两个不断冲高的飙涨浪，1 浪的拉升行情也就体现在了 KDJ 指标当中。

图 1-7-8 马钢股份（600808）KDJ 穿越突破前期高位

如图 1-7-8 所示，马钢股份上涨的过程中，KDJ 指标连续创新高的过程中，出现了图中显示的 1、2、3、4 四个浪。4 浪属于该股的走势中的第 2 浪，是调整浪。而 1、2、3 三个浪组成了 1 浪的推动浪。虽然 KDJ 指标的 1 浪高位滞后于股价，但是终究形成了 1 浪的拉升行情，使股价进入牛市当中。

如图 1-7-9 所示，KDJ 指标的回调幅度很大，但是却没有跌破前期的高位。在图中的 D 位置形成了金叉并且继续向上拉升，这个时候前期的低点 C 所在的位置显然要低于 D 位置。可以得出的结论就是，KDJ 指标显然已经具备了牛市中应有的特征，2 浪的短暂回调却没有破位下跌就说明了这个问题。

图1-7-9 马钢股份（600808）KDJ 小幅回调至前期高位附近

第二节 波浪的转折

第1浪经过一番突破性的上涨之后，接下来要出现的是股价的回调行情。2浪的出现不是简单的回调行情，也是熊市末期投资者惯性做空导致的结果。短暂的第一波拉升股价突破重要的压力位置，并不意味着市场必须转变运行的趋势。确认了1浪的有效性之后，投资者做多的话，才是有据可循的。如果1浪之后没有出现一点回调行情，股价一气呵成地拉升到高位，股价即使上涨幅度比较大，这样的行情也只能被看做反弹，还不具备反转的意义。

一般情况下，1浪既然使股价脱离了熊市的泥潭，那么表现在移动平均线上，也应当有所突破才对。当然，移动平均线以周期来划分的话，有短、中、长等不同种类的移动平均线。1浪即便能够突破几条移动平均线，也不一定能顺利突破所有的移动平均线。在重要的移动平均线处，股价开始遭受抛压而下跌，这就是2浪的开始。2浪的调整阶段开始之后，市场的推动上涨行情将告一个段落，投资者可以转手做空。

一、波浪转折的均线表现

图 1-7-10　马钢股份（600808）3 浪见顶

如图 1-7-10 所示，经历了图中所示的三角形整理后，马钢股份的 1、2 浪已经宣告完成，接下来将是 3 浪"粉墨登场"了。3 浪在缓慢上涨过程中，最终在

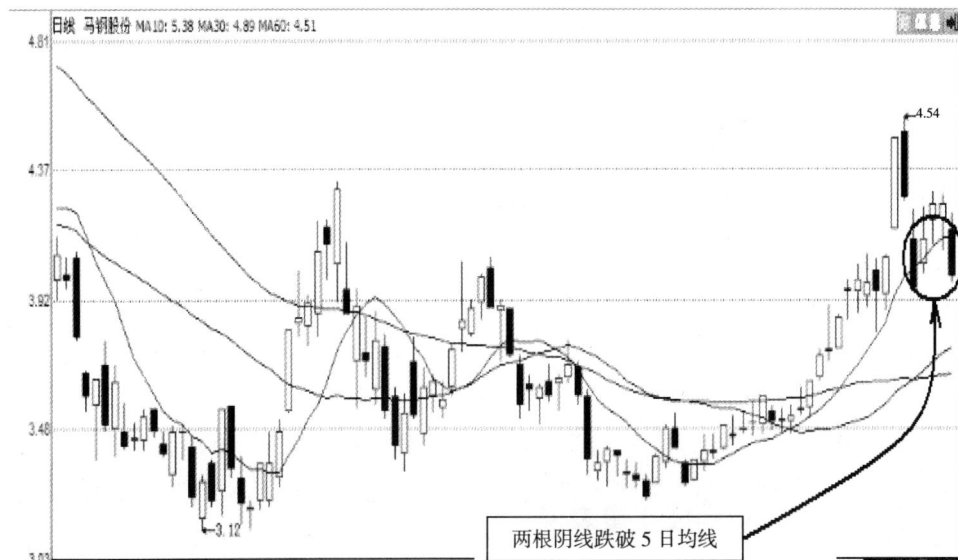

两根阴线跌破 5 日均线

图 1-7-11　马钢股份（600808）跌破 5 日均线

图中 A 位置顺利地突破了前期高位，达到 3 浪上涨的高位 4.47 元。

如图 1-7-11 所示，马钢股份 3 浪上涨的趋势只是勉强创了新高，就开始掉头下跌了。图中显示，股价出现了两个大阴线跌破了 5 日均线的支撑。

虽然该股的 3 浪的涨幅并不是很大，但从底部反弹之后的连续上涨空间已经不小了，并且已经出现了见顶回落的信号，投资者可以将这次该股的下跌当做 3 浪完成的一部分对待了。该股涨停见顶 4.54 元高位的过程，就是 3 浪形成的过程。既然 3 浪的上涨幅度是难以预料的，那么投资者就可以在这样的下跌信号出现后卖出股票，之后的 4 浪调整行情的下跌空间也会比较大，唯有减仓或者是空仓才能减小投资损失。

图 1-7-12　马钢股份（600808）4 浪调整

如图 1-7-12 所示，马钢股份跌破 5 日均线之后，转眼间就形成了 4 浪的调整行情，来势之快是难以想象的。投资者开始减仓的时间并不多，稍微延误一点就会错失出货的良机。该股跌破 5 日均线之后，就出现了三连阴 k 线形态。而连阴线后股价就几乎见底了，并且为今后的最后的 5 浪拉升行情做准备了。

二、波浪转折的成交量表现

如图 1-7-13 所示，马钢股份的 3 浪见顶的时候，显然成交量放大形成了一

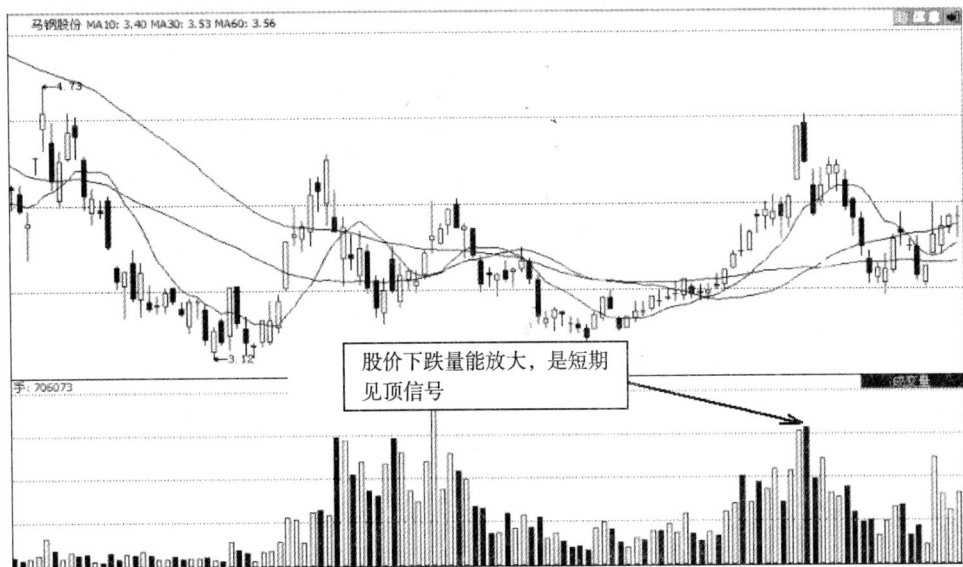

图 1-7-13　马钢股份（600808）放量阴线见顶

根具有明显反转意义的中阴线，3 浪就是在这根大阴线的作用下开始形成的。既然是放量下跌，就很能够说明股价短期见顶的信号。投资者的出货时机就在此时出现了，放量上涨之后缩量调整的时候正是投资者空仓等待新的行情阶段。

波浪在见顶的时候，成交量放大而股价下跌，只是波浪一波行情见顶的信号之一，还有更多的表现股价短期见顶的信号，像天量见顶、地量下跌等，都是成交量上表现出来的见顶信号。

三、波浪转折的 MACD 表现

如图 1-7-14 所示，马钢股份在一波行情结束的时候，MACD 出现了图中所示的死叉形态。MACD 冲高突破前期的高位，并且随机形成了见顶回落的死叉形态，见顶信号非常明显。

MACD 指标在波浪见顶的时候，出现的信号无非就是这些死叉形态，当然也不乏背离和跌破横盘区域的下跌信号，但是常见于股价上涨的幅度过大之后出现，短期内很难有这样的信号。像图中显示的，马钢股份的 3 浪上涨后见顶回落，这种死叉形态已经足够说明短期见顶信号了。

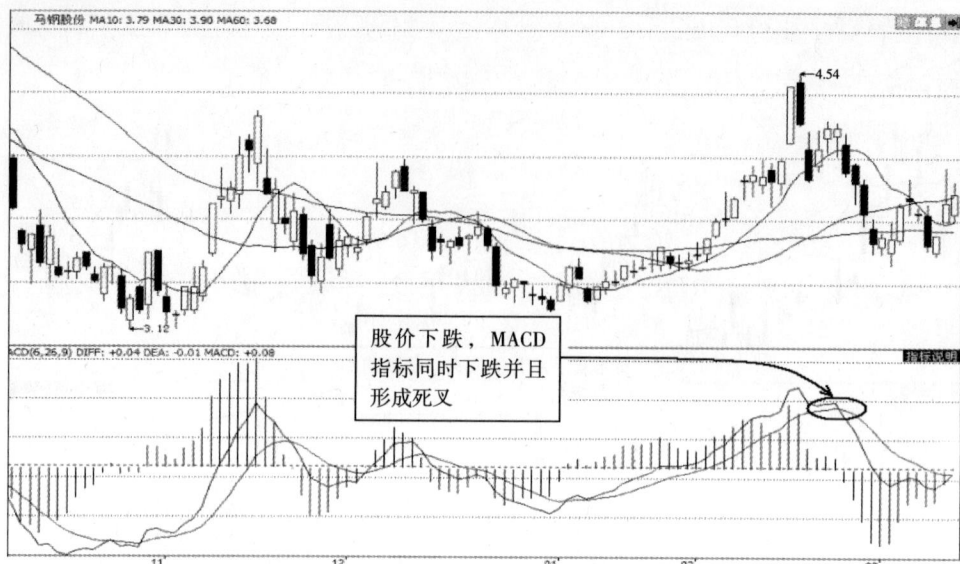

图 1-7-14 马钢股份（600808）MACD 死叉见顶

四、波浪转折的 KDJ 表现

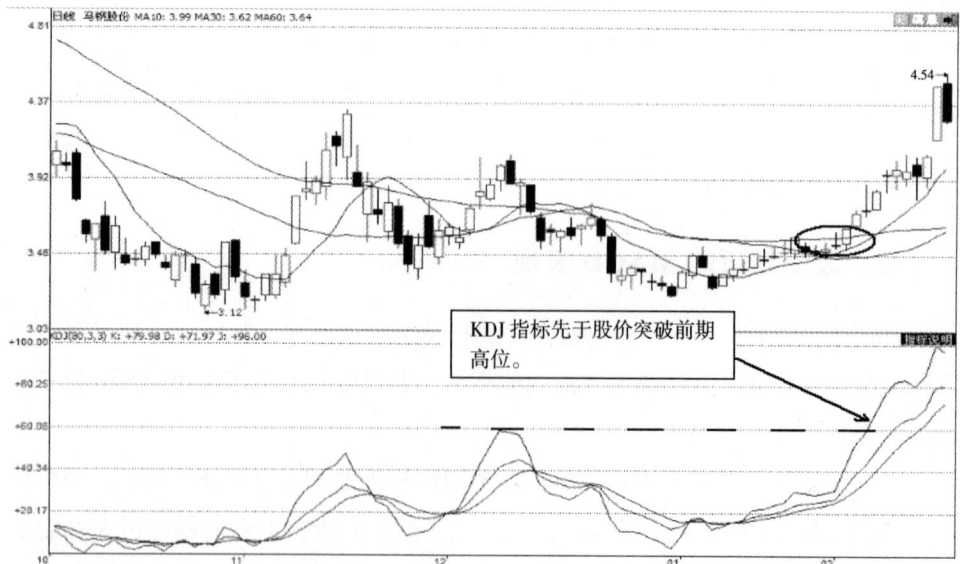

图 1-7-15 马钢股份（600808）KDJ（80，3，3）突破前期高位

如图 1-7-15 所示，KDJ 指标随着股价的上涨而出现了图中所示的见底回升走势，指标一举突破了前期的高位并且连续达到新的高位，这一波浪显然是在形

成过程中了。虽然股价还未突破前期的高位，但是指标已经率先突破了前期的高位，之后，投资者只需要持股等待这一波行情见顶回落了。

图1-7-16 马钢股份（600808）KDJ（80，3，3）死叉见顶

如图1-7-16所示，马钢股份的日k线中，KDJ指标与股价同时形成了短期的顶部，并且出现死叉形态，开始见顶回落了。投资者卖出股票的位置就在图中

图1-7-17 马钢股份（600808）KDJ（80，3，3）三重顶形态

显示的死叉之后，虽然不是最佳位置，但是仍然是投资者减小损失的好时机。

如图 1-7-17 所示，KDJ 指标见顶回落之后，回过头来看一下，投资者可以发现图中显示的非常显著的三重顶形态。原来，KDJ 指标在见顶的时候，已经提前形成了一个小的顶部，而之后指标冲高后无功而返形成了第二个顶部。经过短暂的震荡回调之后形成了第三个顶部，死叉是三重顶形态的最终卖点。

与前边所说的 MACD 见顶的死叉见顶回落不同的是，KDJ 指标出现见顶的信号更加复杂一些，是一个小的符合三重顶形态。这种见顶信号更能够说明股价短期见顶的信号，投资者务必减仓，以便减小损失。

之所以在 KDJ 指标的时间周期选择上用到 80 日这样的长周期，是为了避免股价短期内的波动对该指标造成太大的影响。只有 KDJ 指标能够反映股价的中长期走势，那么用该指标来判断波浪的形态才有实战意义。

第三节　5 浪见顶

5 浪是 8 浪循环中第三个大的驱动浪，但也是最后一个驱动浪。5 浪过后，市场将进入熊市调整当中，投资者要做的就是在熊市到来之前减仓避险，或者空仓度过漫长的最后三浪的下跌行情。既然 5 浪对于投资者如此的重要，那么选择合适的时机出货就是投资者的首要任务了。前期 1 浪的开始信号对于投资者获得丰厚收益比较重要，而后期的 5 浪却对投资者的出货避险更加重要一些。

要想抓住 5 浪的出货机会，投资者就要仔细地研判股价相对于均线的变化。在股价有效跌破均线或者是均线之间形成死叉的时候，开始卖出股票，这样不至于失去来之不易的投资收益。

一、均线看 5 浪见顶

如图 1-7-18 所示，马钢股份的日 k 线中可以看出，该股已经在前期走出了 4 个大的浪，而接下来 5 浪也已经在不知不觉中形成了。

从 5 浪的连续震荡上涨的趋势中看出，股价的上升态势还是非常好的，该股一步一个台阶地向上冲高。而最后该股在图中快速地跌破 5 日均线的支撑，是一个无力上涨后的信号。投资者出货的位置也在于此。

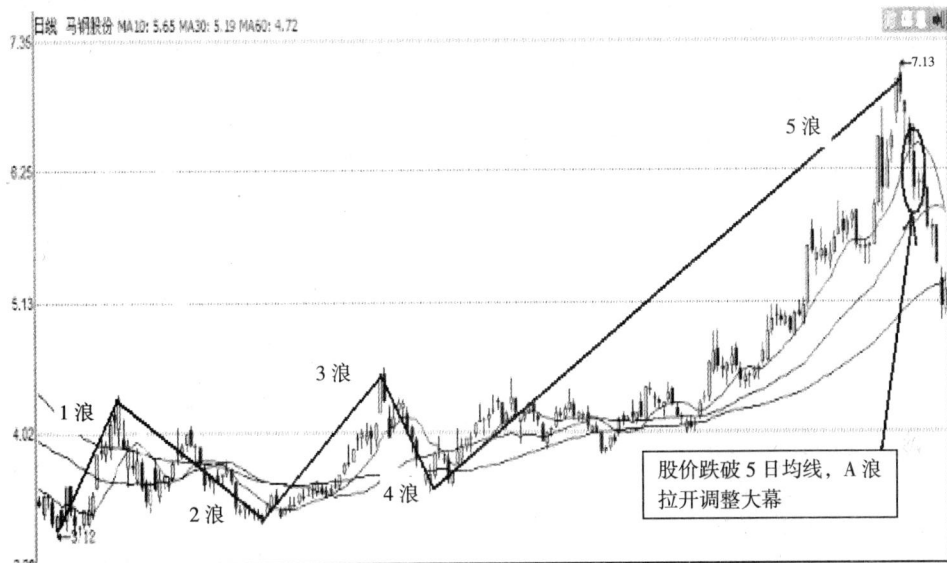

图 1-7-18　马钢股份（600808）股价跌破 5 日均线

二、成交量看 5 浪见顶

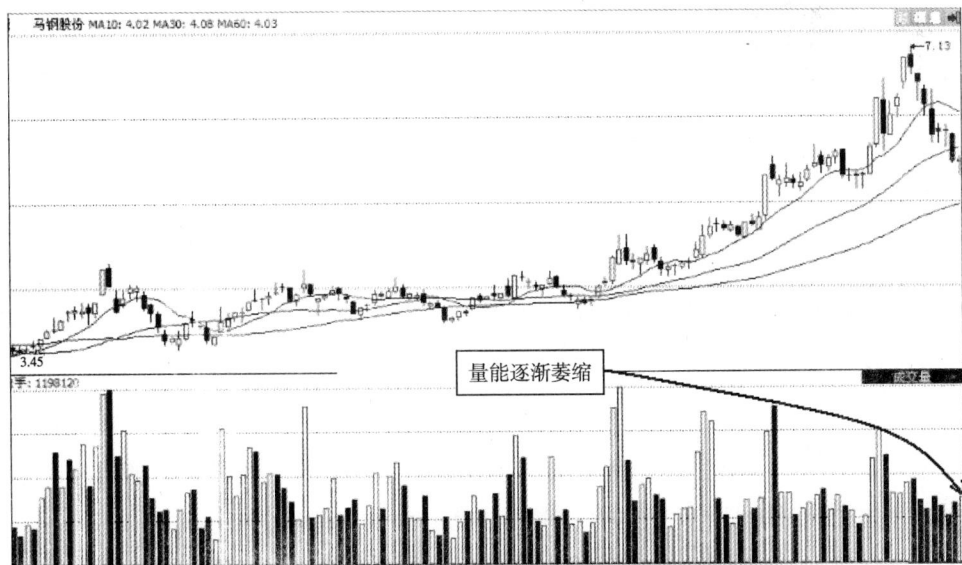

图 1-7-19　马钢股份（600808）股价跌破 5 日均线

如图 1-7-19 所示，马钢股份在冲高到 7.13 元的过程中，虽然股价不断沿着阶梯的趋势冲高，但是成交量显然是出现了萎缩。量能既然不能够支持股价不断地冲高，那么稍有风吹草动，股价的跌势就会顺理成章地发生。该股正是在缩量之后出现了图中的见顶回落行情的。

5浪在成交量萎缩的过程中，股价缓慢上涨的时候终于开始见顶回落。这种股价下跌的过程是一个长期顶部才有的信号。成交量不能够放量配合股价冲高，是多头做多动能消失殆尽的结果，并不是突然出现的见顶信号。这种无量上涨后的股价回落，更能够说明熊市将近的趋势，后市不管有多么大的变动，这种见顶信号都不会出现改变。

三、MACD指标看5浪见顶

图1-7-20　马钢股份（600808）MACD见顶跌破前期高位

如图1-7-20所示，马钢股份的5浪行情虽然比较大，但是仍然在MACD指标中留下了非常显著的见顶信号。MACD指标在前期形成的顶部形态却能够被轻易地跌破，是5浪行情无力延续的一个显著信号。股价上还没有反映出来的信号，率先在MACD指标中出现了，这是熊市行情的起始点。

如图1-7-21所示，MACD指标在顺利地跌破了前期的3浪高位后，A浪的调整行情正式形成了。既然8浪中的第一个A浪调整浪已经在形成过程中了，那么该股的熊途在短时间内就毫无反弹转机了。即使是接下来的B浪行情，也不会

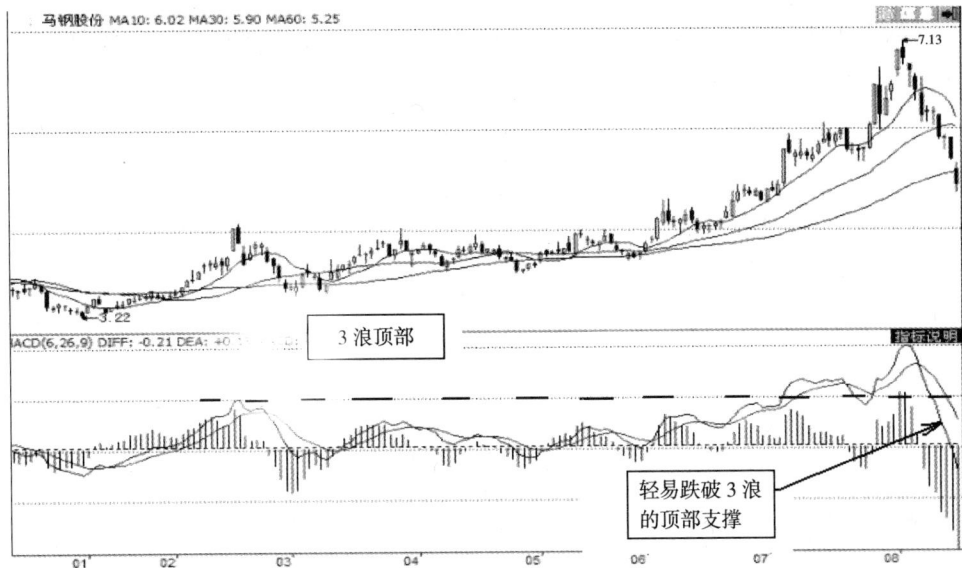

图 1-7-21　马钢股份（600808）MACD 见顶跌破前期高位

有太大的上涨空间。

　　MACD 的 5 浪见顶信号就到此为止了，该股在何时能够有 B 浪的调整行情出现，这是不需要考虑的，投资者只要空仓避险即可。

四、KDJ 指标看 5 浪见顶

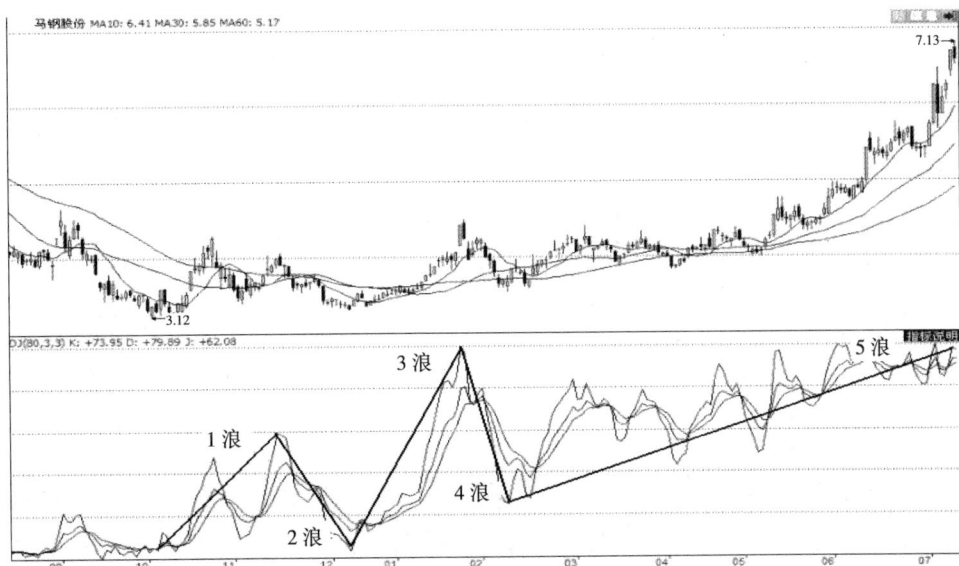

图 1-7-22　马钢股份（600808）KDJ 的 5 浪震荡上行

如图 1-7-22 所示，马钢股份的日 k 线上涨过程中，KDJ 指标在 4 浪调整过后，不断地震荡向上。5 浪的上涨过程虽然非常之艰难，但是其上涨态势是非常好的。但是在 KDJ（80，3，3）见顶 100 线后，就开始了小幅度震荡的走势，但是并未出现回落的信号。

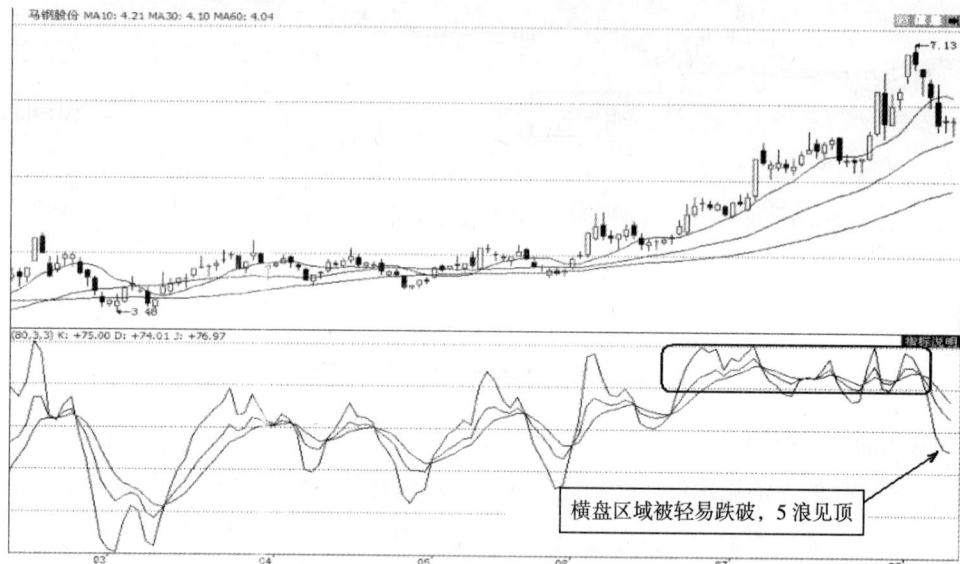

横盘区域被轻易跌破，5 浪见顶

图 1-7-23　马钢股份（600808）KDJ 跌破矩形区域

如图 1-7-23 所示，马钢股份的 KDJ（80，3，3）在触及顶部之后，就开始在顶部震荡了，并且形成了图中显示的矩形震荡的走势。这种超买后的顶部震荡的走势，不跌破则没有问题，一旦 KDJ 指标跌破这样的整理区域后，下跌的空间就会快速地打开了。

图中显示的该指标顺利地跌破了矩形整理区域之后，就已经结束了 5 浪的行情。投资者出货的时机也在这个时候出现。

KDJ 指标虽然设置的周期长达 80 日，但还是在图中超买的过程中见顶回落了。对应的 5 浪行情就是在 KDJ 指标突然跌破顶部整理区域开始的。投资者使用 KDJ 指标查看 5 浪见顶信号的时候，就是一个非常好的例证。

第二部分

量能与指标里看各浪

第一章 1浪突破后信号

波浪理论中的1浪是牛市行情开始的第一浪，也是波浪理论的8浪循环中非常重要的一波建仓行情。投资者如果能够在股价启动1浪的时候率先买入股票，那么今后的收益就有保证了。那么如何才能够发现这样的1浪行情呢？通过股价与技术指标的走势关系，投资者可以发现股价在指标上反映清晰的看涨信号。本章将向读者介绍1浪发出买入信号后投资者的建仓位置，细心地品读之后，相信投资者会有不小的收获。

第一节 1浪量能变化

1浪出现在熊市后期，是牛市行情即将展开的头一浪。1浪不同于其他的浪，其具有很鲜明的特征。单从成交量的变化上来看，牛市的初期量能会很快地放大到一个新的阶段。量能放大与股价的持续上涨是牛市开始的信号。股价的上涨趋势就是在成交量有效放大之后才出现的。放量的现象不能够只是短期内持续，应该在股价反转的过程中不断放大。只有在持续放大的情况下，股价不断上涨才能够形成真正的1浪行情。投资者判断股价反转的形态时，应该首先在成交量的判断上下工夫，只有成交量率先企稳，股价才不会只是短期的反弹。

投资者在判断股价运行的趋势时，首先应该在成交量上下工夫，虽然量能放大并不意味着股价一定会大涨，但是大涨的股价一定是需要成交量的配合的。首先关注市场的交易活跃程度，应该重点关注成交量的放大程度，选择一些量能放大程度最高的股票，会有不错的投资收益。

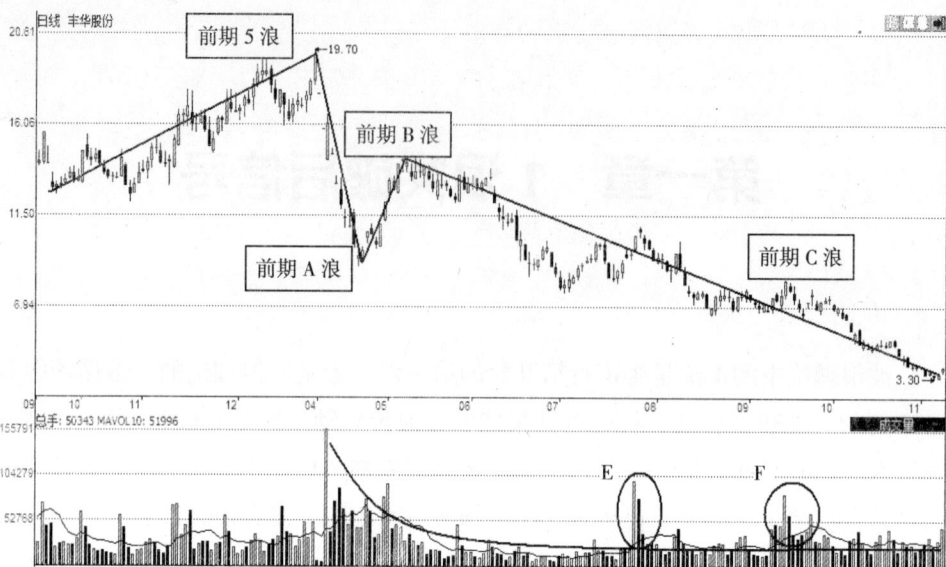

图 2-1-1 丰华股份（600615）前期熊市见底

如图 2-1-1 所示，丰华股份的日 k 线中，该股前期的 C 浪下跌行情中，量能始终处于萎缩状态。虽然在图中 E、F 两个位置出现了成交量放大的现象，但是终究没有持续下来。股价的上涨也只是在两次放量中昙花一现地反弹后戛然而止。股价持续下跌如果没有量能的持续放大，显然是不会有股价的真正反转行情

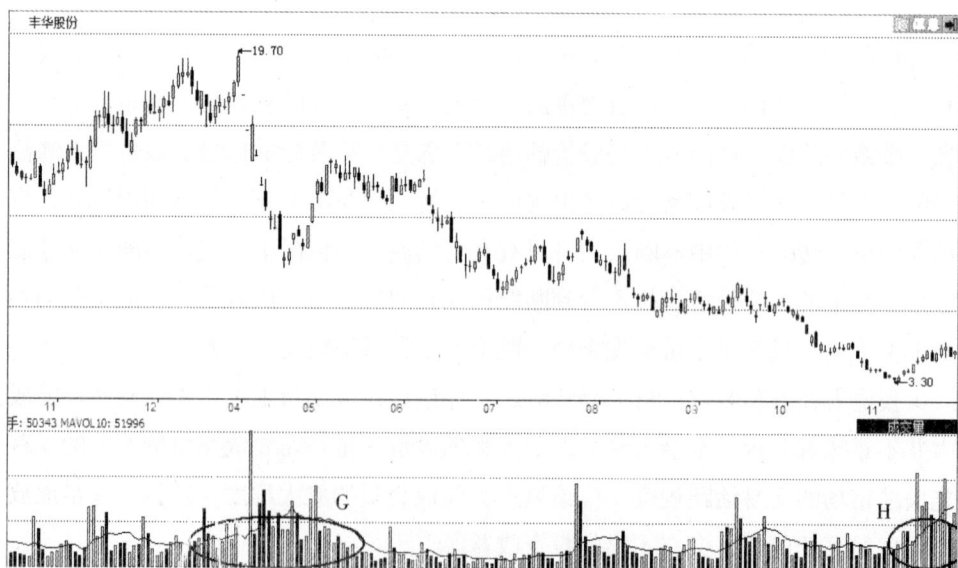

图 2-1-2 丰华股份（600615）持续放量上攻

出现的，投资者应该等待真正时机的到来。

　　如图 2-1-2 所示，丰华股份的日 k 线中，该股终于在图中 H 处开始放量上涨了，并且该放量的过程持续达到了近两周的时间。图中 H 处的量能与前期该股下跌前的 G 位置显然是相差无几。股价没有提前上升到前期高位，而量能先达到了该股下跌前的水平，显然是投资者买入的机会，1 浪的飙涨行情即将开始。

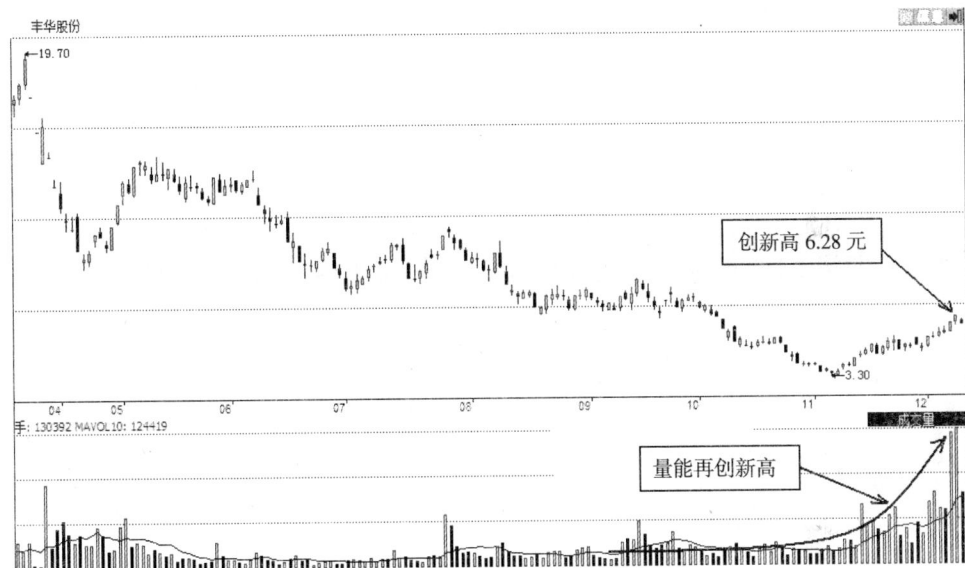

图 2-1-3　丰华股份（600615）再创新高

　　如图 2-1-3 所示，丰华股份的日 k 线中，随着量能的再次放大，该股已经从最低价格 3.30 元附近大幅度飙升到了 6.28 元，上涨幅度几乎达到 100%。在量价齐涨的良好走势下，1 浪行情奠定了该股上涨的基础。

　　如图 2-1-4 所示，与丰华股份走势相似的是，上证指数在同一时间内放量上攻。上证指数持续 5 天放巨量，即将把指数带进牛市。

　　如图 2-1-5 所示，上证指数持续放量上涨之后，虽然出现了短暂的回调现象，但是图中显示的缩量下跌 D 处的成交量显然是高于放量上涨前的 C 处的成交量。指数放量上涨前后的量能差异，说明调整只是暂时的现象，1 浪之后还有更大的推动浪，使股价不断创新高。前面所说的丰华股份的上涨，显然不是该股的独立行情，而是有指数相配合的上涨行情，该股将在之后延续牛市行情。

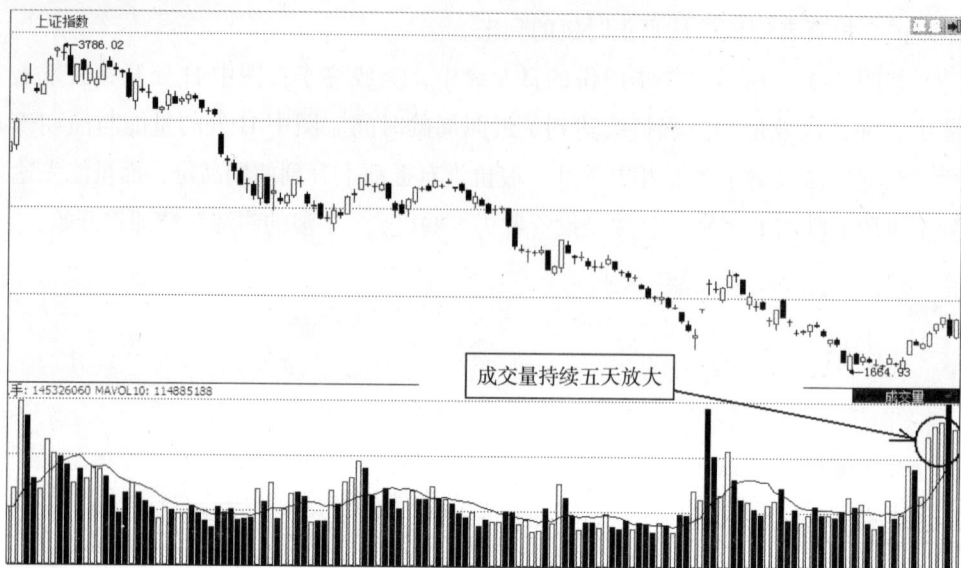

图 2-1-4　上证指数持续五天放量

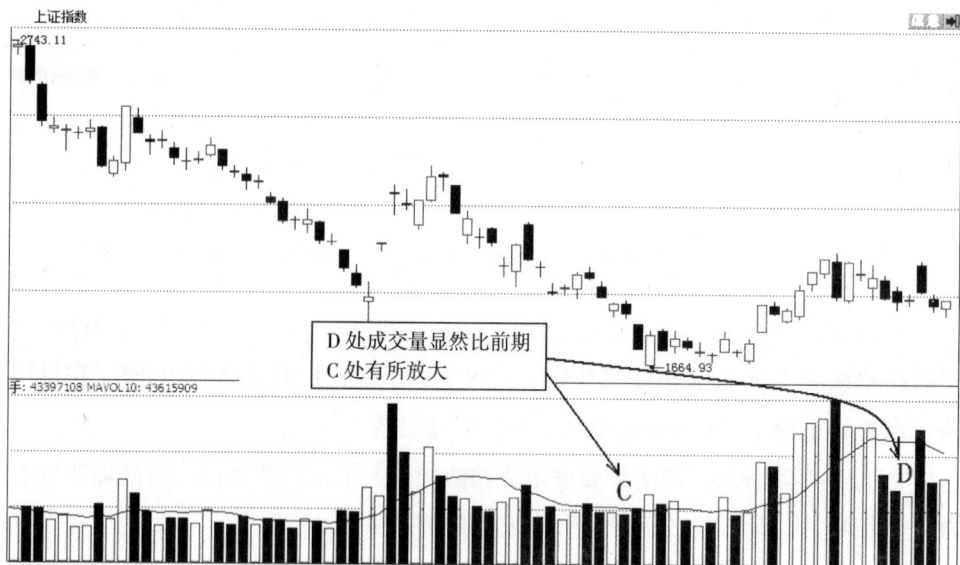

图 2-1-5　上证指数短暂缩量

第二节　1浪指标信号

一、均线的金叉信号

1浪出现的时候，股价会有不同程度的上涨幅度。而股价上涨之后必然会在均线上有所表现，对应的看涨信号正好为投资者所用。1浪开始的最为显著的信号就是金叉形态，投资者可以在金叉出现的时候买入股票。当股价处于熊市的时候，长时间的持续下跌已经使均线呈现出发散向下的趋势。一旦股价企稳回升，短期均线必将快速向上穿越中长期移动平均线，这是投资者买入股票的好时机。

金叉作为看多的信号，如果能有成交量来配合股价向上穿越均线形成金叉，那么看涨的信号会更强一些。很多的个股是在量能不断放大，而股价大阳线暴涨的前提下，均线随之形成了金叉买入信号。

从形成均线的周期来看，可以选择那些短期均线穿越更多的中长期均线的股票。均线能够有效穿越的中长期均线越多，说明股价短期内上攻的强度越大，这样的股票能够吸引更多的投资者购买，股票成为牛股的可能性将更高。

如图2-1-6所示，丰华股份的日k线中，该股在熊市持续下跌的过程中，5日BIAS指标与30日BIAS指标之间的距离很快被打开。但是两个指标之间的距离扩大之后，该股见底3.30元，并且开始缓慢反弹。

从图中5日、30日BIAS指标的变化来看，两个指标之间的距离从大到小，然后再次放大，最终在股价见底3.30元后再次缩小差距。显然，股价的最后一跌造成了5日、30日BIAS指标本来缩小的距离再一次被放大了。该股即将告别熊市，迎来新一轮的牛市行情，1浪的买入信号将被不断证实。

如图2-1-7所示，30日BIAS指标率先站在了5日BIAS指标之上，该股已经跃跃欲试再创新高了。投资者可以在这个时候再次加仓买入，等待1浪继续创新高。

丰华股份 MA5: 4.14 MA30: 4.71 MA60: 5.96 MA100: 7.17

—19.70

BIAS（5）与 BIAS（30）之间
的距离增大

AS(5,30,5) BIAS1: +10.39 BIAS2: -3.05 BIAS3: +10.39

指标说明

3.30

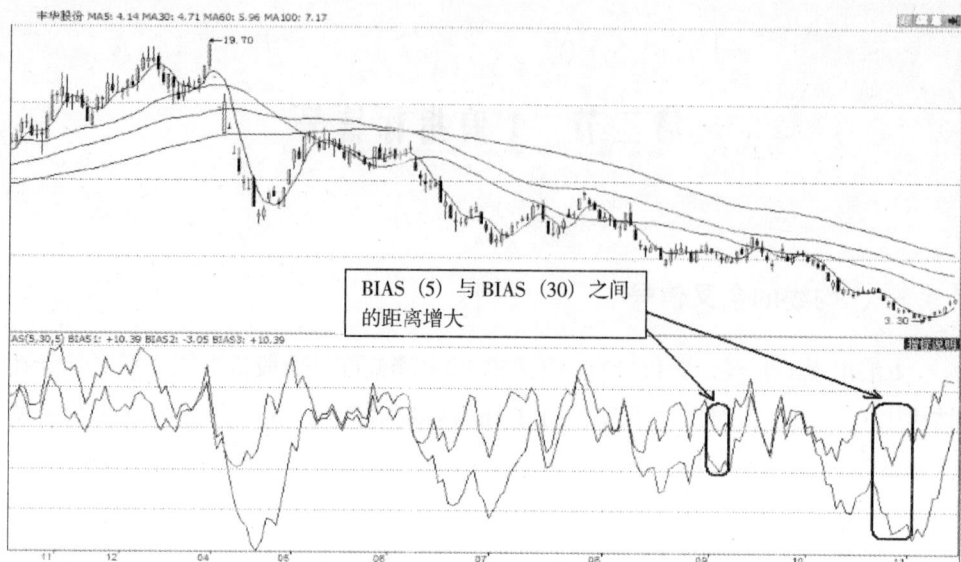

图 2-1-6　丰华股份（600615）BIAS 间距扩大

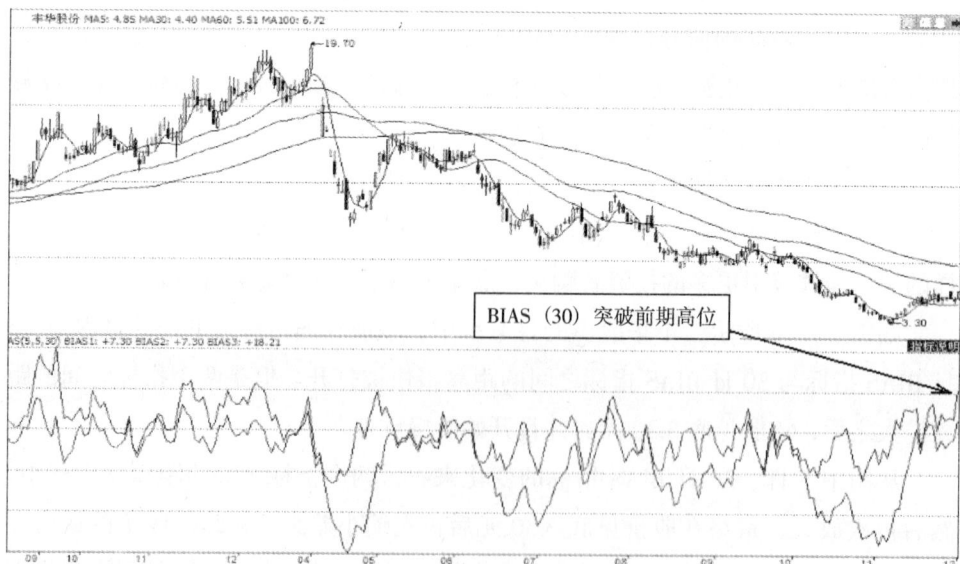

丰华股份 MA5: 4.85 MA30: 4.40 MA60: 5.51 MA100: 6.72

—19.70

BIAS（30）突破前期高位

AS(5,5,30) BIAS1: +7.30 BIAS2: +7.30 BIAS3: +18.21

3.30

图 2-1-7　丰华股份（600615）BIAS 突破前期高位

　　如图 2-1-8 所示，30 日的 BIAS 指标终于一跃而起，达到新的高度。与前期零轴线以下的弱势整理形成了鲜明对比。30 日 BIAS 指标的走强，证明股价不断扩大与 30 日均线之间的距离，艾略特 1 浪的飙涨行情达到了高潮。这个时候，投资者应该注意到 30 日的 BIAS 指标已经涨幅过大了，高位跳水的风险由此出现。

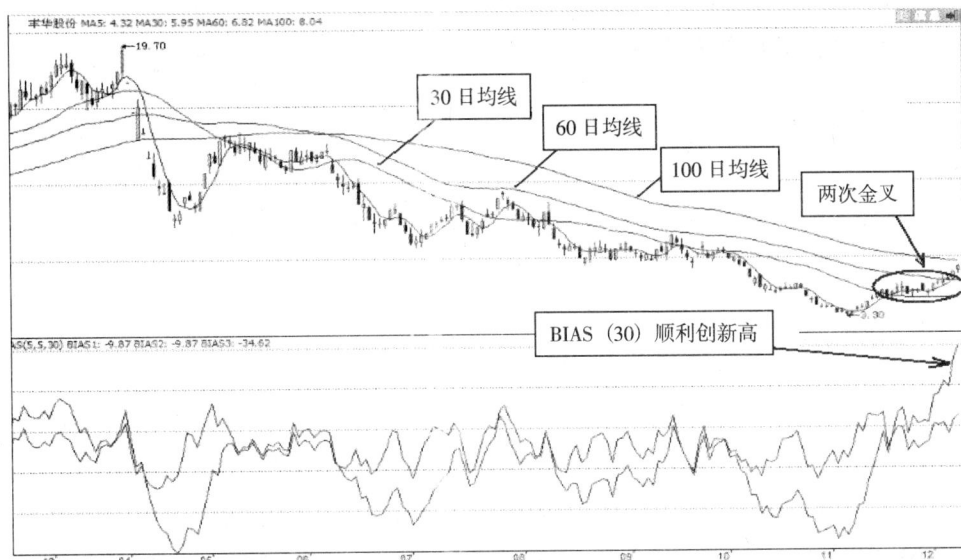

图 2-1-8　丰华股份（600615）BIAS（30）创新高

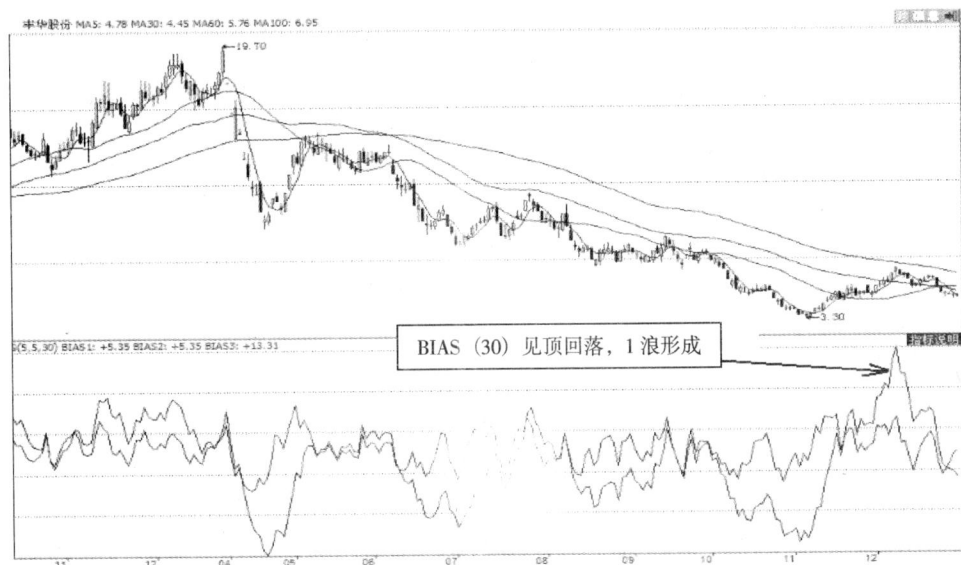

图 2-1-9　丰华股份（600615）BIAS（30）见顶回落

如图 2-1-9 所示，30 日的 BIAS 指标涨幅过大之后，开始迅速回落，股价也在同一时间回落，到此为止，1 浪的行情结束，2 浪开始了。

二、MACD 指标信号

在熊市的末期，由于股价长期处于下跌的过程中，不仅股票是超跌的状态，就连指标也是超跌的状态。超跌状态的股价会有一些底部形态出现，而指标同样会出现相应的见底形态。当股价顺利上涨、指标企稳回升的时候，就是第 1 浪开始的阶段。

具体来讲，MACD 指标在股价进入牛市的初期会有双底、三重底、矩形底等底部形态出现。而指标在完成这些底部企稳形态的时候，会出现金叉买入信号，MACD 的反转就是在金叉形成之后。判断 MACD 指标是否真正进入上升的通道的方法是看该指标是否有效突破了零轴线。即使指标顺利地进入零轴线以上，最好再看一下指标是否可以企稳在零轴线上。很多时候，股价短时间的反弹同样会引起指标形成反弹的走势，而反弹过后熊市的行情还会持续下去，这是投资者需要注意的事情。

除了以上的 MACD 指标的底部形态、指标出现金叉以及指标顺利突破零轴线以外，还有一个重要的见底前的信号就是 MACD 指标的背离。

指标的背离出现在持续性的牛市或者熊市当中，虽然股价可以在一个方向上连续运行，但是指标是有一定的波动范围的，到达了一定程度之后，指标

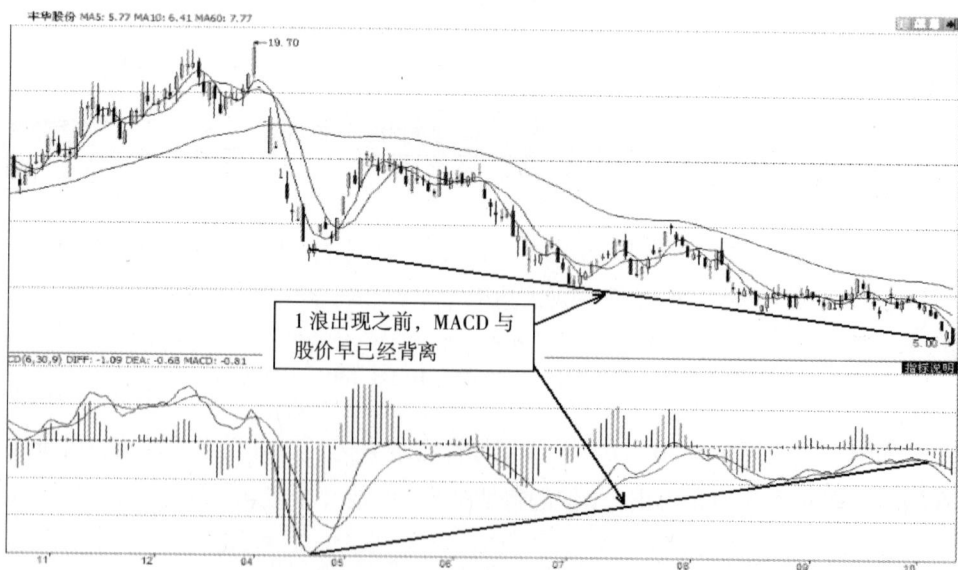

1 浪出现之前，MACD 与股价早已经背离

图 2-1-10　丰华股份（600615）MACD 长时间背离

就出现背离情况。指标与股价出现背离的时候，持续的时间越长、背离的幅度越大，股价反转的可能性也越大。牛市行情就是在指标大幅度的背离之后，最后指标与股价同方向见底回升，牛市就是在股价和指标同方向运行的过程中形成的。

如图 2-1-10 所示，丰华股份在持续不停的下跌过程中，很少出现一次像样的反弹行情。而从 MACD 指标上来看，也是与股价之间出现了长时间的背离走势。MACD 指标背离的过程中，已经不断地接近了零轴线。而零轴线是多空的分界线，MACD 指标处于这个位置，马上选择一个多空方向是眼前的事情。

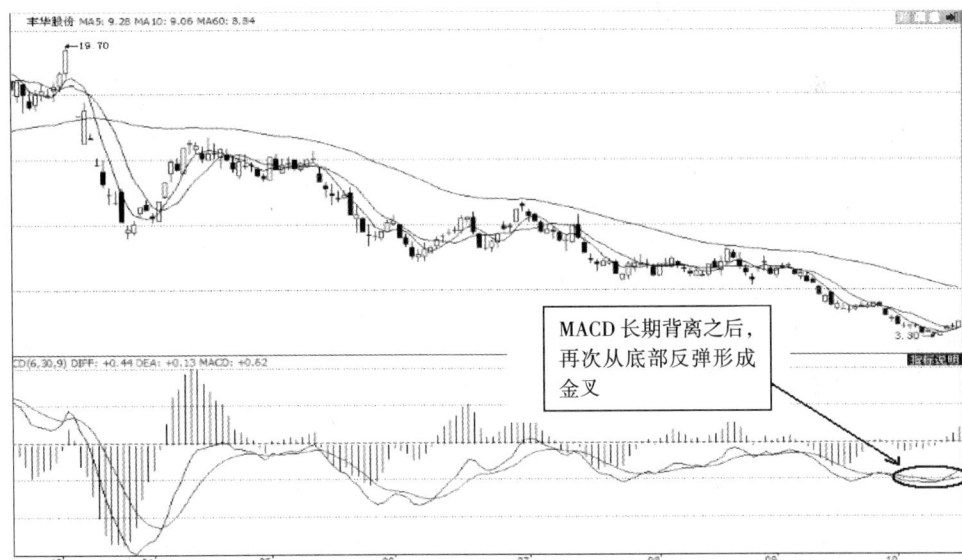

图 2-1-11　丰华股份（600615）MACD 金叉

如图 2-1-11 所示，长时间的背离之后，MACD 指标再次与股价同步下跌，并且在图中所示的位置出现了 MACD 指标黏合后的金叉形态，该股有了企稳的迹象。既然 MACD 指标前期与股价背离，而现在已经与股价同步运行了，该企稳迹象正是该股 1 浪的开始信号。这时可以少量买入股票，等待 1 浪的拉升行情。

如图 2-1-12 所示，这次 MACD 指标的金叉果然起到了作用，该指标在股价震荡上行的过程中成功地穿越零轴线，证明 MACD 指标也是看高一线的，投资者可以在这个时候加仓了。

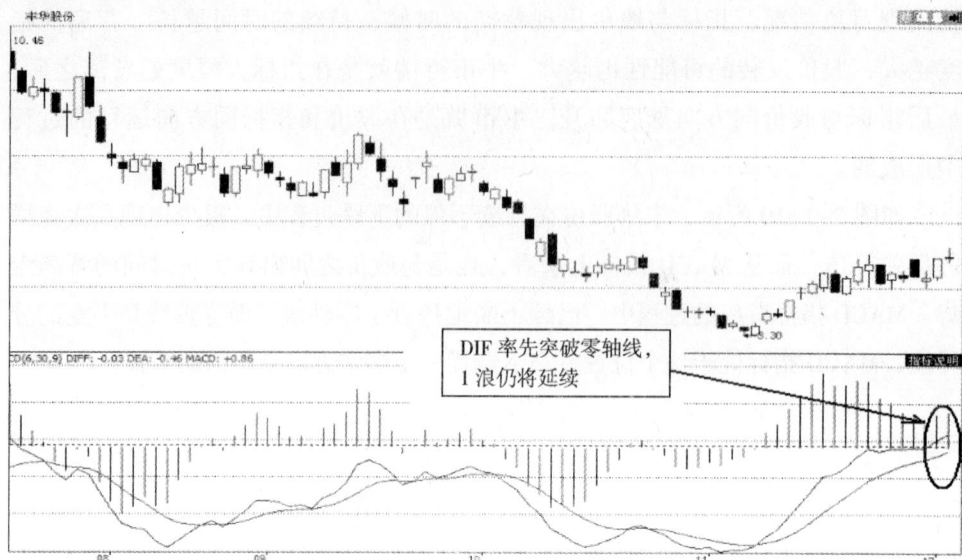

DIF 率先突破零轴线，1 浪仍将延续

图 2-1-12　丰华股份（600615）DIF 顺利突破零轴线

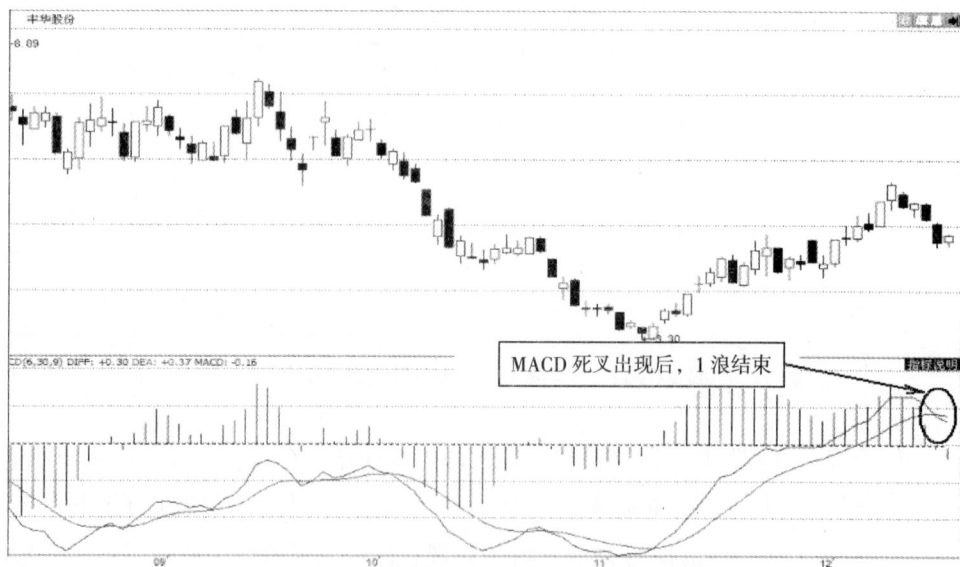

MACD 死叉出现后，1 浪结束

图 2-1-13　丰华股份（600615）MACD 死叉

　　如图 2-1-13 所示，股价创短期高位之后快速下跌，MACD（6，30，9）形成了死叉，证明 1 浪的行情已经结束，2 浪的调整行情已经开始了。

三、KDJ 指标信号

KDJ 指标是用来描述股价运行趋势强弱状况的指标，其波动的范围在 0~100。指标在 50 线之下的时候，表示市场处于熊市当中，而一旦指标顺利突破了50 线，牛市行情就将开始。KDJ 指标在熊市中低至 0~10 轴线附近的时候，就表明该指标已经进入了超卖的状态。而指标高至 90~100 附近的时候，指标就达到了超买的状态。达到了超买或者是超卖状态的股价，会有见顶回落或者是见底回升的压力。艾略特 8 浪循环的 1 浪行情就是出现在指标超跌反弹的时候。

利用 KDJ 指标来判断 1 浪的开始信号，有该指标的金叉信号、底部筑底形态、指标穿越 50 线，都可以是投资者买入股票的信号。一般情况下，KDJ 指标买入信号出现的顺序是：首先是该指标的金叉买入信号，随着金叉的出现，KDJ指标顺利上涨并且顺利脱离了底部整理的形态，形成多种形态的筑底信号。最后出现的买入信号是 KDJ 指标顺利突破了 50 线，这是牛市真正开始的时刻。

实战中，KDJ 指标在顺利地突破了 50 线之后，都会经历短暂的回调。KDJ指标回调 50 线来确认支撑效果，然后股价再次上涨，这个时候一般就会出现 3浪的拉升行情了。1 浪的放量上涨后，2 浪缩量回调，最后 3 浪再次确认牛市行情。KDJ 指标会在各浪的形成过程中同样表现相同的上涨节奏。投资者在 8 浪中操作股票的过程，也就是掌握市场的波动节奏的过程。

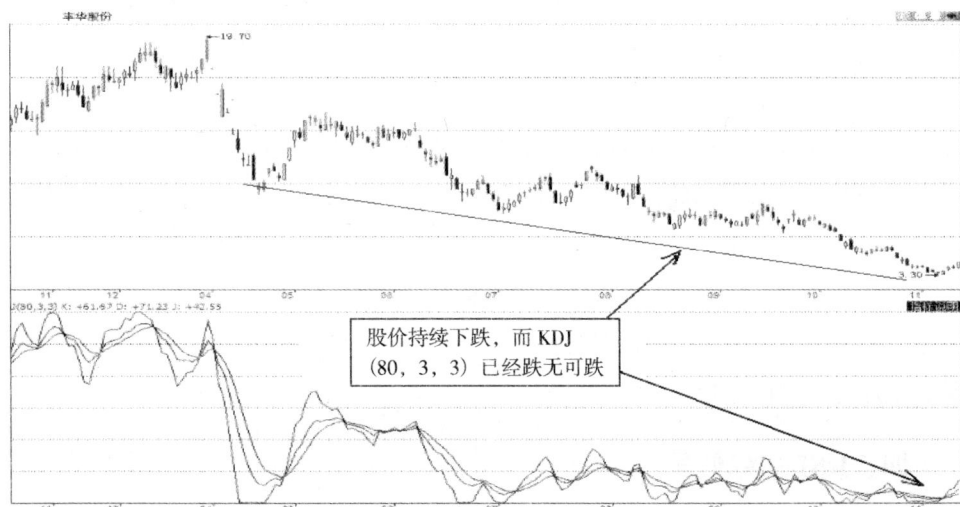

股价持续下跌，而 KDJ（80，3，3）已经跌无可跌

图 2-1-14　丰华股份（600615）KDJ（80，3，3）跌无可跌

　　如图 2-1-14 所示，同样是丰华股份这只股票，80 日的 KDJ 指标在该股不断下跌的过程中，不断地在超买附近徘徊。显然该指标已经跌无可跌了，预示着该股的大底即将出现，投资者应随时准备进场。

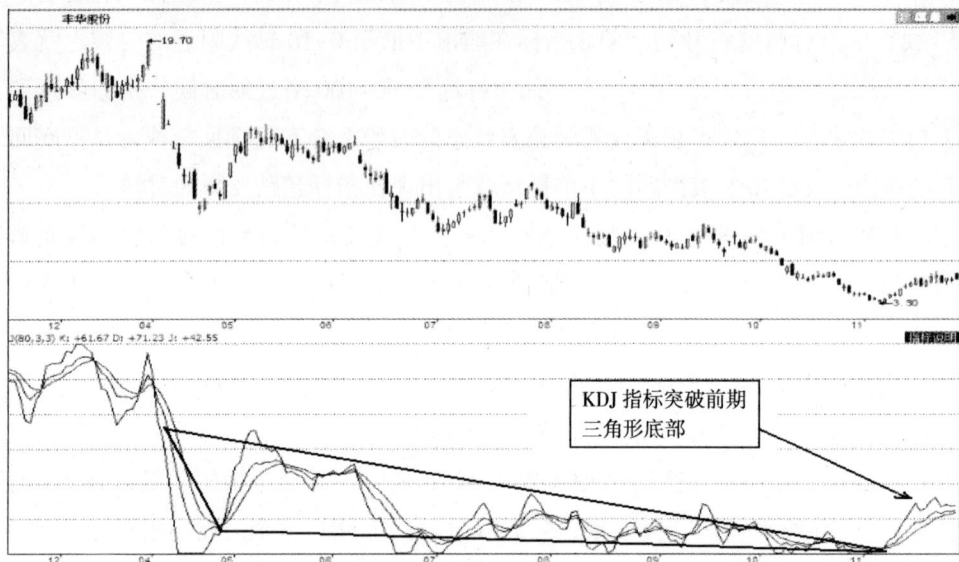

图 2-1-15　丰华股份（600615）KDJ（80，3，3）三角形被突破

　　如图 2-1-15 所示，KDJ 指标在股价下跌的过程中形成的近似三角形整理的形态被轻而易举地突破了。指标超买后，与该股同步反转上涨，是一个不错的买入机会。投资者不必再等待了，应当马上开始建仓，迎接已经出现的 1 浪行情。

　　如图 2-1-16 所示，股价震荡上行的过程中，KDJ 指标同步上行，是 1 浪得以延续的基础。即便如此，也应该注意投资风险，指标快速上冲之后，很可能会迎来短暂的回调行情。

　　如图 2-1-17 所示，随着 J 线快速地向下回调至 KD 线，该股 1 浪行情就此结束，投资者应当减仓应对即将到来的 2 浪行情。图中的 KDJ 三条线形成的死叉，正加速 2 浪的形成。

四、RSI 指标信号

　　相对强弱指标 RSI 不管是在期货市场还是在股票市场当中，都是一个使用频

图 2-1-16　丰华股份（600615）KDJ 飙涨

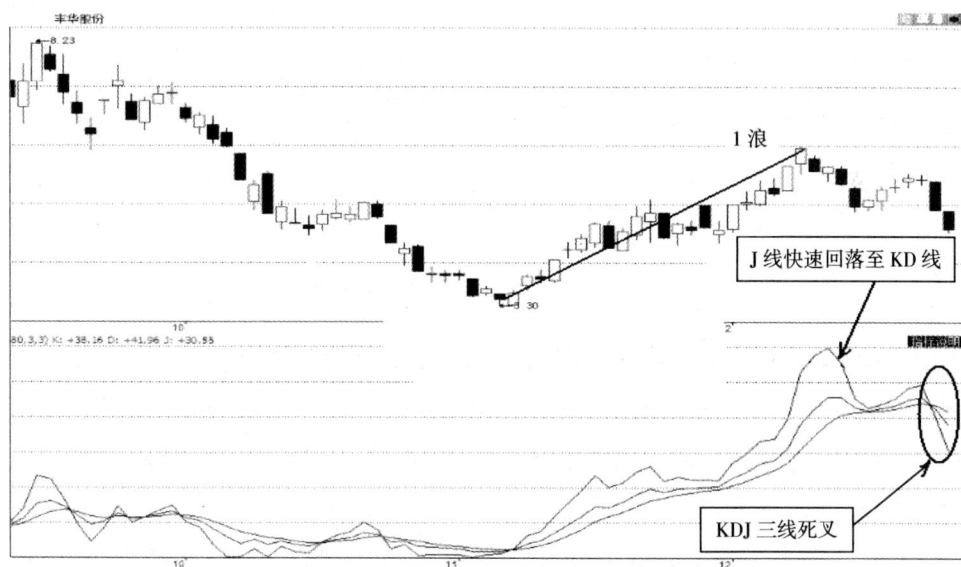

图 2-1-17　丰华股份（600615）死叉加速形成 1 浪

率非常高的指标。RSI 指标与 KDJ 指标有很多相似之处，波动范围也是在 0~100。股价在触底反弹的时候，RSI 指标也有诸如 RSI 金叉买入信号、底部背离和突破 50 线后的看涨信号等。

　　从 RSI 指标不同周期的设置上来看，可以有短至几日、十几日的 RSI 指标，而较长周期的 RSI 指标也会有几十日的指标。当投资者判断股价的短期走势的时候，应当首选短期的 RSI 指标来判断。而判断艾略特 8 浪循环的过程时，长达几十日的 RSI 指标更会形成类似股价 8 浪循环过程的循环走势。很容易明白的一点是，若 RSI 指标的波动趋势也是 8 浪循环波动的过程，投资者判断股价的趋势就很轻松了。只要清楚了 RSI 指标的 8 浪循环过程，也就明白了股价的走势。RSI 指标与股价的同步运行为投资者提供了两者借鉴的绝好机会。

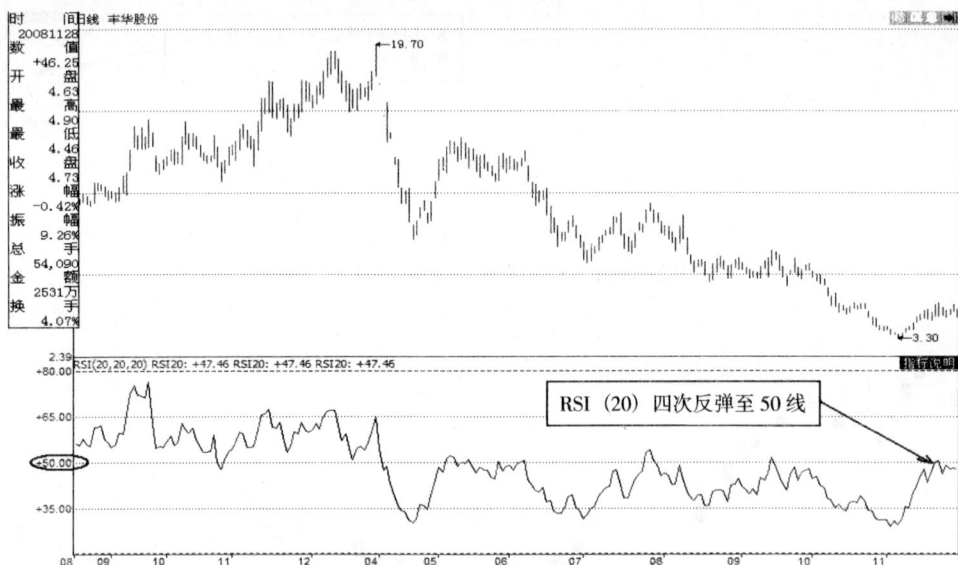

图 2-1-18　丰华股份（600615）RSI 四次触及 50 线

如图 2-1-18 所示，丰华股份的日 k 线中，20 日的 RSI 指标出现了熊市以来的四次疯狂反弹。这次该指标反弹的幅度尤其大，并且在 50 线附近强势地横盘震荡。超强的走势预示着该股将会有一波上涨行情，预期 1 浪也会随着形成，投资者可以少量买入股票。

如图 2-1-19 所示，20 日的 RSI 指标继续向上移动，与股价形成了同步上涨的走势，这是 1 浪得以延续的基础。投资者可以加仓买入股票。

如图 2-1-20 所示，RSI 指标显示出，1 浪的飙涨行情持续时间并不长，在该指标冲到了 65 线附近的时候，股价就开始见顶回落，完成了 1 浪，迎来了 2 浪调整浪。

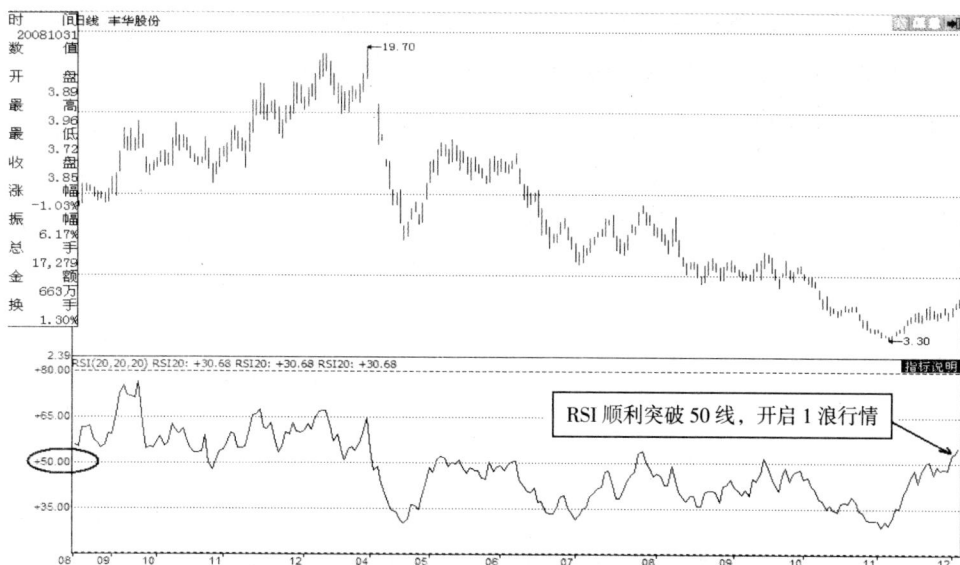

图 2-1-19　丰华股份（600615）RSI（20）缓慢突破 50 线

RSI 顺利突破 50 线，开启 1 浪行情

图 2-1-20　丰华股份（600615）1 浪形成

RSI 指标震荡下跌，形成 1 浪

五、SAR 指标信号

SAR 指标又称抛物线指标或者停损指标，用于帮助投资者判断股价的运行趋势，以便在恰当的位置完成出货。随着股价的波动，SAR 指标的波动频率也是非

常大的。指标的频繁波动，必然给投资者判断波浪的运行趋势带来不少麻烦。那么能否使该指标变为投资者判断波浪走势的信号呢？使用周 k 线中的 SAR 指标将会获得意想不到的效果。

日 k 线中股价的波动比较频繁，但是如果看周 k 线的话，就不会有很频繁的波动了。借助周 k 线中的 SAR 指标的上下波动，可以轻易地分辨股价的每一个波动的浪。不管推动浪还是调整浪，都会在 SAR 指标上表现得非常明显。

在熊市当中，周 k 线中的 SAR 指标基本上不会处于股价的底部，而是在股价的上边不断地压制股价的反弹。若熊市走到了尽头，股价继续反弹转为反转的时候，SAR 指标就会自然地回到股价的底部，作为股价支撑上涨的动力来源。投资者率先买入股票的时机出现在 SAR 从压力线转变为支撑线的时候，市场的牛市行情将因此得到延续。若不是反弹的话，股价的上涨趋势会不断地延续到之前SAR 线所在的位置，并且站稳在 SAR 线，延续 1 浪之后的牛市行情。

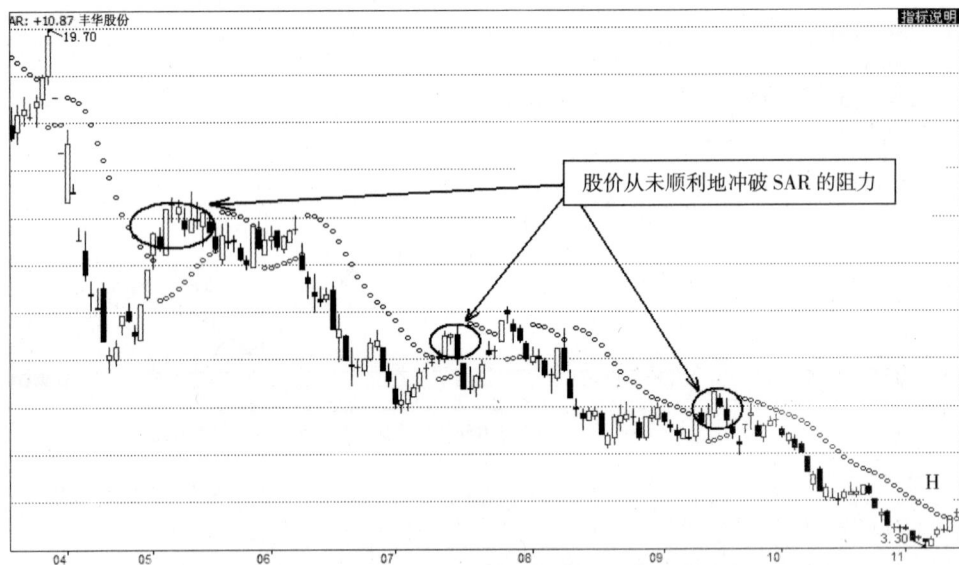

图 2-1-21　丰华股份（600615）SAR（2）阻力很大

如图 2-1-21 所示，丰华股份在前期熊市中也出现了不少的反弹。但是终究没有摆脱 SAR 线的压制，最终持续不长就戛然而止了。该股下跌的趋势一直持续到图中的 H 位置，这一次反弹能否持续，咱们拭目以待。

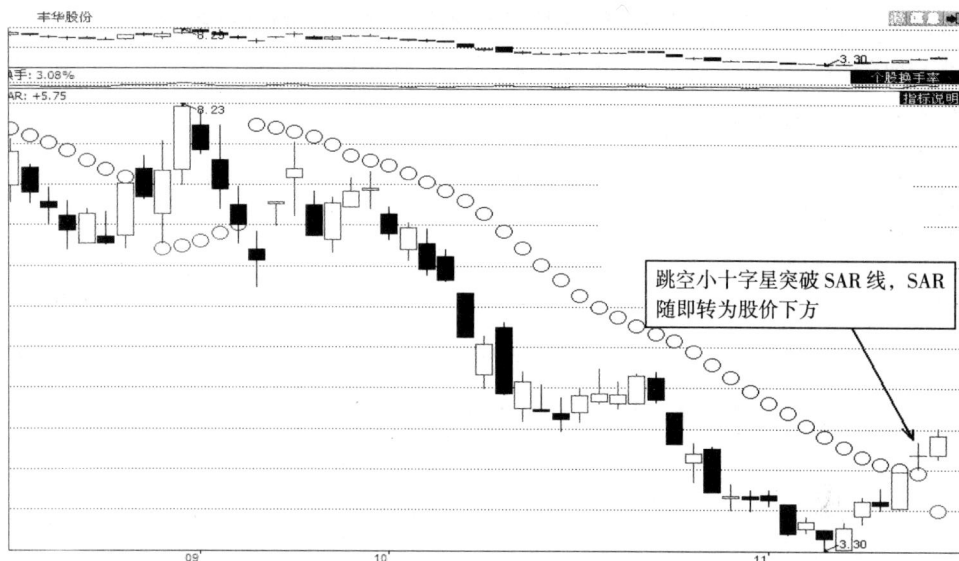

图 2-1-22 丰华股份（600615）跳空突破 SAR 线

如图 2-1-22 所示，该股以开盘跳空上涨的十字星顺利地突破了 SAR 持续不断的压制，显然是一个强势反转的征兆。十字星出现的第二天，SAR 线就从压力线变为支撑线，即便不是 1 浪行情，也应该是个不小的反弹了，投资者可以在这个时候买入股票。

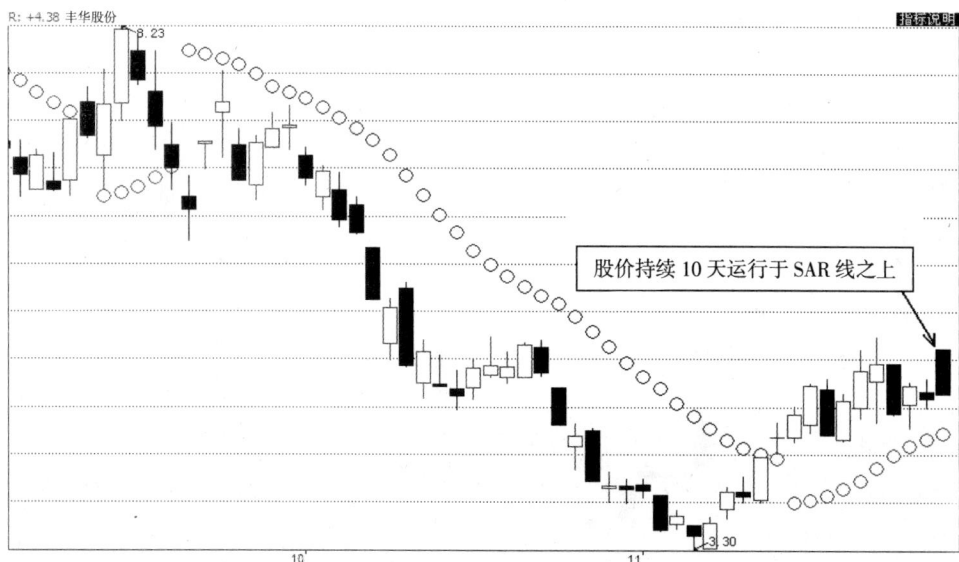

图 2-1-23 丰华股份（600615）SAR 持续支撑股价

如图 2-1-23 所示，该股果然顺利创新高，投资者可以继续买入股票。SAR 线与股价稳步上涨，正是 1 浪的绝好开局，后市该股有望再创新高。

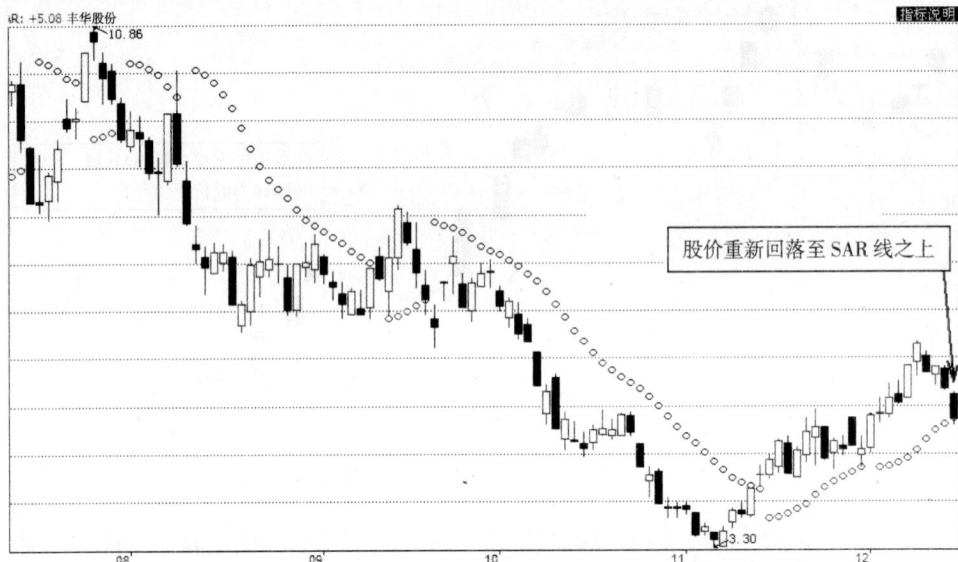

图 2-1-24　丰华股份（600615）股价跌至 SAR 线

如图 2-1-24 所示，股价上涨幅度过大之后，迅速跌至 SAR 线寻求支撑，2 浪的快速到来将很快吞噬掉投资者前期的利润，适当出货是很好的选择。

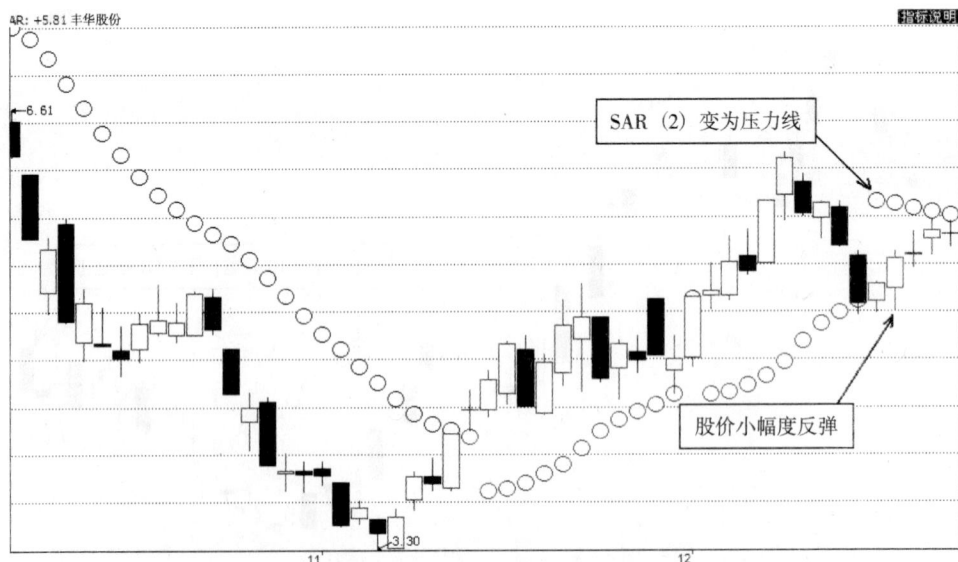

图 2-1-25　丰华股份（600615）震荡下跌

　　如图 2-1-25 所示，虽然股价短时间内获得了 SAR 线的支撑，但是 SAR 线已经转为压力线，该股的 2 浪调整将不可避免地出现，投资者应早做打算，减仓避开下跌的风险。

图 2-1-26　丰华股份（600615）1 浪完成

　　如图 2-1-26 所示，丰华股份随着 SAR 线的下落，开始了 2 浪的调整过程，该股的 1 浪行情在短时间内结束，前期股价回落 SAR 线并且反弹的时候，是个不错的出货机会。

第二章 2浪回调时的卖点

牛市行情中的第1浪开始后，股价的上涨幅度虽然大，并且俨然是牛股的走势，但由于之前股价经历了长时间的熊市行情，短期内的暴涨很难使多数投资者意识到牛市的到来。当股价上涨到一定幅度之后，短期买入股票的投资者获利将十分丰厚，并且正好是前期套牢的投资者相继解套的时刻，股价就会顺势自然下跌，1浪上涨行情就告一段落。1浪结束2浪开始的时候，就是投资者短线内减仓的时刻。投资者可以根据成交量萎缩的状态，以及各指标死叉出现的时机，来选择出货的时机。

第一节 量能变化

股价在1浪形成的过程中，必然是放大的状态。而1浪见顶的股价顶部，量能会达到股价反转以来的天量状态。天量的成交量就是投资者短期集中兑现利润的结果，2浪的调整行情将不可避免地出现。当调整幅度非常大的2浪行情到来的时候，成交量会随着股价的下跌而出现相应的萎缩，缩量调整的开始就是短期内投资者出货的时机。

2浪作为股价反转浪中1浪之后出现，从调整幅度上来看也是比较大的，选择在成交量萎缩的时候快速出货，就会避免股价短期内下跌造成的损失。只要市场的牛市行情真正被确认了下来，股价下跌就不会有很大的放量。而2浪见底回升之时也就是2浪调整到位、股价开始上涨之时。

如图2-2-1所示，金枫酒业的日k线中，该股已经持续放量形成了1浪的飙涨行情，并且该股的累计上涨幅度已经高达近50%，俨然一个即将出现的牛股行情。

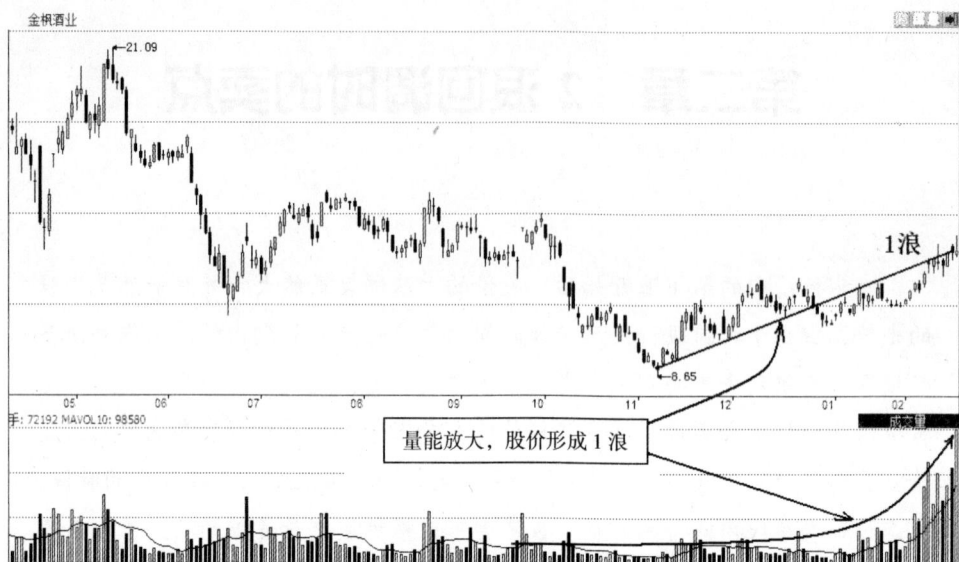

图 2-2-1　金枫酒业（600616）形成 1 浪

图 2-2-2　金枫酒业（600616）天量见顶

　　如图 2-2-2 所示，金枫酒业的日 k 线中，一个天量星线见顶，股价很可能就此见顶下跌，投资者应该密切注视该股的走势，以便及时做出投资决策。

图 2-2-3　金枫酒业（600616）三重顶被跌破

　　如图 2-2-3 所示，金枫酒业在放量见顶 14.00 元之后，随即开始缩量下跌的行情。图中的 a、b、c 头肩顶形态显然是一个跌势的开始，该股从图中所示的位置跌破了该形态之后，1 浪的飙涨行情也就结束了，即将到来的就是 2 浪的缩量调整了。

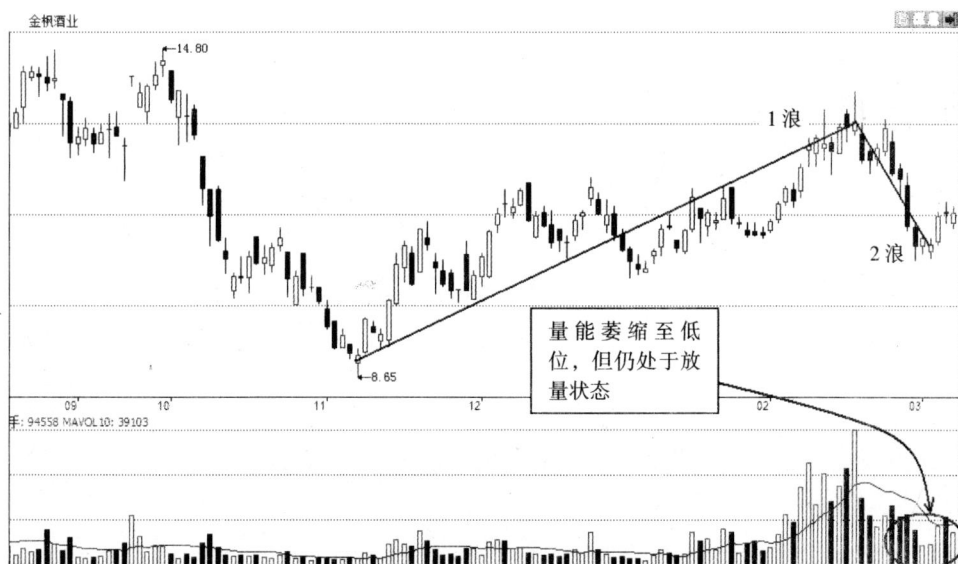

图 2-2-4　金枫酒业（600616）2 浪量能萎缩

　　既然该股的 2 浪已经开始了，那么投资者就不必再等待好的行情了。及时减少仓位，避开 2 浪的调整行情，才是保住收益的好方法。

　　如图 2-2-4 所示，2 浪的下跌趋势持续了一周多的时间，成交量随之萎缩。即便是量能开始萎缩，相比 1 浪开始之前仍然是放大的，因此该股有望在 2 浪调整行情结束之后再次放量上涨。2 浪结束缩量之时，就是投资者再次加仓买入的时机。

第二节　短期出货信号

一、均线的死叉

　　1 浪结束的时候，股价会出现回调，而均线作为股价的平均走势也必然会有所反应。若个股上涨趋势不够强的话，短期移动平均线向下穿越中长期移动平均线，并且形成见顶回落的死叉形态，是短线出货的信号。1 浪转为 2 浪的过程就是死叉不断形成、股价不断下跌的过程。若股价上涨的趋势非常强的话，移动平

图 2-2-5　金枫酒业（600616）BIAS 背离

均线并不会形成死叉形态，而只是在短期内开始中长期移动平均线。移动平均线从向上转为平行延伸，而又开始见顶回落的过程，就已经是出货的时机了。若移动平均线在股价见顶回落的初期没有表现出下跌信号，参照 BIAS 指标也同样会发现，指标已经开始见顶回落了。

　　如图 2-2-5 所示，金枫酒业的日 k 线中，该股的 1 浪行情虽然还在持续进行，但是 BIAS（30）的走势显然不能够与股价同步上涨了。BIAS 指标与股价出现了顶背离，显然不是什么好现象，2 浪的调整行情将在不经意中出现，投资者应当在这个时候适当减少仓位，避免风险。

图 2-2-6　金枫酒业（600616）短期均线死叉

　　如图 2-2-6 所示，BIAS 指标与股价出现顶背离之后，5 日、10 日均线马上形成了死叉见顶形态。2 浪虽然还未开始大幅度下跌，死叉已经出现了，即便激进一些的投资者也应该减少仓位，避免遭受损失。

　　如图 2-2-7 所示，该股下跌的幅度虽然不是很大，但是 BIAS 早早地触底并且形成了双底形态，2 浪调整幅度也就到此为止。投资者可以考虑在适当的时候加仓，迎接 3 浪的大牛市。

图 2-2-7　金枫酒业（600616）BIAS 双底形成

二、MACD 指标见顶回落

MACD 指标在 1 浪完成第一波的拉升行情之后，股价转为 2 浪调整的过程中必然会引起 MACD 死叉的出现。MACD 死叉是股价短期内见顶回落的信号，投资者可以据此选择出货时机。1 浪拉升见顶的时候，MACD 指标也会在零轴线以上见顶回落。该指标虽然不会在股价真正见顶的时候马上形成死叉，但是随后一定会有死叉形成。2 浪持续地调整行情就在 MACD 指标下跌至零轴线附近的时候。投资者可以在 2 浪的调整趋势持续到 MACD 指标再次于零轴线附近企稳回升，便可以继续做多了。

事实上，1 浪的行情确认了个股即将到来的牛市后，2 浪调整的过程是自然发生的。MACD 指标的死叉以及回落至零轴线的过程也顺势形成了，并不需要多少时间来确认，也不一定出现多么复杂的形态。只有 2 浪顺利回调下来，指标在零轴线重新蓄势待涨，后市股价的上涨空间才能看高一线。

如图 2-2-8 所示，同样是金枫酒业这只股票，DIF 线迅速回落至 DEA 线的时候，正是投资者出货的时机。2 浪不是短时间内完成的，但 MACD 死叉马上出现之后，投资者再要出货损失就扩大了。

如图 2-2-9 所示，在 DIF 线快速下探至 DEA 线之后，MACD 指标的死叉形

DIF 从高位跌至 DEA 曲线

图 2-2-8 金枫酒业（600616）DIF 回落

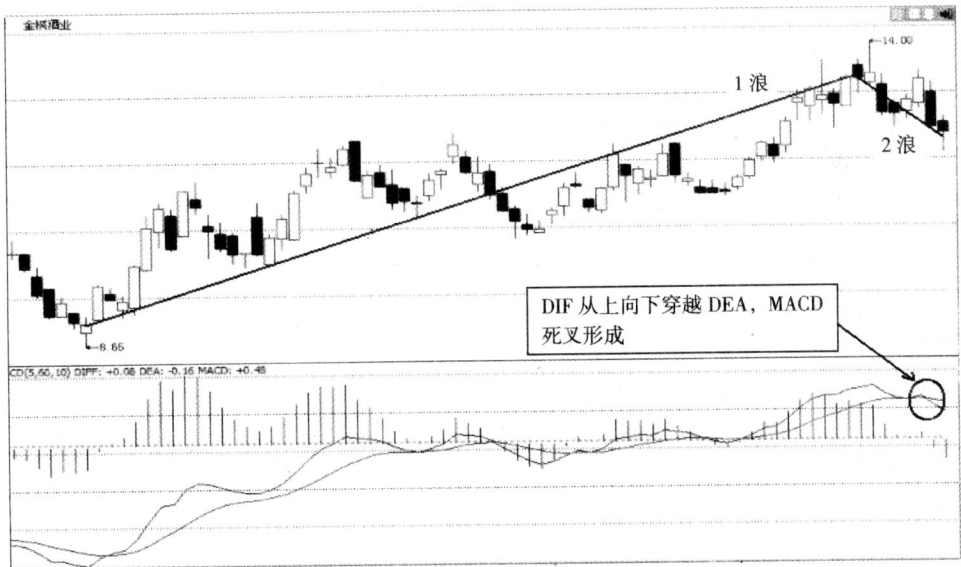

1 浪

2 浪

DIF 从上向下穿越 DEA，MACD 死叉形成

图 2-2-9 金枫酒业（600616）MACD 死叉

态也在不久后出现了，而这个时候股价的下跌空间已经非常大了。死叉出现之后，投资者即便不空仓来应对 2 浪的调整，也应该轻仓度过这个时刻，这样才不至于遭受太大的损失。

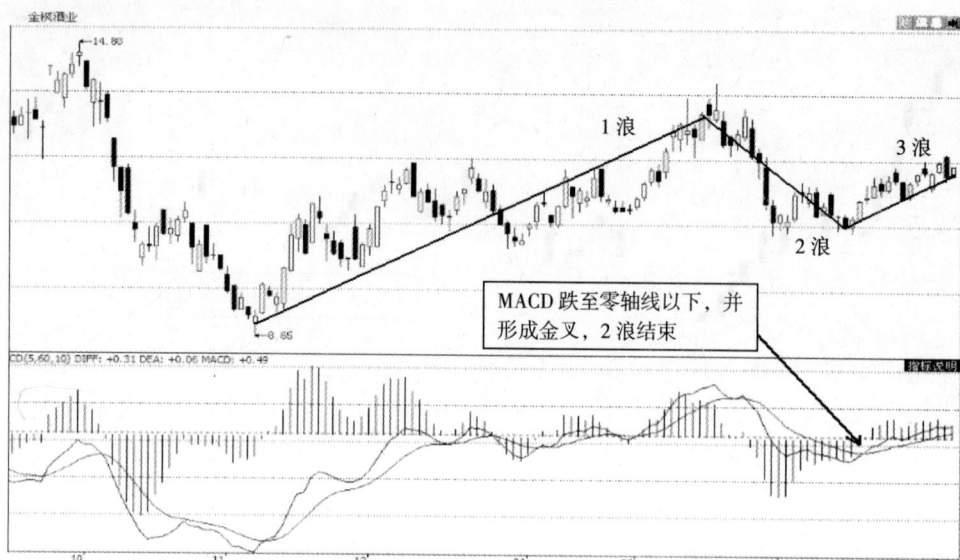

图 2-2-10　金枫酒业（600616）MACD 零轴线附近金叉

　　如图 2-2-10 所示，MACD 指标重新回调至零轴线以下，并且形成了金叉，是 2 浪调整行情结束的信号。

三、KDJ 指标短暂回调

　　2 浪的调整过程中，KDJ 指标会随之出现回落。从 KDJ（80，3，3）这个长期的 KDJ 指标来看，2 浪虽然是一次非常显著的调整浪，但并不能够改变股价的牛市行情。KDJ（80，3，3）中的三线指标（K 线、D 线、J 线）只是短期内形成死叉而已，调整至 50 线的时候，指标会出现显著的反弹行情，这个时候就是 2 浪结束调整行情之时。因为 80 日的 KDJ 指标可以说是比较长的计算周期了，若股价的调整是短期行为的话，KDJ 指标很可能只是在短期内黏合而已，黏合之后就会重新发生上涨。

　　除了 KDJ（80，3，3）这样的长周期指标外，短期 KDJ 指标会因为股价的大幅度震荡而出现较大的变化。2 浪的出现也必将引起指标在局部的顶部形成死叉形态，投资者可以清楚地辨别这样的见顶回落信号，并且做出相应的操作。当然，如果 KDJ 指标在局部见顶回落前已经构成局部顶部形态的话，投资者选择这些见顶信号形成的时候出货，将是非常好的机会。

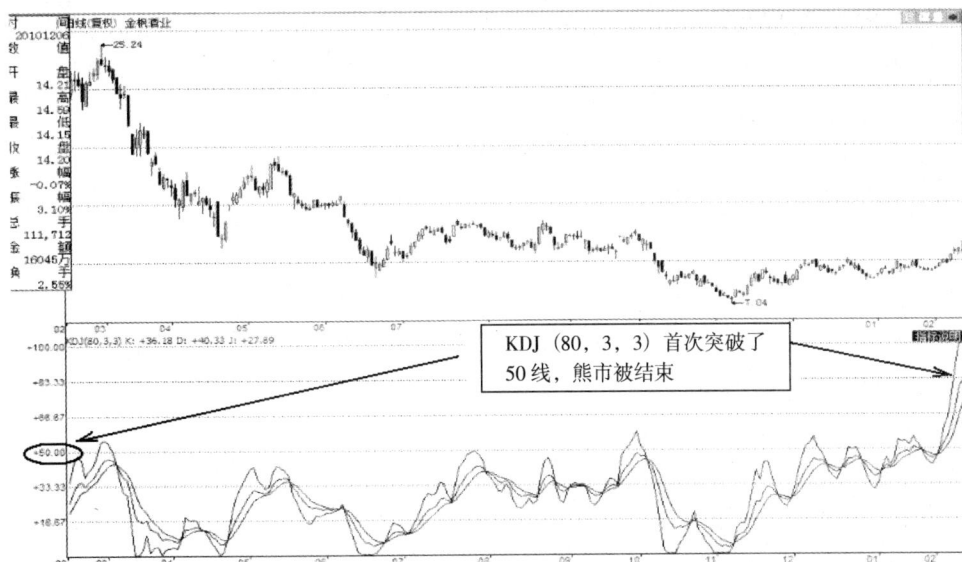

图 2-2-11　金枫酒业（600616）KDJ 突破 50 线

如图 2-2-11 所示，金枫酒业短时间内快速上涨，使得指标短时间内就进入超买状态，投资者不可以忽视超买现象，减少持股的仓位会减少很大的风险。2浪的调整行情也许就在 KDJ 指标超买后出现，这是值得警惕的。

图 2-2-12　金枫酒业（600616）KDJ 超买后死叉

如图 2-2-12 所示，KDJ 线中的 J 线进入超买状态后不久，该指标就出现了死叉形态，1 浪见顶回落信号由此出现，减少持有股票或者是清仓出局是应对 2 浪调整行情的必然选择。

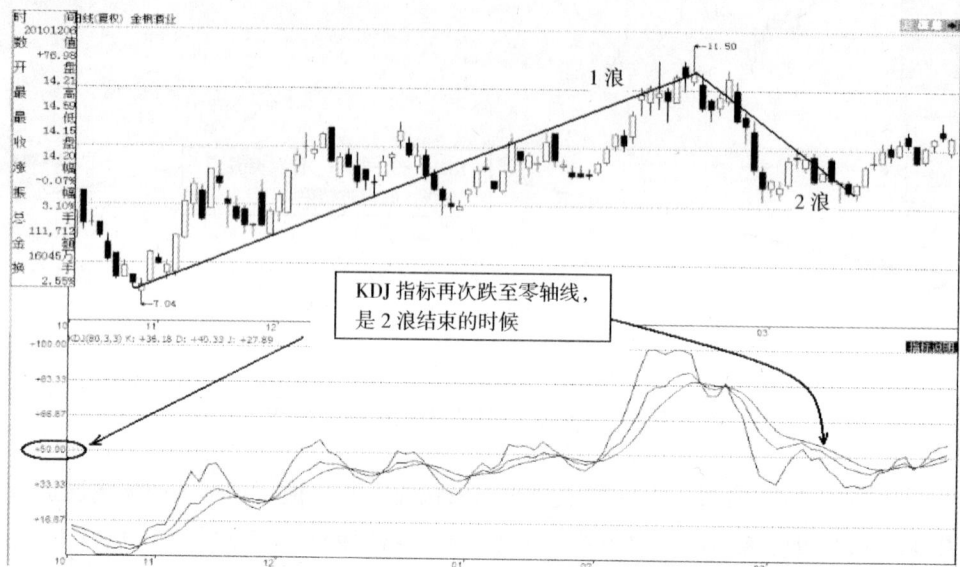

图 2-2-13　金枫酒业（600616）KDJ 探底 50 线

如图 2-2-13 所示，KDJ 死叉出现后，紧接着是 2 浪的下跌调整。之后，前期 KDJ 指标超买时对应的股价已经是 1 浪到 2 浪的转折点，也是投资者出货的很好时机。

四、RSI 指标信号

1 浪结束 2 浪即将开始回调行情的时候，RSI 指标的回调也成为必然现象。回调的幅度有大小之分，但是指标调整之后总是不会下跌至 50 线以下太远。在 50 线的附近获得支撑是 RSI 指标的必然走势。而下跌的信号也可以从不同周期的 RSI 指标的死叉形态看出。例如设置时间周期为 15 日和 30 日的 RSI 指标作为参考。股价在 1 浪过后见顶回落的时候，RSI（15）也会相应地下跌至 RSI（30）之上，甚至向下穿越 RSI（30）形成死叉出货信号也是有可能的。如果下跌的趋势有进一步持续的可能性，投资者应当考虑尽早出货，一时的等待将造成更大的投资损失，这是得不偿失的。

图 2-2-14 金枫酒业（600616）RSI 双峰见顶

如图 2-2-14 所示，同样的股票，不同的是 15 日的 RSI 指标。图中 1 浪期间，15 日的 RSI 形成了小双顶形态。不足 10 日就形成了这种见顶回落的双顶形态，显然不是什么好现象。既然如此，投资者应当把利润放入包里，部分仓位止盈出局是个不错的选择，2 浪调整完成之后再考虑重新买入股票。

图 2-2-15 金枫酒业（600616）RSI 跌破 50 线

如图 2-2-15 所示，股价在 15 日的 RSI 指标双顶回落后开始下跌，股价与 RSI 指标同步下跌的趋势正是 2 浪调整行情最好的证据。已经完成了减仓的投资者不会因为 2 浪的快速出现而使前期的利润有太大的萎缩，投资者可以等待股价再次企稳之后买回出售的股票。

五、SAR 指标见顶信号

SAR 指标作为众多投资者喜爱的止损指标，在 1 浪的飙涨行情结束的时候，也必将发出止损出局的信号。而这样的出货信号，在周 k 线中表现得更为显著。为什么这么说呢？因为 SAR 指标的波动频率与股价的变化过程有很大的关系，周 k 线中股价运行趋势的延续性比较好，而出现调整的信号也更为可靠一些。相应地，对于周 k 线中的 SAR 指标来说，出现止损信号的时候同样也是比较可靠的。既然 1 浪中 SAR 指标可以对股价起到支撑效果，股价短暂回调的时候，投资者同样可以参考这一指标。

应当注意的是，8 浪循环的前 5 浪是运行于牛市当中的 5 浪。投资者应当知道，股价调整的幅度一般都不会过大，很多时候不一定要等到 SAR 指标运行至股价的上方再考虑出货，而是在股价跌破 SAR 线的时候就开始止损出局，避开股价短期内回调的风险，这样达到的效果将更好。

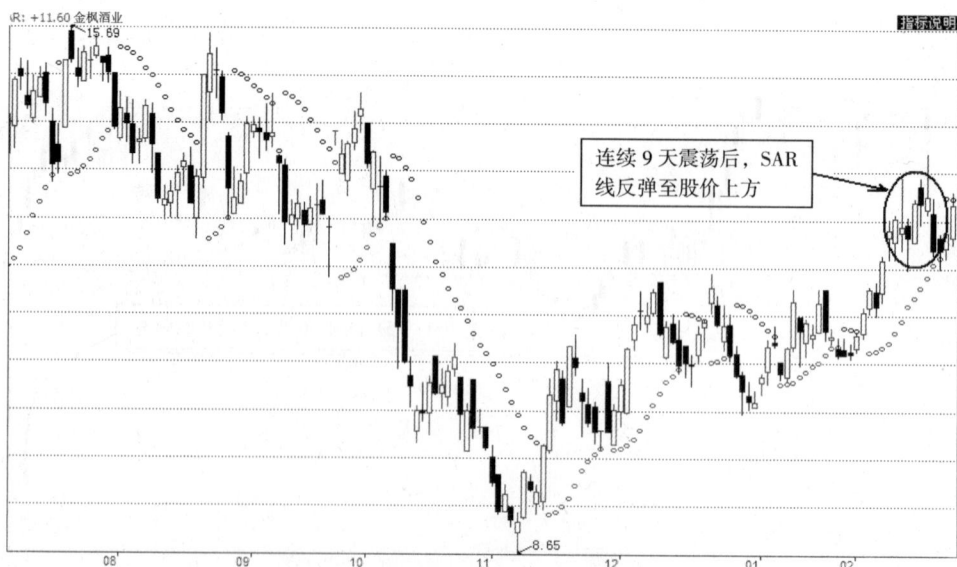

图 2-2-16　金枫酒业（600616）股价高位滞涨

SAR 指标与其他的技术指标一样，也具有滞后性。若不能够灵活地运用该指标，也就不能发挥它应有的投资效果。既重视指标本身的变化，又结合股价与指标之间的位置关系，综合研判股价的运行趋势，在股价上涨的过程中远离 SAR 线后大幅回落的时候就出货，将是不错的机会。

如图 2-2-16 所示，金枫酒业在快速拉升之后，形成了持续时间达到 9 天的调整。股价调整的过程中，不断地向下靠近 SAR 线。至此，SAR 线的支撑效果几乎被消耗殆尽了，股价的滞涨趋势要求投资者做出减仓的动作。

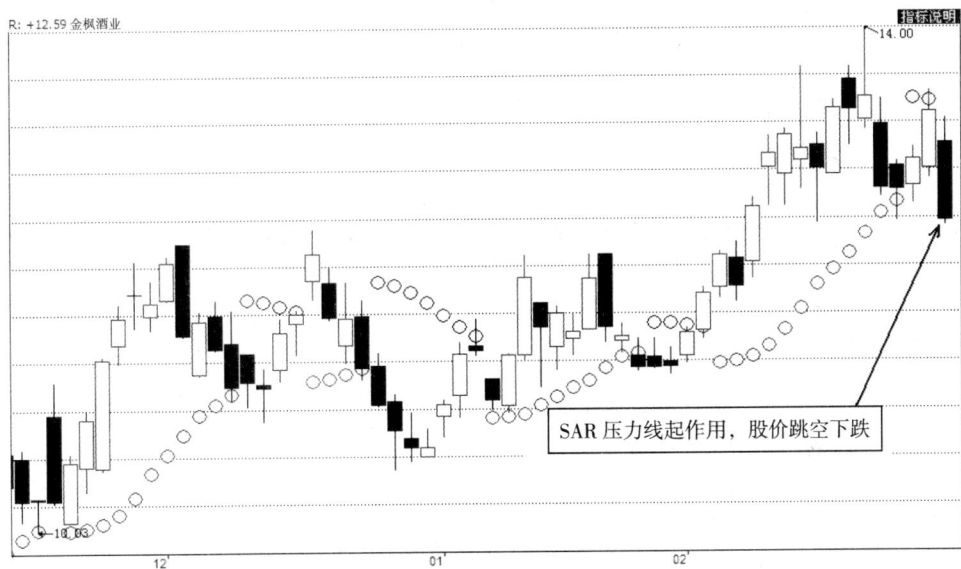

图 2-2-17　金枫酒业（600616）跳空大阴线

如图 2-2-17 所示，股价调整至 SAR 线的效果还是不错的，该股最终反弹无望，而 SAR 线也转移到了股价的上方，2 浪的调整趋势由此开始了。图中股价远离上方 SAR 线的压制，正是 2 浪调整行情加速兑现的结果，持股的投资者还应该不断出货才行。

如图 2-2-18 所示，该股在 SAR 线之下的三连阴线确认了调整的必要性。前期 1 浪已经形成了高位的顶部形态，该股 2 浪调整趋势还将继续，直至 SAR 线重新变为支撑线为止。

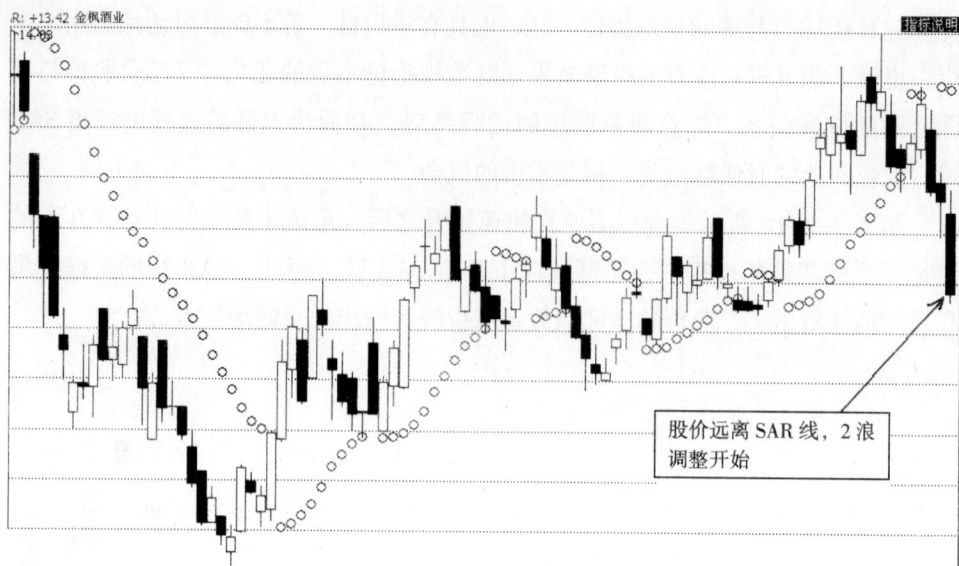

图 2-2-18 金枫酒业（600616）股价远离 SAR 线

（图中标注）股价远离 SAR 线，2 浪调整开始

第三章　3浪反攻时的买点

波浪理论的8浪循环模式中，3浪也是一个推动浪，并且比1浪和5浪的拉升幅度都要大一些。抓住这一波主升浪的飙涨行情，投资者就可以获利丰厚。而如果错失这一波推动浪的话，就只能眼睁睁地看着利润从指缝中溜走。本章着重介绍3浪出现的时候，成交量的变化和各指标出现的买卖信号，以及投资者买卖时机的选择。

第一节　放大的量能

1浪完成之后，股价经历了2浪的短暂调整，3浪的拉升行情又再一次出现了。成交量在1浪连续突破并上涨的过程中会不断地放大，只有2浪的调整行情才会表现出短暂的萎缩。当股价调整到位之后，成交量会再次放大配合股价完成3浪的主升行情。投资者选择买入股票的时刻，一定是需要成交量放大的，不然的话很难说股价就已经在2浪中调整到位了。

飙涨的3浪行情中，成交量不一定需要很快就放大到一定程度，但是突破前期1浪顶部所在价位的时候一定需要放量。只有这样，股价才能够创新高。判断股价反转的依据，首先应该看成交量是否已经企稳回升。成交量在2浪调整到位之后，会与股价同步放大，这是一般股价转跌回升的常见走势。当然也有很多股票在量能放大的时候并不立刻猛涨，这只是主力的操作策略不同而已，后市股价必然会对放大的成交量有所反应。投资者应当努力把握住这样的投资机会，在价涨量增的过程中不断持股。

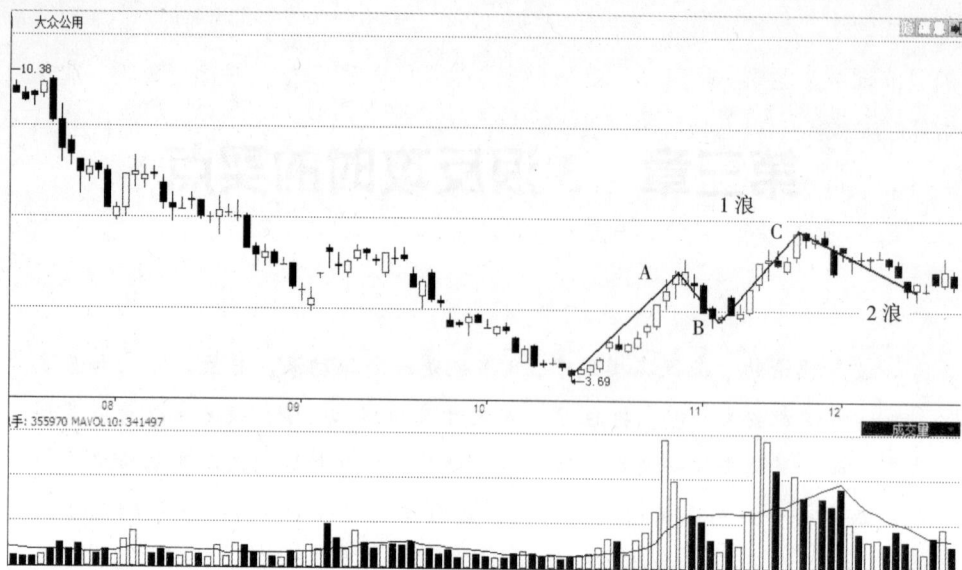

图 2-3-1　大众公用（600635）1、2 浪形成

如图 2-3-1 所示，大众公用的日 k 线中，股价经历了前期的 1、2 浪之后，即将迎来放量上涨的 3 浪行情。图中显示，1 浪的上涨是由 A、B、C 三浪组成的，三个组合浪形成了 1 浪这个推动浪。

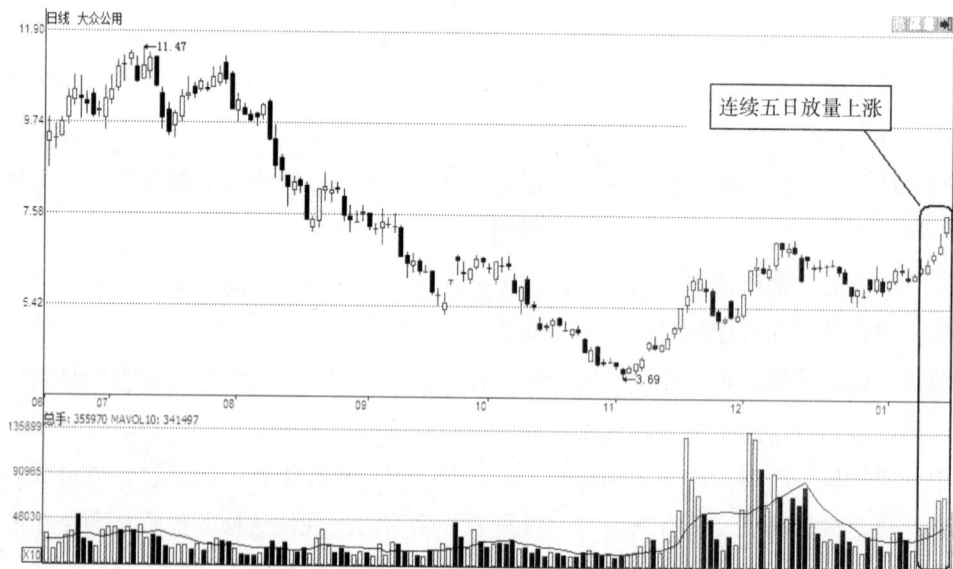

图 2-3-2　大众公用（600635）放量形成 3 浪

如图 2-3-2 所示,大众公用的日 k 线中,持续四天的放量上涨使该股一举突破了前期 2 浪的调整行情,3 浪在成交量持续放大的过程中不断创新高。这个时候显然是投资者买入股票的好时机,3 浪的飙涨行情将在之后不断地持续下去。

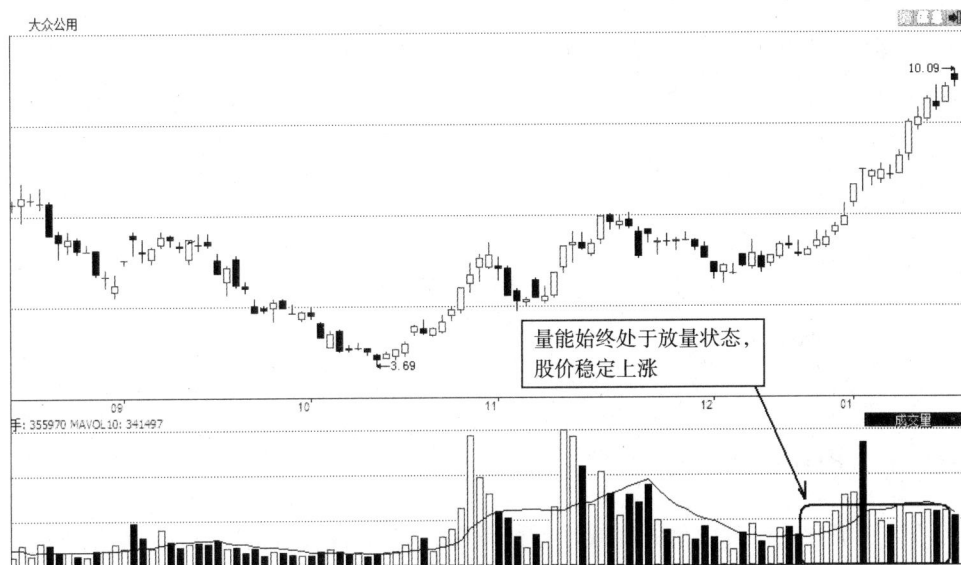

图 2-3-3 大众公用(600635)量能持续放大

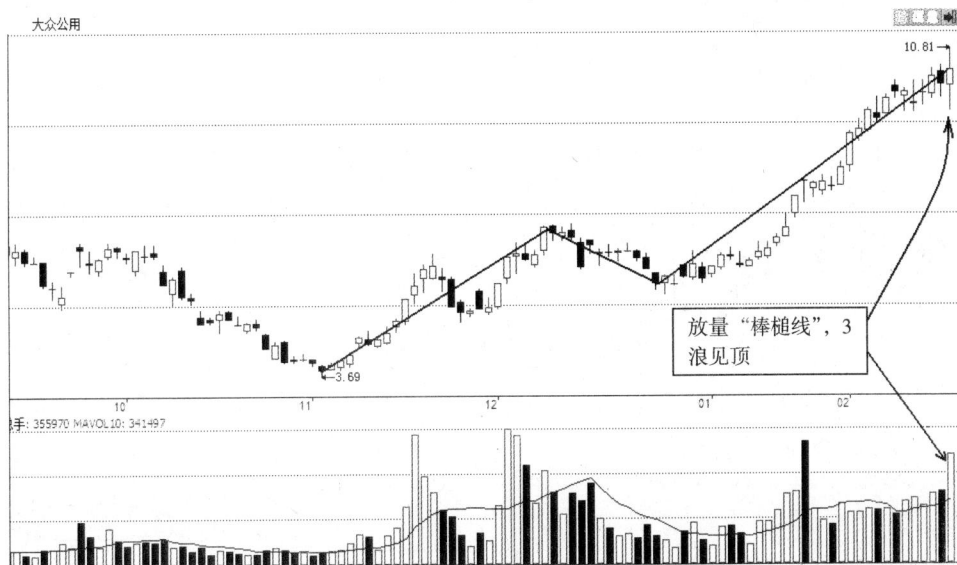

图 2-3-4 大众公用(600635)放量见顶

如图 2-3-3 所示，大众公用的日 k 线中，成交量虽然不是特别大，但是始终处于温和放大的状态，该股上涨过后就此延续了下来。持股的投资者可以继续持有该股，等待更大的涨幅。只要成交量能够持续地放大，并且不出现见顶的现象，那么 3 浪就不会轻易地下跌。

如图 2-3-4 所示，大众公用的日 k 线中，突如其来的成交量放大，使该股日 k 线中出现了一根"棒槌线"。虽然股价还没有开始真正的跌势，但是显然上涨动力已经受到质疑。

第二节 指标看多信号

一、均线看涨信号

第 3 浪开始拉升股价的时候，各种周期的移动平均线都会上扬。前期在 2 浪中出现了死叉之后向下的短期移动平均线在股价触底反弹的时候会表现出金叉买入信号。依据股价反弹的力度和反弹的幅度，短期移动平均线会不断地向上穿越

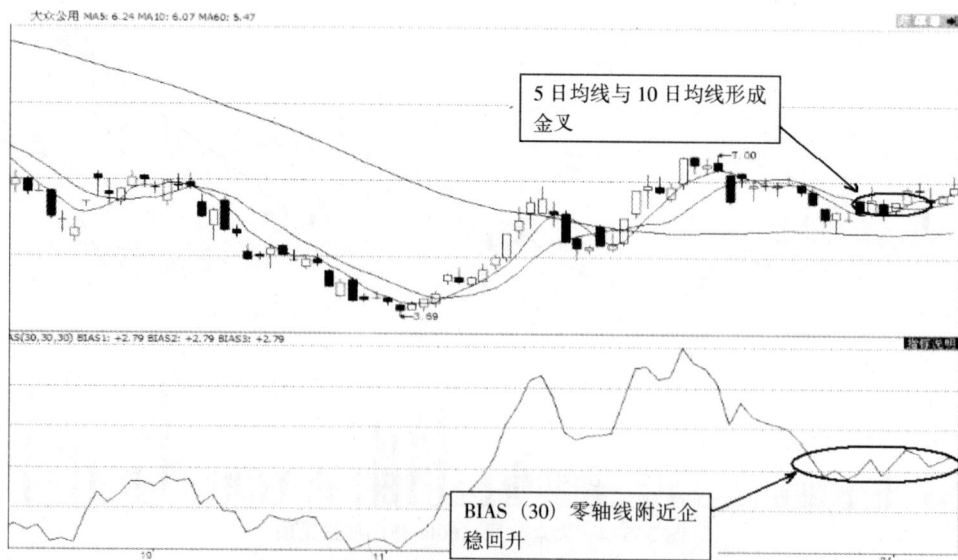

图 2-3-5 大众公用（600635）BIAS（30）企稳

中长期移动平均线，投资者可以将每一次的金叉当做看涨的信号。

走势比较强劲的股票，即使是在 2 浪的调涨行情中，移动平均线也不一定会形成死亡交叉。而股价的 3 浪开始拉升股价的时候，移动平均线只是从近似黏合的状态进入到发散的状态中来。均线的发散虽然不是明确的看涨信号，但却是强势股票的真正走势。市场中的牛股往往就产生在这些强势股票当中。股价在底部形成反转形态的时候，同样是投资者买入股票的最佳时机。

如图 2-3-5 所示，大众公用的日 k 线走势中，30 日的 BIAS 指标已经从 2 浪下跌趋势中调整过来，并且不断地企稳上涨。

前期该股下跌时形成 BIAS 指标的双顶形态，显然已经是过去的事情了，从股价稳定地运行于 60 日均线看来，支撑效果将在这个时候显现出来，投资者可以在这个时候买入股票，等待即将到来的 3 浪飙涨行情。

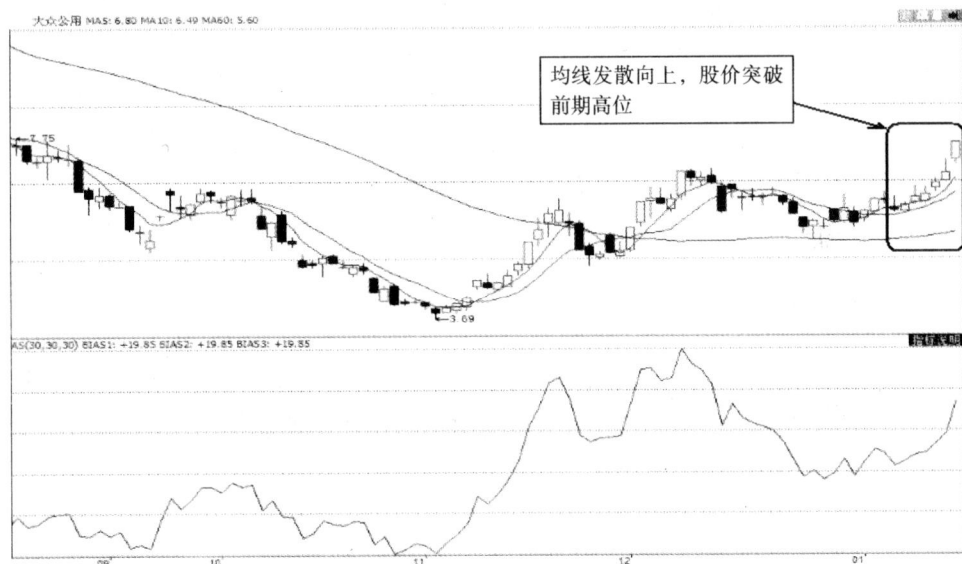

图 2-3-6　大众公用（600635）均线发散向上

如图 2-3-6 所示，大众公用的日 k 线中，5 日、10 日与 60 日移动平均线已经显著地发散向上了，股价在 5 日均线之上不断创新高，并且超越了前期 1 浪形成的高位，投资者的热情再一次被点燃起来。该股的 3 浪牛市行情将由此开始，投资者在这个位置加仓买入股票将会获得不错的投资机会。

与前期 1 浪股价的上涨空间相比较，3 浪的上涨幅度将会更大，投资者将会在 3 浪中获得更丰厚的投资回报。

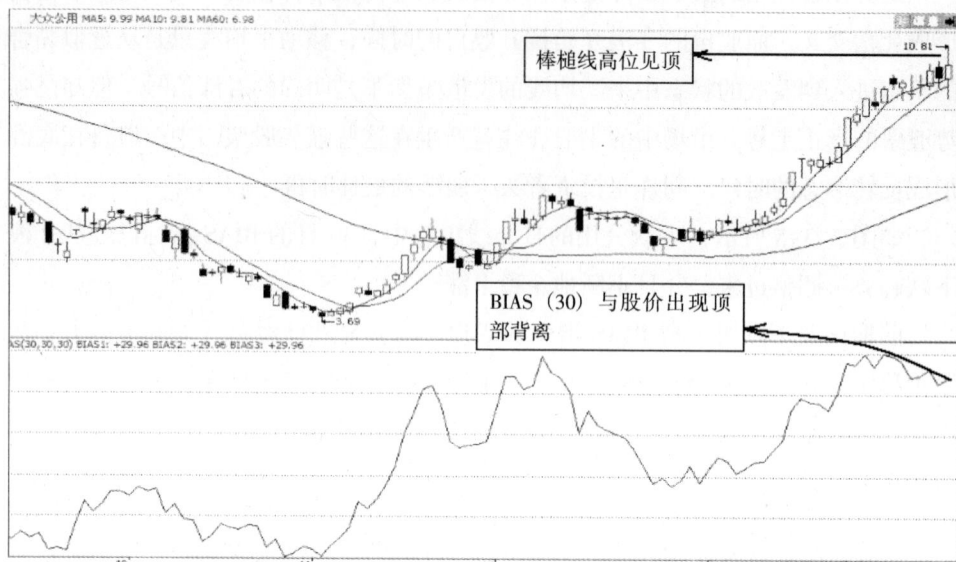

图 2-3-7 大众公用（600635）BIAS 顶背离

如图 2-3-7 所示，大众公用的 3 浪涨幅果然是非常的大，股价在达到了 1 浪的高位之上后，其上涨的幅度更是不断地扩大。与此同时，BIAS 指标却出现了大涨之后的首次背离，3 浪能否再次延续前期的大涨行情，值得投资者做一番思索。

投资者在这个时候，相信已经在 3 浪飙涨的过程中获得了丰厚的投资回报，指标背离之后是减仓时刻。即便 3 浪的趋势还将持续一段时间，图中的高位"棒槌线"也会结束该股的上涨趋势，调整难免会出现了。

如图 2-3-8 所示，BIAS 指标背离之后不久就出现了 5 日、10 日均线形成的死叉看跌信号。如果说前期的指标背离是警告的话，那么短期均线形成的死叉见顶形态就预示着 3 浪结束了，4 浪的调整不可避免地出现了。

二、MACD 指标做多时机

MACD 指标在股价经历 2 浪调整行情的时候，下跌的幅度不一定会很大，但是调整的过程是十分必要的。指标在调整完成后基本上应该位于零轴线之上不远的地方，或者是零轴线附近。3 浪开始的时候，MACD 指标会有两种突破信号：

图 2-3-8　大众公用（600635）5 日、10 日均线死叉

一种是 DIF 从底部穿越 DEA 曲线，一次性形成金叉买入信号，这是比较可靠的看涨信号。另一种是 DIF 与 DEA 曲线黏合在一起的时候，DIF 曲线突然从中脱离出来并且向上拉升，这也是一种看涨的信号。两线黏合的时候正是出现在 2 浪调整的阶段，而 DIF 与 DEA 曲线脱离的时候就是看涨信号发出来的时刻。3 浪

图 2-3-9　大众公用（600635）MACD 零轴线企稳

的飙涨行情会在 MACD 指标的两条曲线发散向上的过程中开始。

如图 2-3-9 所示，大众公用在 2 浪调整的阶段，MACD 指标曾经一度下跌至零轴线以下。零轴线作为判断多空的"指标线"，跌破就证明股价即将步入熊市。但是对应本例子来说，MACD 调整至零轴线以下，显然是造成了一个假突破现象，为该股进入到 3 浪的飙涨行情中作好充分的准备。

即便 MACD 指标还未开始上涨，跌至零轴线之后下跌的空间也非常有限了，投资者可以少量建仓，以免错过买入股票的最佳时机。等 MACD 指标形成金叉信号之后，3 浪的行情就会快速地展开。

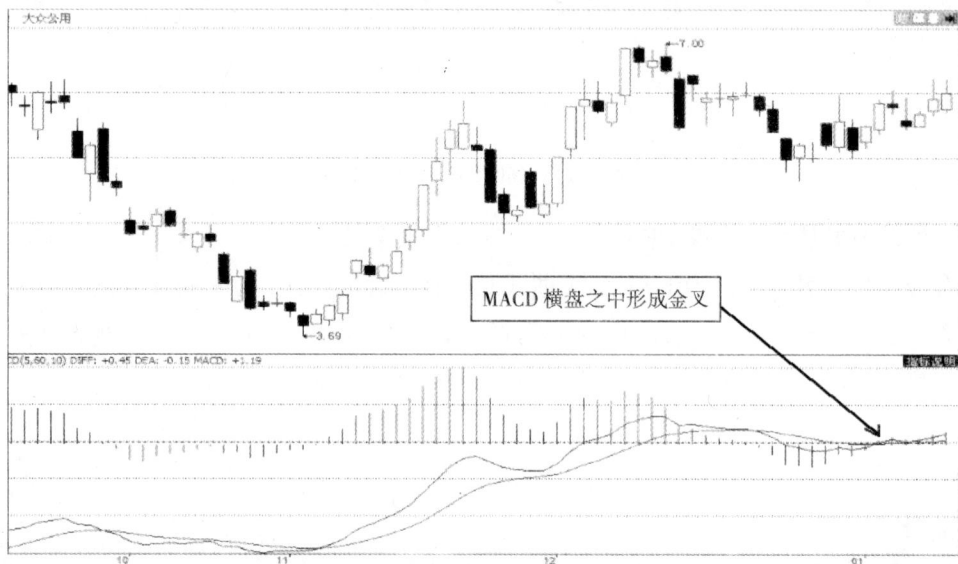

图 2-3-10　大众公用（600635）MACD 金叉

如图 2-3-10 所示，MACD 指标不仅是在零轴线附近企稳了，还形成了金叉买入信号，股价的上涨趋势在起始阶段总是这样缓慢地进行。后市该股的上涨空间有望进一步打开，投资者可以在 MACD 指标与股价同步企稳回升的时候不断地买入股票。3 浪的拉升行情虽然还未展开，但是上涨已经没有太大的障碍了。

如图 2-3-11 所示，MACD 指标的涨幅不断扩大，并且一度超越了前期浪时该指标的高位。与此同时出现的是，股价也跟随指标同步创新高。而图中该股高位强势横盘整理的时候，恰好是投资者中途继续加仓的好时机。股价的上涨空间有望在短暂调整之后进一步扩大。

DIF 走平，股价创新高后强势调整

图 2-3-11　大众公用（600635）强势横盘

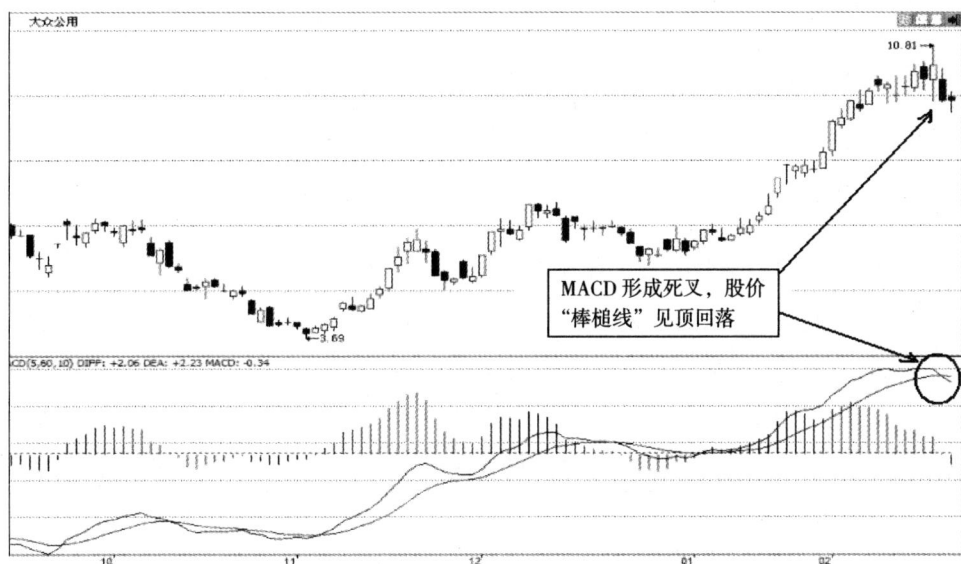

MACD 形成死叉，股价"棒槌线"见顶回落

图 2-3-12　大众公用（600635）MACD 死叉

如图 2-3-12 所示，大众公用的日 k 线中，"棒槌线"高位见顶 10.81 元后，预示着股价的上涨幅度已经比较高了。滞涨"棒槌线"恰好就说明该股不久将见顶回落的事实，而图中的 MACD 指标高位形成的死叉出货信号是一个不错的出货时机。

图 2-3-13　大众公用（600635）3 浪形成

　　如图 2-3-13 所示，MACD 指标的死叉形态出现之后，加速了该股 3 浪的见顶回落过程，4 浪的调整行情由此开始，前期获利的投资者在 MACD 指标死叉之后应该马上止盈出局，才不至于遭受更大的投资损失。

三、KDJ 指标再次上攻信号

　　KDJ 指标在用来判断股价反转信号的时候，不仅表现在 1 浪的扭转趋势中。在 2 浪完成调整后，KDJ 指标同样也会出现相应的看涨信号。与 1 浪中的看涨信号的不同之处是，3 浪的看涨信号多数只是 KDJ 金叉而已。尤其前两章中用到的 KDJ（80，3，3）指标，在 2 浪调整的阶段并不会下跌太多。只是象征性地形成死叉，造成回调的趋势而已。待到市场稳定了，KDJ 指标将在大趋势不变的情况下延续前期的上升行情，金叉买入信号自然在 3 浪上涨的时候形成了。

　　值得一提的是，短期的 KDJ 指标在 2 浪调整的阶段，只是回调到 50 线附近。而像 KDJ（80，3，3）这样的长期指标，即使在 50 线之下回调，仍然可以在接下来形成 3 浪的看涨信号。投资者不必因为长周期的 KDJ 指标没有处于 50 线之上就不去买入股票。长周期的 KDJ 指标与股价的波动过程是同步的，只要股价没有真正见顶回落，KDJ 指标就与股价同步震荡上涨，一直到 8 浪中的最后三个调整浪出现为止。

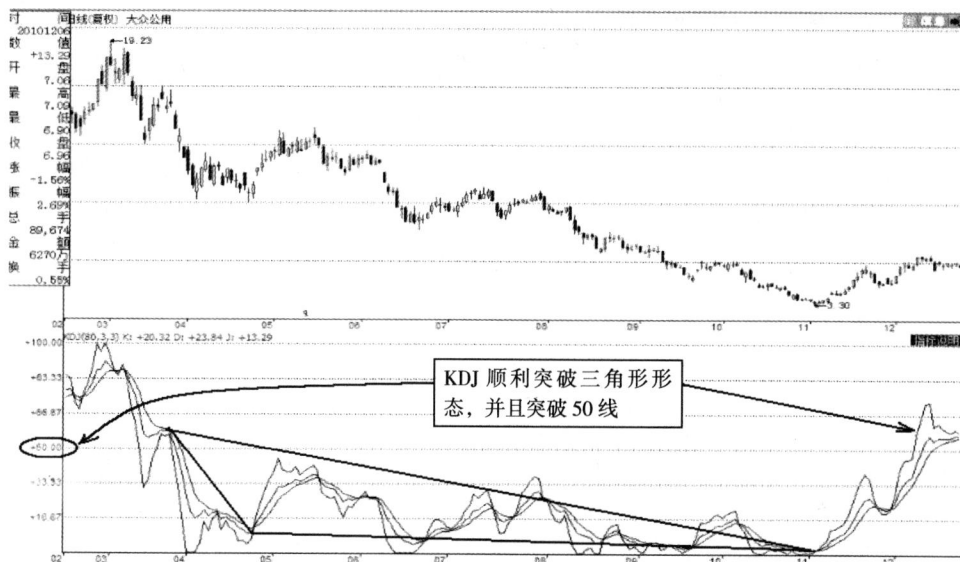

图 2-3-14　大众公用（600635）KDJ 突破性上攻

　　如图 2-3-14 所示，同样是大众公用这只股票，KDJ 顺利突破前期三角形整理的形态是 1 浪开始的标志性动作。而之后该指标从零轴线之上的高位迅速地调整到了零轴线附近，也是指标企稳回升的基础。尽管 KDJ 指标还未出现显著的看涨信号，但是指标企稳回升的位置一定会是零轴线附近，那么这个时候开始少

图 2-3-15　大众公用（600635）KDJ 寻求 50 线支撑

量建仓无疑是一个不错的选择。

如图 2-3-15 所示，该股果然是在零轴线附近震荡黏合，并且形成了金叉看涨信号。由此可见，前期建仓的动作还是比较正确的，指标的企稳必将延续下去。密切关注该股的动向，在适当的位置开始买入股票，等待 3 浪行情的展开，将是投资者不错的选择。

图 2-3-16　大众公用（600635）KDJ 黏合见底

如图 2-3-16 所示，"好事多磨"用在该股上是不错的。图中的 KDJ 指标在黏合并且形成金叉之后，指标与股价的同步上涨就成为 3 浪行情开始的信号。虽然股价仅仅达到前期 1 浪时的高位附近，但是 KDJ 指标早已经创新高。指标先股价而动，预示着市场的强势状态将延续下去，3 浪的飙涨行情虽然来得迟缓，但显然是已经在形成之中了。投资者应在这个阶段大量建仓，即便是全仓买入也是没有问题的，3 浪将为投资者创造丰厚的投资收益。

如图 2-3-17 所示，3 浪的飙涨幅度虽然巨大，但是也有见顶回落的时候。图中显示 KDJ 指标跌破高位超买区域，就是这样的见顶回落信号，4 浪调整的行情也由此开始。投资者持仓的过程也就在此处结束了。

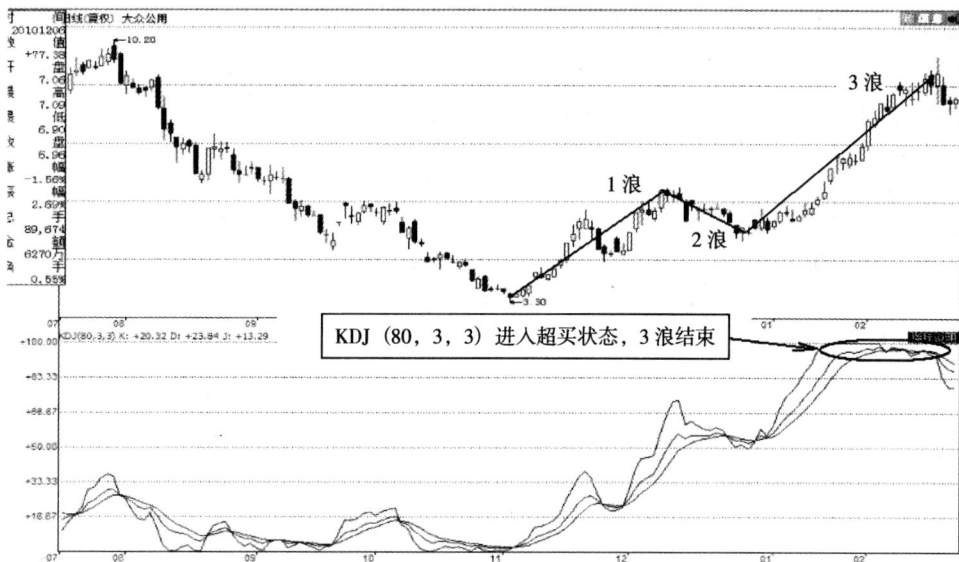

图 2-3-17　大众公用（600635）KDJ 持续超买

四、RSI 指标的买入信号

在判断股价的 3 浪反转行情的时候，可以重点关注 RSI（30）和 RSI（15）这两个不同周期的指标线。一般的情况下，1 浪的上涨行情完成之后，15 日和 30 日的 RSI 指标就已经在 50 线之上。50 线作为多空的分界线，对于股价今后的走势是十分重要的。既然 1 浪中 RSI 指标已经处于 50 线之上了，2 浪的调整行情也不会使该指标出现显著的下跌。3 浪的看涨行情就是出现在 RSI（15）与 RSI（30）在 50 线形成金叉买入信号的时候。RSI 指标下跌而不破 50 线，金叉后投资者即可开始建仓买入股票。

如图 2-3-18 所示，大众公用的日 k 线中，2 浪调整幅度虽然不断地扩大化，并且 15 日的 RSI 已经向下穿越 30 日的 RSI 指标，形成了所谓的死叉下跌信号。但是考虑到 1 浪的本身就是冲破阻力进入牛市中的第一浪，对应的 RSI 指标从零轴线之上冲高回落，也是情理之中的事情。投资者不必对此惊慌失措。后续该股还是会出现 3 浪的飙涨行情的，RSI 指标企稳的地方也必定出现在零轴线附近。

如图 2-3-19 所示，随着 RSI 指标从零轴线附近企稳回升，股价也不断地达到新高度。这个时候，2 浪中股价与指标同步下跌的现象已经一去不复返了，投资者可在此时大举买入股票。3 浪的飙涨行情是比较大的，股价的缓慢回升为投资者低位吸筹创造了得天独厚的条件。

图 2-3-18　大众公用（600635）RSI 死叉

图 2-3-19　大众公用（600635）RSI 从黏合到发散

　　如图 2-3-20 所示，15 日与 30 日的 RSI 指标同步发散向上，形成了非常显著的看涨信号。3 浪的行情如火如荼地展开了，如果手中还有资金，可以再多买入一些这只股票，必将在今后获利丰厚。

RSI（15）与 RSI（30）同步上涨，是加仓机会

图 2-3-20 大众公用（600635）同步上涨

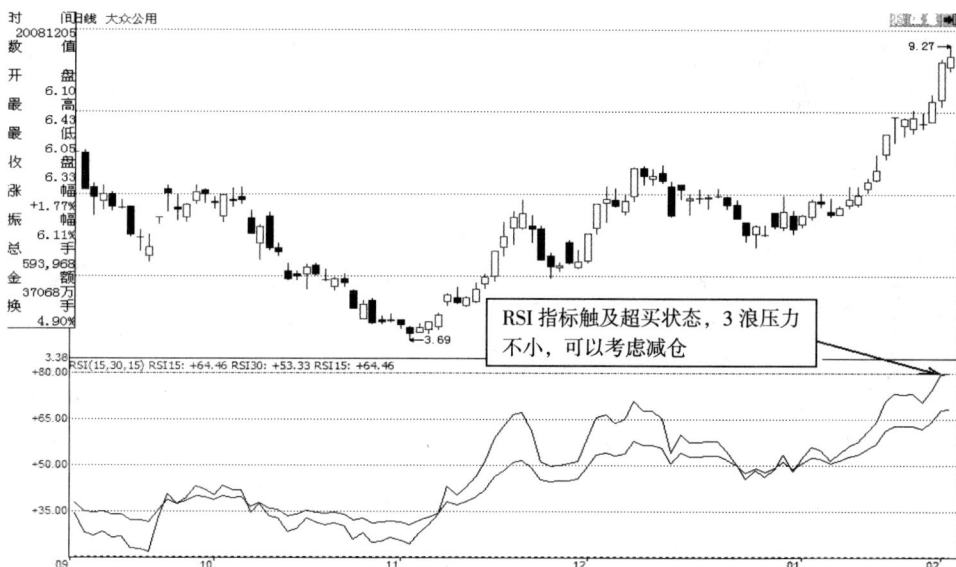

RSI 指标触及超买状态，3 浪压力不小，可以考虑减仓

图 2-3-21 大众公用（600635）RSI（15）已经超买

　　如图 2-3-21 所示，15 日的 RSI 指标快速见顶并且进入超买状态，是 3 浪行情结束的前兆。投资者应该把握前期的利润，及时减仓避免损失。

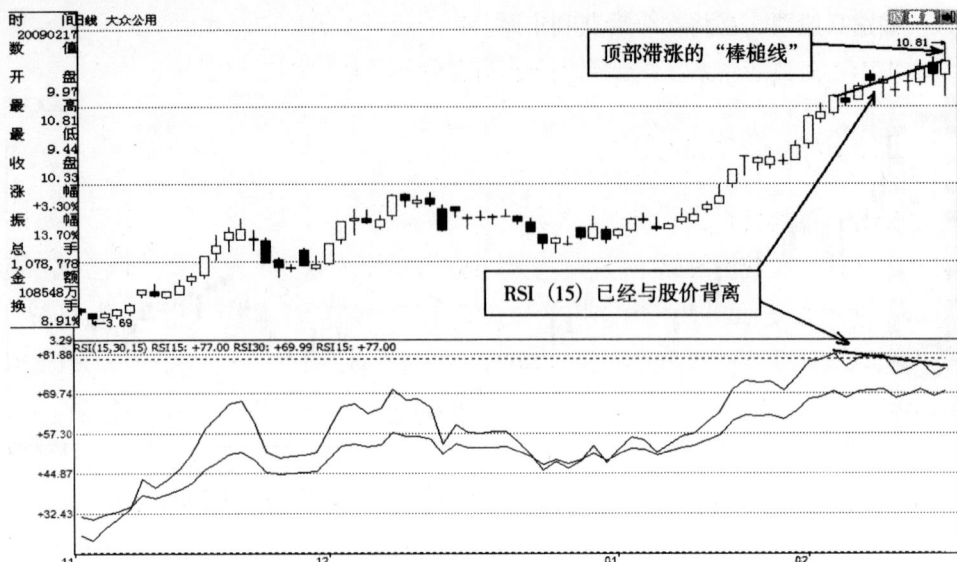

图 2-3-22　大众公用（600635）RSI（15）顶背离

如图 2-3-22 所示，15 日的 RSI 指标在超买之后，即出现了该指标与股价的顶部背离。如果说超买是指标发出的警示性信号的话，那么指标的背离就是投资者再次减仓的依据了，该股下跌的趋势虽然来势缓慢，但终究会结束 3 浪的飙涨行情，投资者应当早作准备才是。

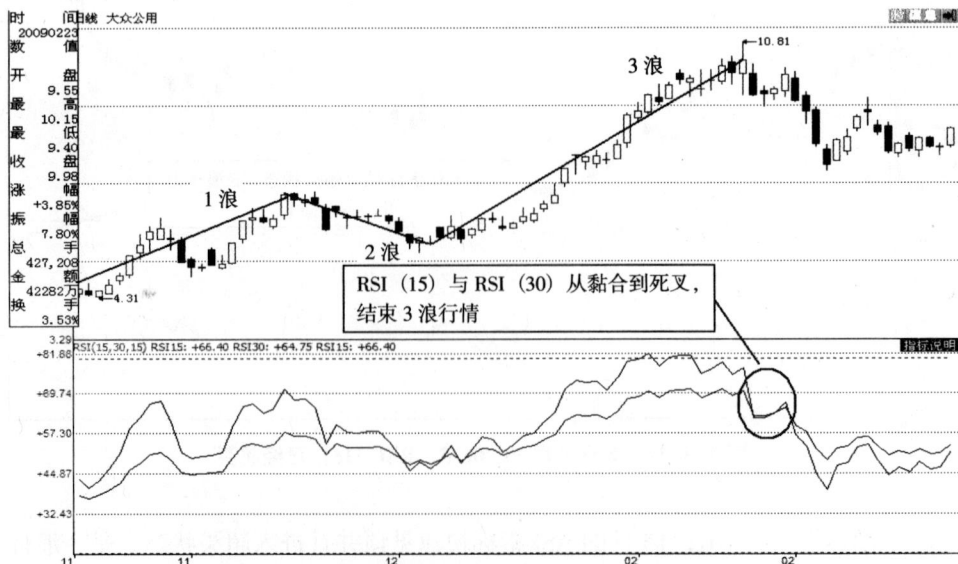

图 2-3-23　大众公用（600635）RSI 死叉结束 3 浪

如图 2-3-23 所示，大众公用终于结束了一路上涨的趋势，进入到了 4 浪调整浪当中，而该股快速下跌的起始点恰好是指标不断背离之后。

五、SAR 指标信号

SAR 指标作为投资者止损的绝好技术指标，可以为投资者发出满意的出货信号。同样地，在股价的周 k 线中，该指标也可以作为投资者买入股票的信号来源之一。使用该指标的时候，投资者要注意个股一般的波动幅度。周 k 线中的个股，如果不是波动比较频繁的股票的话，是不会轻易地产生买入信号的。一旦出现了这样的买入信号，其看涨的作用就比较强烈了。个股的上涨趋势在很多的时候，根本就是早早地出现在 SAR 指标发出了信号之前。

投资者避免错失建仓良机的方法是，仔细地观察个股的动向，对股票的总体运行节奏有一个整体的把握。即使 SAR 指标没有从上方的压力线转变为支撑线，股价即将向上突破 SAR 指标前，或者是在突破 SAR 指标的瞬间，就开始买入股票，这样才不至于失去好的买入机会。

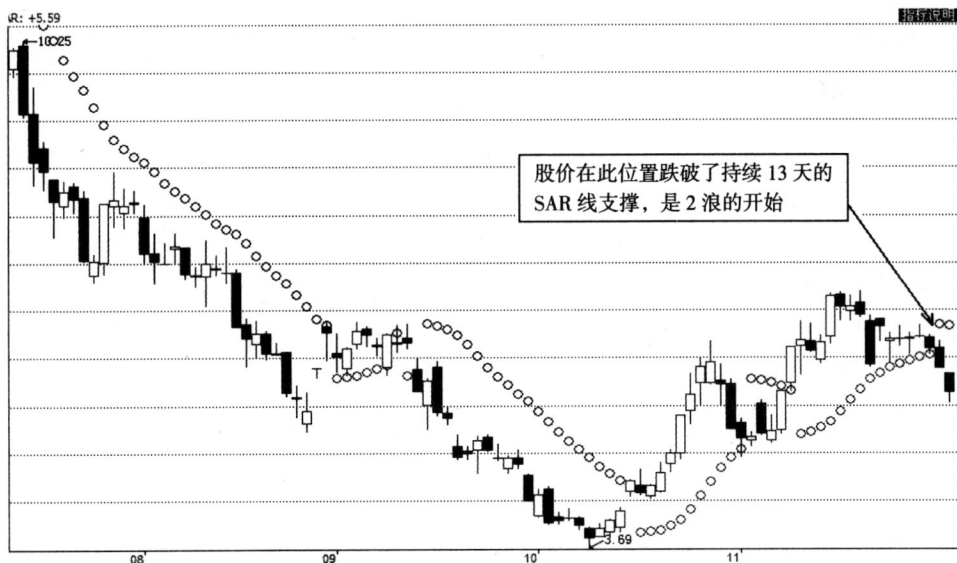

股价在此位置跌破了持续 13 天的 SAR 线支撑，是 2 浪的开始

图 2-3-24　大众公用（600635）SAR 转为压力

如图 2-3-24 所示，从 SAR 指标上来看，大众公用的下跌趋势正是开始于该股跌破了底部 SAR 线的支撑，从而转为下跌的过程中。2 浪的开始也意味着 3 浪

的行情将在不久后出现，仔细观察 SAR 线的变化，在 SAR 线重新回到支撑状态时买入股票，将是不错的选择。

图 2-3-25　大众公用（600635）方向不明

如图 2-3-25 所示，该股 2 浪的下跌幅度并不是很大，但是股价已经开始企稳回升了。图中显示出，SAR 指标在股价震荡的过程中频繁地上下换位，正是投

图 2-3-26　大众公用（600635）SAR 线支撑有效

资者买入股票的好时机。事实证明，该指标已经不能够形成对股价强有力的压制，3 浪在股价震荡过程中形成已经是必然。

如图 2-3-26 所示，大众公用持续 4 天的上涨过程中，SAR 指标早已经处于股价之下。既然是这样，今后该股上涨的动力就有了保证，投资者可以在这时建仓买入股票。指标与股价的同步上涨将成为可能。

图 2-3-27　大众公用（600635）再创新高

如图 2-3-27 所示，股价在图中所示的位置超越了前期 1 浪高位，并且形成了指标与股价同步上涨趋势。股价强势调整，使 SAR 指标与股价的距离相应缩小，是一个不错的二次建仓点，3 浪行情还将持续一段时间。

如图 2-3-28 所示，股价出现了久违的下跌行情。图中该股见顶 10.81 元之后，快速地跌至 SAR 线寻求新的支撑。这是个好的出货时机，该股涨幅过大后出现这样一个看空走势，恐怕 3 浪之后的 4 浪调整行情为时不远了。

如图 2-3-29 所示，大众公用的 3 浪行情虽然比较疯狂，但终究是在股价首次调整至 SAR 线的时候实现了向下的突破，该股在 4 浪行情中出现了非常大的下跌幅度。3 浪由此完成了。

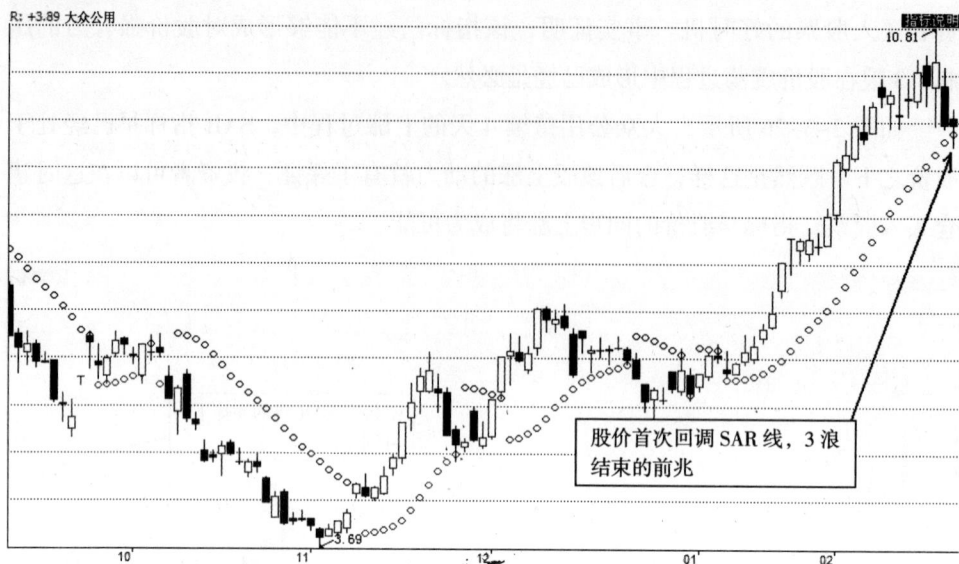

图 2-3-28　大众公用（600635）挑战 SAR 线支撑

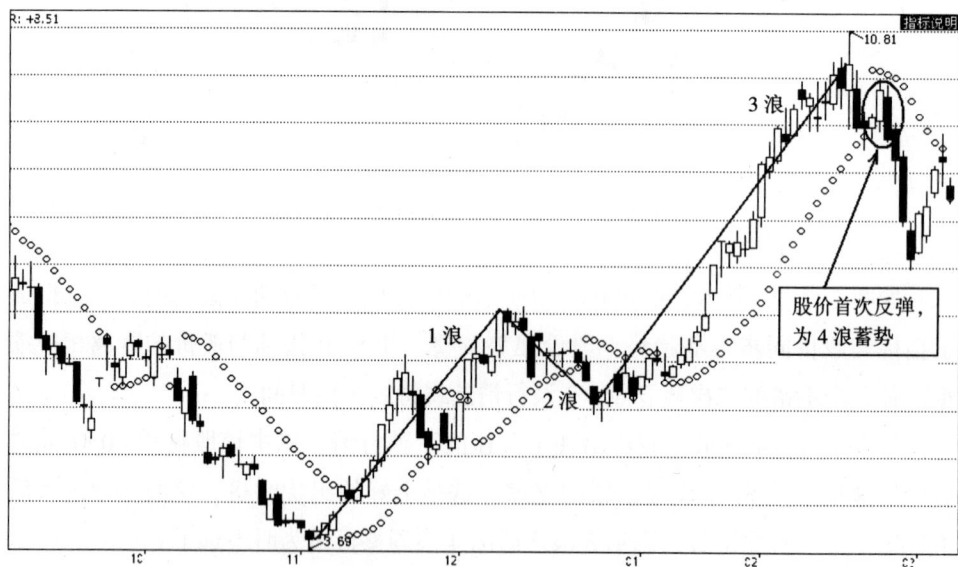

图 2-3-29　大众公用（600635）3 浪完成

第四章 4浪回调时的卖点

3浪是8浪循环中的一个非常大的主升浪，而随之而来的4浪的调整空间也是非常大的。投资者把握住3浪中丰厚的利润后，又能够在4浪开始前就兑现利润，那样才能使资金不断膨胀。股价变幻莫测，投资者应当如何才能够做到这一点呢？本章就重点说一下4浪开始的时候成交量的变化信号，以及均线、MACD、KDJ等技术指标发出的响应信号。

第一节 4浪成交量变化

股价在3浪的飙涨行情当中，创新高的过程一定是有很大的成交量相配合的，否则股价难以不断创新高。尤其3浪的上涨空间比较大的情况下，更是需要成交量放大的配合。4浪作为其后的调整浪，成交量萎缩是必然的结果。投资者可以在量缩价跌的时候选择适当的出货时机。

由于3浪的上涨行情来势比较猛，上涨的空间又难以预料，通过成交量的萎缩情况判断是个比较好的方法。股市中有句俗语：量在先，价在后。事实也是如此，股价在上涨前，成交量必须首先放大，而股价回落前量能会首先萎缩。4浪的调整行情虽然来势汹汹，但终归也是量能不能够持续放大的结果。只要股价在3浪的走势中，价格创新高而成交量却出现了回调，这个时候就是减仓的好时机。投资者真正开始出货的机会不一定出现在股价下跌的时刻，股价开始滞涨而量能已经萎缩的时候也是出货时机。

3浪中日k线中还有更好的出货时机，那就是股价放天量见顶的时刻。出现天量而股价却不上涨，这是主力短时间内出货的结果。主力快速放量出货之后，股价见顶回落是迟早的事情。激进点的投资者可以开始出售部分股票，而谨慎的投资者可以将股票全部卖出去，这样才不至于造成更大的投资损失。出货的位置如果有十字星之类的见顶信号来配合，将是更好的出货位置。

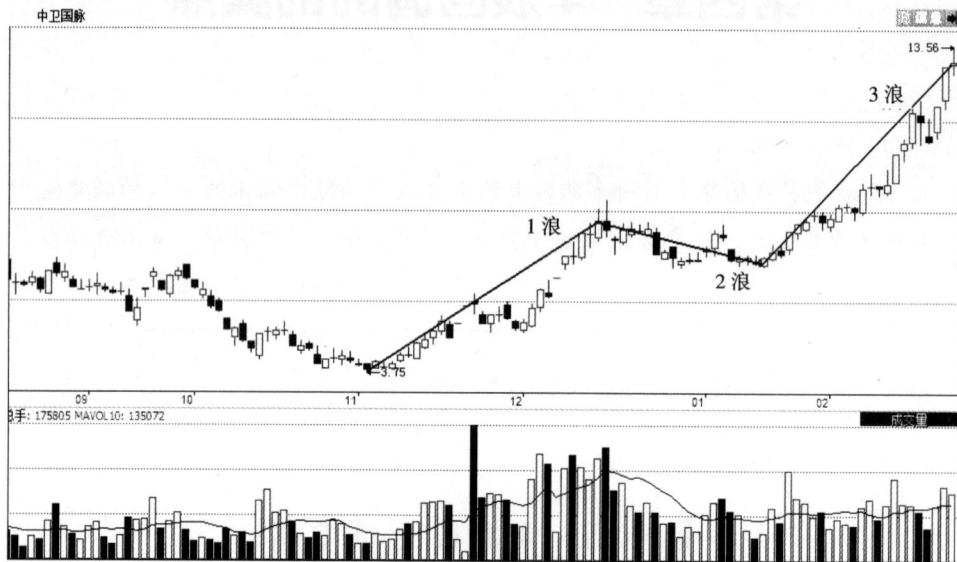

图 2-4-1　中卫国脉（600640）3 浪持续进行

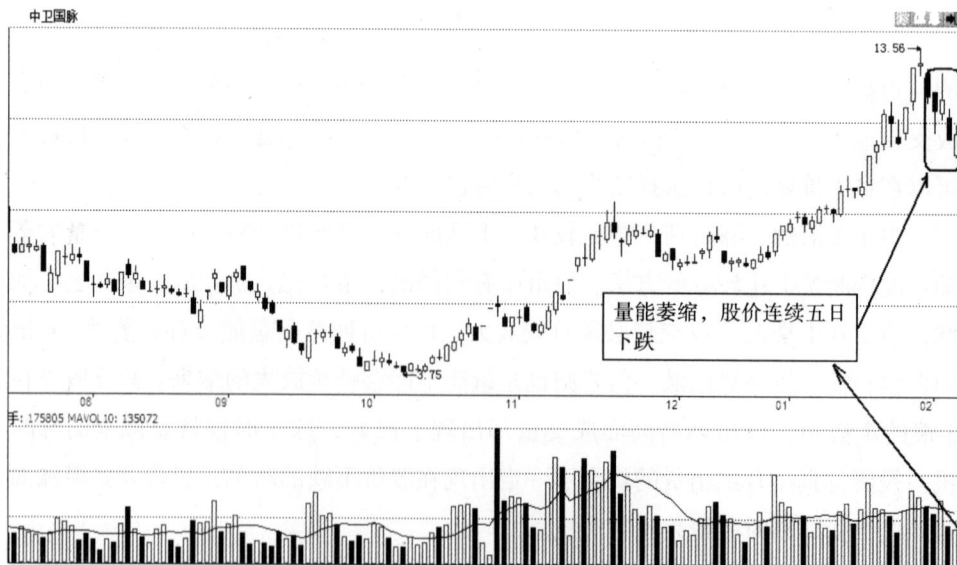

图 2-4-2　中卫国脉（600640）见顶回落

　　如图 2-4-1 所示，中卫国脉的日 k 线中，该股在量价齐涨的过程中，1、3 浪推动股价上涨和 2 浪调整的三个浪随即形成了。3 浪的上涨过程中，出现了一个跳空十字星形态。虽然 4 浪的调整行情还未开始，但是 3 浪的上涨空间已经很大了，投资者应该注意顶部压力。

　　如图 2-4-2 所示，中卫国脉的 3 浪十字星出现之后，该股持续五天缩量下跌，由此可知 4 浪的调整行情显然已经快速到来了。避免 4 浪调整中遭受损失，尽快出货是投资者的最佳选择。

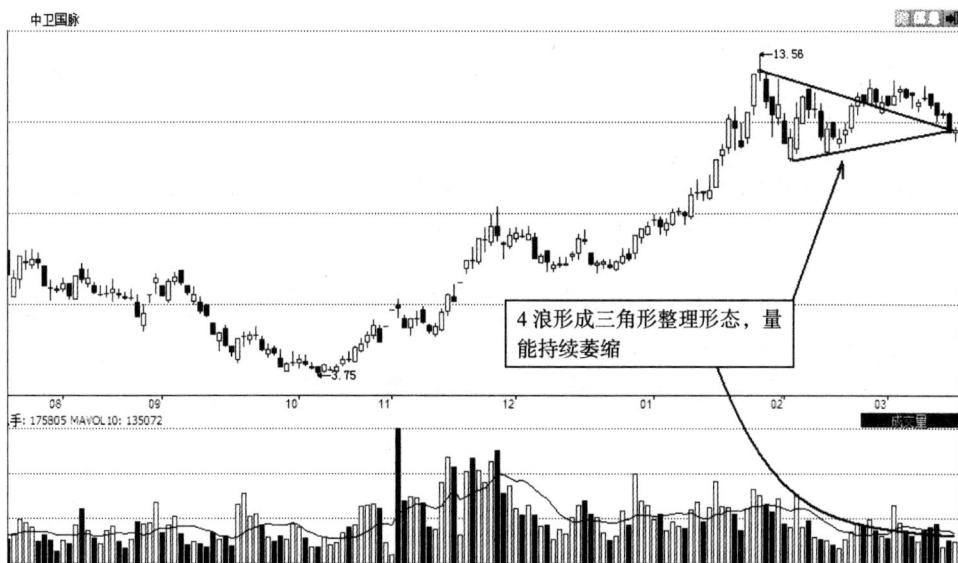

图 2-4-3　中卫国脉（600640）三角形整理

　　如图 2-4-3 所示，中卫国脉在 4 浪的调整过程中，形成了图中所示的三角形整理形态。投资者都知道，3 浪的飙涨行情虽然大，但是 4 浪的调整幅度同样不小，图中虽然形成了三角形的调整形态，但是该形态被顺利地突破之前，投资者不应该轻易地买入股票，以免股价再次破位下跌。或者说，即便该股不会再创新低了，但是是否会马上突破横盘区域，也是值得怀疑的。投资者不如看该股的走势，再决定是否开始继续加仓。

　　如图 2-4-4 所示，中卫国脉的调整始终如一地持续进行着，即便出现了先前的三角形整理形态，仍然不是该股的 4 浪结束的时候。该股 4 浪调整的趋势一直持续着，直到形成了近似矩形的调整形态。

中卫国脉

图 2-4-4　中卫国脉（600640）矩形整理

第二节　4 浪指标走向

一、均线变化

4 浪虽然来势汹汹，但也只不过是一个大的调整行情而已，股价上涨的动力并未消失殆尽。调整开始的时候，个股在 3 浪中已经有很大的上涨幅度，股价距离各条均线的距离也非常大了。如果股价见顶回落的话，首先是短期的均线开始回落。而 5 日均线与 10 日均线的死叉将是个不错的卖点。其后 5 日均线与中期均线也可能形成死叉，但是考虑到股价的调整空间再大也只是调整而已。股价下跌之后，不会跌破前期 1 浪的最高价位，这样看来，5 日均线与 30 日以上的均线形成死叉的机会是非常小的。这样投资者好的操作办法就是根据个股的走势，使用短期均线形成的死叉当做出货机会，并且结合成交量的变化以及乖离率指标的大小，得出相应的出货位置。

4 浪的调整幅度既然受到前期 1 浪上涨空间的影响，那么投资者选择出货位

置的时候就应该小心了。如果 3 浪的高位距离 1 浪的高位不大的话，证明即使 4
浪的调整空间十分有限，投资者也不必全部出售股票，只减仓即可避免投资损
失。待到 4 浪调整完成之后，再将股票重新买回来。

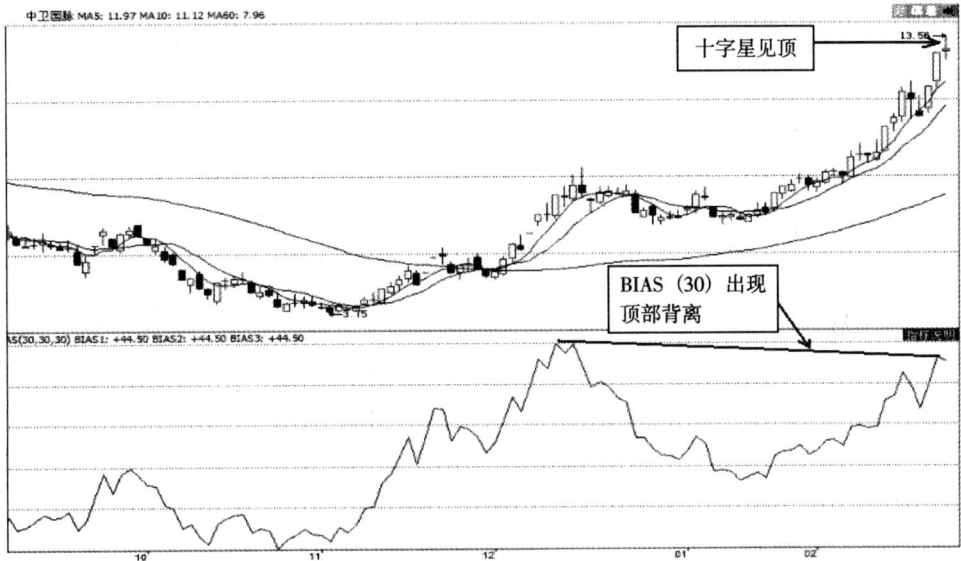

图 2-4-5 中卫国脉（600640）BIAS（30）顶背离

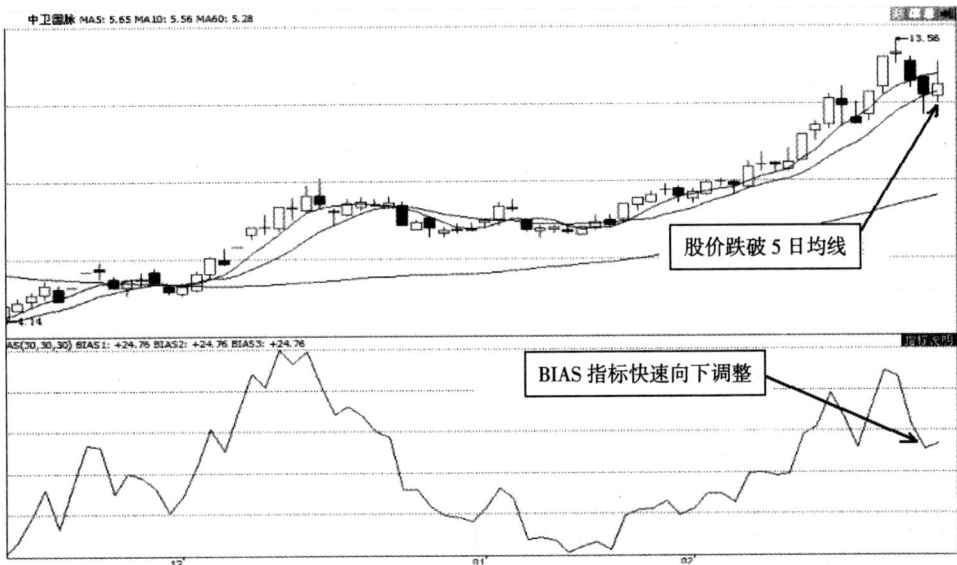

图 2-4-6 中卫国脉（600640）弱势调整

如图 2-4-5 所示，中卫国脉的 3 浪拉升行情中，30 日的 BIAS 指标已经不能够随着股价的上涨而冲高了。BISA 指标与股价形成了顶部的背离走势，恰好说明该股上涨乏力。倘若这种趋势延续下去的话，必将使股价出现 3 浪见顶而 4 浪开始的局面。这个时候，投资者最好是减少持股的仓位，以免 3 浪中获得的收益被轻易吞噬掉。

如图 2-4-6 所示，BIAS 指标终于在股价两日下跌的时候见顶回落了，4 浪调整的行情很可能如期而至，投资者还是应该减少持有的股票，控制好投资风险。

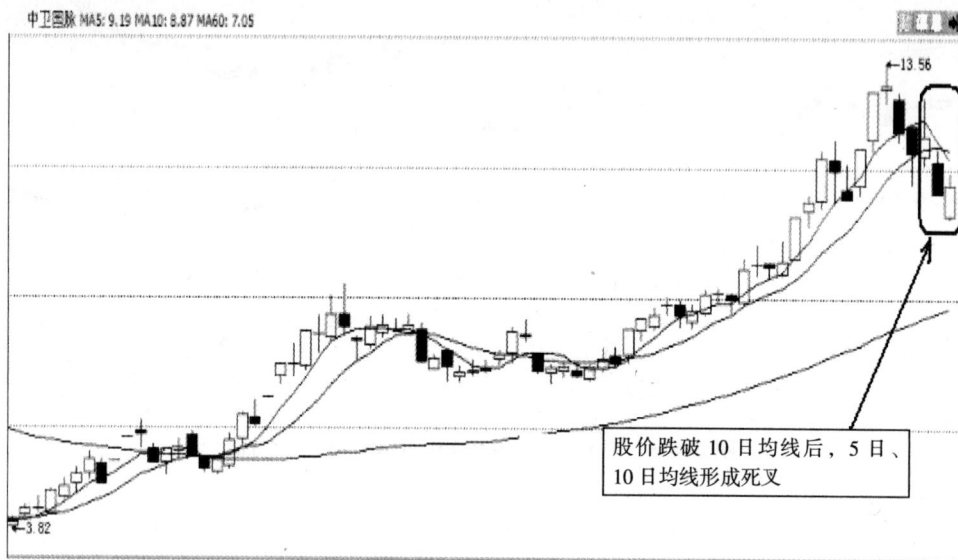

图 2-4-7　中卫国脉（600640）5 日、10 日均线死叉

如图 2-4-7 所示，5 日与 10 日均线在股价不断创新低的时候，形成了继续看跌的死叉信号。考虑到 4 浪调整的幅度难以预测，轻仓度过这次调整还是比较好的。待到 4 浪完成了调整形态之后再考虑买入股票是投资者的不二选择。

如图 2-4-8 所示，该股的 4 浪调整行情中，股价的下跌空间虽然不是很大，但是却能够持续长达四个月之久。显然，前期的短期均线形成死叉之后减少一部分仓位，还是有好处的。在 4 浪即将结束的时候，原价买回股票也可以抓住接下来 5 浪的收益。

二、MACD 指标

MACD 指标在 4 浪的调整当中，必然会表现出下跌调整的现象。短期的

图 2-4-8　中卫国脉（600640）4 浪矩形调整

MACD 指标会在 DIF 与 DEA 指标形成了死叉之后开始下跌，并且之后的下跌空间也会很大。比如说 30 日的 MACD 指标会顺势跌至前期 1 浪时候 MACD 指标的高位之下。而计算周期长达 60 日的 MACD 指标虽然也会下跌，但是调整的幅度是十分有限的。

投资者出货的信号可以在短至 30 日的 MACD 指标里发现。股价在回落之前，MACD 指标会首先从向上发散的趋势中回调至横向发展。当 DIF 指标接近 DEA 指标之后，股价开始反弹而 DIF 指标也会出现短暂的反弹。反弹也就只能当做反弹来对待，并不会持续地进行，之后 DIF 指标就从上向下跌破了 DEA 指标，这个时候就是投资者出货的时机。

在 MACD 死叉形成后，DIF 指标可能会重新反弹至 DEA 指标之上。DIF 指标反弹的时候就是投资者出货的最佳时机。若指标并没有出现回调的话，显然死叉出现的时候就是出货的时机。投资者应结合股价的具体走势，灵活选择出货的位置。

如图 2-4-9 所示，同样的短期出货信号也出现在了 MACD 指标当中。该股冲高 13.56 元后形成了十字星，并且在连续下跌的途中 MACD 指标也随着形成了死叉信号，这个时候是投资者出货的良机。

如图 2-4-10 所示，该股在接下来的 4 浪调整过程中，虽然股价并没有出现太大的下跌幅度，但是显然 MACD 指标已经快速调整到了零轴线。指标先于股价之前回落下来，为 5 浪的再次拉升创造了条件。

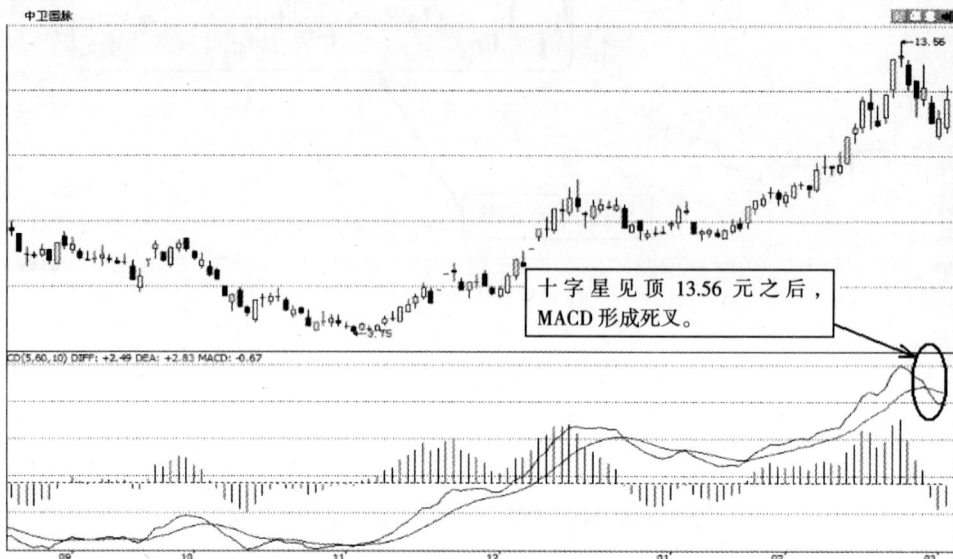

十字星见顶 13.56 元之后，MACD 形成死叉。

图 2-4-9 中卫国脉（600640）MACD 死叉

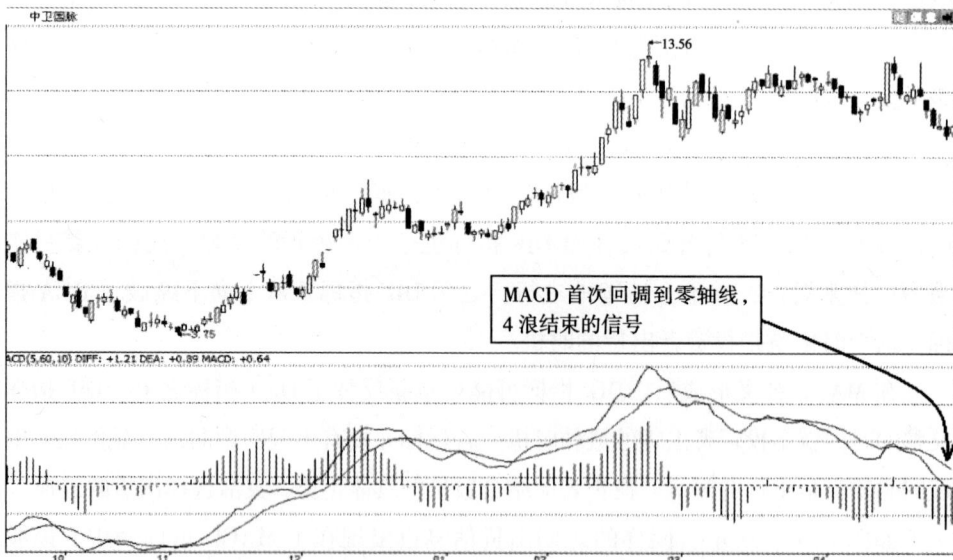

MACD 首次回调到零轴线，4 浪结束的信号

图 2-4-10 中卫国脉（600640）MACD 探底零轴线

图 2-4-11　中卫国脉（600640）MACD 双底反弹

如图 2-4-11 所示，MACD 企稳于零轴线附近，正是该股的 4 浪调整趋势完成之日，由此该股前 4 浪行情就走完了。前期投资者选择 MACD 死叉的时候出货，虽然出货的时机比较晚，但是仍然有一定的指导意义。除了 MACD 死叉的出货位置以外，死叉后 DIF 回调至 DEA 曲线的时候，也同样是个不错的选择。

三、KDJ 指标

与前几章的情况相同，投资者选择出货的时机的时候，可以利用计算周期长达 80 日的 KDJ 指标作为判断的指标。3 浪的飙涨幅度非常大，反映在 KDJ 指标上也是有很大的上升空间。计算周期长达 80 日的 KDJ 指标即便短期内的上涨空间不大，在 3 浪连续上涨的时候也是涨幅很大的。当 3 浪进入顶部并且即将见顶回落的时候，KDJ（80）也会出现相应的见顶回落信号。例如 J 线从上向下跌破 K、D 线形成死叉信号，而 K 线也向下跌破了 D 线，双死叉的出现恰是投资者出货的时机。

在 KDJ（80）的双死叉出现之前，其实已经有了前期 J 值见顶不能再创新高作为前提。当 J 值从上向下不断地靠近 K、D 线的时候，死叉就在 K、D、J 三条线从黏合状态到发散向下的时候出现。KDJ 三线黏合的时候不同于之前的任何调整，这次黏合之后出现了 KDJ 死亡交叉，显然是熊市开始的先兆。之后股价的见顶回落将不可避免地发生，投资者的出货时机就在此时出现了。

图 2-4-12　中卫国脉（600640）KDJ 进入超买

　　如图 2-4-12 所示，中卫国脉的下跌趋势源于 KDJ 指标的首次超买。股价的上行趋势虽然比较好，但是指标不能达到超买状态，失去了再创新高的能力，显然预示着指标有回调的需求。一旦 KDJ 指标开始见顶回落，该股的 3 浪行情必

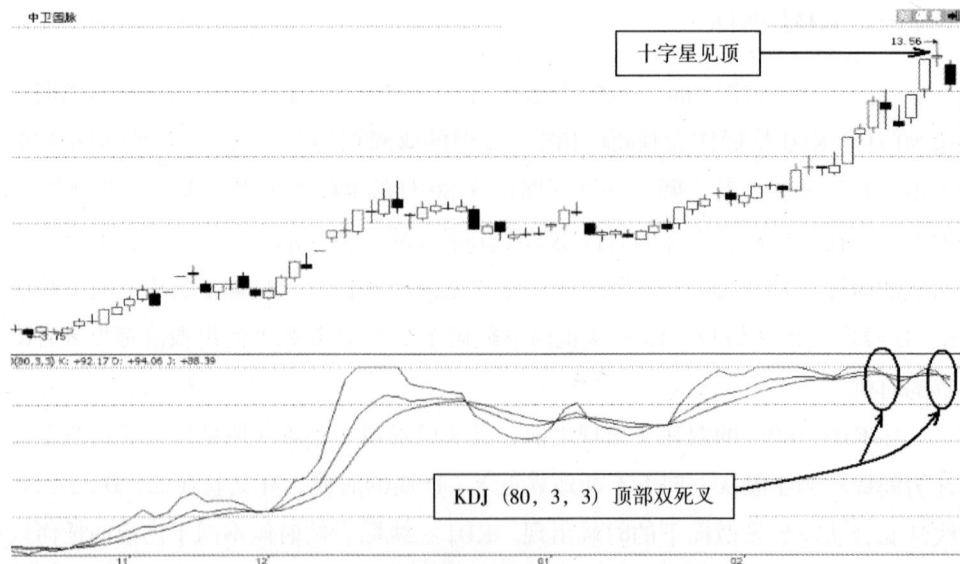

图 2-4-13　中卫国脉（600640）KDJ 双死叉

将转为 4 浪调整行情，投资者应谨慎持股，甚至减少仓位了，以免 4 浪来势汹汹，短时间内吞噬掉好不容易得来的收益。

如图 2-4-13 所示，KDJ 不断地超买之后，形成了顶部的两个死叉形态。而从日 k 线的走势来看，也是出现了一个高位十字星见顶的信号。如此强势的 3 浪行情中出现了这样的信号，不是 4 浪的开始，还能是什么呢？操作上，投资者应该在 KDJ "双死叉"之后大量减少仓位，以免利润缩水。

图 2-4-14　中卫国脉（600640）KDJ 仍然超买

如图 2-4-14 所示，4 浪的调整行情如期而至了，只是下跌的幅度不是很大，并且 KDJ 指标还是位于高位，这样看来，股价还可能继续调整的趋势，直至 KDJ 指标调整到位为止。

如图 2-4-15 所示，随着 KDJ 指标不断地向下调整，50 线附近的支撑成为该指标见底回升的最低点。4 浪的调整行情也必将在 KDJ 企稳于零轴线后结束。这个时候操作的重点不是减仓，而是适时地买入股票了。5 浪行情很可能在不久后就会出现。

如图 2-4-16 所示，随着 KDJ 指标在 50 线附近形成双底形态，该股的上涨趋势被进一步的确认了。4 浪的结束点也就是在 KDJ 指标完成双底形态的时候。这个时候也是 5 浪开始飙涨的阶段。

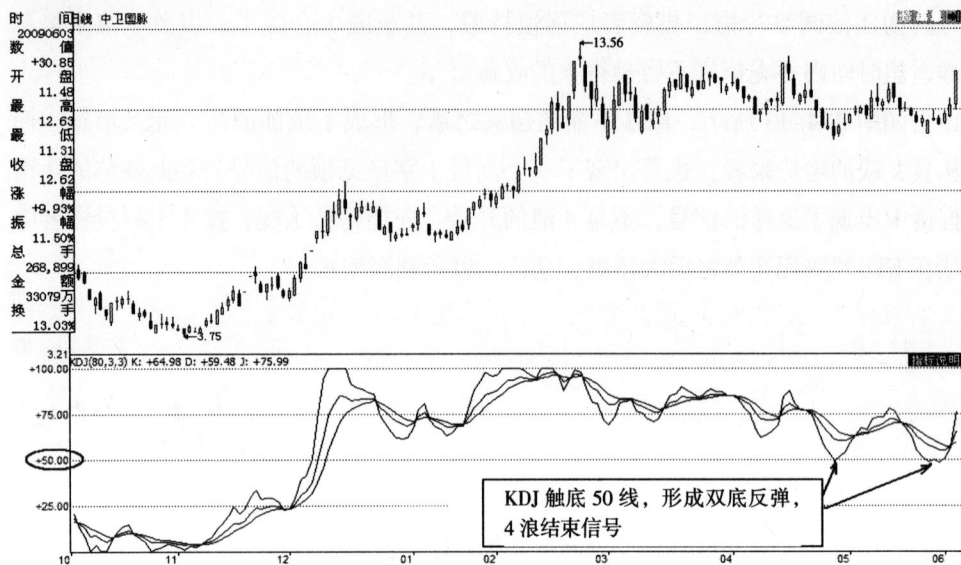

图 2-4-15　中卫国脉（600640）KDJ 寻求 50 线支撑

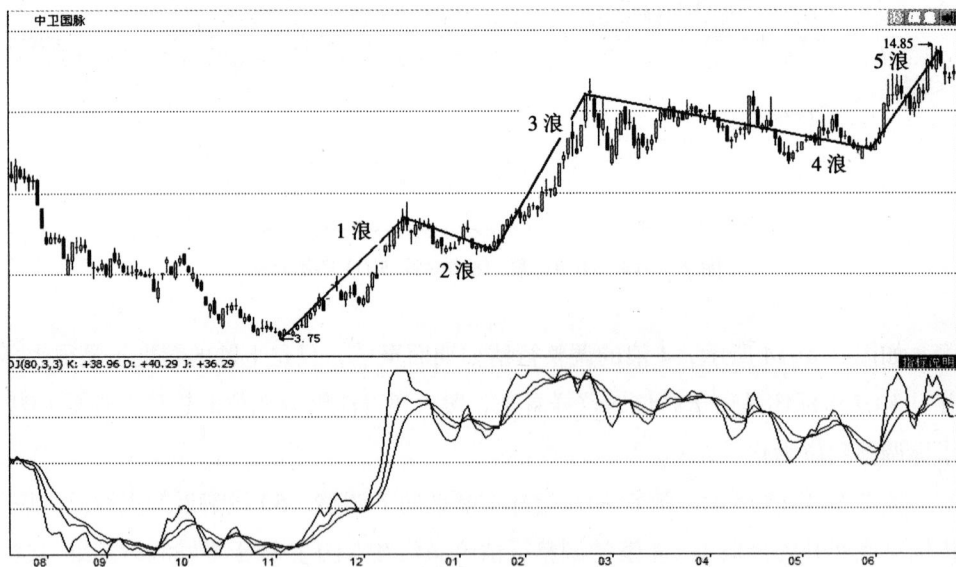

图 2-4-16　中卫国脉（600640）4 浪就此结束

四、RSI 指标

RSI 指标在 3 浪见顶的时候，一般可以出现三个不同的见顶回落信号。首先，较短的 RSI 指标与较长的 RSI 指标形成的死叉形态。一般死叉出现在股价下跌的初期，也可以说 RSI 死叉是投资者出货的最后时机。如果错过这个出货的最佳时机，今后不论何时都会遭受损失。限于技术指标的滞后性，RSI 指标的死叉出现的时候也同样有这一特征。所以说 RSI 死叉出现的时候，应该就是最后一次出货的时机了。这里，投资者可以利用计算周期为 15 日和 30 日的 RSI 指标来判断死叉出现的时机。或者说，投资者亦可以使用计算周期为 7 日和 14 日的 RSI 指标死叉来判断出货的时机。

其次，RSI 指标的出货时机也可以是短期指标的超买状态。3 浪的上涨趋势不断得到延续，RSI 指标在股价上涨的初期还可以不断向上延续，但是最后终究会进入到超买状态。超买之后，股价也就距离见顶回落不远了。投资者出货的时机就在股价进入超买状态的时候，指标超买后见顶回落将是一个提前出货的时机。

最后，RSI 指标见顶的信号还可以是指标与股价的顶部背离。3 浪的飙涨行情中，股价的上涨幅度非常大，多头不断追涨的时候很容易在见顶的时候出现背离。虽然上涨趋势还可以持续，但是短时间内指标的背离急需调整，不经过调整之前股价很难再创新高。背离之后短期内下跌是不可避免的事情，投资者应当在背离之后调整持股的仓位。

图 2-4-17　中卫国脉（600640）RSI（15）超买回落

如图 2-4-17 所示，从 15 日 RSI 指标的走势来看，已经超买回落了。同时 30 日的 RSI 指标同样出现了见顶回落的现象。既然指标超买回落，股价同时下跌，继续持股也就没有必要了。这个时候操作重点是"出货"，避免在 4 浪中遭受损失。

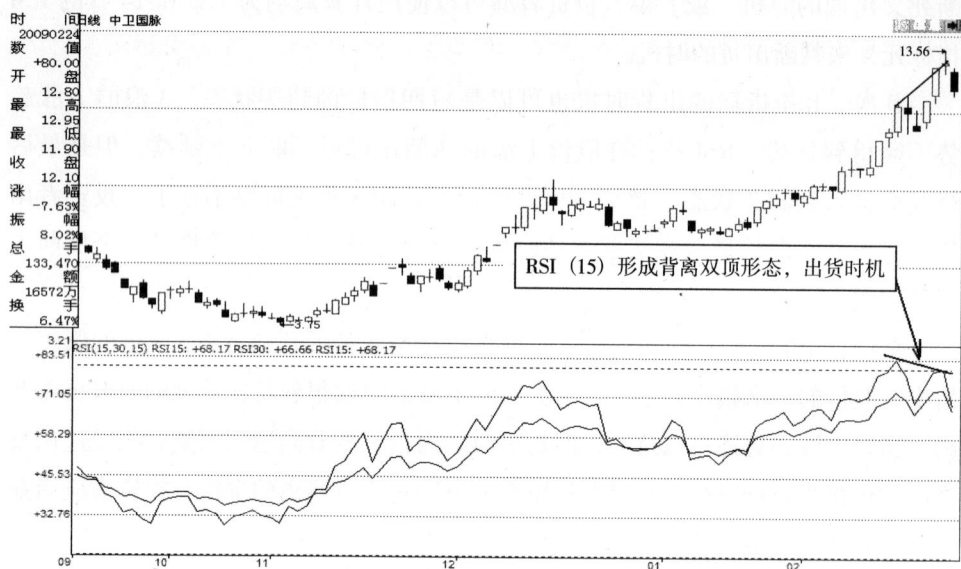

RSI（15）形成背离双顶形态，出货时机

图 2-4-18　中卫国脉（600640）RSI（15）顶背离

RSI（15）首次跌破 50 线，一个见底信号

图 2-4-19　中卫国脉（600640）RSI（15）探底 50 线

如图 2-4-18 所示，前期没有出货的话，15 日的 RSI 指标与股价形成顶部背离的走势是再次出货的机会。市场不会总给投资者出货的机会的，既然 15 日 RSI 指标背离并形成双顶形态，4 浪将不可避免地到来。

如图 2-4-19 所示，中卫国脉在 4 浪调整的过程中，15 日 RSI 指标已经大跌至 50 线之下了。即便 4 浪的下跌空间大，指标也不会真正跌破 50 线，5 浪的行情必将在 RSI 指标企稳于 50 线后顺利地展开。这个时候，即使前期没有出货，也不必再看空后市了。

图 2-4-20　中卫国脉（600640）RSI（15）三重底

如图 2-4-20 所示，图中的 a、b、c 三个底部确认了 50 线对于 RSI 指标的支撑。4 浪的长时间调整行情即将完成，5 浪将随着 RSI 指标的企稳而出现。

如图 2-4-21 所示，中卫国脉 4 浪行情虽然持续时间很长，但是终究没有造成 RSI 指标顺利地跌破 50 线的支撑。RSI 指标企稳于 50 线的过程，就是该股 4 浪结束 5 浪开始的过程。

五、SAR 指标

SAR 指标作为止损的技术指标，同样可以用来判断 4 浪的见顶行情。为什么这么说呢？该指标在股价运行的过程中，可以在股价涨跌过程中起到相应的支撑

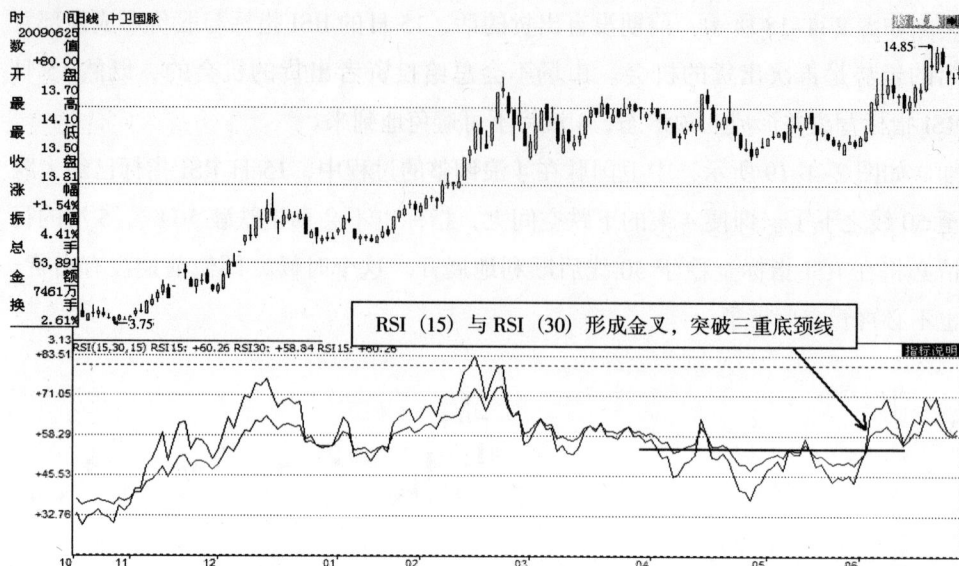

图 2-4-21 中卫国脉（600640）RSI（15）完成三重底

和压力作用。股价上涨的时候，SAR 指标处于股价的下方作为支撑线支持股价上涨。而当股价见顶回落的时候，SAR 线同样会重新回调至 SAR 线的上方，压制股价再创新低。在 8 浪循环的过程中，可以说 SAR 指标是跟随股价波动最为灵敏的技术指标了。不仅指标随着股价涨跌状况灵敏地波动，投资者更能够在同一

图 2-4-22 中卫国脉（600640）股价远离 SAR 线

张图片查看买卖的时机。

如图 2-4-22 所示，中卫国脉在 3 浪中飙涨的趋势虽然非常显著，但是终究离下方 SAR 线的支撑线过大了。股价的最高位距离下方 SAR 线近 30%的幅度，即便 3 浪行情还将持续进行下去，短时间的回调也是非常有必要的。谨慎的投资者可以在这个时候减少仓位，以免遭受损失。

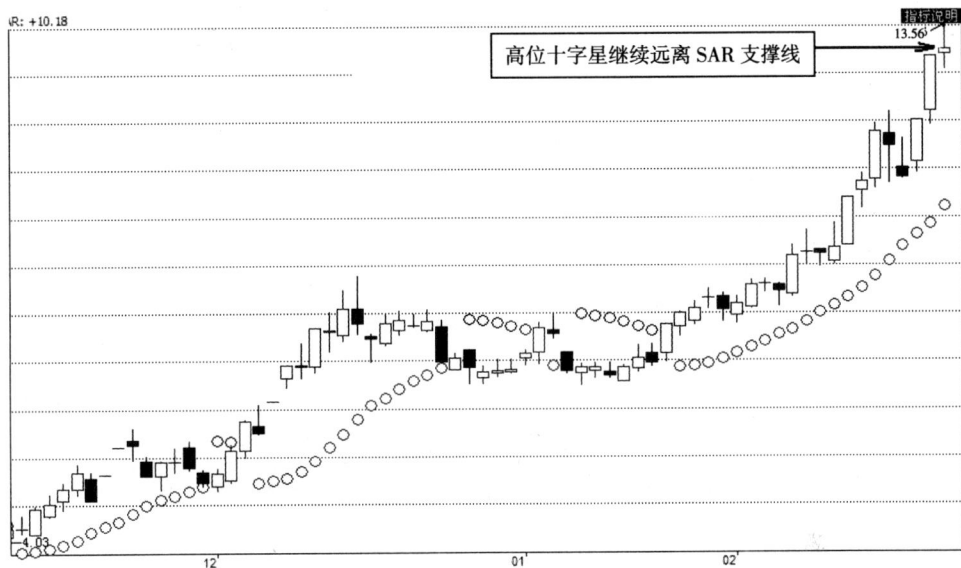

图 2-4-23　中卫国脉（600640）十字星见顶

如图 2-4-23 所示，股价虽然没有下跌，但是一个跳空小涨的十字星显然不是什么好兆头。前期股价与 SAR 线的距离仍然很大，投资者可以继续减仓，等待股价调整至 SAR 线之后再考虑加仓。

如图 2-4-24 所示，真的如预想的那样，该股回调至 SAR 线之上寻求新的支撑。那么之后 SAR 线的支撑效果怎样，投资者是不知道的。考虑到在 3 浪时该股上涨空间已经非常大了，这个时候仍然不急于加仓，反而再次出货还是好的选择。倘若这次下跌是 4 浪的开始的话，那么投资者的损失不会再次扩大。

如图 2-4-25 所示，中卫国脉 4 浪调整的形态真是复杂多变，但其震荡调整的性质没有变化。股价在高位之上频繁地上下震荡，却没有明显的方向性，这正是 4 浪的显著特征。SAR 指标在 4 浪的调整过程中，同样没有什么趋势可言。投资者在 4 浪的调整过程中，等待调整趋势进入尾声再增加仓位。

AR: +10.76

13.56

指标说明

股价高位回探 SAR 线，4 浪恐怕已经开始形成

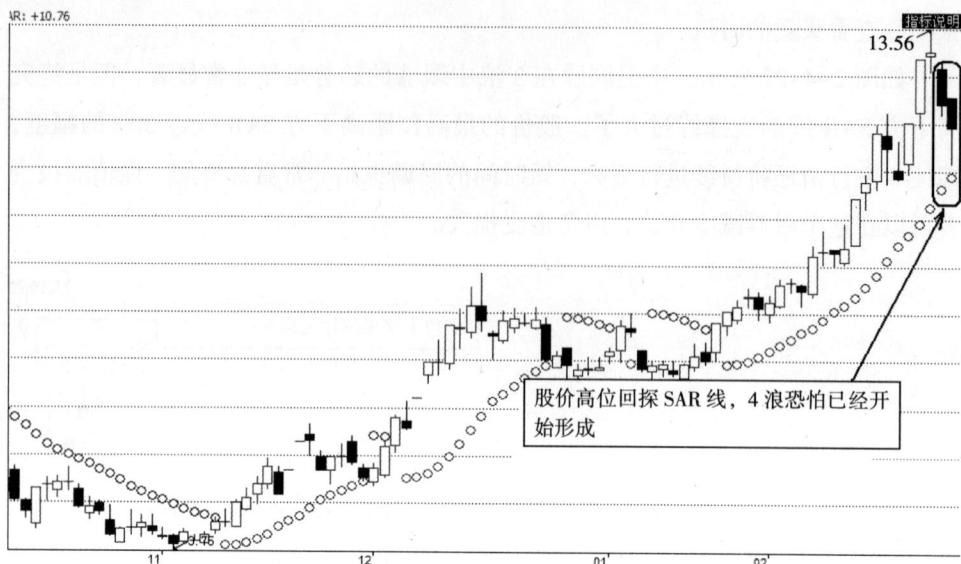

图 2-4-24　中卫国脉（600640）股价回撤 SAR 线

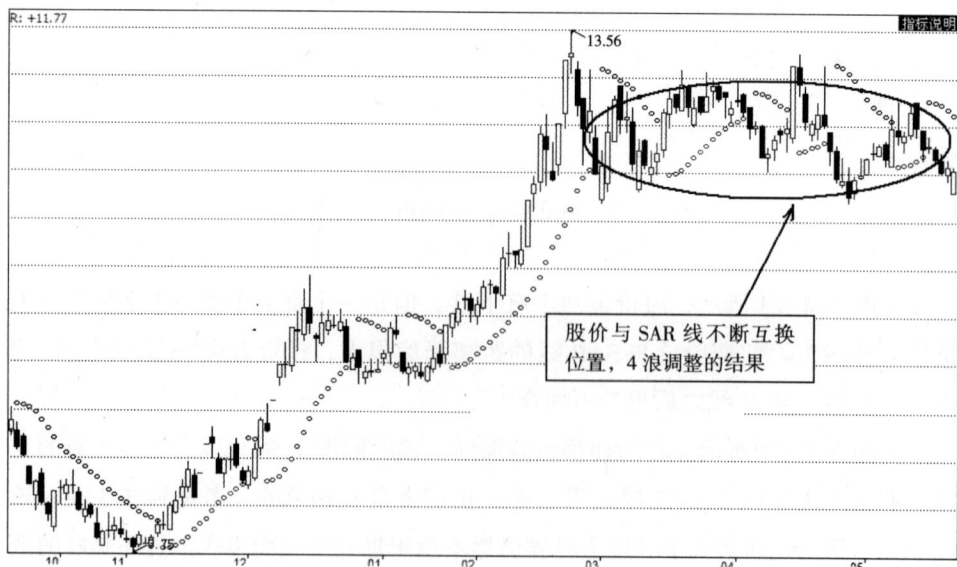

R: +11.77

指标说明

13.56

股价与 SAR 线不断互换位置，4 浪调整的结果

图 2-4-25　中卫国脉（600640）4 浪复杂调整形态

第五章　5浪飙涨时的买点

5浪是艾略特8浪循环当中最后一个推动浪，虽然股价在此浪的上涨幅度不会很大，但是却不能够轻易地错失这一波牛市行情。抓住了这一波上涨的空间，投资者的收益就又上一个台阶。本章就说一下5浪再次反弹的时候发出的看涨信号，以及投资者操盘买入股票的机会。5浪的买入信号与前期3浪和1浪发出的信号相似，但也有很多的不同之处，本章将重点介绍这些不同之处。

第一节　量能不规则放大

成交量的变化在5浪当中通常也是不断放大的，股价随之创下新高。即便如此，量能的放大仍然是不可持续的，并且成交量并不是持续的放大，只是在股价再次上涨时放量上涨。那么5浪的成交量与前期1浪和3浪的时候有何不同之处呢？该浪行情是前5浪结束的时刻，股价在此之后就会进入8浪当中的后3浪调整行情。

既然5浪的上涨行情最终会演化为见顶回落的熊市，那么成交量放大的程度就要受到限制，量能不会一直放大。个股在上涨过程中，股价见顶的时候成交量并不会持续放大到前期量能之上。并且在股价见顶的时候，量能放大是不规则进行的，当平均成交量降低到了再也无法推动股价创新高的时候，5浪的见顶回落就在眼前了。

从成交量的变化来看，4浪调整的过程中成交量一般不会萎缩至地量的水平。只要成交量萎缩至接近前期缩量状态后，股价就可以止跌回升了。毕竟后期还要有5浪的拉升行情出现，股价也在成交量萎缩的时候不再创新低，这时是投资者买入股票的机会。

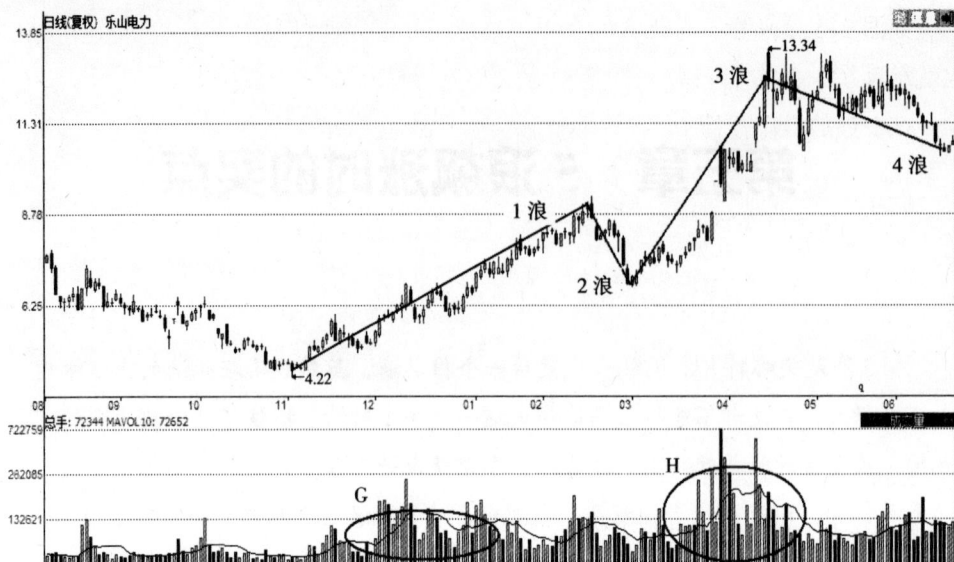

图 2-5-1　乐山电力（600644）形成 4 浪

如图 2-5-1 所示，乐山电力的日 k 线中，该股持续不断的上涨过程中，终于在 3 浪推动行情中创新高 13.34 元，之后进入 4 浪的调整行情中。从成交量的变化来看，图中的 H 处的成交量在超越了 G 处的量能之后，不断创出新高。4 浪能否结束，就要看接下来该股能否再次放量上涨了。

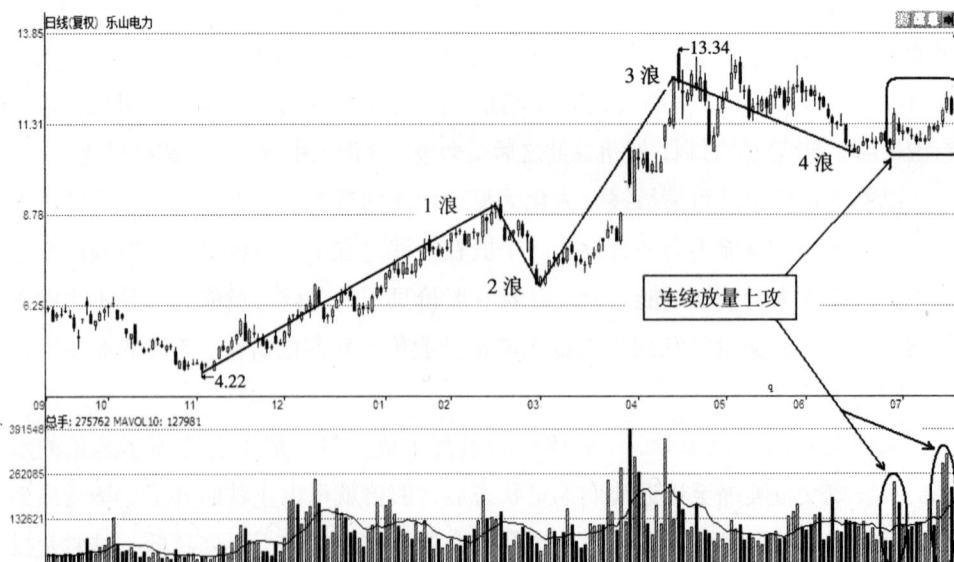

图 2-5-2　乐山电力（600644）再次放量上涨

如图 2-5-2 所示，乐山电力出现了图中显示的两次放量上攻，如此看来 4 浪也就结束了，投资者可以在此处买入股票。投资者能够把握的投资机会已经很少，在 5 浪的推动行情中再赚一桶金，是不错的选择。

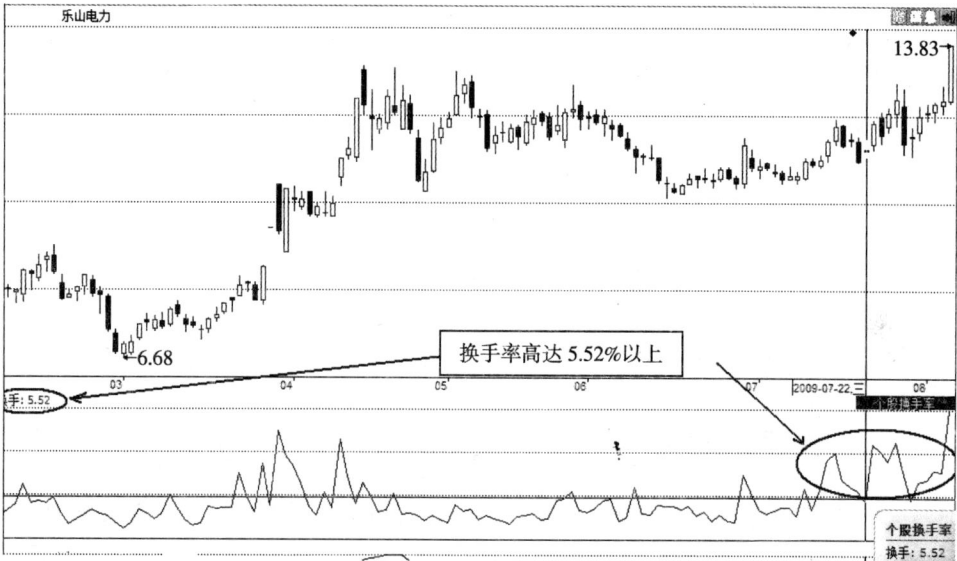

换手率高达 5.52%以上

图 2-5-3 乐山电力（600644）换手率居高不下

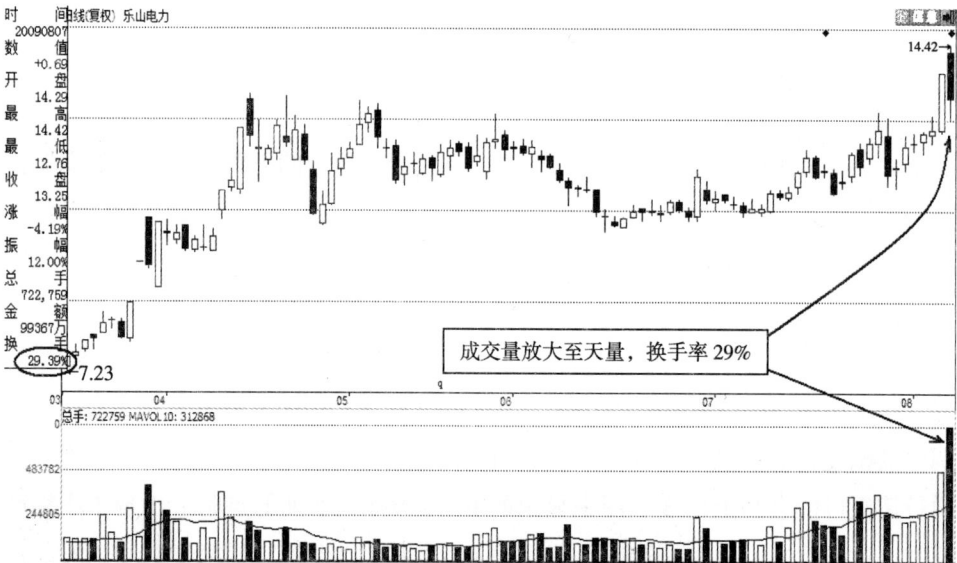

成交量放大至天量，换手率 29%

图 2-5-4 乐山电力（600644）天量见顶

如图 2-5-3 所示，该股在 5 浪飙涨过程中，虽然股价不断创出新高，但是换手率却居高不下。该股自从 5 浪推动行情开始之后，换手率始终高居 5.5% 以上。主力显然是利用 5 浪飙涨的过程不断地完成出货的动作，股价不久就将迎来 A 浪的下跌浪。

如图 2-5-4 所示，乐山电力的日 k 线中，一个天量下跌的大阴线结束了该股的飙涨行情，股价从此将进入到 A 浪的下跌中，投资者最后的出货机会也就在此时了。今后再想不亏损卖出股票，恐怕相当难了。

第二节　5 浪的指标变化

一、均线再现金叉

经过前期 4 浪的下跌调整，股价的下跌空间已经非常大了。一般情况下，4 浪的调整行情不会延续到 60 日均线之上，下跌至 30 日均线倒是有可能。股价在 30 日均线附近企稳回升，一般都是大概率事件。投资者选择建仓的时机就是一个不错的时机，当股价从 30 日均线处企稳回升并且形成金叉的时候，就是绝好的买入信号了。

值得一提的是，本书第一部分中所说的调整浪形态，在 4 浪中出现的几率是非常大的。之所以能够有这样的调整浪，也是因为股价的下跌幅度过大，需要这样的调整形态来蓄势上涨。既然调整的形态在这个时候会出现，那么投资者做多买入股票的位置就应当谨慎选择才好。通常来说，投资者选择 4 浪的调整形态完成的时候，并且再次放量突破调整形态，相信是一个不错的买入机会。

如图 2-5-5 所示，乐山电力的日 k 线中，股价快速下跌至 60 日均线附近，寻求该均线的支撑。牛市当中的前 5 浪行情，本身就是处于牛市中的，即便 4 浪调整的幅度再大，跌破了 60 日均线，也可以算是比较有效的调整了。股价的反弹行情很可能会马上出现。图中显示的 BIAS 指标在前期低点附近出现了小幅度反弹，这样看来，4 浪的调整行情很可能会结束，投资者应该密切关注该股的走势，并且选择恰当的位置开始买入股票了。

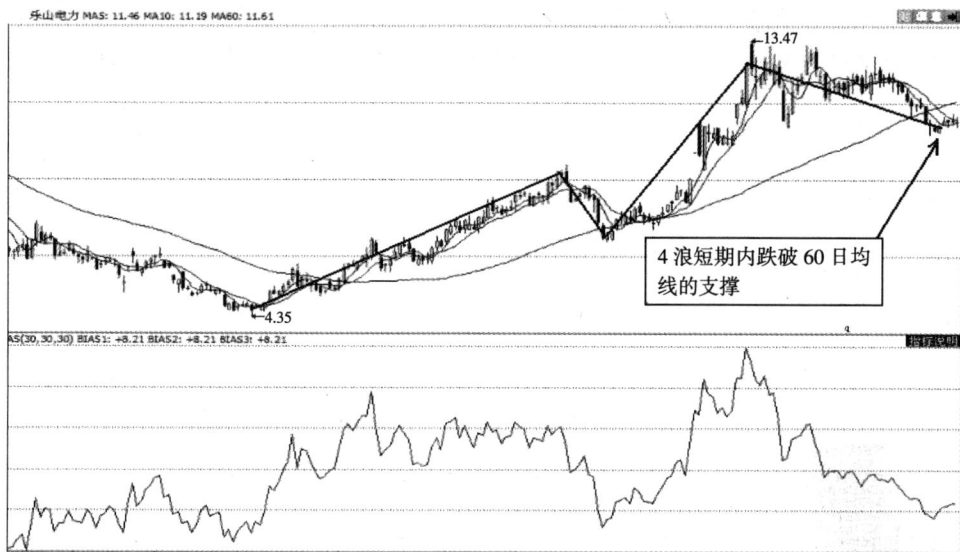

图 2-5-5 乐山电力（600644）挑战 60 日均线

图 2-5-6 乐山电力（600644）BIAS 企稳

如图 2-5-6 所示，BIAS 指标果然在下跌至前期低点附近获得了很好的支撑，并且开始反弹上涨了。而该股的日 k 线中，5 日与 10 日均线黏合并形成金叉买入信号，显然该股已经顺利地企稳回升了。既然 4 浪已经结束，5 浪企稳回升，短期均线形成金叉信号的时候酝酿飙涨行情，投资者应该准备一下最后的战略性建仓。即便 5 浪的上涨幅度不会很大，建仓买入股票，再次获得一次不错的投资收益也是投资者的必然选择。

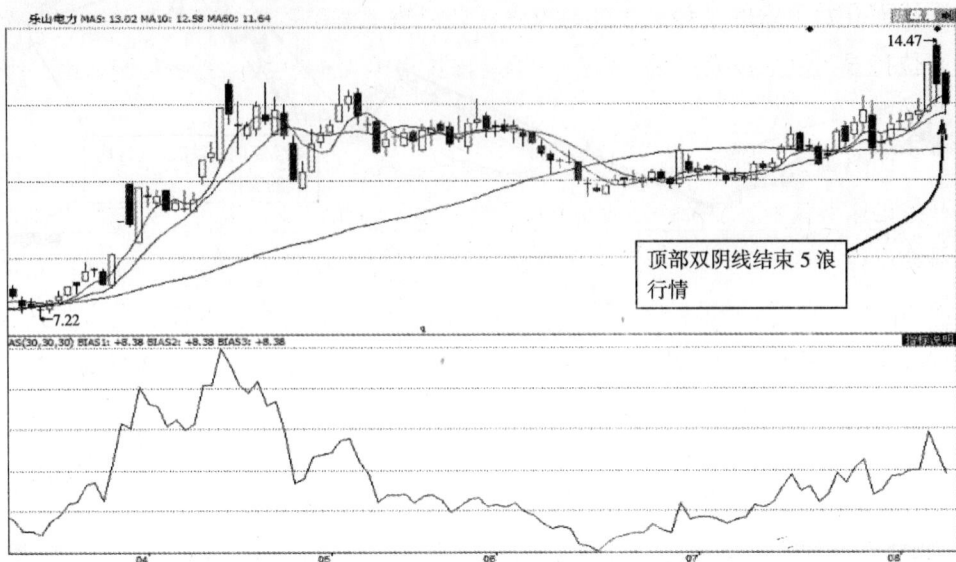

图 2-5-7　乐山电力（600644）双阴线结束 5 浪

　　如图 2-5-7 所示，乐山电力的日 k 线中，BIAS 指标不断达到新高，并且股价也已经顺利地创出 14.47 元的高位。但是同时出现的两个大阴线也对 5 浪的

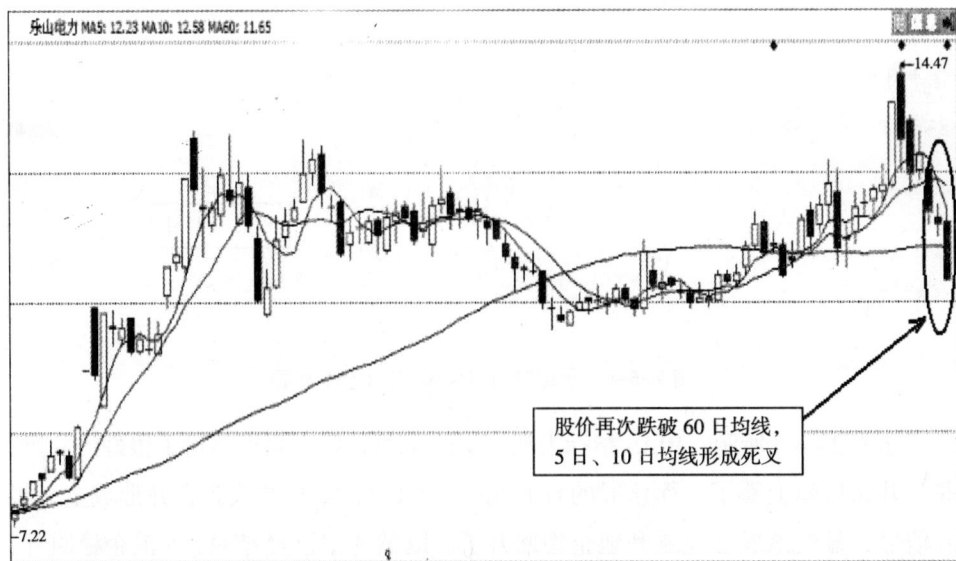

图 2-5-8　乐山电力（600644）确认 5 浪结束

上涨构成了前所未有的威胁。考虑到 5 浪的行情只是牛市当中三个推动浪 （1 浪、3 浪、5 浪）中一个见顶前的小浪，股价很可能因为这两个连续出现的大阴线而开始下跌的走势。因此，投资者选择这个时候减少持有的股价，将减少高位持股的巨大投资风险。5 浪中不追求获得很大的收益，保住利润是第一位的选择。

如图 2-5-8 所示，乐山电力的日 k 线中，该股果然见顶 14.47 元高位，并且开始迅速下跌了。A 浪的行情由此展开。倘若投资者在 5 浪高位没有完成全部股票的出售，这个时候在 A 浪中不宜急于出货。因为 A 浪下跌的幅度比较大，即便出货也会遭受很大的损失。倒不如等待 B 浪调整之时，再选择高位卖出手中持有的股票，这样也是个不错的做法。

二、MACD 变化

MACD 指标在 4 浪的调整过程中，调整的幅度虽然比较大，但是最终不会跌破前期的低位，或者说不会下跌至零轴线以下。就拿计算周期长达 30 日的 MACD 指标来说，调整的时候下跌至零轴线附近，已经算是很大的调整幅度了。选择买入股票的时机一般在金叉之后是比较好的，但是基于指标的滞后性，MACD 出现金叉的时候买入股票也迟了许多。这样看来，选择在指标调整合适的

DIF 与 DEA 指标平行向下，跌势未变

图 2-5-9　乐山电力（600644）4 浪持续进行

时候提前适当买入股票，也是个不错的选择。

30 日的 MACD 指标出现的买入信号，可以是该指标在调整到前期高位附近的时候，买入股票。依据 8 浪循环的调整空间，4 浪的下跌幅度即使还没有到前期高位附近，MACD 指标会先于股价下跌至此，信号指标提前触底的时候是股价止跌企稳之时。

如图 2-5-9 所示，乐山电力下跌调整的过程中，DIF 一度向下穿越了 DEA 线，形成了死叉形态，并且这一下跌趋势不断地延续着。这个阶段，显然还不到投资者建仓的时刻。等待 MACD 指标企稳之后再买入股票才是明智之举。4 浪的调整绝不会在 MACD 指标还未企稳之前就结束的，投资者耐心等待也不会错过投资机会。

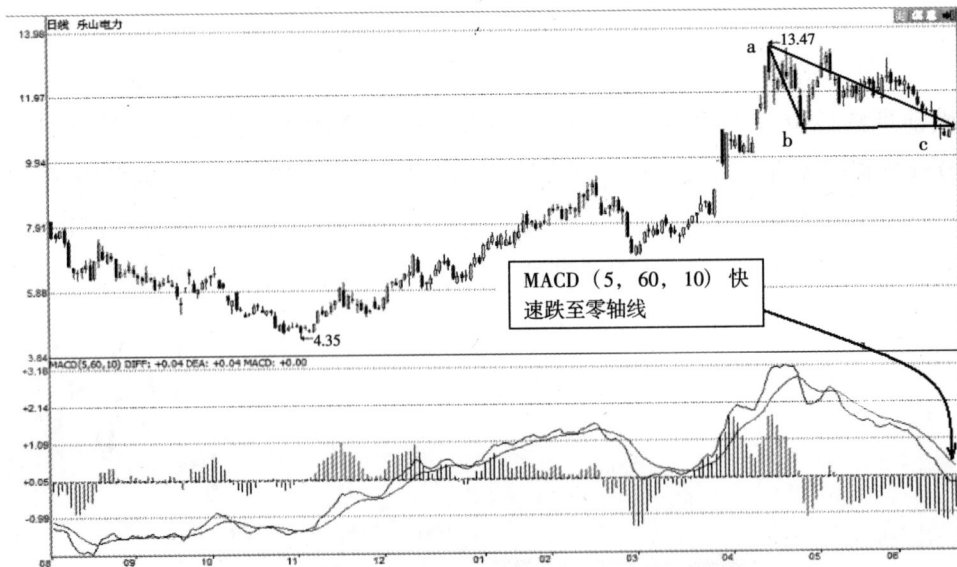

图 2-5-10　乐山电力（600644）MACD 探底零轴线

如图 2-5-10 所示，乐山电力在 4 浪调整过程中，MACD 指标已经下探至零轴线。指标出现如此大的跌幅，绝不是一般的调整行情能够出现的。既然 4 浪中指标已经大幅下挫至此，那么 MACD 指标调整的趋势有望在零轴线附近结束。即便图中形成的 abc 调整三角形不是股价即将突破的位置，该股再创新低的下跌也不大可能出现了。

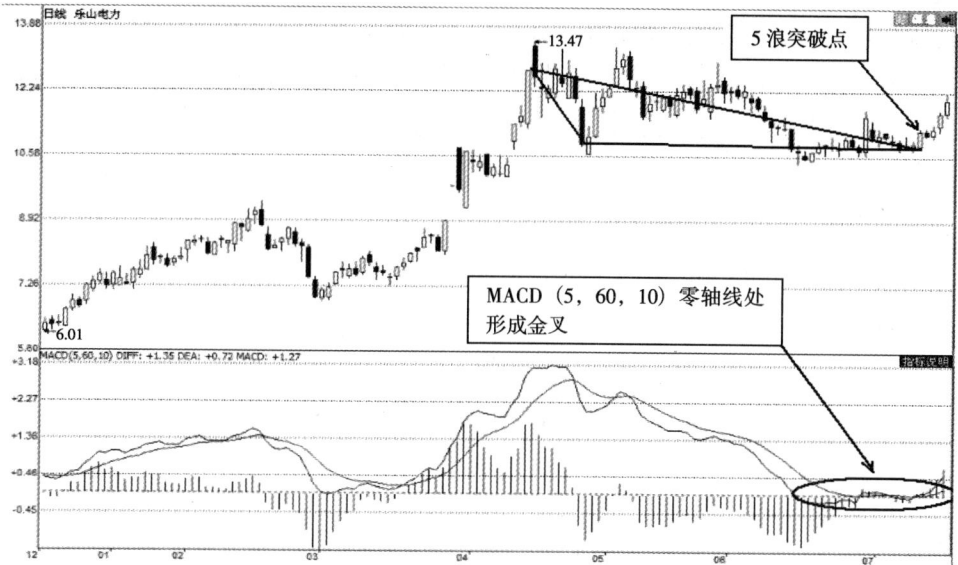

图 2-5-11 乐山电力（600644）MACD 黏合待涨

如图 2-5-11 所示，MACD 指标在零轴线附近几乎开始横盘了，并且 DIF 与 DEA 线黏合后形成了金叉买入信号。该股企稳的信号由此出现了，而日 k 线中股价的缓慢冲高也正说明了该股企稳回升的走势正在形成之中。

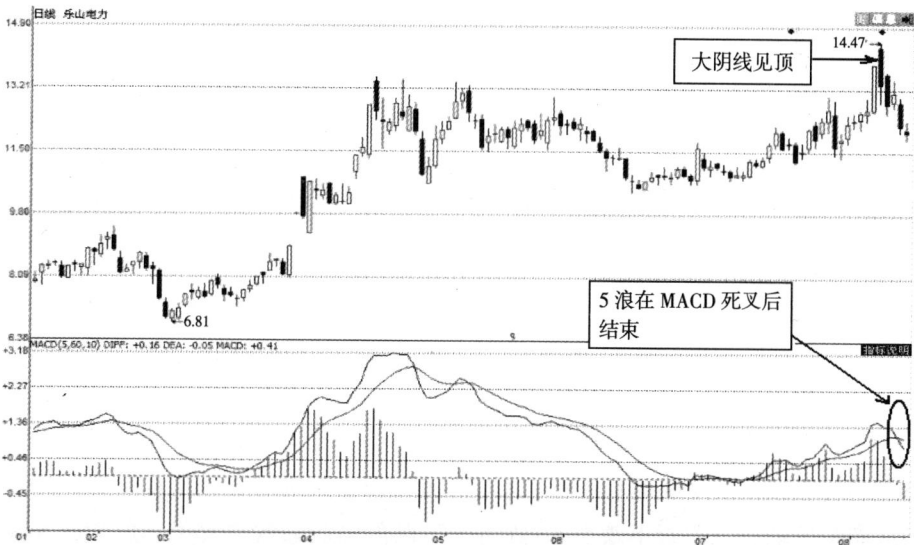

图 2-5-12 乐山电力（600644）MACD 死叉见顶

如图 2-5-12 所示，乐山电力的冲高速度虽然非常快，但是见顶信号同样很快出现了。MACD 指标的死叉见顶回落信号就说明了该股 5 浪上涨趋势已经结束，投资者选择时机出货才行。

三、KDJ 变化

计算周期是 80 日的 KDJ 指标，波动的幅度再小，在 4 浪调整的时刻也会增大波动的空间。股价在 3 浪见顶回落之后，就会快速下跌至前期低点附近。4 浪下跌空间再大，股价也不会跌破前期的高位，如果跌破的话就不会有后续的 5 浪上涨趋势了。但是在股价下跌的途中，KDJ（80）指标里的 J 线会率先跌至前期的高位，而 K、D 线却不会跌破前期的高位。既然指标不会再次下跌，股价随之企稳回升就近在眼前了。

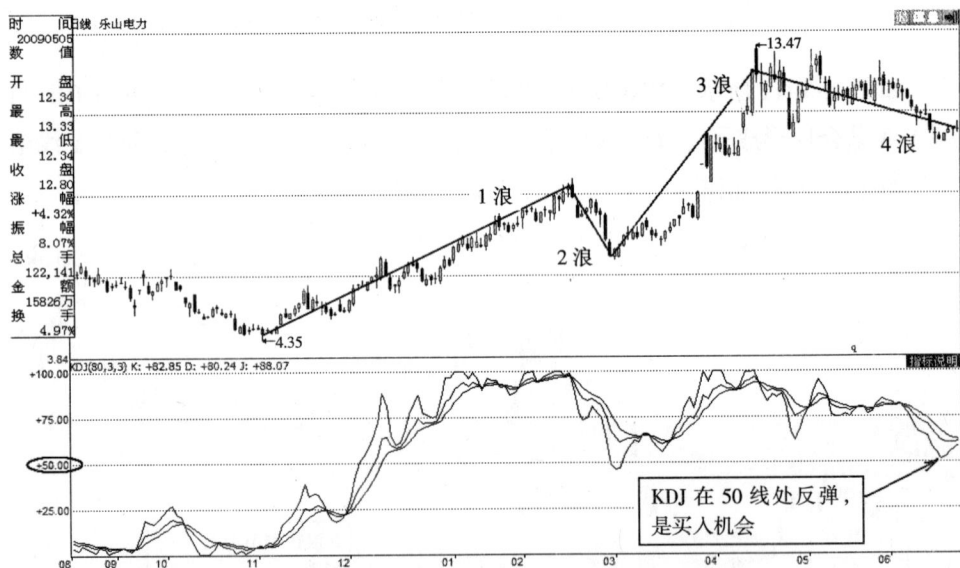

图 2-5-13　乐山电力（600644）KDJ 反弹于零轴线

如图 2-5-13 所示，乐山电力的日 k 线中，股价在不断回落的过程中，KDJ 指标出现了图中所示的 50 线处的反弹行情。相比股价的下跌幅度来讲，KDJ 指标从超买处的 100 附近下跌至 50 附近，下跌的空间非常之大了。后续的 5 浪行情中股价还会有一定的上涨空间，那么 KDJ 指标也不会没完没了地调整下去，50 线处止跌回升将是必然的选择。投资者寻求 5 浪的投资收益，也应该在这个时候买入股票了，股价的下跌趋势有望在 KDJ 指标企稳之后也随即停止。

KDJ 在 50 线之上黏合，并且不断向上移动

图 2-5-14　乐山电力（600644）KDJ 高度黏合

如图 2-5-14 所示，乐山电力的日 k 线中，KDJ 指标并未跌破 50 线，而是在 50 线处企稳回升并且带领股价进入到了 5 浪拉升行情当中。前期没敢买入股票的投资者，可以考虑在这个时候买入股票，该股 5 浪的上涨趋势有望得到进一步

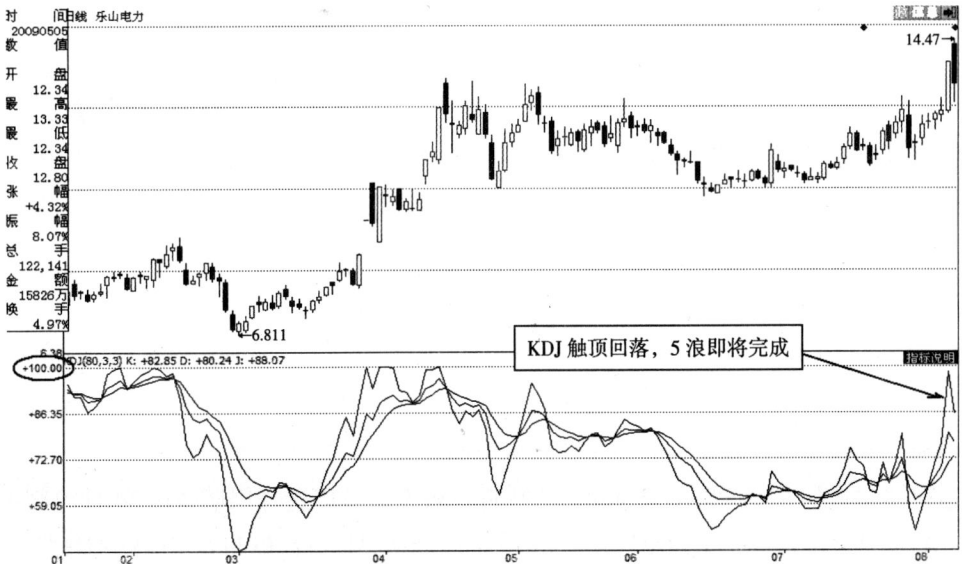

KDJ 触顶回落，5 浪即将完成

图 2-5-15　乐山电力（600644）KDJ 快速超买

的延续，投资者的收益也因此而上涨。

如图 2-5-15 所示，KDJ 指标再次进入超买状态并且回落之后，是 5 浪行情结束的信号。虽然股价只是出现了一个大阴线而已，下跌幅度还并不是很大，但是 KDJ 指标的大幅度回调显然不是什么好现象。熊市中的 A 浪推动行情将在不久之后就出现，投资者应该早做准备才行。

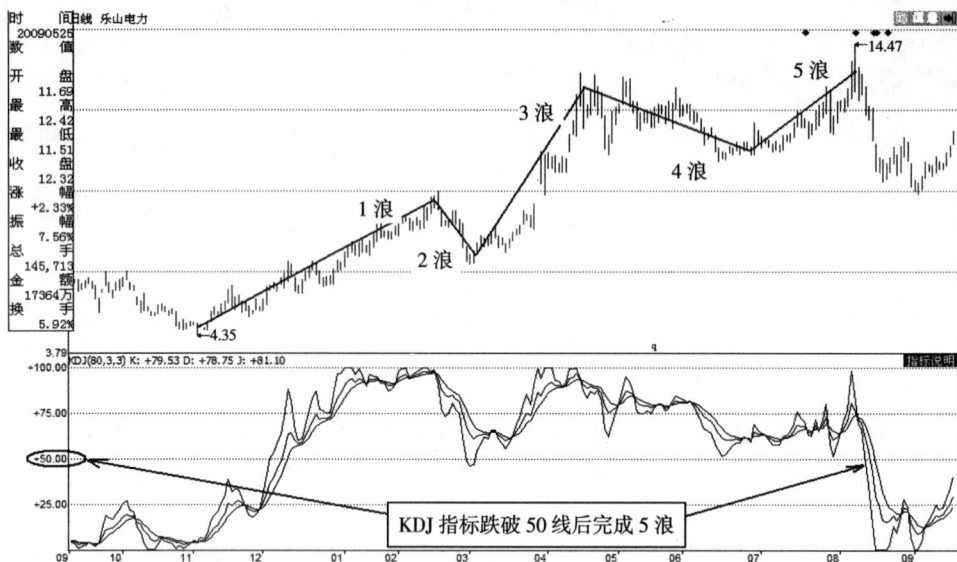

图 2-5-16　乐山电力（600644）5 浪完成

如图 2-5-16 所示，乐山电力的日 k 线中，KDJ 指标在 5 浪快速上涨过程中，从超买状态快速回落了下来。股价也因此进入了 A 浪下跌趋势当中，股价与指标的同步下跌，致使该股在牛市中的前 5 浪行情已经完成了。

四、RSI 指标

RSI 指标见底回升的时刻与 MACD 指标、KDJ 指标的见底回升位置是非常相似的，只是计算周期上有一些差别而已。持续 15 日以下的 RSI 指标与股价的联动性太强，很容易在 4 浪的调整行情中跌破前期的高位。并且短期的 KDJ 指标并不能够表现出近似 8 浪循环的延续过程，因此，投资者可以选择周期高达 30 日的 RSI 指标来选择 5 浪的买入时机。RSI（30）的波动情况恰好能够与股价的波动状况契合，形成联动的效果。8 浪循环的过程也就在 RSI 指标之中形成了，指标的金叉买入信号虽然好用但是却比较迟缓。投资者倒不如在 RSI 指标中画线来直接判断指标的下跌幅度，也就是投资者买入股票的机会。即便股价不会在指标见底的时候马上开始 5 浪反弹行情，等待股价的调整形态完成之后，也是个不错的建仓买入机会。

图 2-5-17　乐山电力（600644）RSI 持续向下

如图 2-5-17 所示，乐山电力的日 k 线中，RSI 指标在 4 浪开始之后就出现了死叉出货信号，并且 15 日的 RSI 指标与 30 日的 RSI 指标之间的距离不断扩大化，是投资者出货的信号。最后，15 日 RSI 指标下跌至 50 线之下，显然是指标企稳回升的前奏。后期的 5 浪行情绝不会允许 RSI 指标出现太大的破位下跌，指标在 50 线附近企稳并且回升，将成为该股上涨的动力来源。

如图 2-5-18 所示，乐山电力的日 k 线中，15 日 RSI 指标已经从底部反弹，并且与 30 日的 RSI 指标黏合了起来。说明股价企稳的动作正在发生，投资者可以在此时买入股票了。后市，该股将在两条 RSI 指标线形成金叉后继续创新高，那个时候投资者会再次获利。

如图 2-5-19 所示，乐山电力果然如期上涨了，并且超越了前期 3 浪的最高价位。此时，RSI 指标却未达到新高，而是与股价形成了非常显著的背离走势。这个现象证明，该股的 5 浪也已经涨幅过大了，下跌调整将是该股之后的必然走势。投资者也应当在这个时候开始出货，以免遭受更大的投资损失。

图 2-5-18 乐山电力（600644）RSI 企稳回升

图中标注：15 日与 30 日 RSI 触底反弹，并且不断黏合

图 2-5-19 乐山电力（600644）RSI 顶背离

图中标注：15 日 RSI 与股价顶背离，预示 5 浪即将结束

图中标注：乌云罩顶

如图 2-5-20 所示，乐山电力见顶回落之后完成了前面 5 浪的牛市行情。至此，该股的走势将沿着熊途不断地走下去，直至真正的反转行情出现为止。

图 2-5-20　乐山电力（600644）5 浪完成

五、SAR 指标

SAR 指标在 4 浪行情即将结束的时候也会发出买入信号。但是该指标与前面所说的 MACD、KDJ、RSI 等指标的买入信号有很大的不同，该指标是与股价的变化方向联动性很强的指标，股价稍微有所变化，SAR 指标也会在股价上下来回地波动。投资者买入股票的时机出现在 SAR 线转为股价下方的时候，但投资者也应该谨慎小心，过滤掉一些指标假突破的现象，才可以不被假突破所迷惑。特别是在 4 浪的调整形态中，股价的波动过程非常的频繁，股价连续涨跌的幅度稍微增大一些，就会使 SAR 线在股价之上换位。值得一提的是，4 浪的小幅反弹也会表现在 SAR 线回调至股价之下，这个时候却不一定是股价真正开始上涨的时刻。

如图 2-5-21 所示，乐山电力的 4 浪调整行情当中，该股在 SAR 指标的下方企稳回升，是一个看涨信号。虽然看涨的信号并不强烈，但是出现在了 4 浪的调涨行情当中，应该引起投资者的足够重视。从日 k 线股价 4 浪中的下跌空间上来看，也已经不小了。恰好在这个时候出现了调整的趋势，股价 5 浪上涨趋势由此可以期待了。

R: +15.58

13.34

3浪

1浪

2浪

-4.22

股价反弹至 SAR
线附近

图 2-5-21　乐山电力（600644）回调至 SAR 线

R: +15.58

13.34

-7.71

股价突然突破 SAR 线

图 2-5-22　乐山电力（600644）突然突破 SAR 线

如图 2-5-22 所示，乐山电力的日 k 线中，一根巨大的阳线一次性地穿越了
上方 SAR 线的压制，显然 5 浪的买入信号在此时出现了。前期股价反弹至 SAR
线还只是技术性的，而这个大阳线顺利地突破了 SAR 线的压制，即将成为一个
非常有效的穿越过程。

图 2-5-23 乐山电力（600644）SAR 线转为支撑线

如图 2-5-23 所示，乐山电力日 k 线中的一根大阳线果然名不虚传，之后 SAR 线立马从股价上方的压制线转为股价下方的支撑线。5 浪的飙涨行情由此开始展开，投资者可以顺势而为，大量买入股票以便获得丰厚利润。

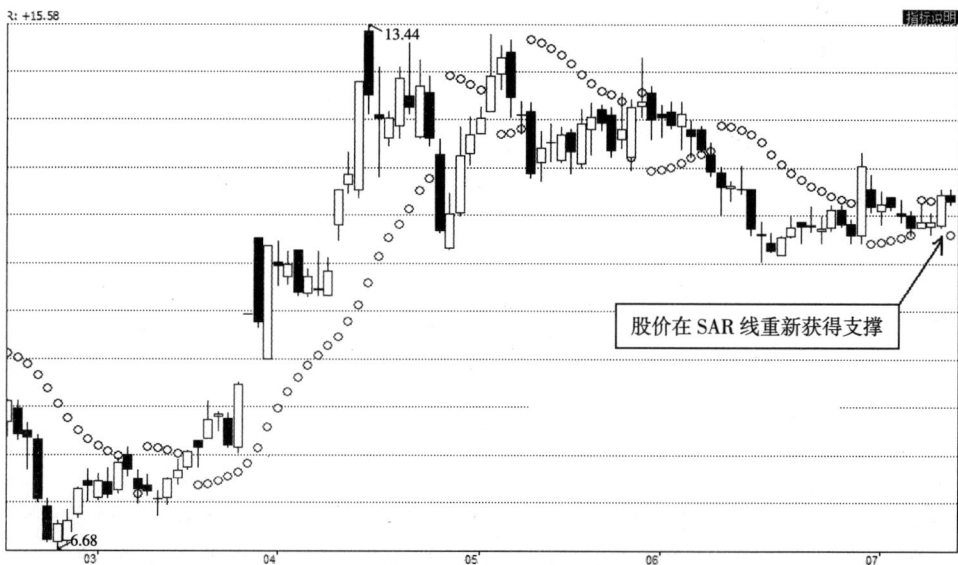

图 2-5-24 乐山电力（600644）股价再次反弹

如图 2-5-24 所示，乐山电力的日 k 线中，SAR 线再次对股价形成了支撑效果，图中的一根中阳线穿透了前期七天中形成的小 k 线。股价的 5 浪上涨行情由此得到了确认。投资者还可以在这个时候继续买入股票，毕竟 5 浪还未开始真正的飙涨，买入股票后还是有利可图的。

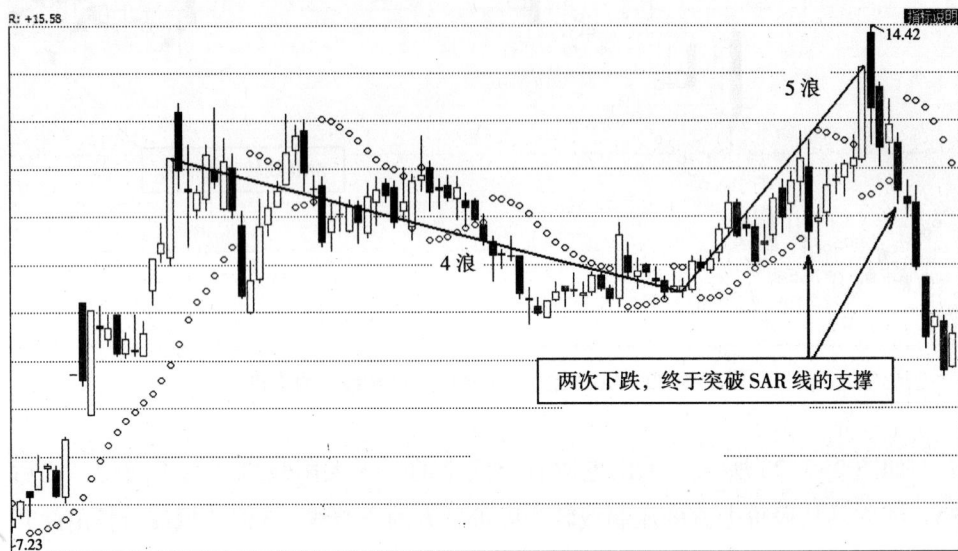

图 2-5-25　乐山电力（600644）5 浪完成

如图 2-5-25 所示，在 SAR 指标的有效支撑下，股价顺利地达到了新高 14.42 元的高位，完成了短暂的 5 浪飙涨行情。回顾一下，前期大阳线确认了 SAR 线的支撑后买入股票的投资者，短期的投资收益还是不错的。

第六章 A 浪看跌信号

艾略特 8 浪循环的前 5 浪已经完成了牛市中上涨空间，既然牛市已经结束，A 浪的出现已经是不可逆转的事情。来势汹汹的 A 浪短时间内就结束了投资者看多的幻想，牛市再无继续发展的可能性，股价随即开始快速见顶回落。这样一来，投资者势必快速出货才能避免高位下跌造成的损失。这次股价的见顶回落不同于以往的 2 浪和 4 浪的调整行情，之后下跌的幅度将是非常大的，投资者不可不提前出货。本章就重点说一下股价在完成 5 浪飙涨的行情之后，转为下跌时候的信号。相信经过这一章的学习，投资者在选择出货时机的时候会更加准确。

第一节 成交量异常情况

股价在 A 浪之前的 5 浪波动过程中，见顶回落的时候也是很多的。但是 5 浪的推动行情完成之后，股价的上涨动力也就再也没有了，见顶回落是必然发生的事情。5 浪在见顶回落前，成交量必然早已经开始萎缩了。见顶的时候只不过是成交量萎缩到一定程度的表现，不论是散户还是主力都不愿意再次高价买入股票来推动股价创新高。量能在顶部突然间放大的时候，就是主力和部分散户开始出货之时，这个时候股价放出天量并且见顶回落，是出货的最佳见顶信号。巨大的成交量加上高达 10% 以上的换手率，主力将会很轻松地在短时间内完成出货。

投资者在判断成交量的变化的时候，首先应该观察平均成交量。股价在见顶回落的时候，一定是平均的成交量萎缩的过程。某一天的放量大涨只能说是主力借机出货的表现，无量见顶才是大势所趋。

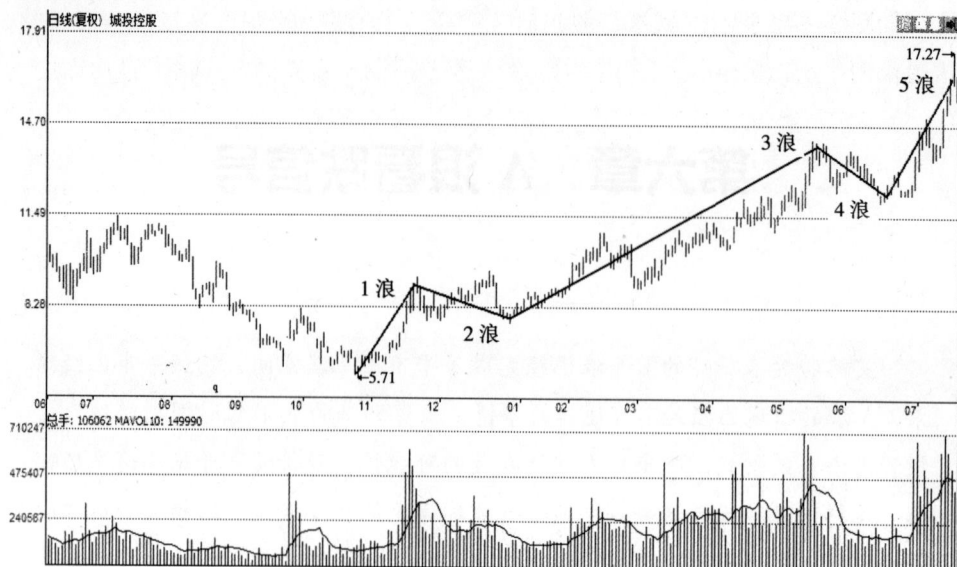

图 2-6-1 城投控股（600649）天量见顶

如图 2-6-1 所示，城投控股的日 k 线中，价格从底部 5.71 元开始的 5 浪循环已经完成。随着价格的不断走高，4 浪的回调走势中对应的量能已经出现明显萎缩，5 浪再次放量拉升恐怕也是该股见顶前的最后一次上涨了。

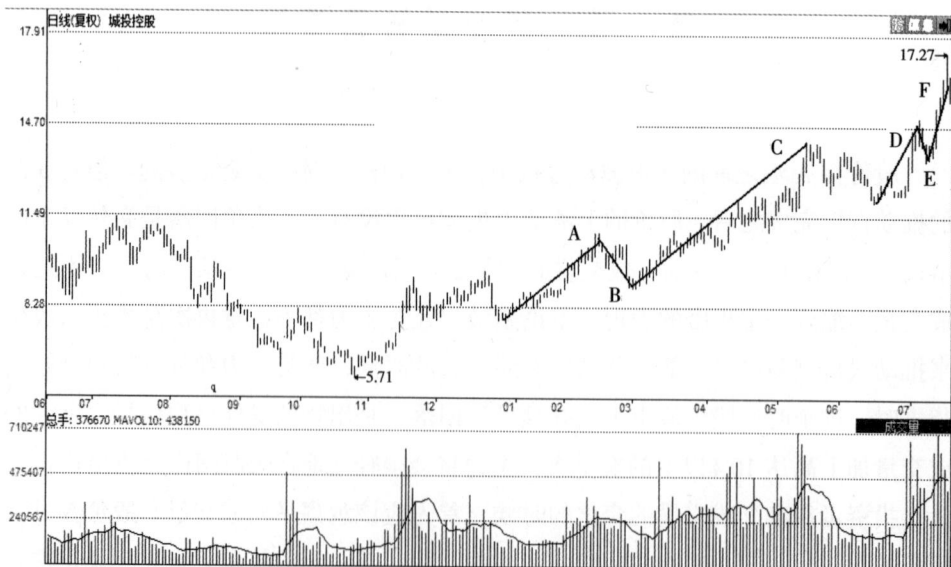

图 2-6-2 城投控股（600649）组合浪

如图 2-6-2 所示，城投控股的日 k 线中，3 浪的上涨幅度显然是非常大的，该浪由图中所示的 A、B、C 三浪形成。而 5 浪也不是简单的一浪，是由图中的 D、E、F 三浪形成。两个复杂的之字浪形成了 3 浪和 5 浪的飙涨行情。

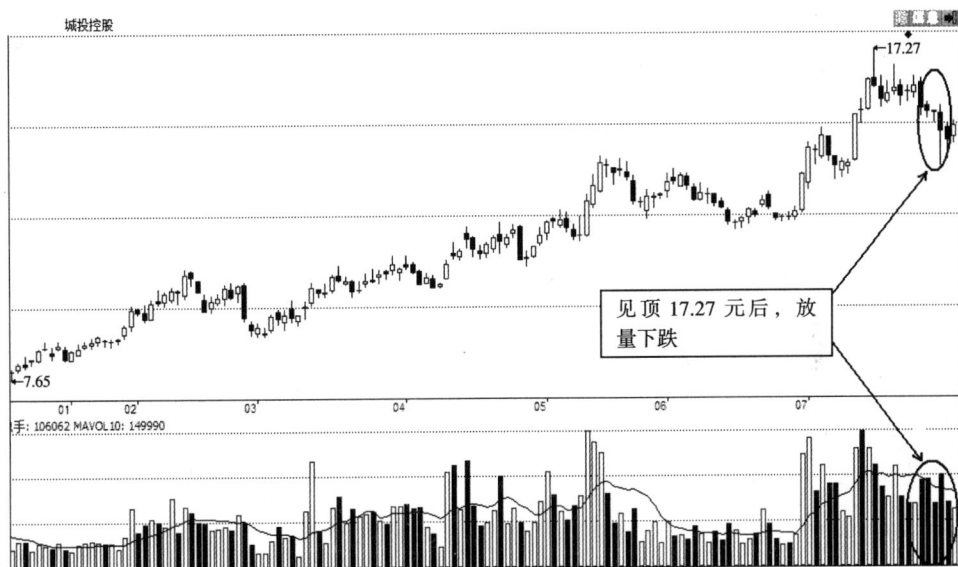

见顶 17.27 元后，放量下跌

图 2-6-3 城投控股（600649）放量下跌

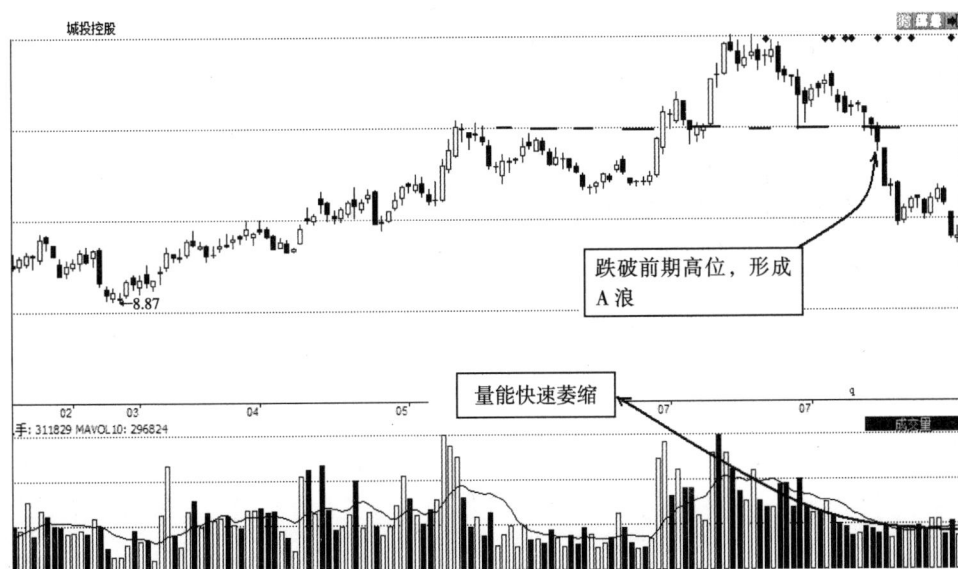

跌破前期高位，形成 A 浪

量能快速萎缩

图 2-6-4 城投控股（600649）跌破三重顶

如图 2-6-3 所示，城投控股的日 k 线中，股价出现一根见顶的十字星后，连续五天的放量下跌再一次确认了该股见顶的过程。艾略特 A 浪下跌浪就此展开了，投资者可以在这个时候出货了。

如图 2-6-4 所示，城投控股在持续下跌的过程中，一举跌破了前期 3 浪的最高价，A 浪推动股价下跌的趋势才开始展开，今后该股的熊途将持续进行，投资者在 A 浪之后应该以见高出货为主，保住利润是这个时候的重要原则。

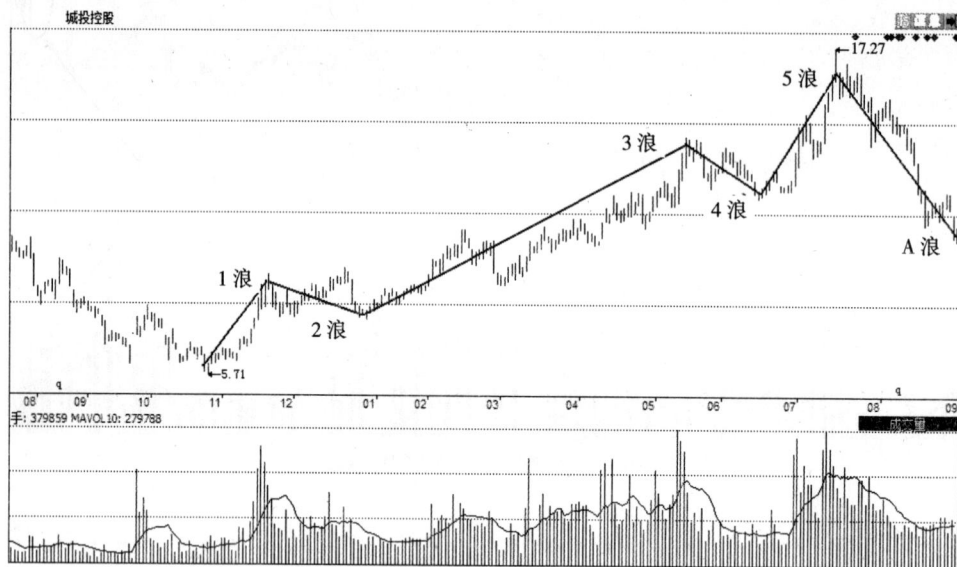

图 2-6-5　城投控股（600649）A 浪完成

如图 2-6-5 所示，城投控股在 A 浪开始后，之前的艾略特 8 浪循环中的 6 个浪就已经形成了。图中股价正是跌破了前期 3 浪的高位之后，才真正地确认了 A 浪的调整趋势，该股今后将步入熊途中，投资者不能再指望该股有太大的涨幅了。

第二节　技术指标见顶信号

一、均线顶部死叉

移动平均线在股价见顶回落的时候，出现死叉是毫无疑问的事情，尤其是 5 浪推动行情结束的时候，更会有这样的死叉出现。死叉不仅在短期移动平均线之间形成，短期移动平均线还会与中期移动平均线也形成死亡交叉。这才是股价真正的见顶回落信号。但是投资者不一定要等待移动平均线形成死叉之后再考虑出货，前面所说的天量见顶已经是出货的信号了，移动平均线死叉的出现只不过再次验证了这样的见顶回落过程。

在使用移动平均线来判断股价的见顶过程的时候，如果 5 日均线高位见顶回落，并且不断向下穿越各周期的移动平均线，这个时候就是投资者不断减仓的时刻。如果等待短期移动平均线从上向下交叉至长达 60 日以上的移动平均线，那么股价的 A 浪下跌行情也就差不多开始趋缓了。显然的，股价在 5 浪见顶的时候投资者出货的时机将是越快越好，不然的话损失就会很快地被放大了。

图 2-6-6　城投控股（600649）5 日、10 日均线死叉

如图 2-6-6 所示，城投控股在 5 浪见顶回落过程中，短期的 5 日和 10 日均线已经形成了死叉见顶信号。再加上前期该股出现了一根冲高无望的倒锤子线形态，A 浪将不可避免地出现。投资者的首要问题就是及时出货，避开 A 浪的大幅度下跌行情。

图 2-6-7　城投控股（600649）股价挑战 60 日均线

如图 2-6-7 所示，预想中的 A 浪下跌行情如期而至，股价快速下跌至 60 日均线附近。但是这个 60 日均线能否支撑住股价反弹还是个未知数。因此，这个时候在操作上也是以减仓甚至将股票全部出售为主。不然 A 浪一旦开始快速破位，投资者的损失将随之扩大。A 浪下跌的性质就是改变股价长期以来的牛市行情，投资者没有必要对 A 浪抱太大的希望。A 浪之后，减仓出货是最基本的操作策略。

如图 2-6-8 所示，BIAS 指标在图中形成双底部后，开始了大幅度反弹。而股价也随着反弹到了高位，A 浪的下跌行情就此暂时停止，B 浪反弹调整即将展开。

二、MACD 指标

股价在见顶回落的时候，MACD 指标表现出的见顶信号更加明显。因为不仅

城投控股 MA5: 14.60 MA10: 14.89 MA60: 14.20

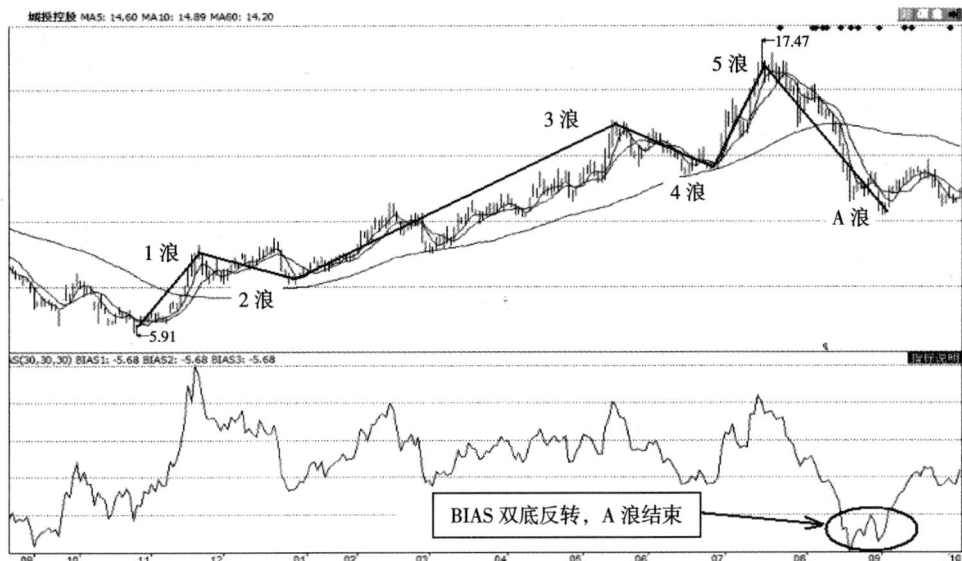

图 2-6-8 城投控股（600649）A 浪完成

是股价滞涨不再创新高，而且 MACD 指标也同样没有继续上涨的动力了。常见的 MACD 指标与股价出现顶部背离、死叉以及见顶的形态，都将成为投资者出货的信号。如果从股价见顶信号依次出现的顺序来看，投资者应该首先选择背离作为出货的依据。因为 MACD 指标与股价的背离是股价见顶前的第一个显著信号。股价在上涨乏力的时候，出现背离的现象可以在短短几天内形成。投资者看到这样的背离信号，股价距离见顶回落也就为时不远了。

第二个重要的见顶信号是死叉形态。MACD 指标在股价见顶的时候出现死叉形态，也是最为直接的信号。MACD 指标的死叉形态虽然也有欺骗投资者的时候，但是在 5 浪行情无力延续的时候，该指标出现死亡交叉形态，显然已经不再是欺骗性的信号了。见到指标出线死叉，投资者就应当毫不犹豫地出货了。

最后，MACD 指标形成见顶形态的时候，也同样能成为投资者出货的时机。见顶的 MACD 形态有双顶形态、三重顶形态等。即使股价还未出现死叉信号，指标从上向下跌破这些见顶形态的时候，也同样是非常不错的时机。

如图 2-6-9 所示，该股在 5 浪冲高过程中，MACD 指标已经与股价出现了顶部背离。股价未见顶指标率先背离，不是什么好兆头。投资者不应对 5 浪的上涨幅度抱有太大的希望，及时出货的话，可以避免投资损失。

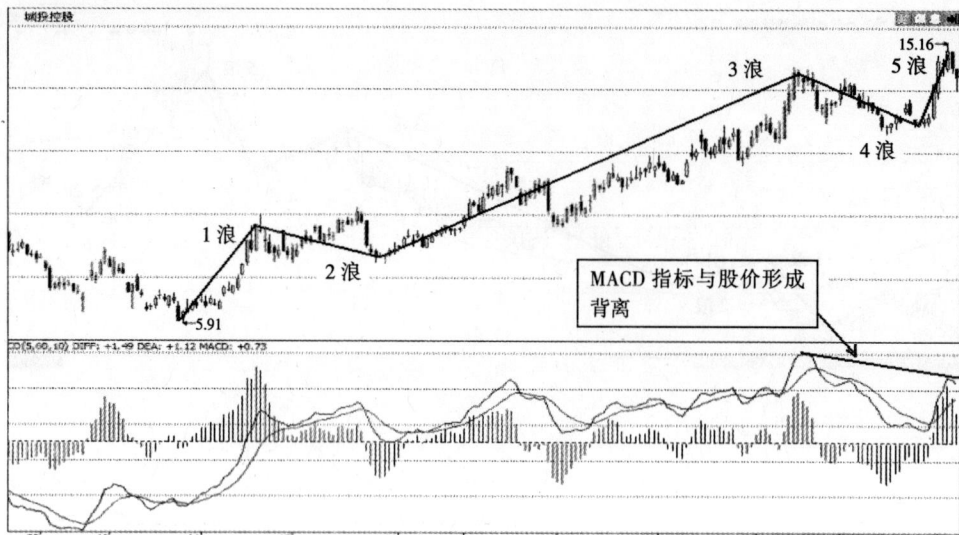

图 2-6-9　城投控股（600649）MACD 顶背离

图 2-6-10　城投控股（600649）MACD 死叉

　　如图 2-6-10 所示，MACD 的死亡交叉显示了 5 浪已经高位见顶，这是最为直接的看跌信号。操作上，投资者还是应该继续减仓才好，甚至空仓应对 A 浪的下跌行情。

图 2-6-11 城投控股（600649）A 浪完成

如图 2-6-11 所示，股价大幅度下挫，并且跌破了前期 3 浪的高位，而 MACD 指标同样是快速下跌至零轴线之下，A 浪的破坏性非常大。图中显示，MACD 在底部重新见底反弹并且形成了看涨的金叉信号，是 A 浪结束的前提。至此，该股的 A 浪行情就结束了。

三、KDJ 指标

KDJ 指标在股价见顶回落的时候，出现的信号与 MACD 的见顶信号非常相似，有 KDJ 指标的死叉形态、KDJ 指标的背离形态以及 KDJ 指标回落前的组合形态。KDJ 指标与 MACD 指标在见顶信号上的不同之处就是指标计算周期的使用上。如前几章所说的，投资者可以选择 80 日为计算周期的指标作为判断的依据。

在 KDJ 指标的见顶信号当中，最为重要的一个信号就是顶部形态形成的见顶信号。因为股价在不断震荡的过程中，见顶出现几次交叉是很容易的事情。而死叉也很容易在短时间内形成，但并不一定能够作为投资者出货的依据。指标的顶部背离同样会经常出现，但是 KDJ 指标的背离趋势延续到何时才是股价见顶回落的时刻呢？这个也是不确定的。但是可以肯定的事情是，若 KDJ 指标在顶部出现见顶的形态，并且指标一举跌破了这样的形态底部，就几乎是确定无疑的见顶信号了。投资者可以在这个时候放心出货了。

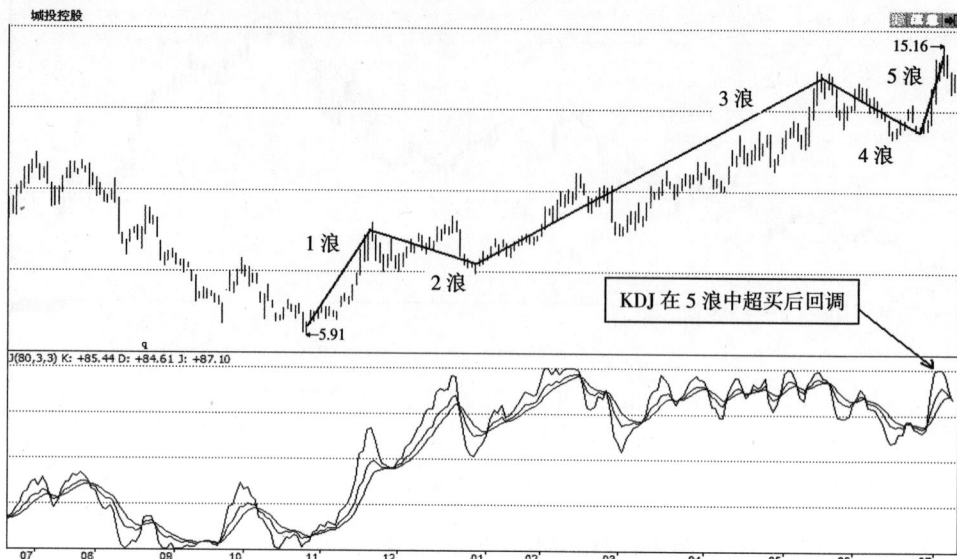

图 2-6-12　城投控股（600649）KDJ 超买

如图 2-6-12 所示，城投控股在见顶回落之前，KDJ 指标率先进入超买状态。这个时候，即便股价还未回落，投资者也应该减少持有的股票。倘若 A 浪真的快速展开的话，投资者再想全身而退就难了。

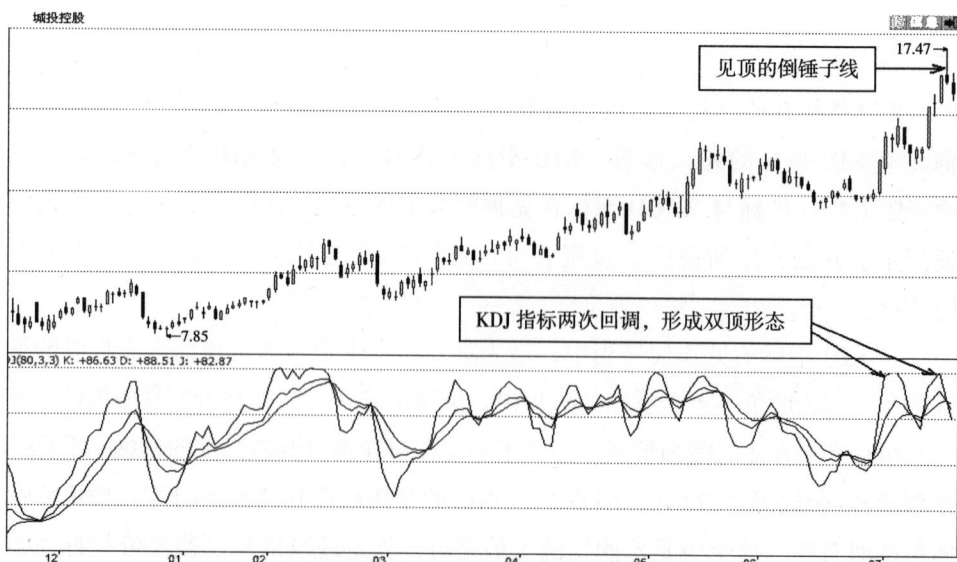

图 2-6-13　城投控股（600649）KDJ 双顶

如图 2-6-13 所示，A 浪在下跌之前股价不断震荡，KDJ 在第二次超买后形成了双顶形态。恐怕之后再也没有比双顶形态更好的出货位置了。在该股双顶形态被确认之前卖出股票，虽然不一定是最好的选择，但是一定会减少很多不必要的损失。

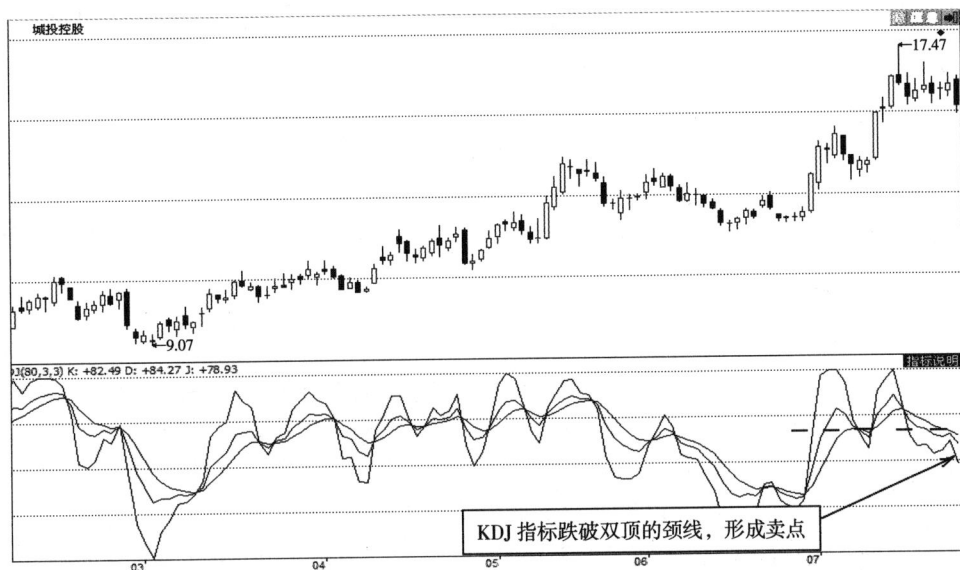

图 2-6-14　城投控股（600649）KDJ 跌破双顶

如图 2-6-14 所示，KDJ 指标继续下跌确认了双顶形态的有效性。投资者再次卖出股票是很好的选择。之后 A 浪将快速展开下跌的走势，继续等待只能遭受更大的损失。

如图 2-6-15 所示，该股在 A 浪的下跌过程中，终究跌破了 3 浪的最高价位，使该股从此进入到了熊市行情当中。前期 KDJ 指标形成双顶形态是出货的最后时机，推迟卖出股票将使投资者面临很大损失。

四、RSI 指标

RSI 指标的见顶回落信号，首先也可以是该指标的高位死叉形态。短期的 RSI 指标从上向下穿越长周期的 RSI 指标，也是投资者出货的好时机。特别是股价在前期出现了指标与股价的背离走势之后，这样使死叉见顶回落信号更为可信。除了死叉形态，顶部的见顶形态同样也是股价回落的动力之一。诸如 RSI 指

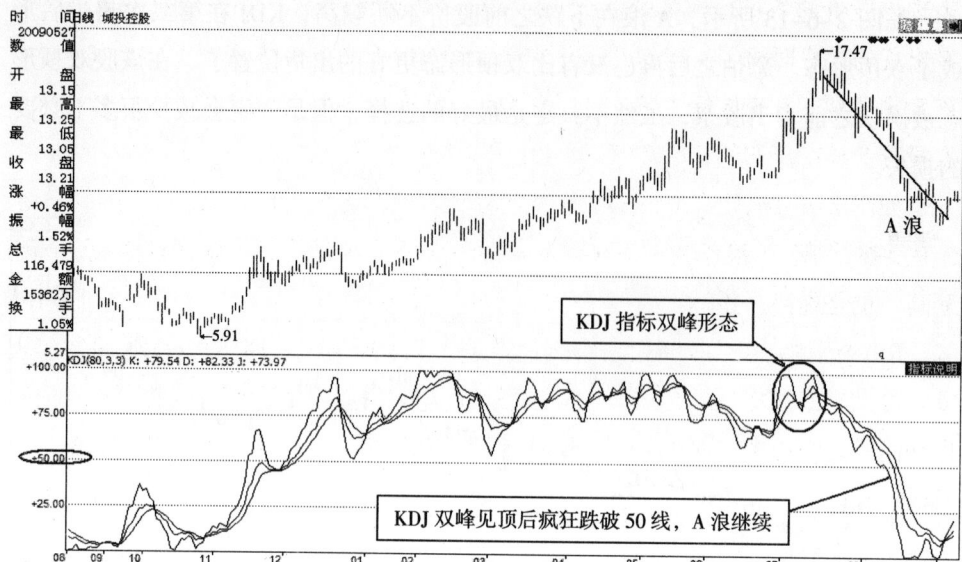

图 2-6-15　城投控股（600649）A 浪形成

标的顶部双顶形态、三重顶形态都是很好的顶部形态，指标顺利跌破了这些好不容易形成的顶部的时候，也就是股价下跌趋势开始加速进行的时候。

在使用指标的见顶信号的时候，投资者应该认清楚一点，RSI 指标如果已经

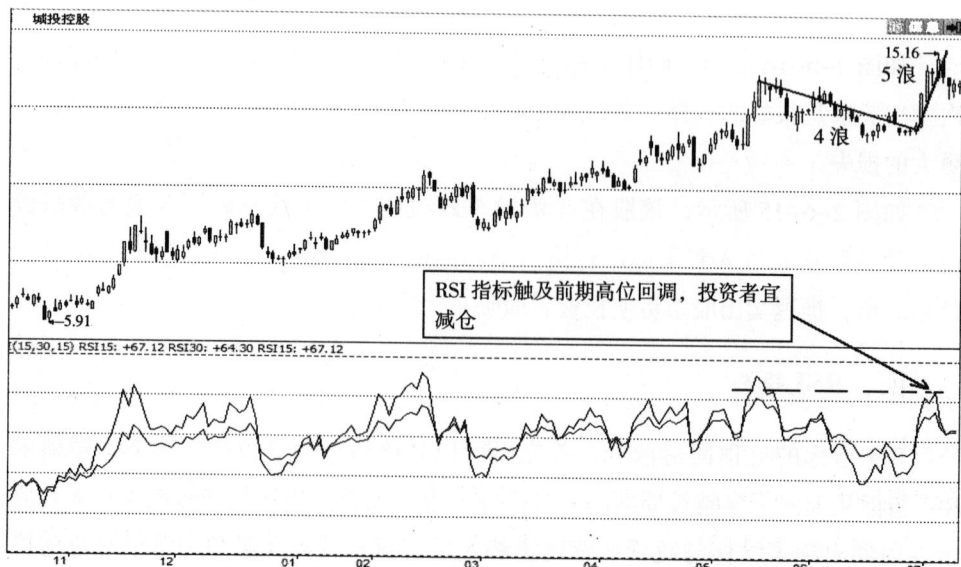

图 2-6-16　城投控股（600649）RSI 见顶回落

表现出股价即将见顶回落的话，那么只要 RSI 指标跌破了 50 线，就已经是投资者出货的大好时机了。其他的信号都可以没有，只要这一点满足了，投资者就应该卖出股票。RSI 指标在跌破 50 线之后，股价是不可能延续牛市行情的，这一点投资者要有清醒的认识才行。

如图 2-6-16 所示，城投控股在经历了 4 浪的调整之后，出现了图中所示的 5 浪反弹行情。5 浪作为 8 浪循环中最后一个牛市推动浪，即使能够使股价再创新高，也是虚高。指标不会与股价同行的。

RSI 指标在达到前期 3 浪中该指标创下的高位时，马上就出现了回调的现象。可见 RSI 指标遇到的压力之大，是难以想象的。既然指标遇阻力下跌，股价也在同一时间内进行调整，那么投资者就无需等待了，适时减少持股的数量是不错的选择。

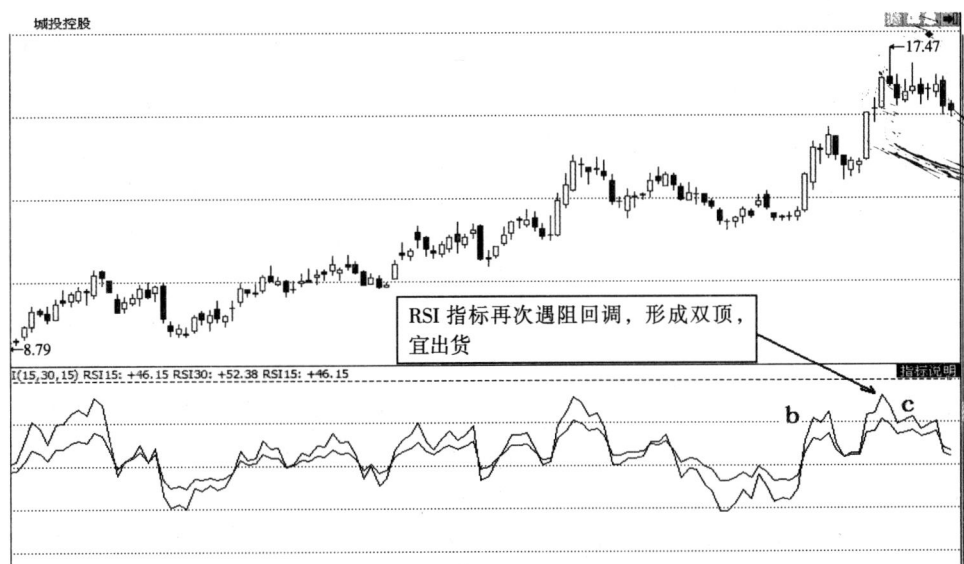

图 2-6-17 城投控股（600649）RSI 形成双顶

如图 2-6-17 所示，RSI 指标在前期高位遇到了同样的阻力作用，并且形成了图中 b、c 两个显著的顶部形态。既然 RSI 指标已经出现了两个顶部形态，那么投资者也不必再指望股价能够在这个 5 浪中继续上涨了，进一步地减少仓位是避开即将到来的 A 浪的必然选择。也只有这样，才能够使利润落袋为安。

如图 2-6-18 所示，自从该股见顶 17.47 元之后，下跌的趋势就缓慢地进行了。而前期 RSI 指标形成的双顶形态显然是早已经对这个 A 浪发出了出货信号，明智的投资者一定不会在这个没有希望的 5 浪中耗费太多的时间。在该股 RSI 死叉确认了双顶形态后，进一步出货是必然的选择。

图 2-6-18　城投控股（600649）RSI 持续探底

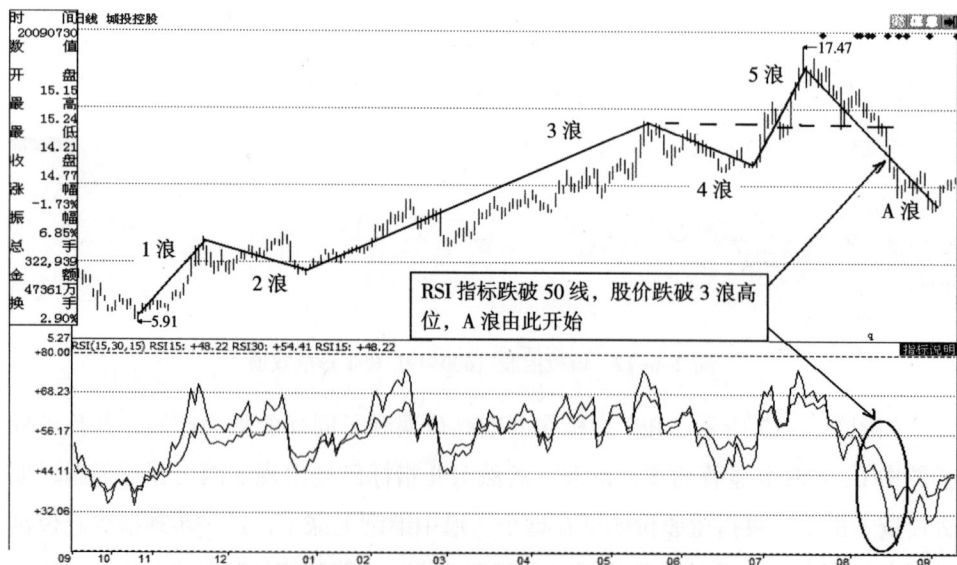

图 2-6-19　城投控股（600649）A 浪结束

如图 2-6-19 所示，A 浪中股价的快速下跌，终于导致 15 日 RSI 指标加速探底。最终 15 日 RSI 在接近了超卖区域后出现了反弹走势，这样 A 浪的下跌行情就即将结束，迎来涨幅有限的 B 浪反弹调整阶段。

五、SAR 指标

SAR 指标在股价见顶回落的时候，也会随之运行到股价的下方，这是个非常好的见顶回落信号。与前期 2 浪和 4 浪的调整行情当中出现的信号一样，SAR 指标在 5 浪结束的时候出现在 k 线的上方，显然出货的意义将远大于前期。

使用 SAR 指标来判断 5 浪的结束位置，在很多时候是很不容易的。因为股价在顶部的不断震荡很可能会使 SAR 指标在 k 线的上下方跳来跳去，这样就出现了无数次的出货信号，投资者要清晰地分辨哪些是真正的出货信号，还需要其他指标或者是成交量的配合，来找到相应的出货位置。

图 2-6-20　城投控股（600649）倒锤子线见顶

如图 2-6-20 所示，城投控股在 5 浪的上涨过程中，虽然 SAR 指标仍旧对股价形成支撑，但是显然股价离 SAR 线的距离已经非常大了。在 5 浪中出现股价快速上冲并且远离 SAR 线的现象，一般都是主力拉升股价的出货行为，投资者不能误以为这是股价的强势上涨所致的结果。

既然股价已经脱离 SAR 的支撑线很大了，同时出现了日 k 线中的上影线很长的倒锤子线见顶的现象，那么投资者首先想到的应该是出货。不出货的话，将会面临更大的持股风险。

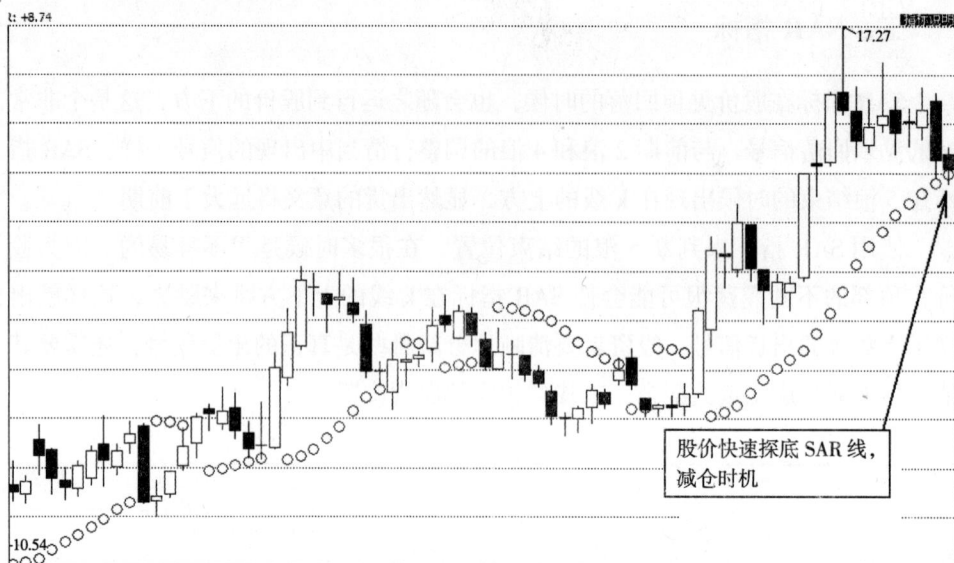

图 2-6-21　城投控股（600649）股价探底 SAR 线

如图 2-6-21 所示，城投控股显然已经开始见顶回落了。前期股价远离 SAR 支撑线上升势头已经一去不复返，股价回落至 SAR 线寻求新的支撑。鉴于该股在 5

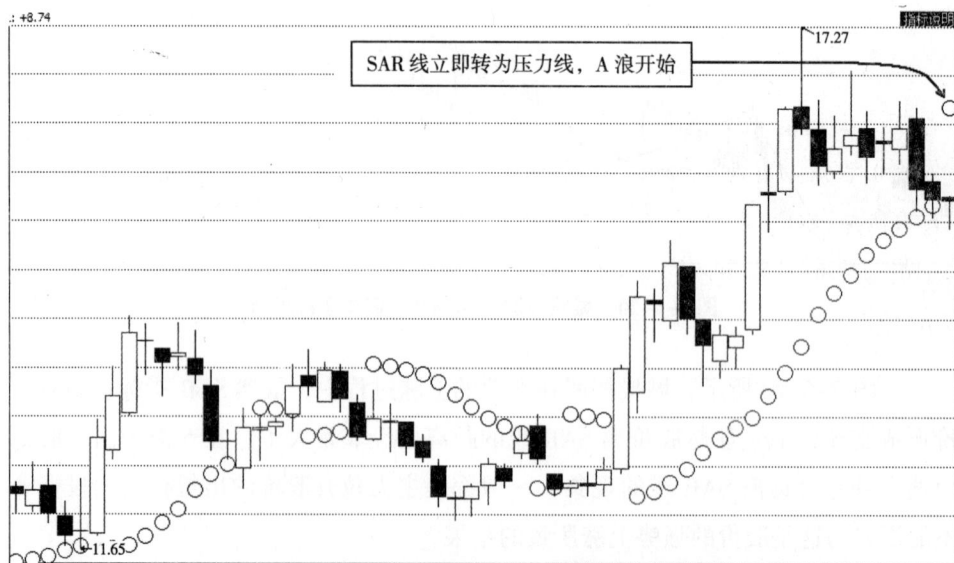

图 2-6-22　城投控股（600649）SAR 线迅速转为压力线

浪中的涨幅已经不小了（相比前期几个浪而言），那么股价回落到 SAR 线的时候，恰好是投资者出货的时机。指望 SAR 线再对股价形成支撑，恐怕是很难的事情了。

如图 2-6-22 所示，股价下跌至 SAR 线的第二天，SAR 线就跑到了股价的上方，并且对股价形成了压制。这个时候再想要持仓显然是不明智的，减仓避险才是资金安全的保证。指标 SAR 转为压力线后，股价很可能会加速下跌，投资者应该早有准备才行。

图 2-6-23　城投控股（600649）A 浪完成

如图 2-6-23 所示，SAR 指标对股价形成了压制之后，A 浪的下跌趋势从此一发不可收拾。直到股价跌破 4 浪的底部之后，股价才开始有回升的转机。A 浪就是在先后跌破了前期 3 浪的高位并且跌破了 4 浪的底部最低价格后，股价才开始上涨突破 SAR 线的压制。这样，A 浪中股价经过大跌之后，终于出现了 B 浪的反弹行情。

第七章　B浪调整信号

B浪的调整行情出现在股价5浪见顶下跌之后。前期5浪开始下跌的时候，具有很强的突发性。B浪正是投资者杀跌后又疯狂见低点追涨买入的结果。B浪的反弹幅度虽然不会很大，但却是投资者出货的非常好的时机，错过了B浪的反弹行情，今后再想减小损失就非常难了。因此，本章所说的内容主要侧重出货时机的选择，并不把重点放在如何取得B浪反弹的投资收益。

第一节　成交量萎缩信号

股价经历了前5浪的牛市行情之后，成交量早已经随着股价的上涨而萎缩了下来。股价在A浪开始快速见顶回落的时候，成交量继续维持萎缩的状态。A浪的下跌幅度虽然大，但是其下跌幅度一般在前期3浪的高位附近也就自然反弹了。不同于前期的2浪和4浪的调整，A浪的调整幅度一般都是破坏性的，跌破前期3浪的高位也是正常现象。投资者可以在量能随之放大，股价企稳的时候见机卖出手中的股票。

B浪的反弹幅度不管大小，其反弹的性质是不变的，弱势反弹之后避免不了破位下跌的命运。因此，投资者在操作股票的时候，首先应该注重保住前期获得的投资收益，其次才是尽量获得B浪的一些利润，这样才能够使资金稳定地增长。

在操盘的过程中，投资者可以发现成交量的大致变化趋势：1浪到5浪的牛市行情中，成交量大致始终处于放量的状态。在股价见顶5浪的顶部之前，量能会出现萎缩。而一旦A浪打开股价调整的行情之后，其下跌的趋势就延续了下来。除了B浪中成交量有限放大外，成交量不断地萎缩了下来，一直到地量出现之后才会有放大的可能性。

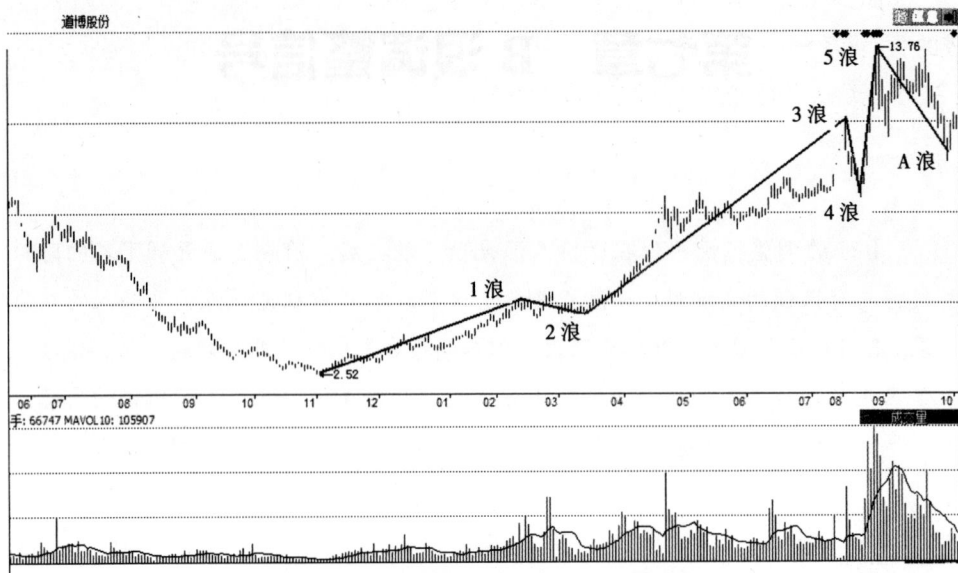

图2-7-1　道博股份（600136）A浪完成

如图2-7-1所示，道博股份的日k线中，股价在持续不断的上涨过程中终于出现了放量见顶的A浪行情。不同于前期5浪之前的股价放量上涨的过程，A浪

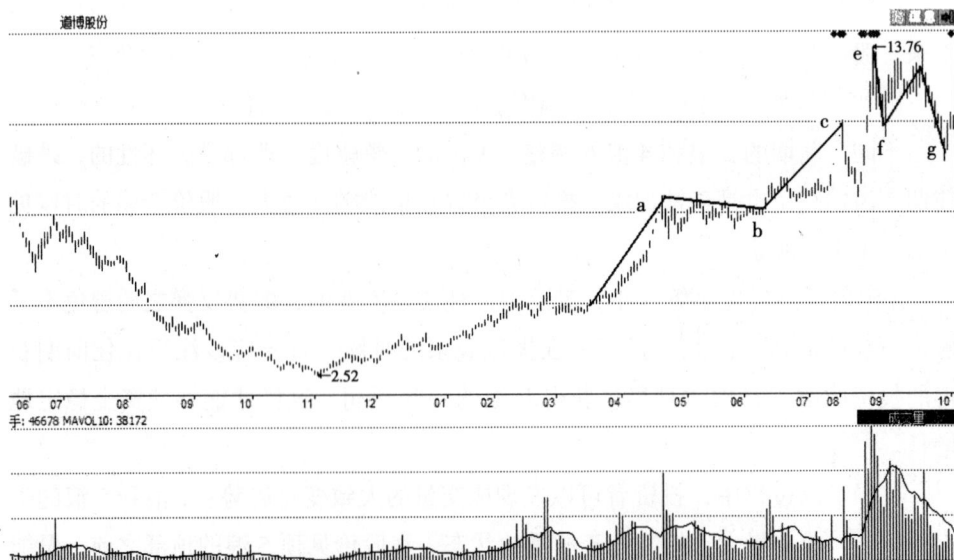

图2-7-2　道博股份（600136）组合浪

中成交量放大到了天量之后，股价就很快地见顶回落，并且一次性地跌破了之前3浪的最高价。

如图2-7-2所示，道博股份前期形成是3浪和A浪，显然不是一个大浪形成的，而是由两个小浪形成的。a、b、c三个浪形成了3浪这个推动浪，而e、f、g三个浪形成了A浪这个下跌中的推动浪。

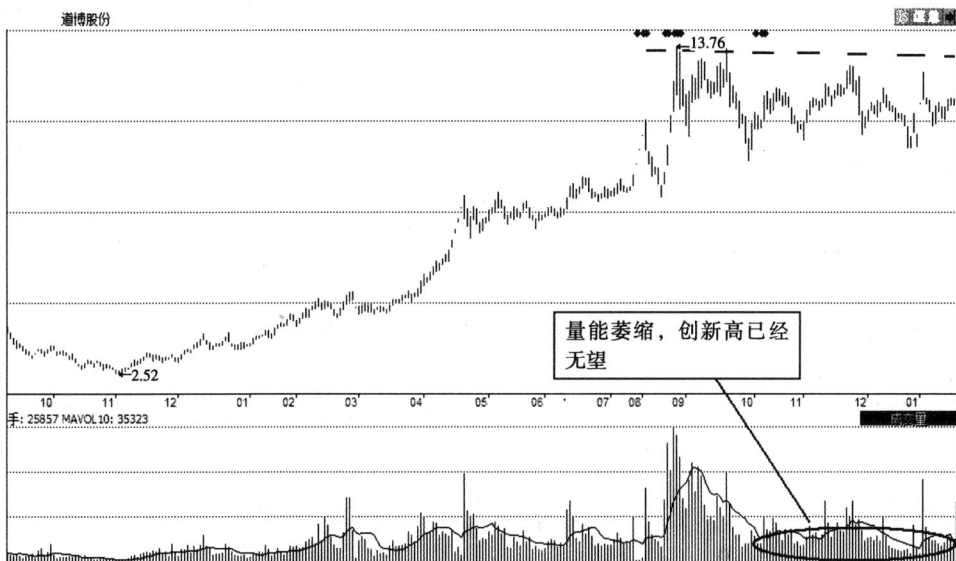

图2-7-3 道博股份（600136）无量上涨

如图2-7-3所示，道博股份在A浪见底回升后，缩量形成了图中的震荡反弹形态。该股震荡达到前期5浪高位的时候，显然是投资者出货的最佳时机。错过了这样的高位出货时机，后市遭受损失将不可避免地发生。

如图2-7-4所示，道博股份终于在图中所示的位置出现了天量跳空上涨的十字星形态。这个位置显然是投资者出货的最后一次机会。既然主力可以天量拉升股价诱多，那么投资者也只能够利用这次机会出货了。天量见顶将是该股下跌的开始。

如图2-7-5所示，道博股份在天量见顶之后，B浪这个调整浪也就结束了。该股前7个大浪就此完全形成了。回顾一下B浪的调整阶段，虽然股价不停地震荡，但是终究没有逃脱见顶回落的命运。

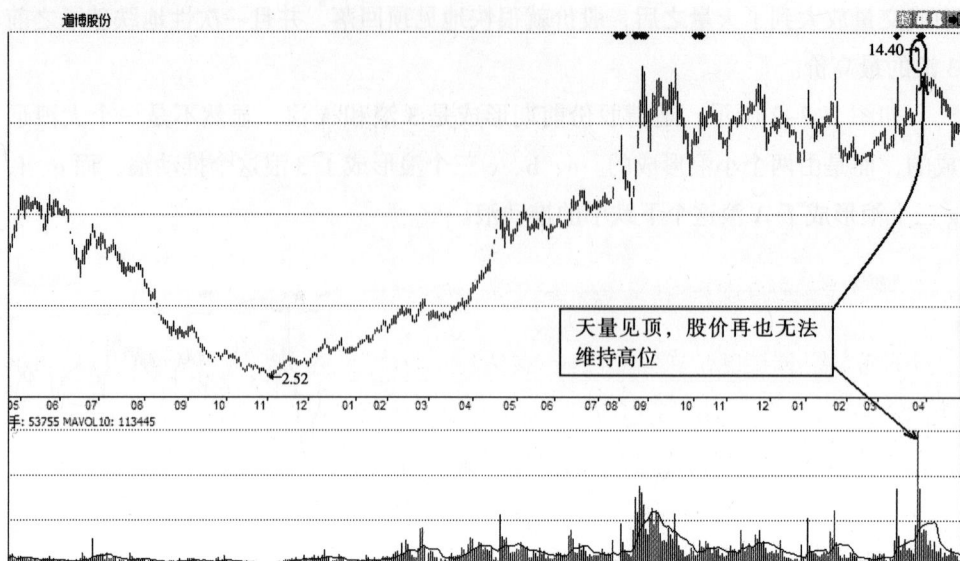

图 2-7-4　道博股份（600136）天量见顶

天量见顶，股价再也无法
维持高位

14.40

2.52

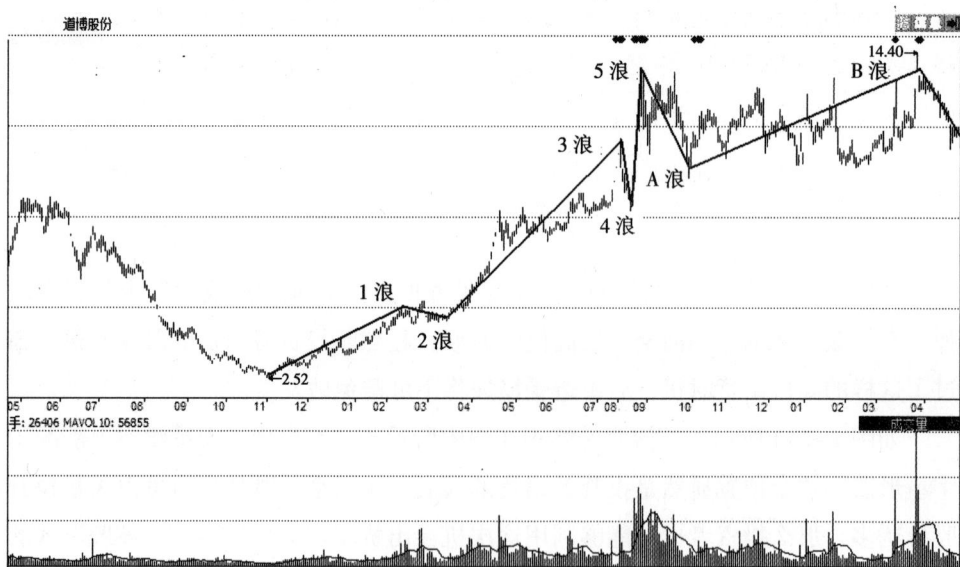

图 2-7-5　道博股份（600136）完成 B 浪

5 浪

B 浪

3 浪

A 浪

4 浪

1 浪

2 浪

14.40

2.52

第二节　技术指标

一、均线的短期金叉

B 浪的反弹幅度是不可预计的，前期 A 浪在下跌过程中各条均线都已经将多头的趋势走坏了，即使股价再次反弹使均线形成诸多的金叉买入信号，投资者也不可以恋战。股价在 B 浪开始反弹的时候，其反弹的压力是可想而知的。B 浪的反弹幅度想成功达到中长期移动平均线之上，将是非常困难的事情。本来前期股价已经在 5 浪见顶之后开始快速破位下跌，散户没有来得及出货，套牢盘非常之大。而 B 浪的反弹行情恰好为套牢盘创造了出货的最佳时机，散户反弹追涨是假，见高出货止损才是真的。重要的中长期移动平均线将在 B 浪中发挥强大的压制作用。若不是 B 浪的放量反弹，切不可追涨买入，即使 B 浪完成了短暂的调整后，追涨也只能看高到前期 5 浪高位之下，继续持股将有很大的投资风险。

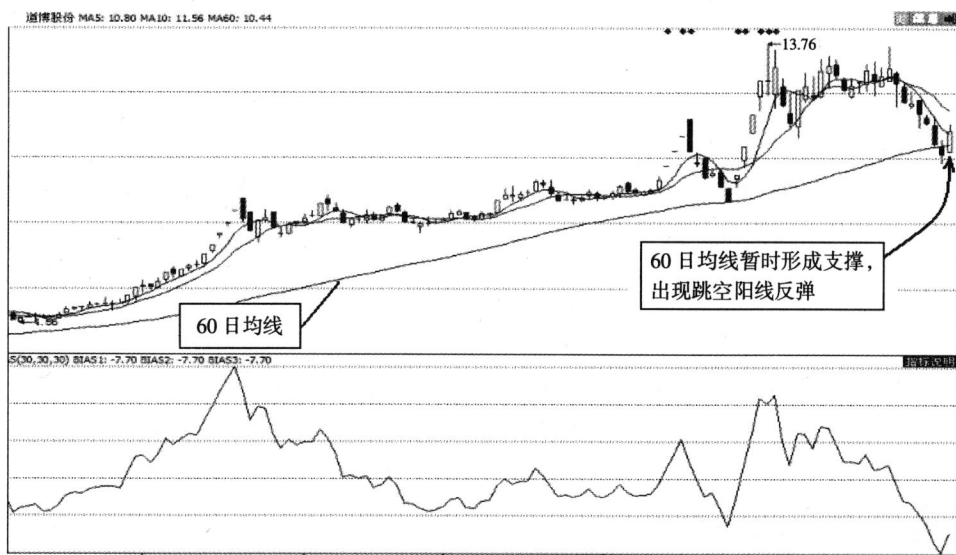

图 2-7-6　道博股份（600136）60 日均线获支撑

如图 2-7-6 所示，道博股份在 A 浪下跌过程中，股价终于跌至 60 日均线寻求支撑。但是，该均线是否真的能够对股价形成支撑，就是另外一回事了。倘若 B 浪从此开始小幅反弹的话，那么投资者买入股票还是不错的。

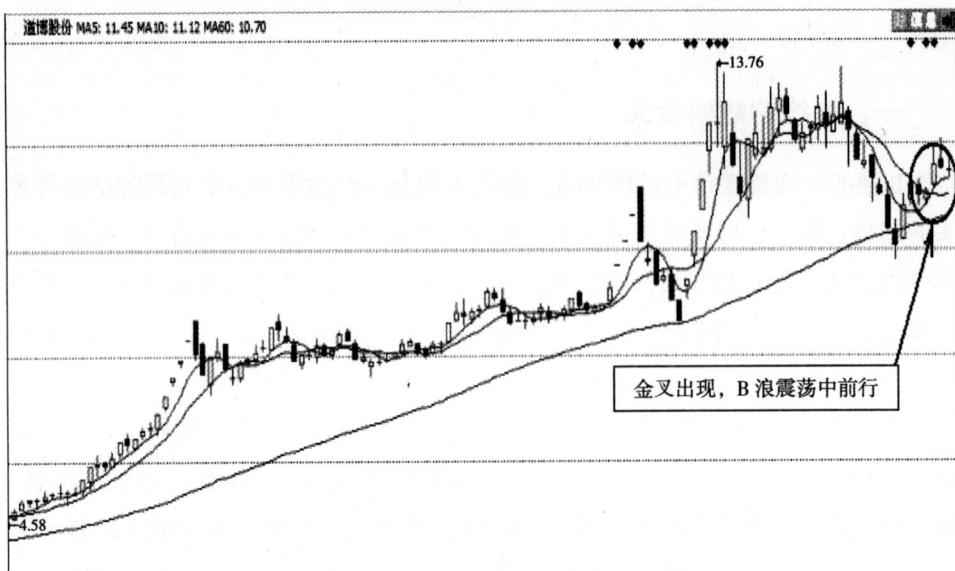

图 2-7-7　道博股份（600136）5 日、10 日均线金叉

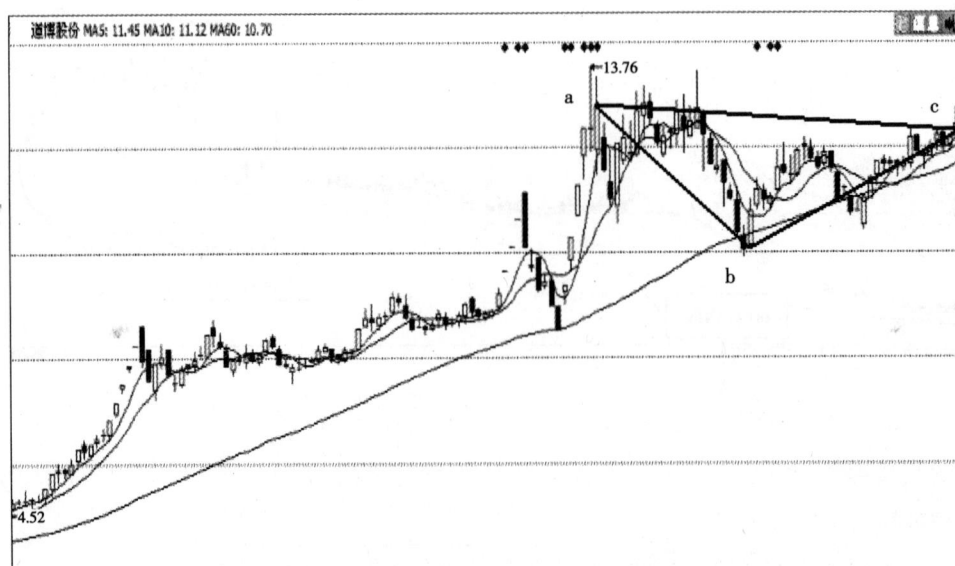

图 2-7-8　道博股份（600136）三角形调整

如图 2-7-7 所示，60 日均线果然不是那么容易跌破的，该股从该均线获得了支撑后，马上形成了短期均线的金叉形态。该金叉出现以后，正是投资者在 B浪的短暂反弹当中出货的时间。本身 B 浪就是对 A 浪快速下跌的小幅调整，投资者卖出股票首先应选择时机，其次才是选择出货的价位。只有这样，才可以避免错过 B 浪的出货时机。

如图 2-7-8 所示，该股在 B 浪反弹过程中出现了一轮小幅上涨的行情，并且形成了图中的三角形整理形态。即便出现了这样的三角形整理形态，股价的下跌趋势也并不一定由此就展开了。B 浪的上涨幅度已经比较大了，但是是否调整到位还不能确定。投资中可以在这个三角形整理的 c 点价位处卖出股票。即便 c 点对应的价位不是最佳的出货位置，既然已经靠近了前期 5 浪的高位，那么也绝不会是最差的出货位置。

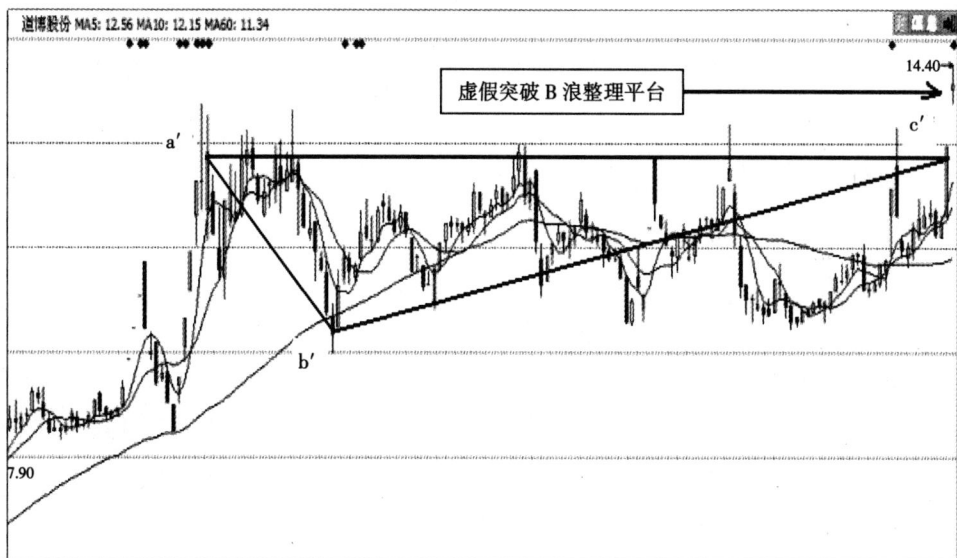

图 2-7-9　道博股份（600136）继续调整

如图 2-7-9 所示，B 浪前期小的三角形整理趋势刚刚完成，又出现了一轮大的三角形整理。但是从反弹的幅度上来看，B 浪不管如何调整，都没有真正地突破前期 5 浪的最高价位。

而图中 B 浪调整形成的 c' 位置的最高价位虽然以跳空上涨的方式突破了 5 浪的高位，但是显然是不可延续的。该股将这个显示多方力量竭尽的缺口之后，很快地迎来 C 浪的调整行情。投资者应在 B 浪中完成出货才行。

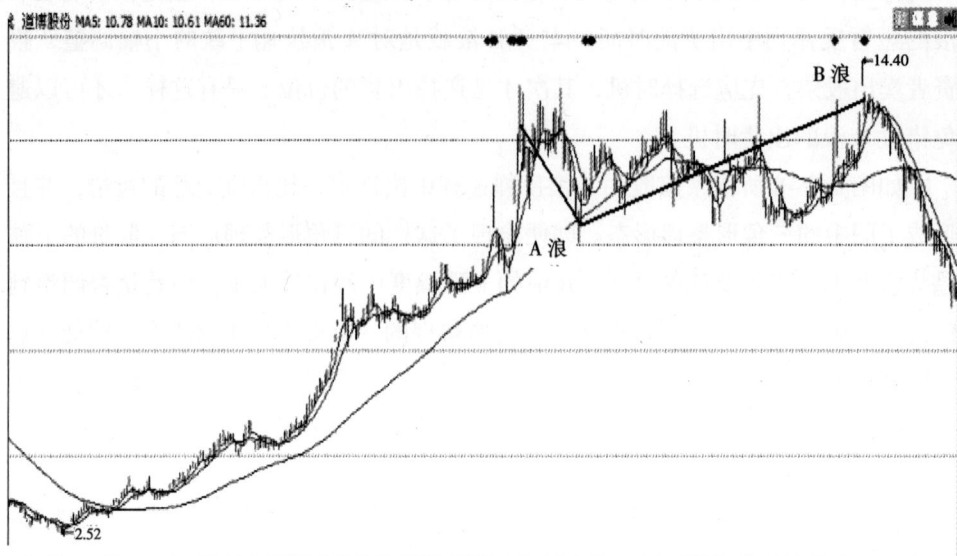

图 2-7-10　道博股份（600136）B 浪完成

如图 2-7-10 所示，道博股份终于形成了 B 浪的调整行情，并且在跳空向上一搏后，顺利地进入到了 C 浪中。

二、MACD 指标回调信号

股价在 B 浪的反弹过程中，投资者不必抱有太高的希望。股价反弹的幅度并不会很高，并且反弹只是少数投资者的逢低买入造成的短暂行为，MACD 指标在 B 浪反弹的时候，同样会快速地形成金叉并且开始反弹。MACD 指标一般会在 A 浪当中出现非常显著的破位下跌现象，止跌企稳之时会出现金叉买入信号，之后股价就会顺利地向上突破。

MACD 指标在 A 浪中下跌调整的幅度是不确定的，但是其反弹的幅度是很有限的，不会超过前期的高位。投资者只可以利用 MACD 反弹的机会见机出货，买入股票获得短线利润只是可有可无的动作。B 浪开始反弹的时候，MACD 指标一般会从零轴以下反弹至零轴以上，或者是从零轴附近企稳上涨，这个时候是股价反弹上涨的时机。投资者可以见机在适当的位置止损。

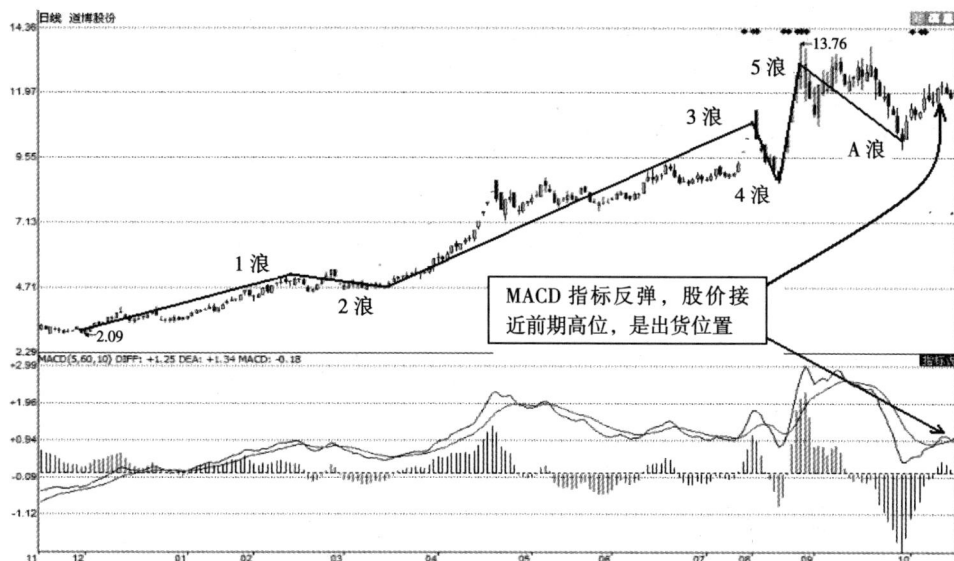

MACD 指标反弹，股价接近前期高位，是出货位置

图 2-7-11　道博股份（600136）MACD 金叉

如图 2-7-11 所示，该股下跌的过程中，MACD 指标从零轴线快速反弹起来，并且形成了该指标的金叉买入信号。不容置疑的是，该股的 B 浪反弹行情在 MACD 指标反弹的过程中出现了。

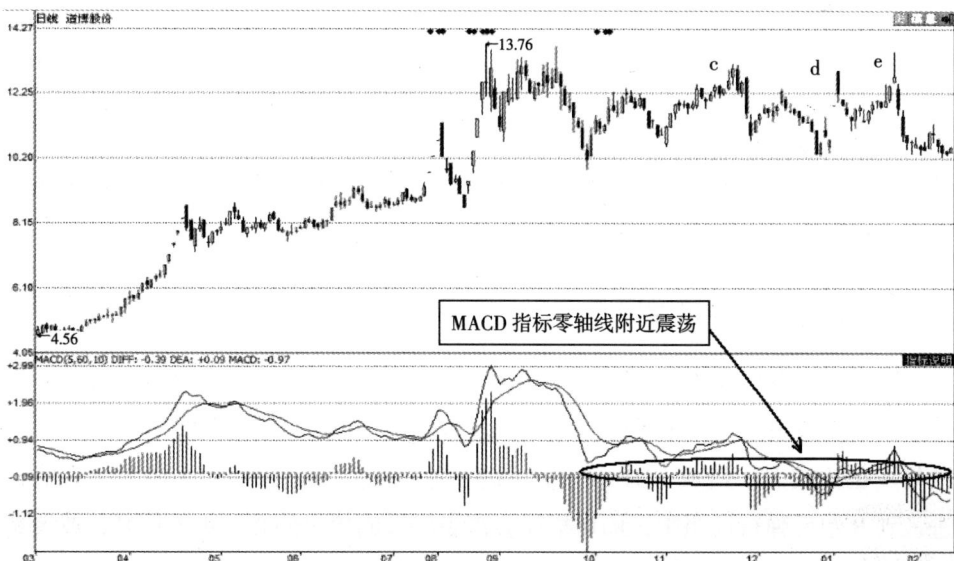

MACD 指标零轴线附近震荡

图 2-7-12　道博股份（600136）MACD 零轴线附近震荡

如图 2-7-12 所示，该股在 B 浪反弹的过程中，MACD 指标在零轴线附近不断地震荡调整。而对应的股价也不断地冲高回落，图中的 c、d、e 三个位置显然都是投资者出货的位置。B 浪的反弹虽然一般都不会超越前期 5 浪形成的顶部，但是靠近还是有可能的。图中的三个位置就是这样的高位出货位置。错过了这样的出货位置，在 C 浪到来之后将不会有更好的出货机会了。

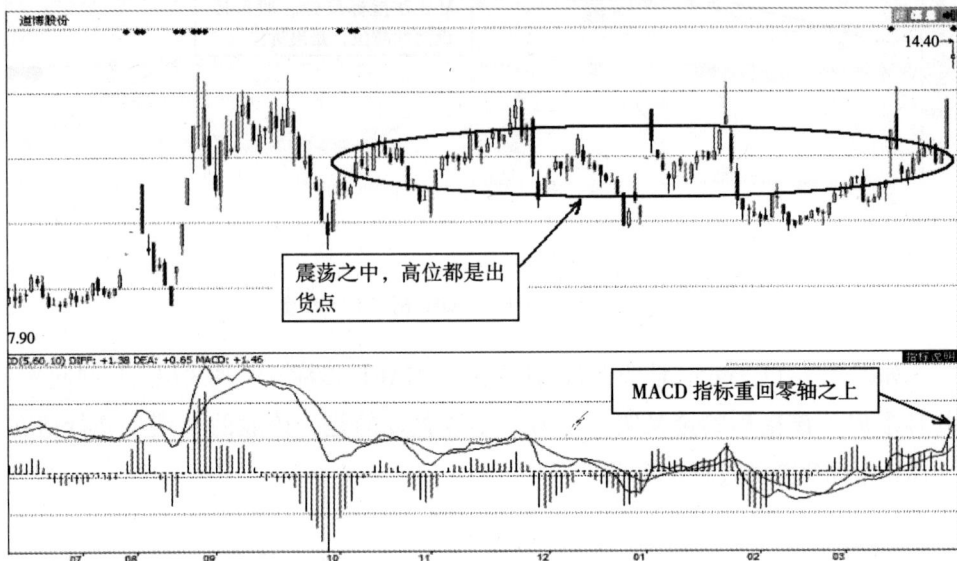

图 2-7-13　道博股份（600136）B 浪完成

如图 2-7-13 所示，MACD 指标重新企稳于零轴线，并且带领股价上涨到前期 5 浪之上，显然是 B 浪结束的位置。自此之后，B 浪的新高也就出现了，而 C 浪也由此到来。

三、KDJ 指标反弹信号

KDJ 指标在股价的 B 浪反弹过程中，会出现相应的止跌企稳并且反弹的信号。KDJ 随着 B 浪反弹的位置可以是超跌之后。既然 A 浪下跌过程非常快，下跌幅度也比较大，造成 KDJ 指标快速进入超跌状态也是预料当中的事情。股价进入到 B 浪反弹行情当中，KDJ 指标会在底部形成相应的金叉买入信号，或者是底部形态。投资者可以据此在反弹的高位出货，减少投资损失。

股价在 B 浪中的反弹过程与 8 浪循环中的 1 浪上涨趋势有很多相似之处。只是与 B 浪配合上涨的成交量更小一些，而 A 浪上涨过程中成交量会不断放大。KDJ 指标的看涨信号也会有诸如金叉、底部反转形态、底部背离等。其中 B 浪的 KDJ 反弹信号中，指标的金叉和底部见顶形态是比较常见的短线看多信号。投资者应该重点把握。

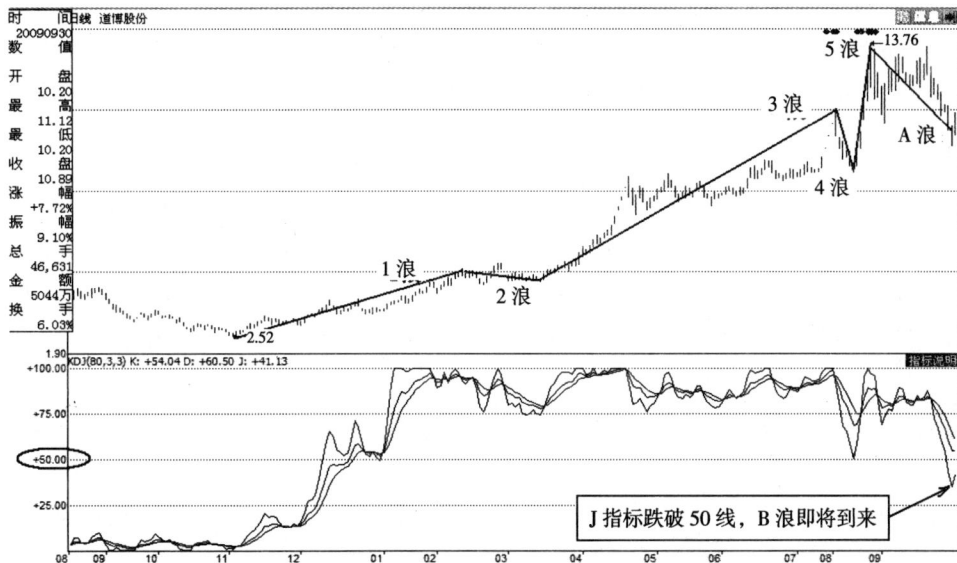

图 2-7-14　道博股份（600136）J 指标探底 50 线

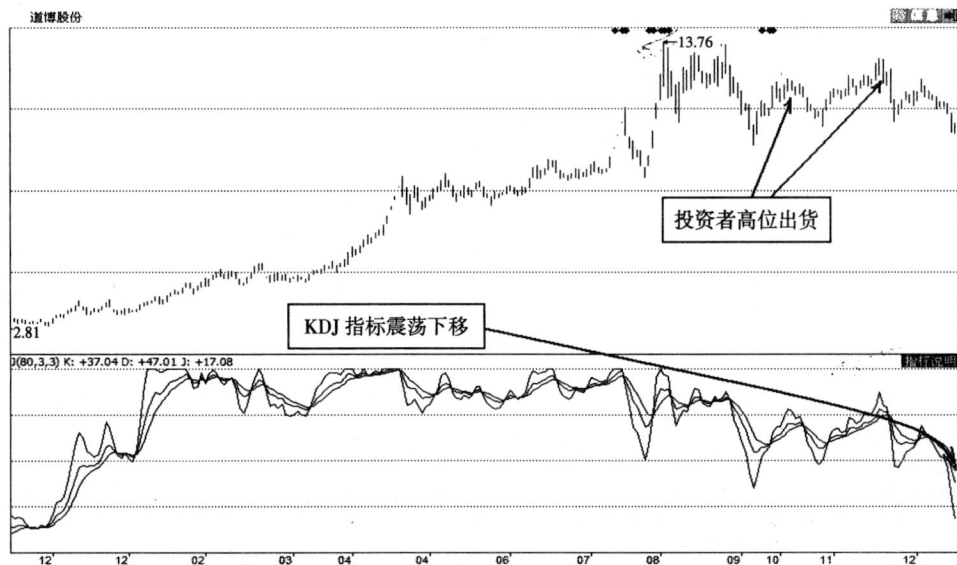

图 2-7-15　道博股份（600136）KDJ 震荡走低

如图 2-7-14 所示，股价在 A 浪中跌破了前期 3 浪的顶部之后，对应的 KDJ 指标中的 J 线从 50 线开始反弹。说明 A 浪的下跌已经过大了，股价将迎来 B 浪的反弹行情。

如图 2-7-15 所示，KDJ 指标在零轴线附近不断地震荡走低，股价也随着出现了频繁的涨跌变化。投资者在 B 浪的高位就应当继续减仓了。虽然 B 浪调整的时间是不确定的，但是其上涨高度终究不会超越 5 浪高位，投资者选择股价反弹的时候出货也是不错的。

图 2-7-16　道博股份（600136）KDJ 反弹至 50 线

如图 2-7-16 所示，KDJ 指标在震荡的过程中进入了超卖状态，并且从超卖状态快速地反弹起来，这就是最后的出货机会了。B 浪本身的运行趋势会在调整当中走弱，指标从 50 线以下重回到 50 线，并不是股价继续反弹的开始，而是 C 浪的起始点。

如图 2-7-17 所示，B 浪中 KDJ 指标经过最后的一次快速反弹至超买状态后，股价终于见顶回落了，C 浪的下跌趋势由此开始。

四、RSI 指标反弹信号

B 浪作为 5 浪见顶回落后第一个反弹调整浪，其反弹的力度不会太大，但反

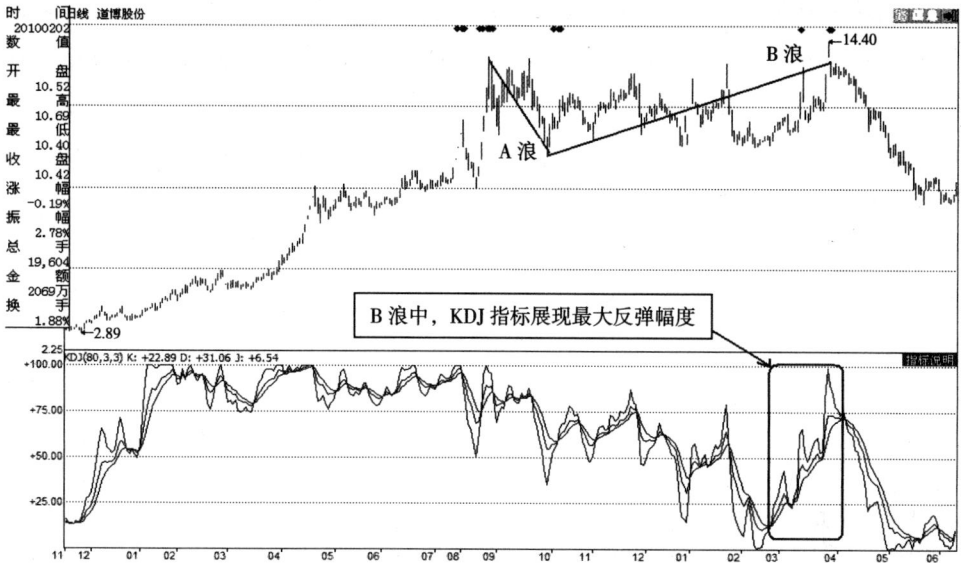

图 2-7-17　道博股份（600136）B 浪完成

弹的信号是一定会出现的。对于 RSI 指标来说，股价在 B 浪开始反弹的初期，RSI 指标会在 50 线附近出现显著的回调。指标的反弹幅度也是可以预期的，最高不会超过前期该指标在 5 浪的推动行情中创下的新高。

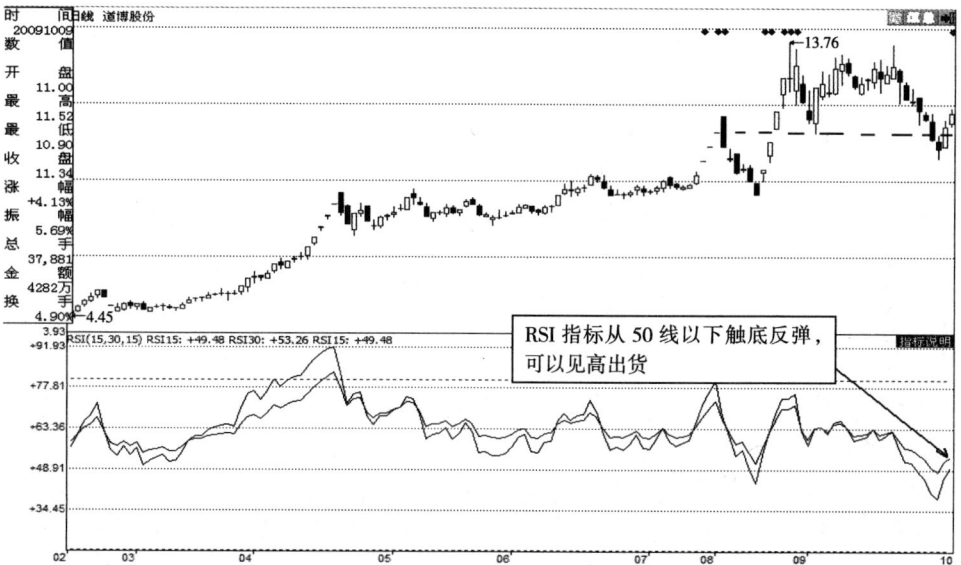

图 2-7-18　道博股份（600136）RSI 触底反弹

如图 2-7-18 所示，随着 A 浪的快速下跌，股价显然是在前期 3 浪的顶部附近受到了强支撑，并且开始反弹。而 RSI 指标也显示从 50 线附近遇到支撑并且快速反弹了回来。既然指标和股价都已经显示了 B 浪行情的临近，投资者要在这个时候做好再次出货的准备。

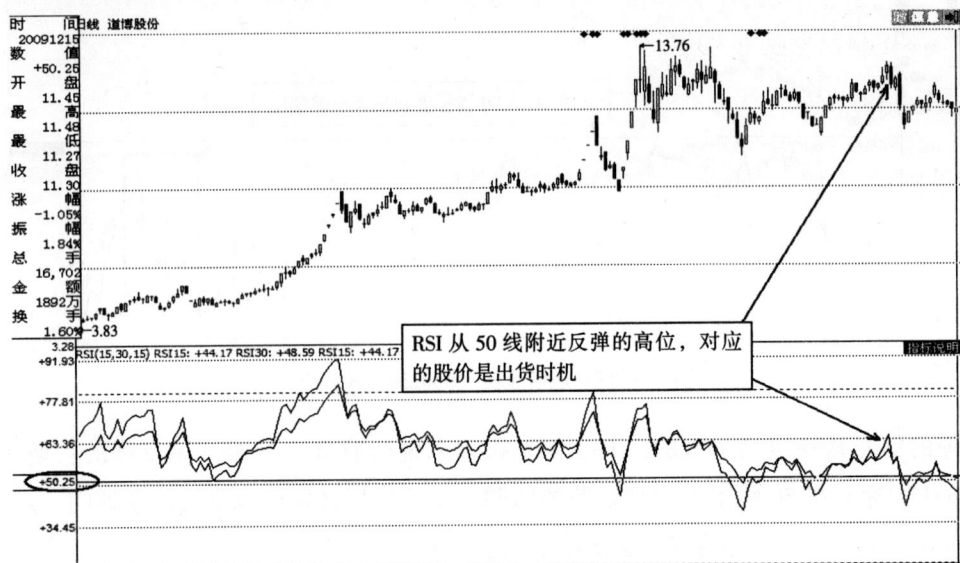

图 2-7-19　道博股份（600136）RSI 反弹卖点

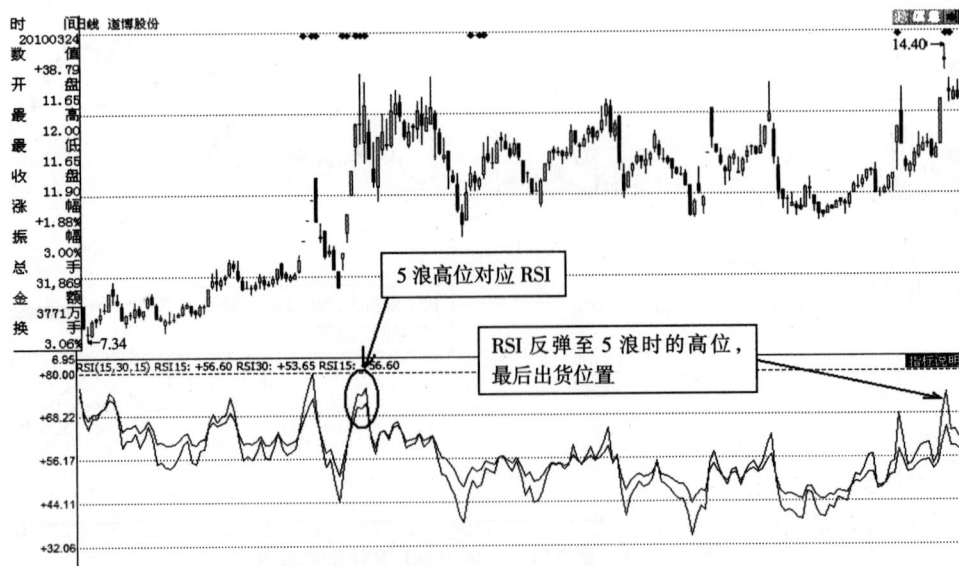

图 2-7-20　道博股份（600136）RSI 再次反弹

如图 2-7-19 所示，RSI 指标在 50 线的牛熊分界线上不断地上下震荡，并没有任何的趋势性可言。这正是 B 浪调整行情真正的走势。前期还没有完成出货的投资者，可以在这个时候选择高位卖出股票。这些出货的高位不一定太高，只要接近了前期 5 浪就算是不错的出货时机了。

如图 2-7-20 所示，RSI 指标持续大涨并且一度挑战前期 5 浪中形成的高位，这样的挑战显然是不可能的。图中 RSI 指标达到新高的位置，恰好就是出货的时机。今后想要有比这还好的出货点就非常难了。

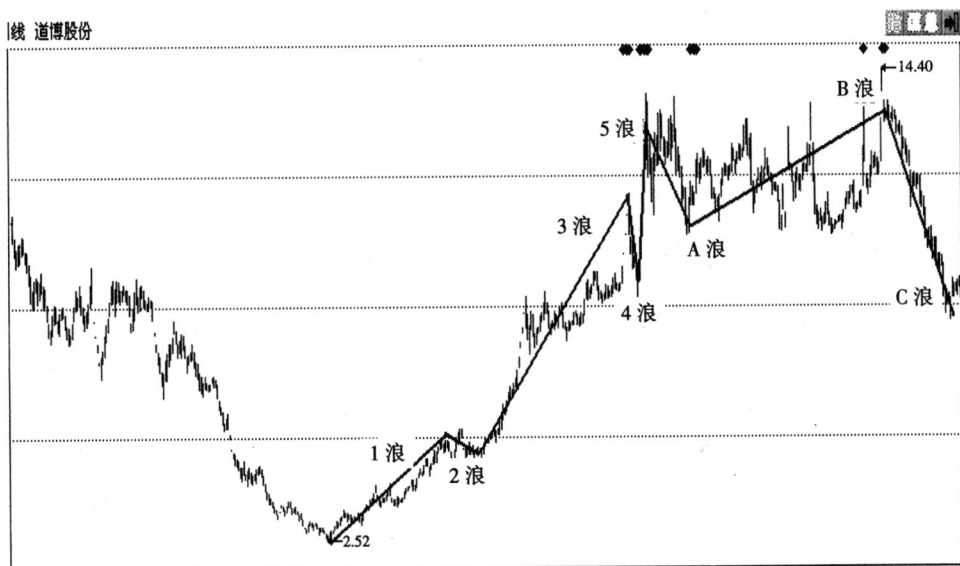

图 2-7-21　道博股份（600136）B 浪完成

如图 2-7-21 所示，股价终于在见顶 14.40 元高位后完成了 B 浪的调整行情。股价在其后不断地走低，C 浪这个最具杀伤力的推动浪开始了。

五、SAR 指标

利用 SAR 指标选择 B 浪的出货位置，投资者要注意见好就收。B 浪调整的时候上涨的幅度本身不会太大，最好的情况下，看高到前期 5 浪的顶部就可以了。与其他指标相同的是，SAR 指标在 B 浪的调整过程中，其走势也是频繁变化的，这与当时股价调整的性质是密不可分的，对于这一点，投资者应当有清醒的认识。

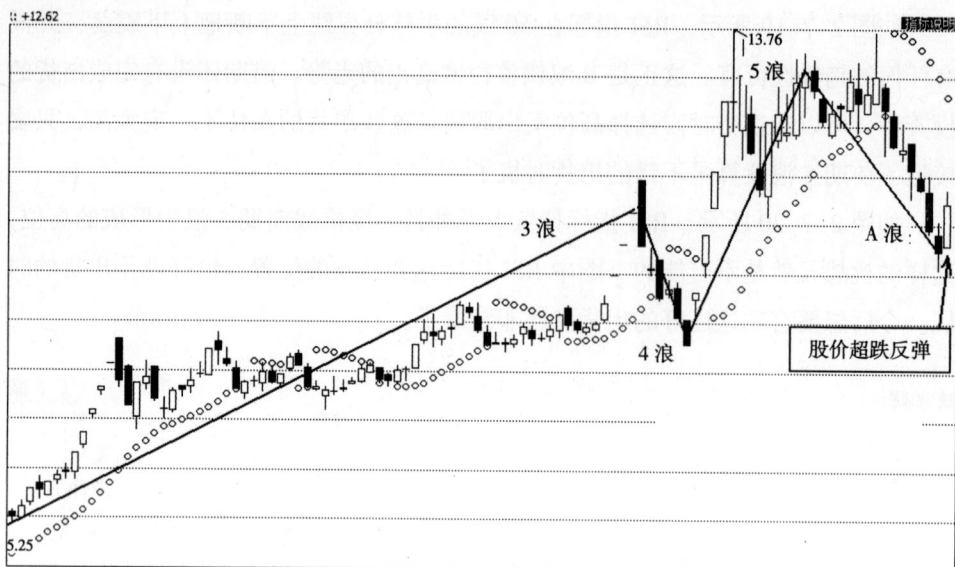

图 2-7-22   道博股份（600136）A 浪超跌反弹

　　如图 2-7-22 所示，股价在持续下跌的过程中已经距离上方的 SAR 线很远了，甚至达到了 20% 的下跌幅度。而图中股价跳空上涨，正是为了调整才出现了快速拉升趋势。B 浪的调整走势由此开始了。

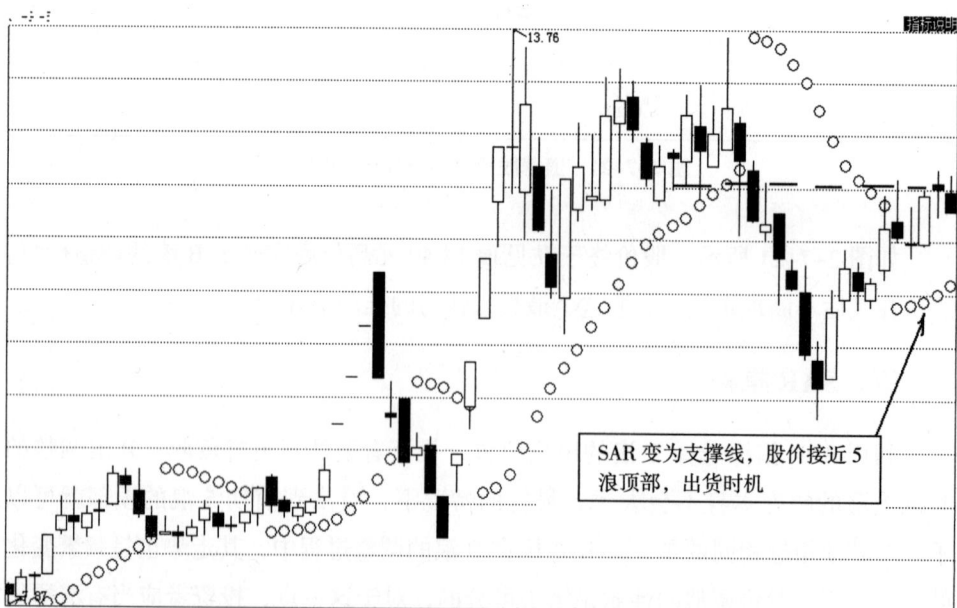

图 2-7-23   道博股份（600136）SAR 变为支撑线

如图 2-7-23 所示，股价持续反弹并且一举突破了 SAR 线的压制，达到了前期 5 浪顶部附近，这个时候就是投资者减仓的不错时机。即便 SAR 线真的在这个时候转为股价下方的支撑，B 浪的上涨幅度也是相当有限的。见高就出货是投资者在 B 浪中操作的一个大的原则，这个原则是保证投资者减少损失的保证。

图 2-7-24　道博股份（600136）B 浪不断调整

图 2-7-25　道博股份（600136）8 浪循环

　　如图 2-7-24 所示，SAR 线的走势在 B 浪中毫无规律可言，不断地上下震荡是该指标的唯一走势。投资者在操作上也只能在股价的高位出货，见到 SAR 线走强就选择出货时机，这是必然的做法。

　　如图 2-7-25 所示，该股终于在见顶 14.40 元后开始了 C 浪的下跌走势。本例中，道博股份的 B 浪调整阶段是比较特殊的一个，多数的股价在 B 浪中是不会超过 5 浪的顶部的，投资者对这一点要有清醒的认识。并且，在 B 浪调整过程中，并不是所有的股票都会出现如此众多的高位，提供给投资者出货。投资者只需要在 B 浪中适当的高位卖出股票即可，并且卖出股票越早越好，而并不完全是越高位出货越好。因为，B 浪的反弹高位并不是经常出现。

第八章　C浪见顶下跌信号

> 艾略特8浪循环中，最具破坏性的一浪可以说就是C浪了。C浪不仅是熊市中的推动浪，还是结束股价在前期上涨幅度的非常重要的一浪。投资者想要把握好投资收益避免损失的话，就必须把握住C浪开始前的最佳出货点，不然的话就将面临较大的投资损失。本章主要说一下C浪开始前成交量和对应各主要技术指标的相应变化，以及这些变化之后的出货位置。相信通过这一章的学习，投资者定会在恰当的位置了结头寸，避免高位套牢的风险。

第一节　成交量的变化

成交量作为股价见顶的重要信号，在C浪中更是有非常显著的变化。对8浪循环的熊市中的A、B、C三个浪来说，成交量总体上是呈现出不断萎缩的状态的。其中，只有在B浪的短暂反弹中量能会有短时间的放大。并且在B浪见顶的时候，主力会突然间大幅度虚拉一下股价，造成股价上涨的假象，使众多的投资者追涨买入股票。之后，主力大量出货使股价快速回落下来。这个B浪顶部的再次放量见顶就是投资者出货的最后时机。今后股价的下跌趋势将更为显著，并且股价的中心将不断地下移。成交量放量见顶就是投资者在C浪前的出货信号。

如图2-8-1所示，大龙地产的日k线中，该股前期已经完成了8浪循环中的7个浪。B浪结束之后，该股熊市中的主要推动浪——C浪将很快形成。

如图2-8-2所示，大龙地产的3浪、5浪和B浪显然不是由单一的浪形成的，而是由复杂的多个浪形成的一个大浪。

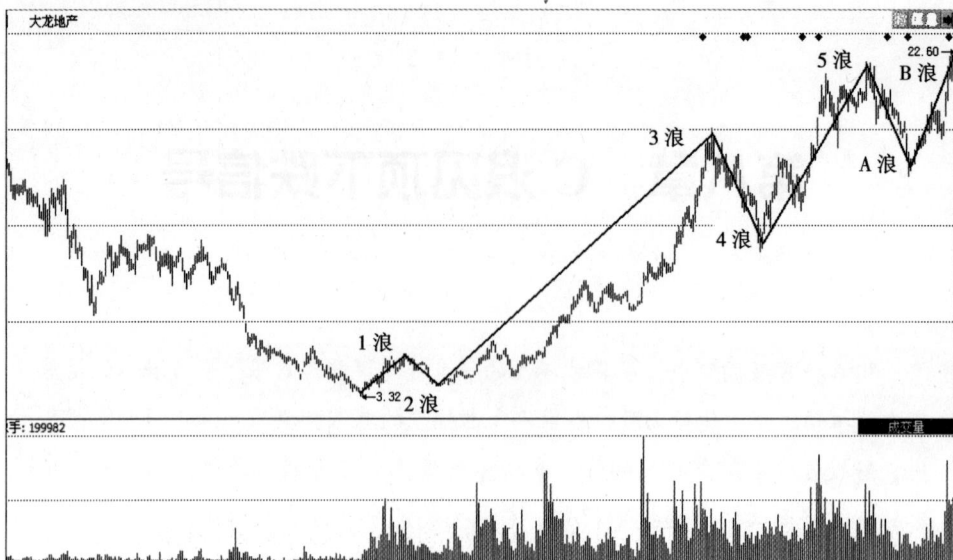

图 2-8-1 大龙地产（600159）完成 7 浪走势

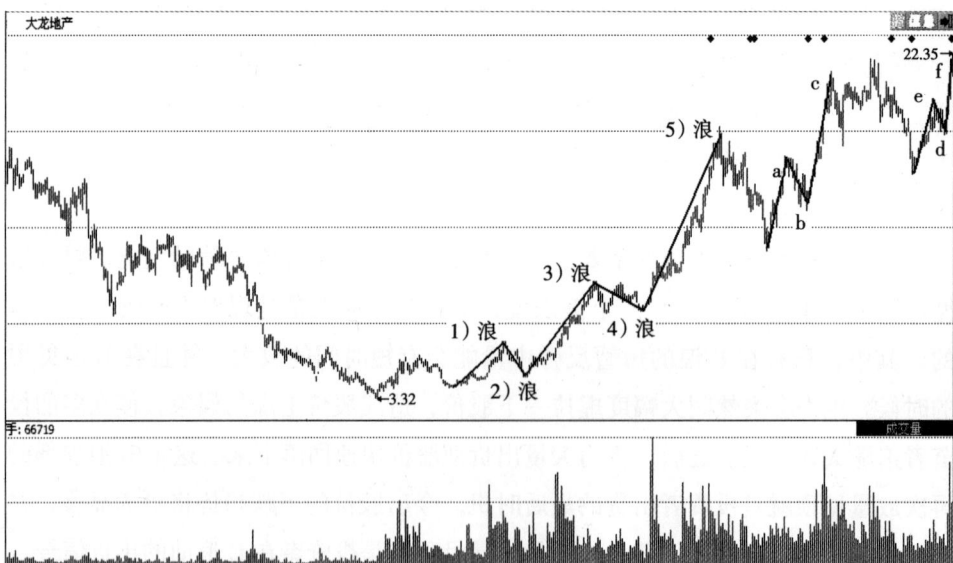

图 2-8-2 大龙地产（600159）三个组合浪

图中显示，1)、2)、3)、4)、5) 五个浪形成了 3 浪这个大浪；而 a、b、c 三个浪形成了 5 浪这个最后的牛市中的推动浪；e、d、f 三个浪形成了 B 浪这个熊市中的调整浪。

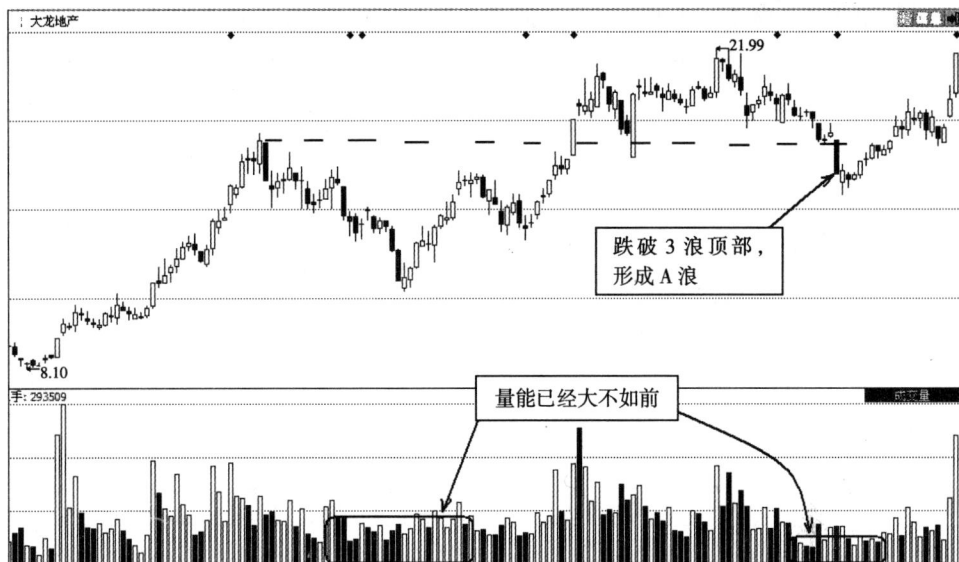

图 2-8-3　大龙地产（600159）缩量跌破 3 浪顶部

如图 2-8-3 所示，大龙地产的日 k 线中，该股在 A 浪的下跌过程中，显然已经明显跌破了前期 3 浪的最高点，量能在这个时候已经大不如前了。这样，图中的股价的 B 浪调整浪也只是昙花一现，其上涨的最高价绝不会超越 5 浪的顶部最高价位。

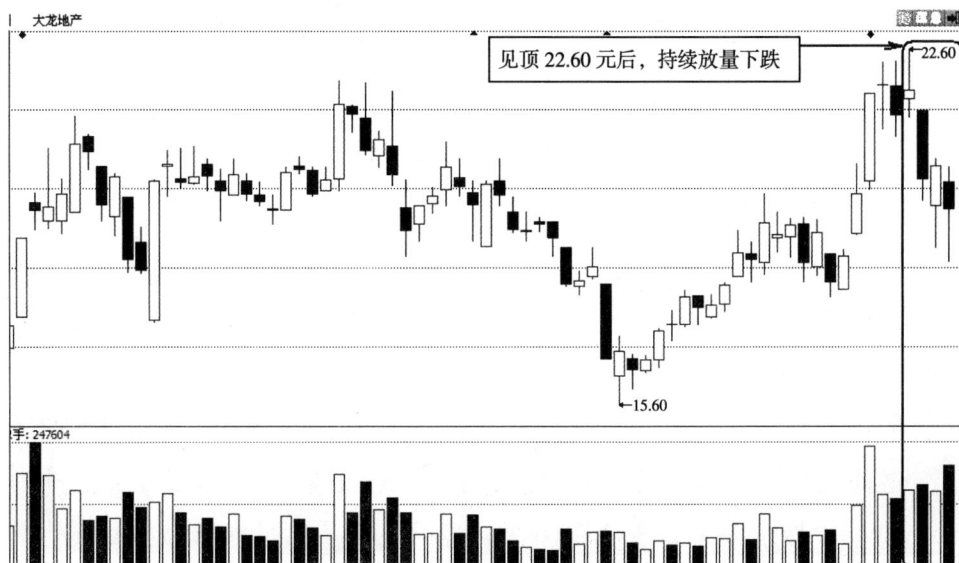

图 2-8-4　大龙地产（600159）放量见顶

如图 2-8-4 所示，大龙地产见顶回落之后连续四天放量下跌。成交量能够放大配合股价见顶回落，显然市场中的多数投资者是看空后市的，投资者可以出货了。

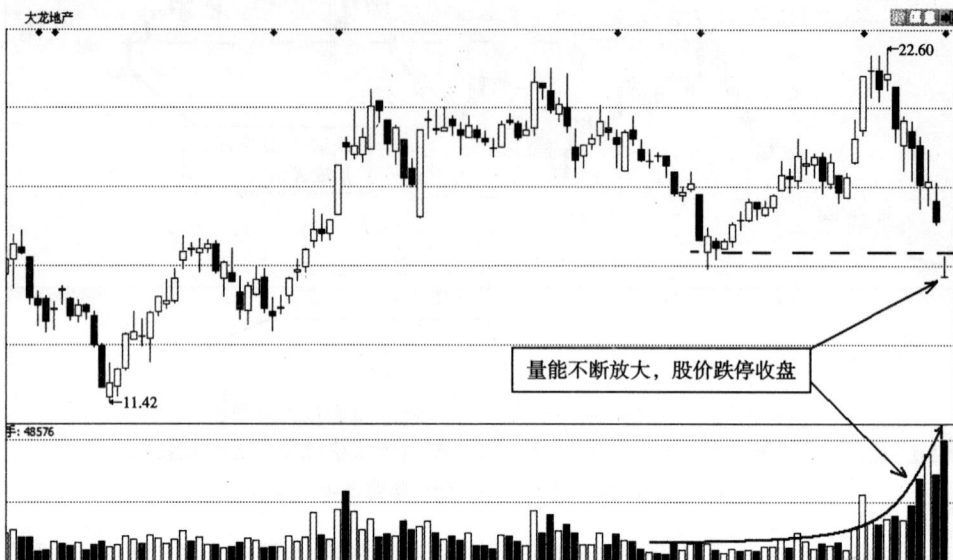

量能不断放大，股价跌停收盘

图 2-8-5 大龙地产（600159）放量跌停

如图 2-8-5 所示，大龙地产放量下跌的过程中，出现了跌停板。该股以跌停的方式跌破了前期 A 浪的底部最低价，C 浪的下跌趋势将不断地进行下去。

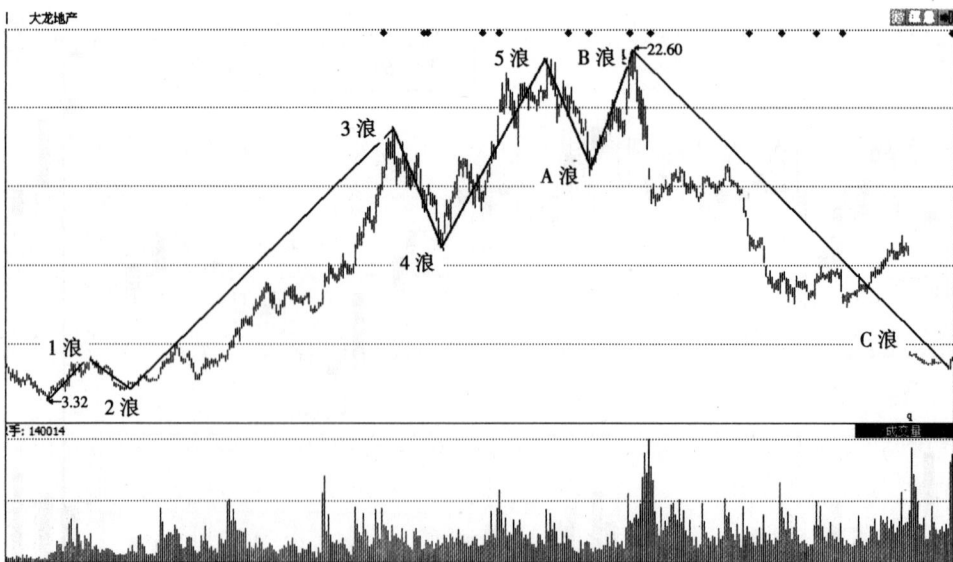

图 2-8-6 大龙地产（600159）形成 8 浪循环

如图 2-8-6 所示，大龙地产的日 k 线中，该股 8 浪循环的过程已经完全形成了。前期该股在 B 浪顶部出现了暴涨的行情，显然已经提示了投资者熊市 3 浪的风险。意识到这样的量能变化，就不会有投资损失了。

第二节　技术指标见顶信号

一、均线

C 浪的下跌趋势在 8 浪循环中是不可避免的，若投资者不采取措施应对这一下跌行情，出现巨大投资损失将不可避免。前期的第一个下跌中的推动浪 A 浪是最初确定熊市行情的一浪，之后股价的熊市的性质就确定了下来。A 浪之后的 B 浪只不过是技术性的反弹而已，这次反弹为投资者出货再次创造了机会，也为技术指标向着下跌的趋势方向修复创造了条件。移动平均线在最初 A 浪下跌的时候，只是短期均线表现出了走坏的趋势，而中长期移动平均线在这个时候的变化并不是很大。而 B 浪完成了一波短暂回调之后，各条均线的看空信号就非常显著了。一般在 C 浪开始下跌之前，不论是短期均线，还是中长期均线，都已经呈现出高度黏合的状态。股价下跌的时候就是这些均线从黏合到发散的过程，各条均线之间形成的众多死叉就是 C 浪的起始下跌位置，也是投资者的最后出货时机。

如图 2-8-7 所示，大龙地产的 B 浪走势中，股价已经达到了前期的 5 浪高位附近。并且从 BIAS 指标的走势上来看，也是受到了前期 3 浪和 5 浪形成的顶部的压制。BIAS 指标再创新高非常困难了。既然 B 浪再也不能够创新高了，C 浪随之而来就是意料当中的事情了。投资者不论是赢利还是亏损，都应当卖出手中所剩下的股票，以免遭受空前的损失。

如图 2-8-8 所示，大龙地产在见顶回落之后，5 日均线先后与 10 日均线、60 日均线形成了死叉形态。双死叉的出现，进一步确定了该股熊途的到来，C 浪行情还将会有更大的下跌空间。这个时候，投资者应当卖出股票，以免利润缩水。

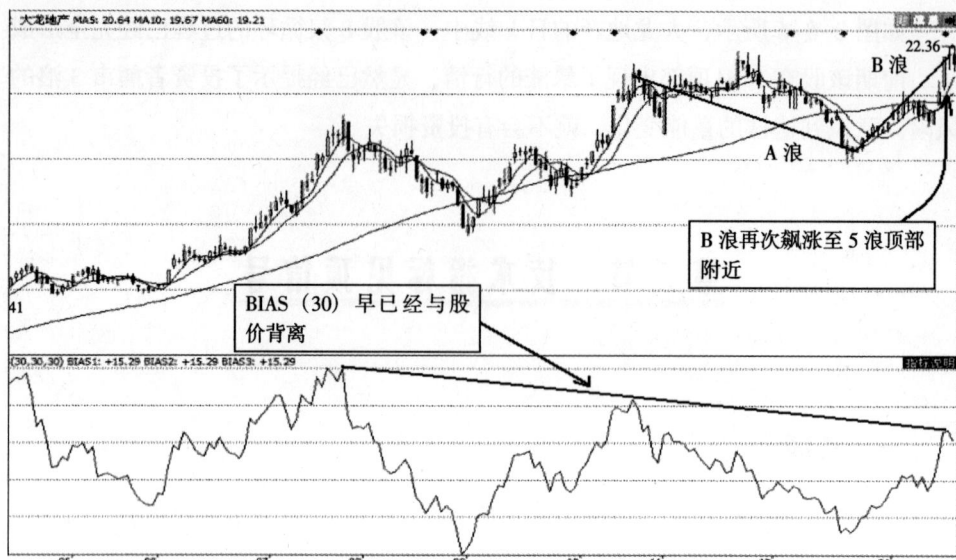

图 2-8-7 大龙地产（600159）BIAS（30）顶背离

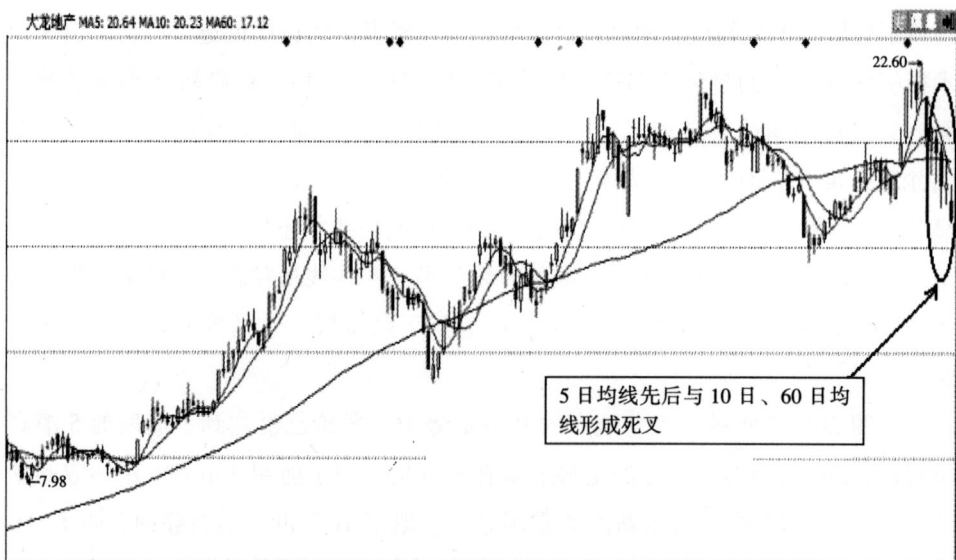

图 2-8-8 大龙地产（600159）均线双死叉

如图 2-8-9 所示，大龙地产的日 k 线中，该股出现了跌破 60 日均线后的首次反弹行情。对于 B 浪的不断调整的走势，投资者都不陌生。而 C 浪中的调整浪组成了该浪行情的一部分，也是一个不能够长时间持续的小浪。投资者只可以借机减少仓位，而不是持股待涨。

大龙地产 MA5: 15.55 MA10: 15.27 MA60: 16.55

←22.60

10.22

C浪中股价回调60日均线

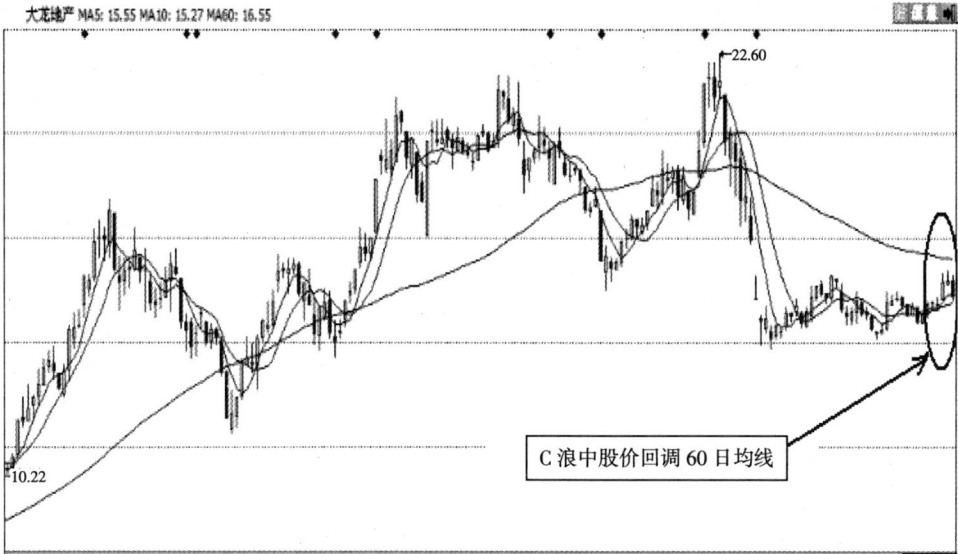

图 2-8-9 大龙地产（600159）反弹至60日均线

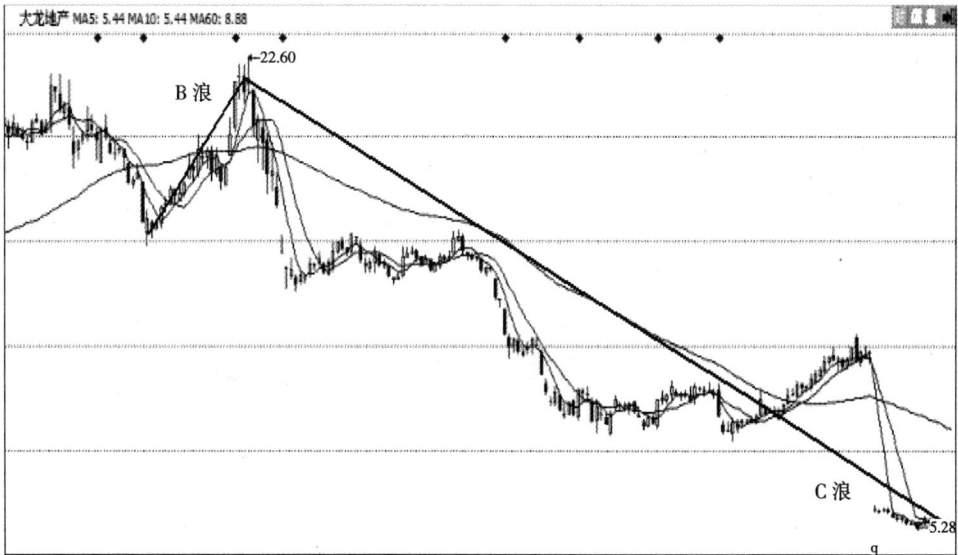

大龙地产 MA5: 5.44 MA10: 5.44 MA60: 8.88

←22.60

B浪

C浪

←5.28

q

图 2-8-10 大龙地产（600159）C浪完成

如图 2-8-10 所示，大龙地产的 C 浪走势持续时间之长、下跌的幅度之大，都是令人难以想象的。正是因为 C 浪有这样大的破坏性，投资者才应当尽早出货。短期内，即使股价出现了反弹，也不应作为持股的依据。

二、MACD 指标

MACD 指标是 C 浪开始时众多见顶回落的技术指标之一。该指标在前期牛市行情 5 浪中的走势也是不错的，但是一旦第一波的下跌浪——A 浪开始出现的时候，MACD 指标就已开始走坏了。之后的 B 浪调整浪只是 MACD 指标技术性反弹而已，投资者仍然不会看好后市，指标也会在 C 浪到来的时候调整到位，并且紧跟着出现死叉出货形态，从而进一步地加剧后市看跌的趋势。

C 浪开始下跌前，MACD 指标一般已经顺利地调整到了零轴线附近，并且形成了一定的整理形态。一旦 MACD 指标开始跌破零轴线，或者说跌破 B 浪反弹中形成的调整形态的话，那么 C 浪就随之到来了。

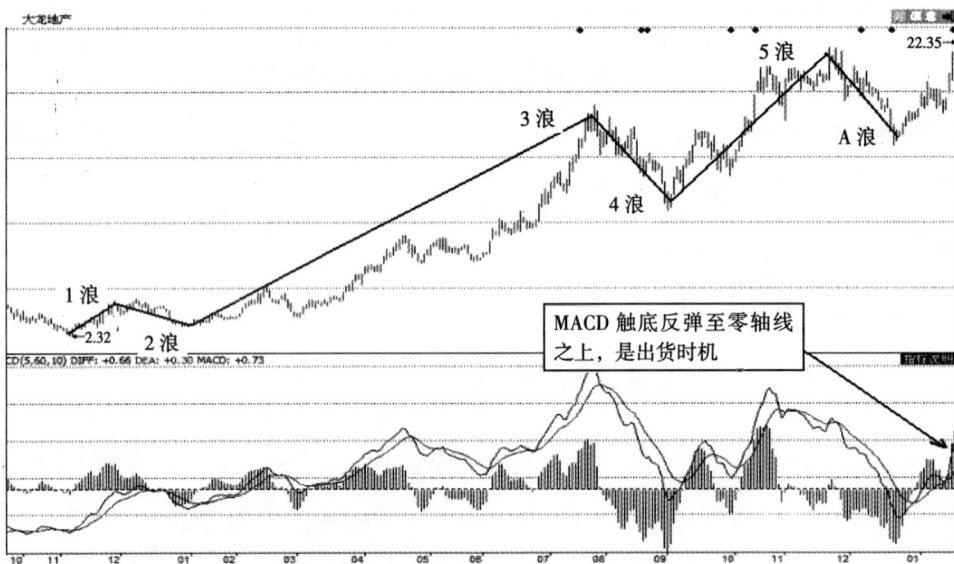

图 2-8-11　大龙地产（600159）MACD 触底反弹

如图 2-8-11 所示，B 浪的反弹过程中，MACD 指标同时见底零轴线附近，开始了快速反转的走势。即便是这样的一个反弹走势，也不应当作为投资者买入股票的依据。虽然短时间内，MACD 指标可以跟随 B 浪股价的反转而重新回到零轴线之上，但这一定不能够延续下去。B 浪之后的 C 浪中，股价将有更大的下跌空间，而 MACD 指标也会随着创新低，这才是之后的真正走势。

图 2-8-12 大龙地产（600159）MACD 与股价背离

如图 2-8-12 所示，股价快速上冲到了前期 5 浪顶部，而 MACD 却没有达到前期该指标的高位，这样指标与股价的背离走势就出现了。高位背离之后，B 浪的反弹也就不可能再持续进行下去了。日 k 线出现的三连阳 k 线将股价推向前期 5 浪的顶部，只是该股见顶的一种方式而已。

图 2-8-13 大龙地产（600159）MACD 死叉

如图 2-8-13 所示，股价见顶回落，而对应的 MACD 指标也出现了同步的下跌，并且形成了死叉形态。这是 C 浪下跌趋势的进一步确认，股价下跌的趋势还将进行下去。投资者在操作上还是以减仓出货为主，否则难以应对这样的熊市行情。

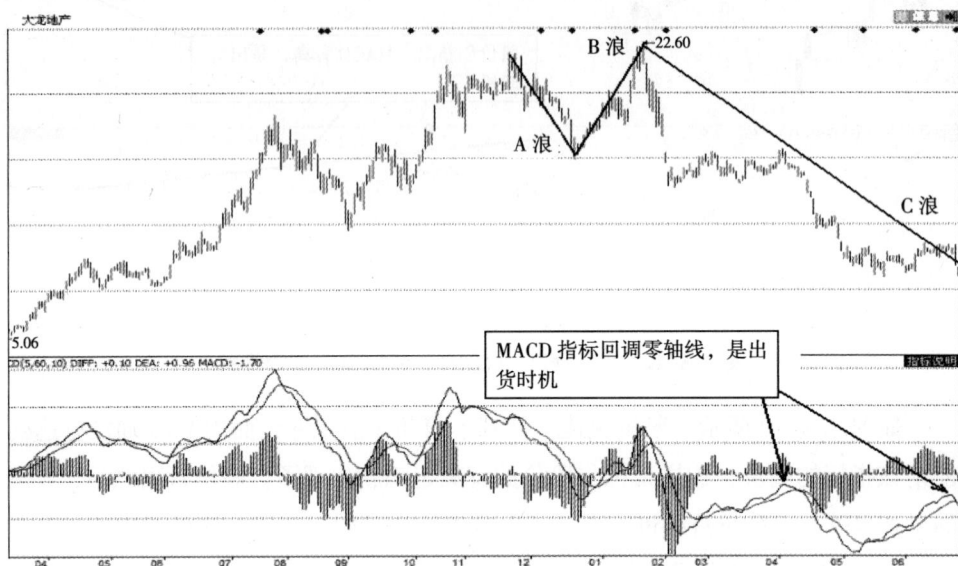

图 2-8-14　大龙地产（600159）MACD 受阻零轴线

如图 2-8-14 所示，MACD 指标在持续下跌的过程中，也出现了反弹至零轴线附近的时候，正是许多没有割肉的投资者的最后出货位置。

三、KDJ 指标

KDJ 指标在 C 浪开始之前，也是一直处于调整的状态。KDJ 经过调整到位了，才能够形成持续性的下跌趋势。C 浪之前的 B 浪正是为技术指标的调整提供了时间，KDJ 指标经过调整之后，会完全脱离先前的牛市行情。调整到位之后，KDJ 指标虽然没有形成真正的趋势，但是已经处于下跌的边缘。该指标在零轴线附近形成了下跌之前的调整形态。这些调整形态包括三角形调整形态、矩形调整形态、喇叭口的调整形态等。股价下跌的时候，KDJ 指标也就同时跌破了这些调整形态，这个时候恰是 C 浪开始的时刻，也是投资者想尽办法减少损失的最后时间。

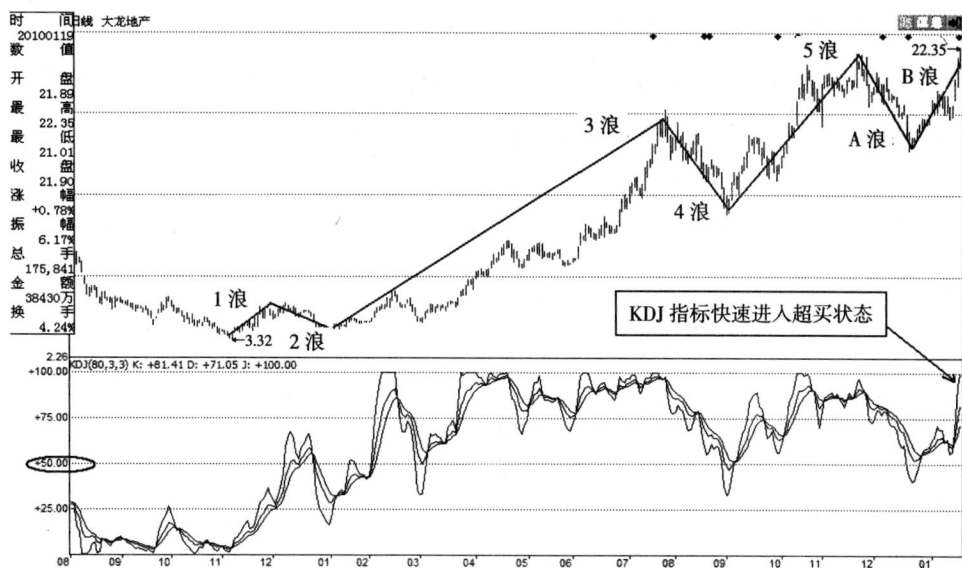

图 2-8-15 大龙地产（600159）KDJ 指标快速超买

如图 2-8-15 所示，KDJ 指标在股价冲高的过程中很快就进入了超买状态。股价见顶 5 浪顶部，指标同时达到超买状态，显然不是什么好现象。B 浪见顶的趋势即将出现，适当减少仓位才是明智之举。

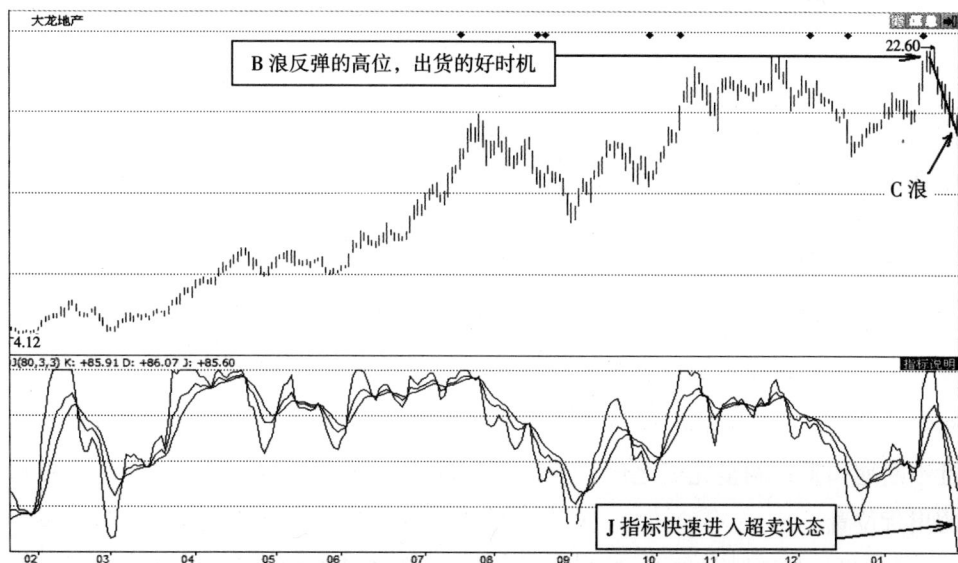

图 2-8-16 大龙地产（600159）J 指标迅速超卖

如图 2-8-16 所示，J 指标线在快速超买后回落，走出了一个非常显著的顶部 V 形反转走势，表明股价的 B 浪已经结束了。股价受到了强大的压力后快速进入 C 浪下跌行情当中，是投资者出货的时刻。今后 C 浪的下跌行情不仅不会停止，还会一直持续下去，这是必然的趋势。

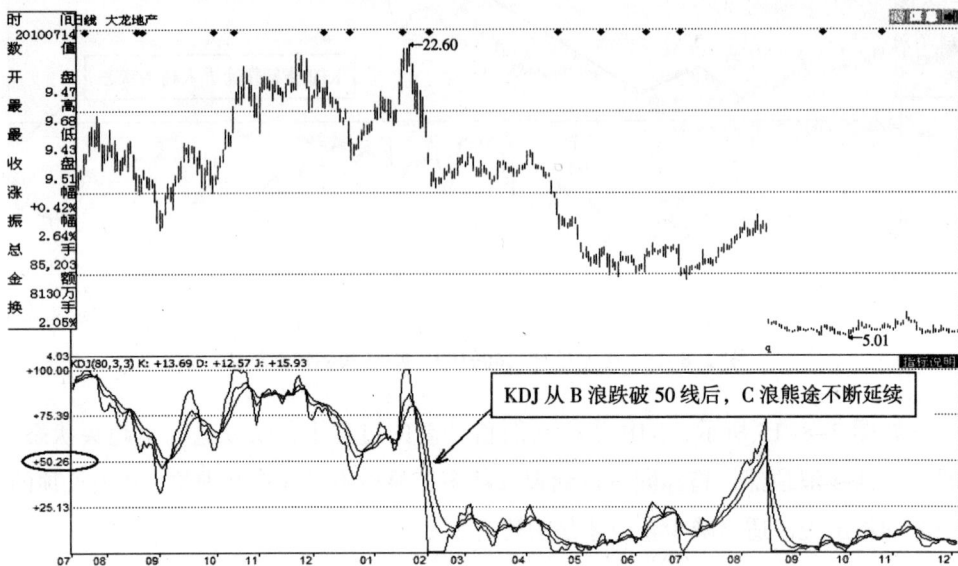

图 2-8-17　大龙地产（600159）C 浪完成

如图 2-8-17 所示，大龙地产形成了 C 浪之后，RSI 指标就始终处于接近超卖状态。指标 RSI 始终处于超卖附近，显然不是什么好现象。弱势当中，该股的 C 浪行情不断地持续着。

四、RSI 指标

在艾略特 8 浪循环的 5 浪截止的时候，RSI 指标已经从超买状态快速地回落下来。该指标超买之后见顶回落，即便有 B 浪的反弹调整行情，也不会重新达到前期高位。B 浪的小幅回调只是技术性的，RSI 指标会在多空分界 50 线附近不断地调整，调整完成之后，就会在 C 浪当中快速下跌，到时候就是投资者的出货位置。

RSI 指标的下跌虽然会在 C 浪开始的时候马上出现，但是其跌破了 50 线之后，一般会出现一次短时间的回调。而如果 RSI 指标重新回调 50 线的时候，这样的回调时机就是 C 浪开始后的第一次有效出货价位，投资者可以借此机会止损出局。

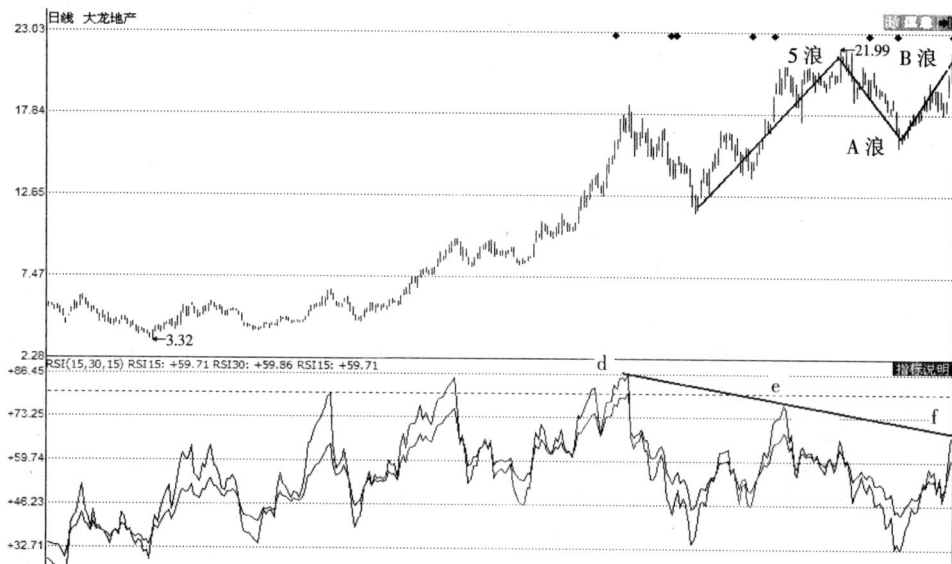

图 2-8-18　大龙地产（600159）RSI 指标持续受阻

如图 2-8-18 所示，RSI 指标在 B 浪的反转过程中，已经达到了前期 3 浪和 5 浪形成的高位 d、e 的压制线附近。前期 5 浪的大幅度上涨都没有超越前期的 d

图 2-8-19　大龙地产（600159）RSI 指标受阻回落

所在的位置，而 B 浪中 RSI 指标反弹至 f 位置显然不会轻易地冲过高位了。这个位置开始减少仓位是投资者的不二选择。

如图 2-8-19 所示，RSI 指标真的开始见顶回落了。前期 3 浪、5 浪中 RSI 指标形成的顶部已经对股价形成了压制作用，该指标下跌之后有望继续走低。继续减少持有的股票，将不会面临太大的损失。

图 2-8-20　大龙地产（600159）RSI 指标死叉

如图 2-8-20 所示，15 日均线与 30 日均线持续了下跌的走势，并且在图中所示的位置出现了死叉出货信号。既然 RSI 死叉兑现了看空的信号，C 浪的下跌趋势就会不断地持续进行下去。投资者持股的阶段就应当到此为止了，继续等待的话，将失去这样的投资机会。

如图 2-8-21 所示，C 浪在股价持续下跌过程中，RSI 指标不断地探底后反弹至 50 线附近。而反弹至 50 线之后正是股价上涨的高位，也是投资者出货的最佳位置。之后，随着指标不断地下探，熊市中股价重心将越跌越低。

五、SAR 指标

SAR 指标在 C 浪开始的时候，也就是市场进入最后的下跌前的震荡阶段。先前 A 浪疯狂地下跌都没有使股价顺利地进入熊市中，而当 B 浪完成了其短暂的

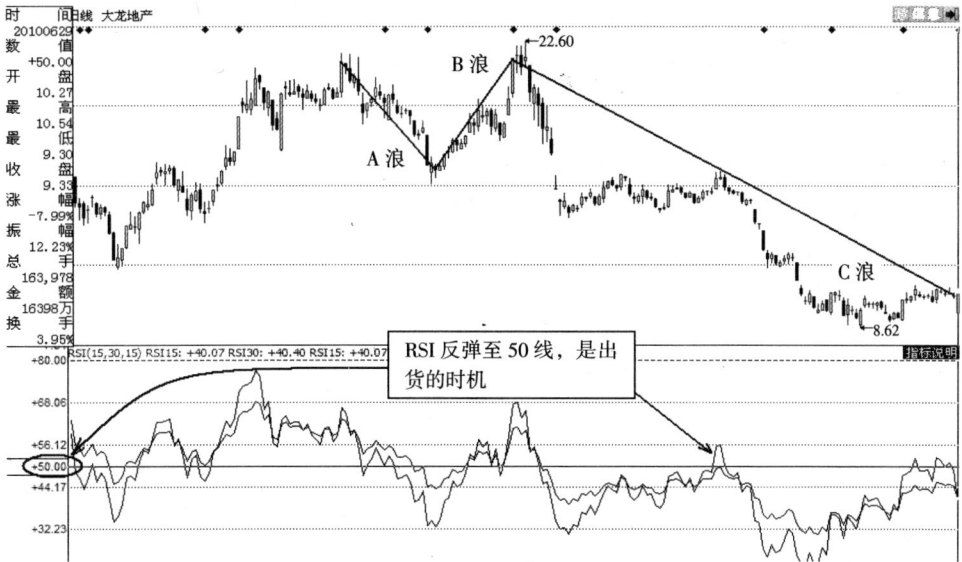

图 2-8-21 大龙地产（600159）C 浪完成

调整后，股价就将见顶回落。SAR 指标将很快移动到股价的上方，压制股价不断地创新低。若股价的波动比较频繁的话，SAR 指标也会随之不断上下波动，但是总体上看来，SAR 指标形成了股价下跌的压力线，牛市在短期内将不会再有反转的可能性，投资者应该赶快出货才行。

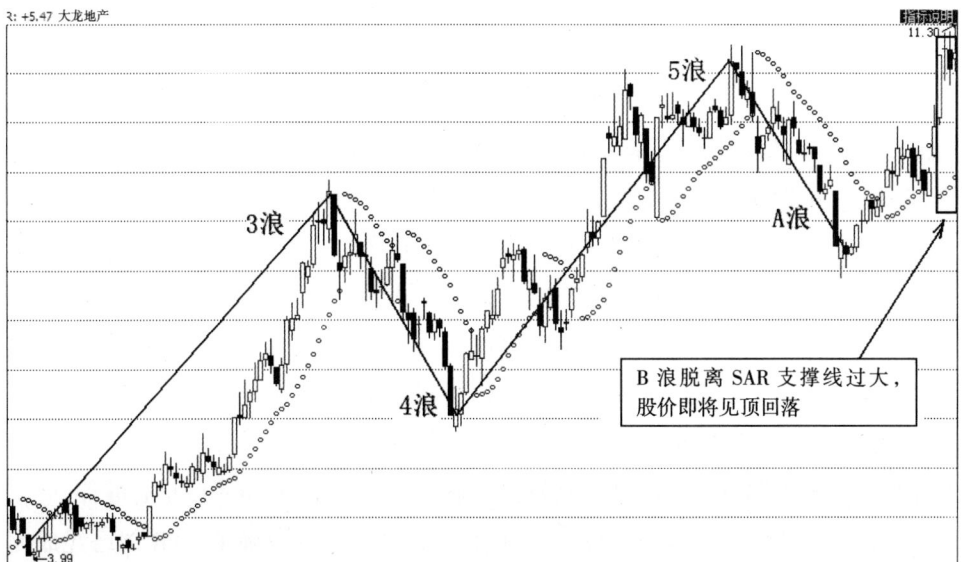

图 2-8-22 大龙地产（600159）B 浪反弹至 5 浪顶部

如图 2-8-22 所示，大龙地产脱离 SAR 线的支撑不断地达到高位，并且已经与前期 5 浪齐平了。这个时候显然股价的上涨空间已经非常大了，就算 C 浪不会立马出现，股价也有回调至 SAR 线附近寻求支撑的可能性。这样股价下跌将不可避免地出现，卖出持有的股票将避免在 C 浪中遭受损失。即使不完全出货，也应该轻仓持股，只有这样才好避免损失。

股价跌破前期 SAR 线的支撑，C 浪由此开始

图 2-8-23　大龙地产（600159）SAR 线支撑被跌破

如图 2-8-23 所示，大龙地产回调至 SAR 线附近，寻求获得新的支撑。但是 SAR 指标的支撑作用并不是很大，股价顺利地跌破 SAR 线。C 浪下跌的趋势将随即出现，前期还未出货的话，这个位置是个减仓的机会，市场不会给投资者创造无数的出货机会，再不出货恐怕就会在之后面临损失了。

如图 2-8-24 所示，大龙地产的下跌过程非常之快，股价在 B 浪见顶 11.30 元之后就开始快速下跌，并且途中还出现了跌停的现象。该股以开盘跌停的方式下跌，恰好说明了 C 浪的破坏力量。股价快速下跌的途中并没有出现非常好的出货时机，而这个时候的缓慢反弹至 SAR 线，是又一次减少损失的机会。待到股价真正反弹至 SAR 线之后，SAR 线将发挥大幅度压制作用，投资者应早有准备。

如图 2-8-25 所示，C 浪下跌中，股价跌停之后再次反弹至 SAR 线已经成为出货的时机。之后该股的下跌趋势进一步加强，该股的市值也被跌去了一大半。

前期在 B 浪完成之后见高出货，已经成为比较高的价位了。

图 2-8-24　大龙地产（600159）C 浪中反弹无效

图 2-8-25　大龙地产（600159）C 浪持续进行

第三部分

完整实战策略

第一章　波浪转换时的 k 线形态

　　股价在波浪走势中转换走势的时候，出现相应的反转形态是可以肯定的。只是这些反转的形态有大有小，有显著的信号，也有不明确的信号。清楚地辨别那些真正的反转信号，在恰当的时候买卖股票，就会给投资者带来不菲的利润。本章就重点说一下股价在反转的时候出现的显著的 k 线反转形态，从而帮助投资者准确判断 8 浪的运行趋势以及浪与浪之间的转换时机。最终帮助投资者更为准确地掌握艾略特 8 浪循环理论，赢得更多的收益。

第一节　十字星反转

一、十字星特征

　　十字星 k 线形态经常出现在股价反转的时候，是一个很常见的股价反转信号。不管股价是由熊市转为牛市，还是牛市中股价见顶回落，都少不了十字星这个反转 k 线形态。在 8 浪循环的过程中，1 浪的放量上涨之前，股价很可能已经在底部出现了十字星反转形态。而在 2 浪、4 浪还有 B 浪的调整过程中，股价也会在反转之前形成常见的十字星。了解这些之后，投资者就需要判断十字星的反转意义大小了。只有有效地判断十字星这个反转形态，才不至于弄巧成拙。

　　十字星的反转形态应该有两种：底部的反转形态和顶部的反转形态。这两种反转的十字星 k 线形态，虽然出现的位置不一样，但是却有非常相似的特征，投资者可以通过参照这些共同的特点来判断股价的反转。

　　顶部和底部十字星反转形态的共同特征如下：

1. 反转前后，截然不同的成交量

不管十字星形态是作为股价见底回升的信号，还是作为见顶回落的信号，成交量呈现出反方向的变化，一定是必需的。只有成交量出现了相反的走势，才能够说明投资者看多或者是看空的态度的转变，而十字星 k 线形态就是股价转变方向的信号。

倘若是在熊市中股价见底回升的时候出现了一个十字星，那么前期的成交量必将是萎缩的，而十字星出现之后，量能不断放大，这样十字星才可能是有效果的反转形态。

若前期股价处于牛市的上涨行情当中，成交量应当始终处于放量的状态。当顶部出现了十字星形态之后，成交量应当随着股价的下跌而出现萎缩，这样的顶部十字星就可以成为股价反转的信号。

2. 反转前后股价的反方向涨跌确认

十字星成为反转信号的时候，必然出现的还应当是股价反方向涨跌变化的确认。既然十字星是反转信号，股价不管是从牛市中坚定回落，还是从熊市中触底反弹，都应当有所变化才行。顶部十字星反转信号出现之后，股价应当出现显著的下跌才行；而股价底部出现十字星之后，股价同样应当大幅度上涨。这样，股价在底部和顶部的一涨一跌，就确认了十字星的反转的意义，投资者判断波浪的转折点也就很容易了。

3. 跳空形成十字星

十字星出现的位置对于其反转的意义是比较重要的，不管十字星出现在股价的什么部位，都应当是以跳空下跌或者是上涨的方式见底或者是见顶的。股价跳空之后，再出现对应的大幅度反转，十字星的反转意义就形成了。

二、底部十字星

如图 3-1-1 所示，中天科技的日 k 线中，股价在下跌的途中出现了一个跳空下跌形成的小十字星。从十字星收盘的位置可以看出，正好是位于前边阴线的下影线里边，说明虽然股价跳空下跌，但是看空的力度已经受到很大的限制了。而第二天之后出现的持续放量上涨的小阳线，进一步确认了十字星的有效性。当股价突破了前期下跌的最后三根阴线的时候，可以确认该反弹会持续下去，投资者可以考虑调仓进入下一波拉升浪了。

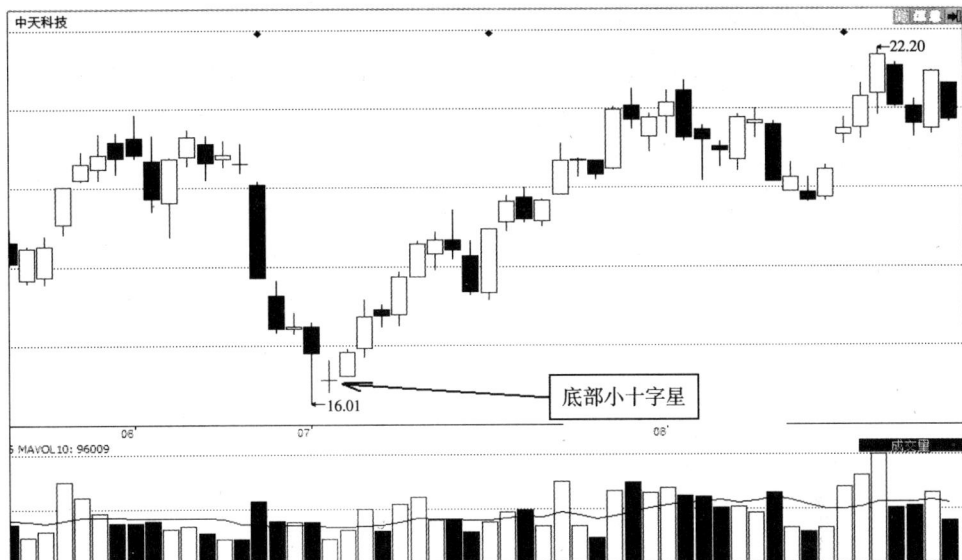

图 3-1-1　中天科技（600522）底部十字星

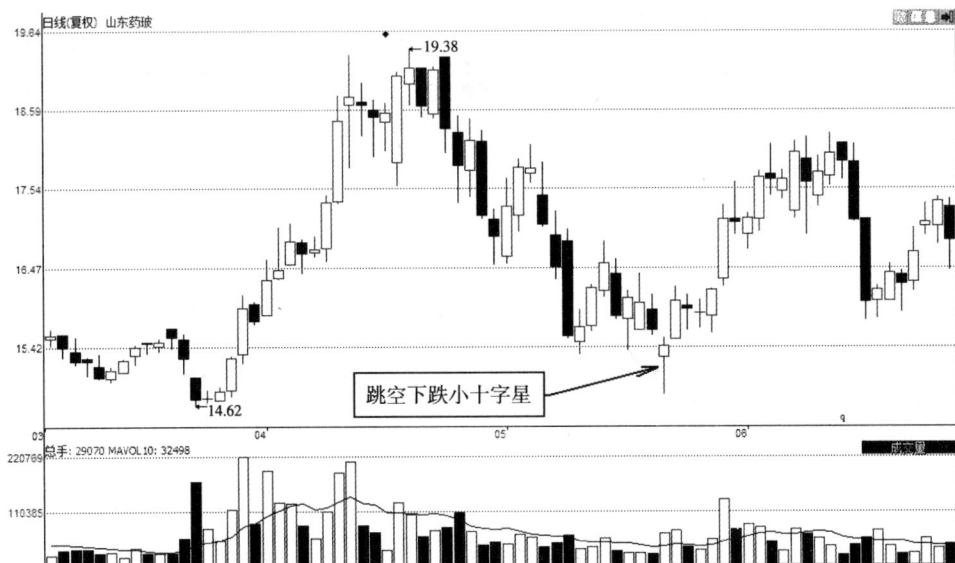

图 3-1-2　山东药玻（600529）底部跳空十字星

　　如图 3-1-2 所示，山东药玻的日 k 线中，虽然股价处于非常显著的短期下跌趋势中，但是股价下跌的过程显然是非常缓慢的。k 线的实体时间经常有重叠的现象，证明空方的力量并不是很大。而图中显示，该股突如其来的一个跳空下跌的小十字星，想要打破该股小幅度阴跌的这种局面，显然没有成功。第二天股价出现了一根跳空上涨的阳线确认了十字星的看涨作用。这样，股价就在十字星探底之后进入了短期反弹的行情当中，前期能够看准这一升浪的投资者，短期定会获得不错的收益。

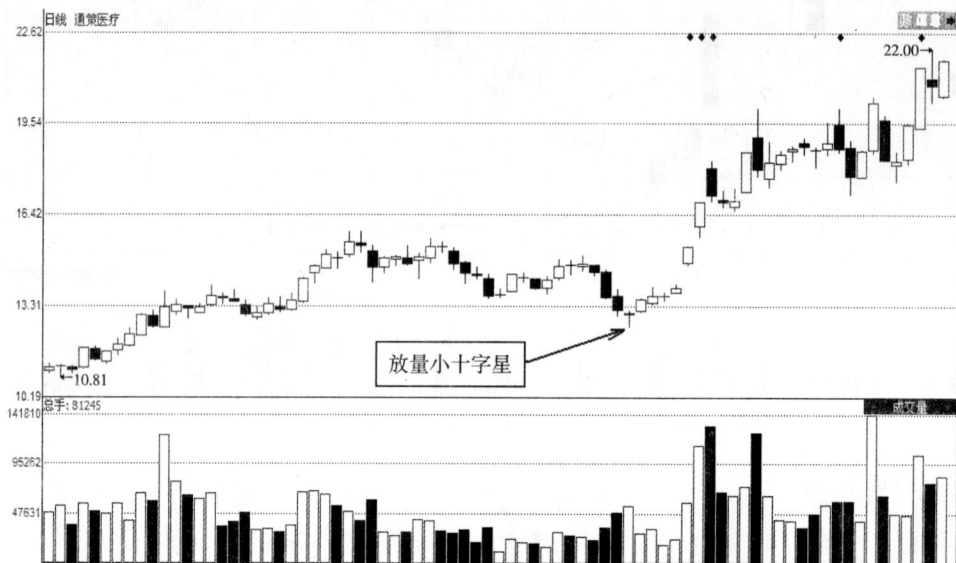

图 3-1-3　通策医疗（600763）底部十字星

如图 3-1-3 所示，通策医疗的日 k 线中，股价缓慢震荡走低的途中出现一根小幅低开的十字星。十字星出现之后，该股即开始了持续放量拉升的走势。股价在十字星前后的显著变化，明显证明了十字星的底部性质，该股顺利地见底回升，并且达到 22 元的高位。

三、顶部十字星

如图 3-1-4 所示，腾达建设向上冲高的过程中，连续出现了两根跳空上涨十字星形态。之后股价见顶回落，逐渐在缩量下跌中震荡调整。前期两根大阳线冲高之后的顶部双十字星，早已经给投资者留下了见顶回落的信号。股价在双星见顶之后的缩量阴跌，显然证明了这种见顶回落的信号是比较有效果的。由此见顶信号，作为该股新一轮调整行情的起始点，投资者可以不必忍受这样无奈的调整行情了。

图 3-1-4　腾达建设（600512）双星见顶

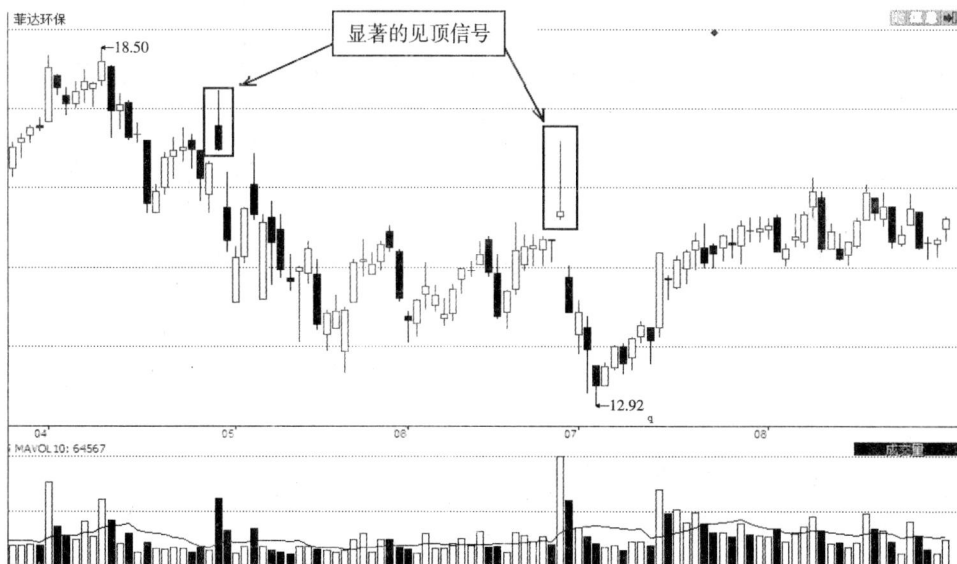

图 3-1-5　菲达环保（600526）跳空十字星

　　如图 3-1-5 所示，菲达环保的日 k 线中，该股的走势十分频繁。股价下跌的过程中，频繁地上下震荡已经成为常态了。而图中突然出现的一根跳空上涨的十字星显然不是什么看涨信号。股价必将在这根跳空上涨的十字星之后再次进入调整当中。

其实，仅仅从十字星的上影线的长度上来看，股价在开盘的瞬间几乎拉升到了涨停板中，但是好景不长，股价随即快速回落了下来。因此，才有了这个十字星作为见顶回落信号出现在投资者面前。

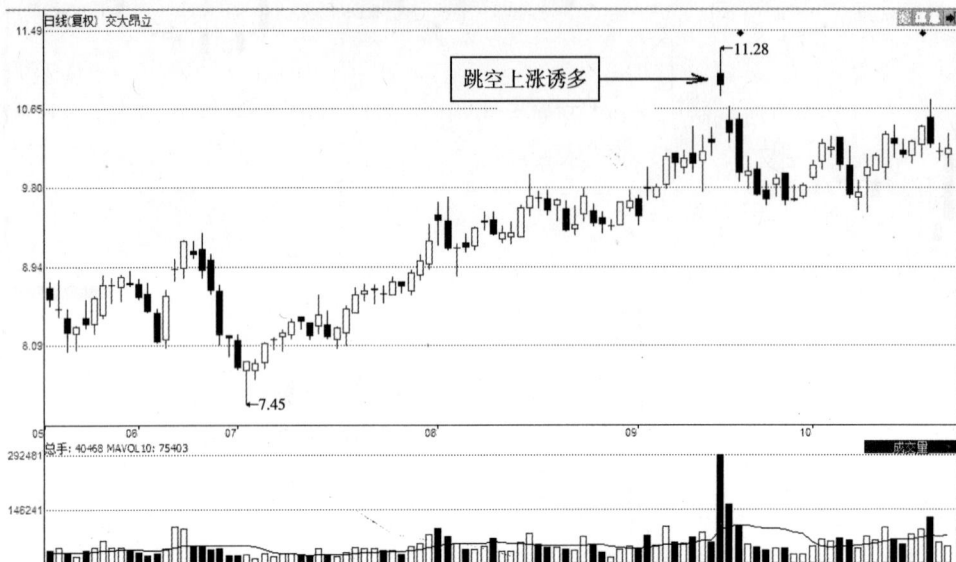

图 3-1-6　交大昂立（600530）跳空十字星

如图 3-1-6 所示，交大昂立的日 k 线中，该股前期上涨的趋势非常缓慢，但是突然出现一根跳空上涨的小阴线十字星，显然是不具有看涨的信号的。第二天的快速缩量下跌就说明了问题。股价最终的走势中，只有出现跳空上涨的十字星之后的两天内成交量是放大的状态，之后成交量逐渐萎缩，股价的回调已经成为必然现象了。

其实这根十字星不出现则已，出现的话应当作为投资者长期持股的回报，高位出货正好获得这次不错的收益机会。并且，在投资者完成出货之后，其后的调整就与投资者没有关系了。

第二节　大阳大阴线反转

大阳线和大阴线不管出现在什么位置，都具有很大的意义。尤其是在股价底部或者是顶部当中，大阳线和大阴线是最有说服力的 k 线形态。当股价见底回升的时候，倘若出现对应的大阳线，那么股价很可能会在这个时候开始见底回升。而顶部出现大阴线的时候，股价见顶回落的信号也是很明显的。

在熊市当中，股价的底部出现大阳线 k 线形态，一般是需要成交量的放大的。放量大阳线代表的看涨信号更加显著，能够提供给投资者强烈的看涨信号。而顶部出现大阴线的时候，成交量放大同样是不错的。股价天量见顶之后，证明主力借机会大量地出货，后市看跌的信号更加强烈。这个时候出现大阴线后，投资者大量出货，定会减少很多不必要的损失。

一、底部大阳线

图 3-1-7　中电广通（600764）低开大阳线

如图 3-1-7 所示，中电广通的日 k 线中，该股在前期下跌幅度已经非常大的情况下，出现了一根跳空下跌后形成的大阳线。当日该股在盘中下跌的幅度高达4%，而收盘的时候股价却一路走高并且形成了一根起到支撑作用的大阳线。这根大阳线对于股价的见底回落有更加重要的意义。大阳线之后的连续上涨的小阳线，正好确认了该股见底回升的走势。

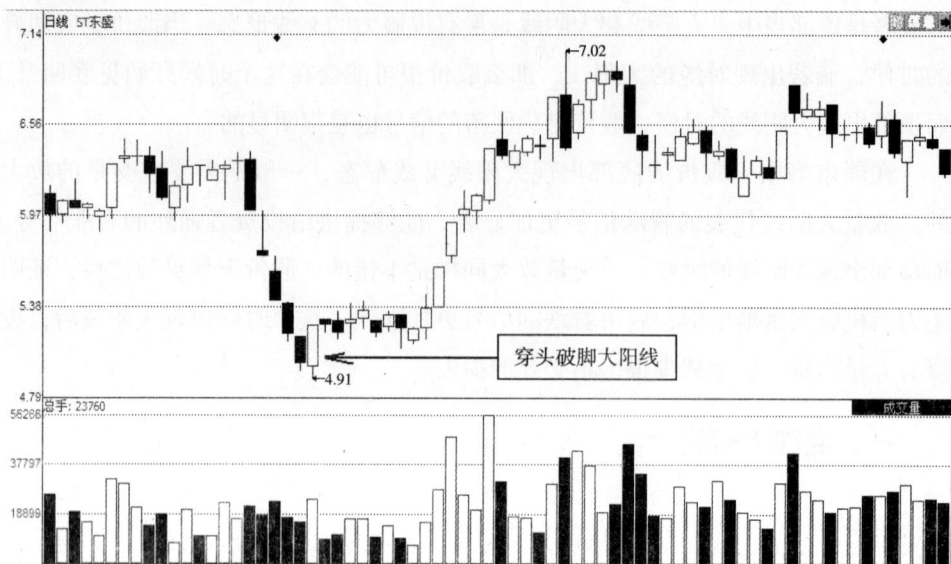

图 3-1-8　ST 东盛（600771）穿头破脚大阳线

如图 3-1-8 所示，ST 东盛的日 k 线中，该股在连续五天大阴线跌破了前期整理平台之后，突然出现了一根低开涨停的大阳线。大阳线出现的当天成交量突然放大了，阳线形成吞噬前边下跌阴线的形态，显示该股的底部已经出现了。图中显示，这根涨停的大阳线之后不断出现的高位横盘小阴线，就是在进一步确认

图 3-1-9　西藏城投（600773）涨停大阳线

这个阳线的支撑效果，股价在后期连续放量大涨，如果没有这根阳线作为支撑，上涨恐怕还不会那么快进行。

如图 3-1-9 所示，西藏城投的日 k 线中，该股持续阴跌的时候，突如其来的放量涨停让众多的投资者眼前一亮。这根大阳线的出现正式打破了该股长期阴跌不止的走势，不仅如此，涨停之后的第二次涨停是该股牛市刚刚开始的信号。后期该股经过短期的调整之后，继续放量强势上涨。说明这个突然出现的涨停大阳线，其具有的看涨信息是非常丰富的。投资者前后的操作都可以围绕这根大阳线的支撑作用展开。

二、顶部大阴线

图 3-1-10 迪康药业（600466）顶部大阴线

如图 3-1-10 所示，迪康药业的日 k 线中，该股缓慢上涨并且见顶最高价 13.49 元之后，一根跌停的巨大阴线打破了该股长期缓慢震荡的走势。大阴线来势汹汹，是多数投资者始料不及的。正因为大阴线对于长期小幅上涨的这只股票的巨大压制作用，该股从此进入中长期下跌的调整中。在该股的顶部 a 位置出现了大阴线之后，该股在后期的走势中又出现了 b、c 两条大阴线不断确认该股的顶部信号。熊市中推动该股下跌的浪从此占据了主动地位。

图 3-1-11　华阳科技（600532）顶部大阴线

如图 3-1-11 所示，华阳科技的日 k 线下跌趋势中，该股在很短暂的回调后，一根巨大的阴线将前期十根阴线全部吞噬掉了，可见见顶回落的信号有多么强烈。该股在第二天即出现了盘中杀跌的下影线超级长的小十字星。从阴线出现前后的成交量变化来看，量能始终是处于萎缩的状态的，这个突然出现的大阴线只

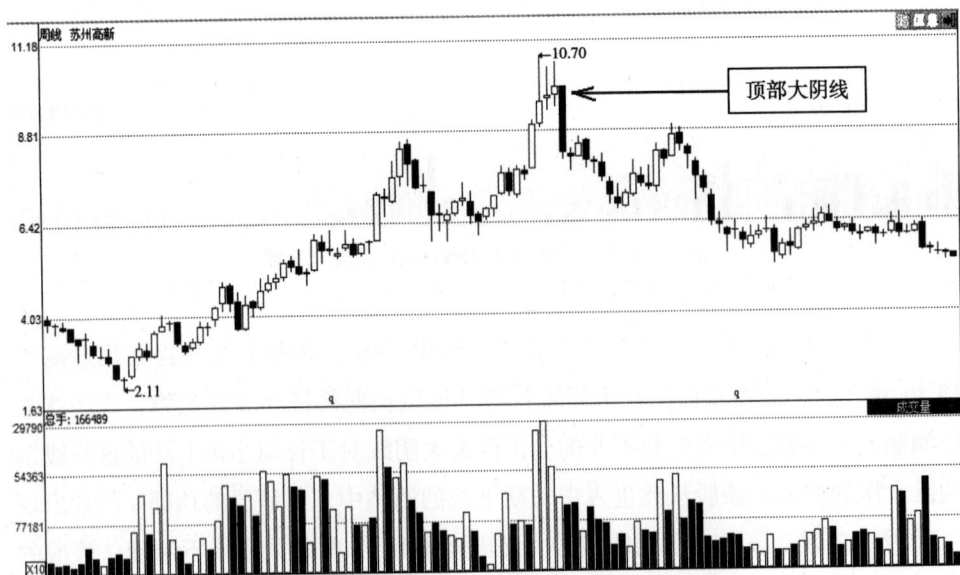

图 3-1-12　苏州高新（600736）周 k 线大阴线

不过是加速了该股的下跌趋势罢了。见到这种大阴线的时候，投资者只要尽快地出货就可以避免在下跌浪中遭受更大的损失了。

如图 3-1-12 所示，苏州高新的周 k 线中，该股不断冲高之后，就出现了一根巨大的阴线，吞噬掉了前期长达三个多星期的上涨幅度。大阴线来势汹汹，股价下跌也非常之快。这种高位见顶回落的走势，投资者可以将这个大阴线看做该股 A 浪的开始，后期股价的走势将围绕着熊市调整这个前提来走下去，投资者可以出货避开风险。

第三节　持续阴线或阳线

前面所说的大阴线和大阳线的反转形态，如果能够连续出现的话，那么这样的信号就非常可信了。个股可能在股价的底部或者是顶部出现一次阳线或者阴线，但是却不一定具有反转的意义。如果能够持续地出现阴线或者阳线的话，那么股价出现反转行情也就不值得大惊小怪了。

本节中，我们就看一下股价顶部持续出现的阴线形态，或者说是股价底部持续出现的阳线形态的反转意义。投资者若能够灵活地使用这些反转的阳线或者阴线的话，掌握波浪形态的反转点也就很容易办到了。

一、底部持续阳线

如图 3-1-13 所示，精工钢构的下跌趋势中，久违了的大阳线确认了该股的底部，从此股价进入到了新一轮的牛市飙涨行情中。不仅是双阳线的形态具有看涨的意义，单从成交量上看，也具有这样的意义。第一根中阳线形成的时候，量能还没有放大，而第二天该股就出现了天量大涨的现象。若不是真正的见底回升，恐怕是不会有这种情况出现的。后期，在成交量不断放大的情况下，股价震荡走高，从此摆脱了熊市中滞涨的走势。

如图 3-1-14 所示，华丽家族的日 k 线中，股价前期有所放量反弹的情况下，又出现了连续上涨的三连阳形态。三连阳线出现之后，量能持续放大，股价不断创新高，该股从此进入到了牛市行情当中。底部的三连阳形态正是投资者底部买入股票的大好时机。可以说抓住了这三连阳的反转形态，投资者也就掌握了牛市中飙升大涨的投资收益。

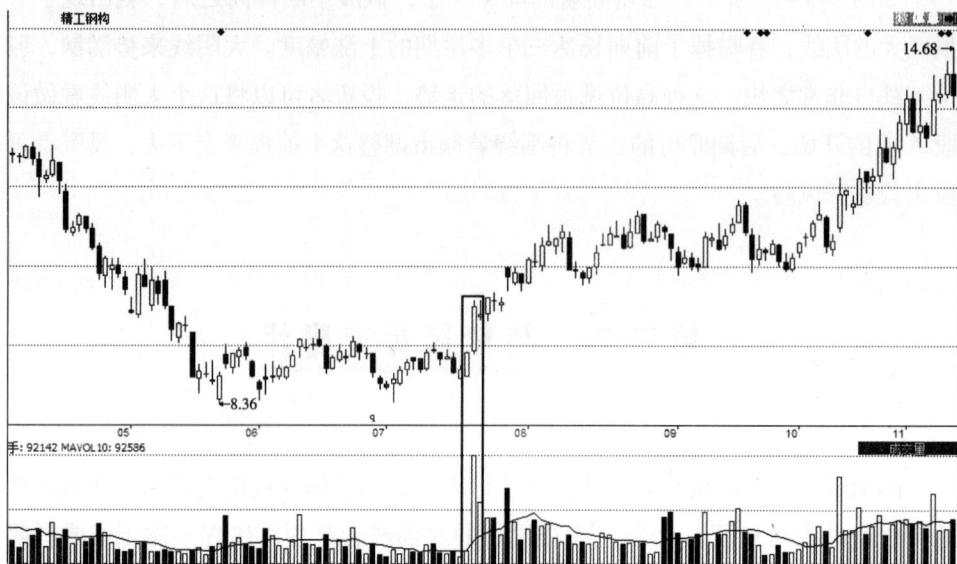

图 3-1-13　精工钢构（600496）连续两阳线

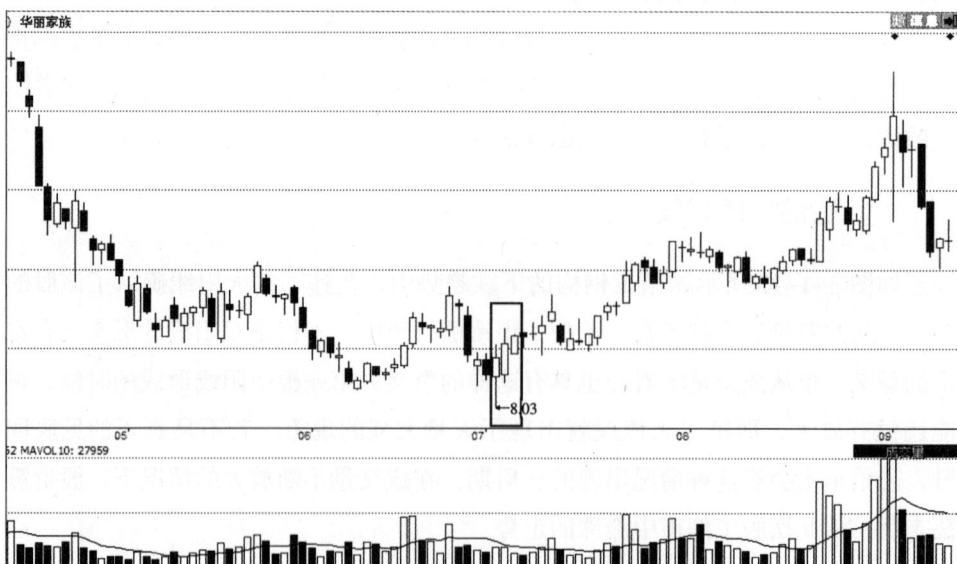

图 3-1-14　华丽家族（600503）连续三阳线

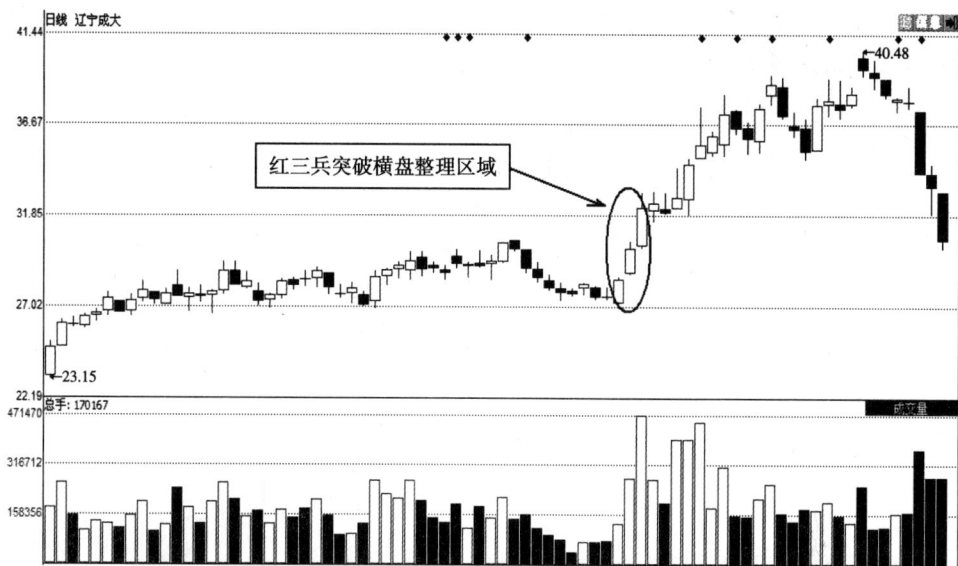

日线 辽宁成大

红三兵突破横盘整理区域

图 3-1-15 辽宁成大（600739）日 k 线红三兵

如图 3-1-15 所示，辽宁成大的日 k 线中，股价在小幅度震荡调整的走势中持续缩量下跌，量能已经萎缩到了地量状态，而就在这个时候，出现了令人眼前一亮的三连阳形态。缩量回调遇三连阳大涨形成了非常强烈的对比，股价从此走上了反弹的征程。有幸抓住这样的反转三连阳的投资者，定会在后期的飙涨浪中获利丰厚。

二、顶部持续阴线

如图 3-1-16 所示，中国软件在见顶高位 27.48 元之后形成三连阴的形态，成交量在三连阴形态的形成过程中逐步萎缩，之后股价的下跌行情就围绕着这个三连阴形态展开了。这种顶部的三连阴形态，已然成为该股见顶回落的信号，投资者可以据此判断前期的上涨浪已经结束，新一轮的下跌浪将主导该股的走势。

如图 3-1-17 所示，狮头股份的见顶回落过程同样是以三连阴的形态展开的。前期大阳线飙涨见顶，短期横盘整理后三连阴确认股价已经形成了顶部，该股从此进入漫长的下跌浪中。

如图 3-1-18 所示，汉商集团震荡上行的行情中，推动股价上涨的浪总是以两根连续出现的阴线结束拉升的趋势。图中股价见顶回落的时候，都出现了两根见顶回落的大阴线形态。投资者如果据此判断该股的走势的话，那么就可以成功

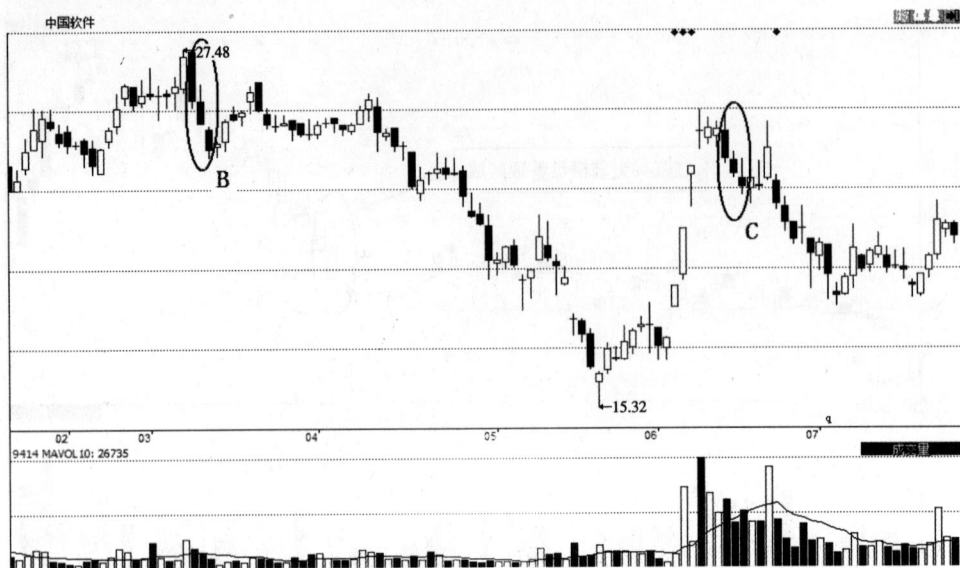

图 3-1-16　中国软件（600536）顶部三连阴

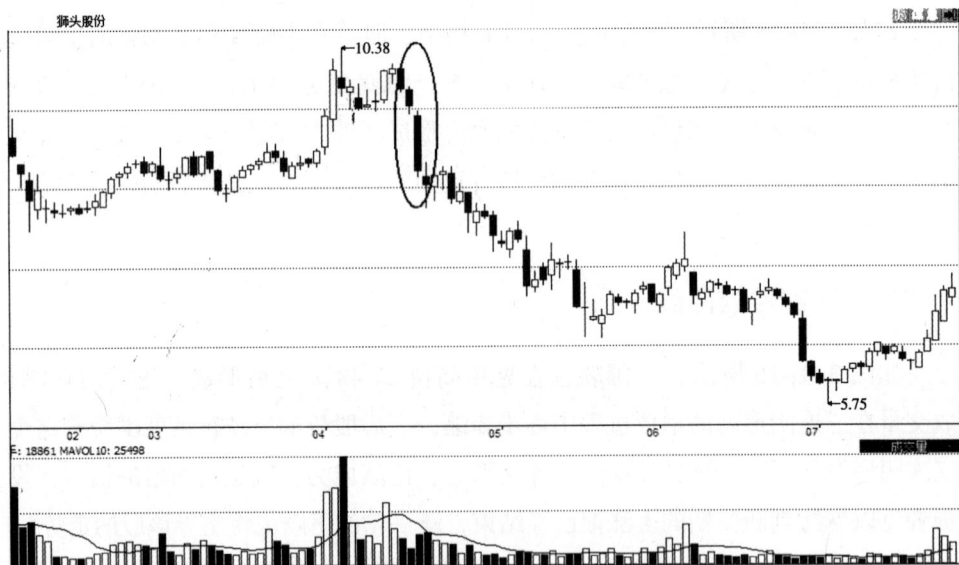

图 3-1-17　狮头股份（600539）顶部四连阴

避免短期套牢的风险。

　　从成交量上来看，出现双阴线下跌的时候，量能同样萎缩了下来。前期放量上涨与见顶时的缩量下跌形成了该股见顶回落的完美走势。相信对于多数投资者而言，发现这样的见顶过程还是很容易的。

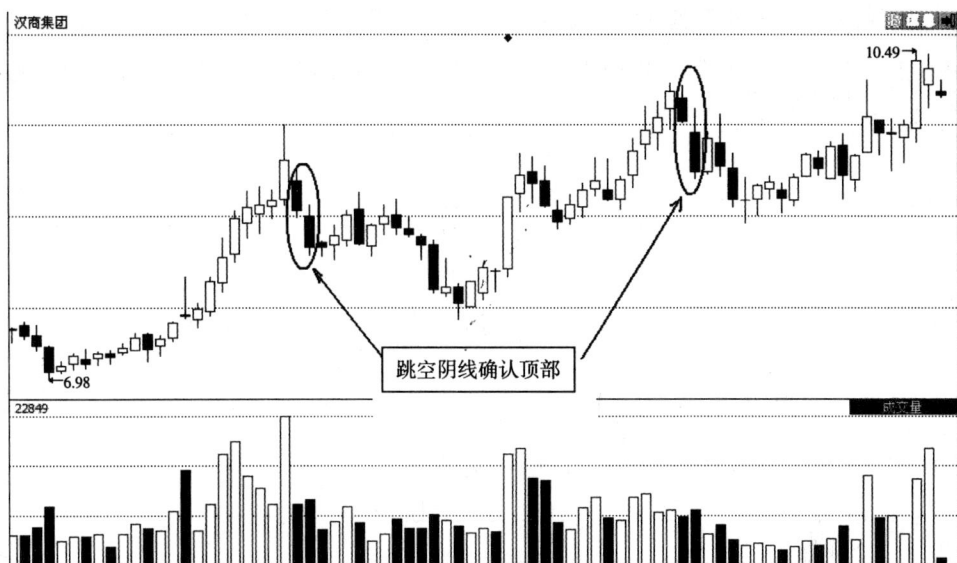

图 3-1-18 汉商集团（600774）低开双阴线

第四节 影线很长的 k 线

在判断单根 k 线形态的意义的时候，从 k 线的影线长短来判断其作为支撑或者是压制的大小，是非常有意义的。通常来说，上影线长的 k 线形态有更强的看跌意义。而事实上，下影线同样很长的 k 线形态，具有很强的看涨意义。倘若长长的影线与 k 线的实体形态联系在一起看的话，那么其意义也是不言而喻的。

阳线下方有长长的下影线，其作为支撑的效果将更好。而阴线上方有很长的上影线的话，也具有更强的看跌意义。当股价处于顶部，并且即将见顶回落的时候，出现了一根上影线很长的阴线，那么股价的见顶回落就理所当然会出现了。而股价下跌的过程中，出现了一根下影线很长的阳线，那么股价很可能企稳回升。

一、底部长下影线 k 线

如图 3-1-19 所示，天药股份的日 k 线中，该股在 10.47 元见顶回落，直到一根下影线很长的小阴线确认了该股短期底部，反弹才开始展开。从成交量上来看，出现这根下影线很长的小阴线之后，成交量却有所放大，带动该股从调整的行情当中解脱出来。

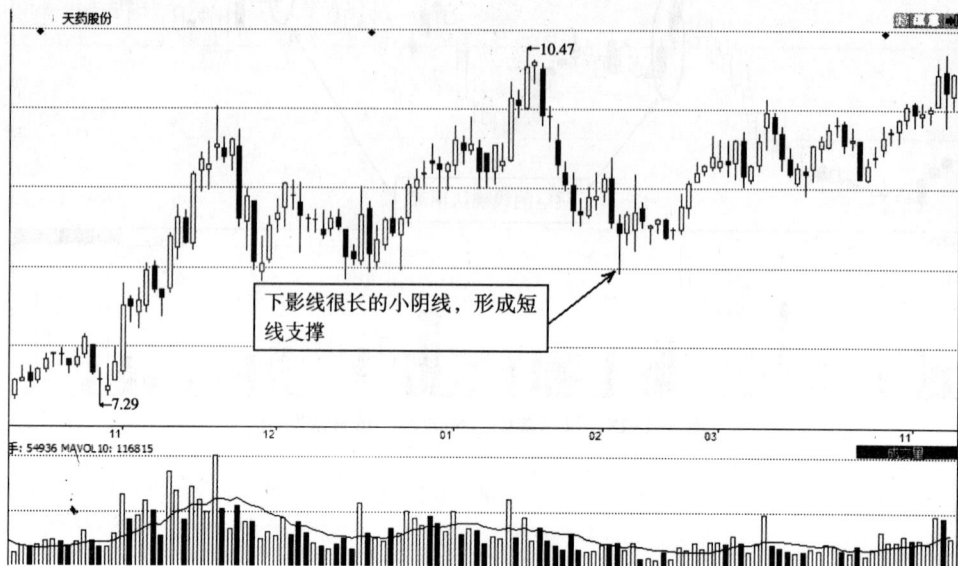

图 3-1-19　天药股份（600488）下影线支撑

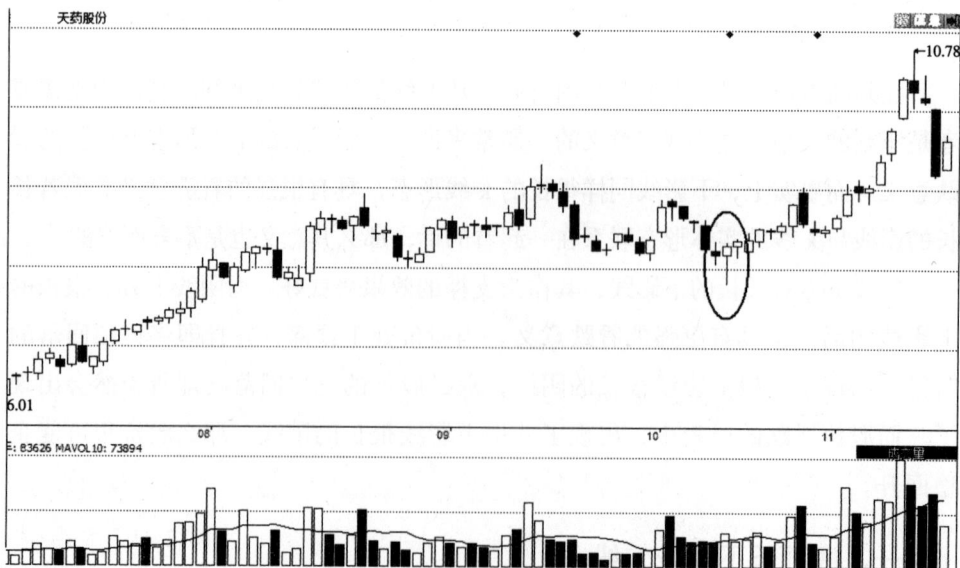

图 3-1-20　天药股份（600488）下影线支撑

如图 3-1-20 所示，天药股份的日 k 线中，该股震荡走高之后，形成了短期横盘滞涨的调整趋势。图中的一根长下影线的小阳线是该股短期见底回升的非常重要的信号。之后随着成交量的不断放大，股价继续向上冲高。之后看来，该股前期震荡调整的时候也算是一个强势调整的走势，股价的下跌幅度非常有限，之后的支撑就在强势调整之后很自然地形成了。

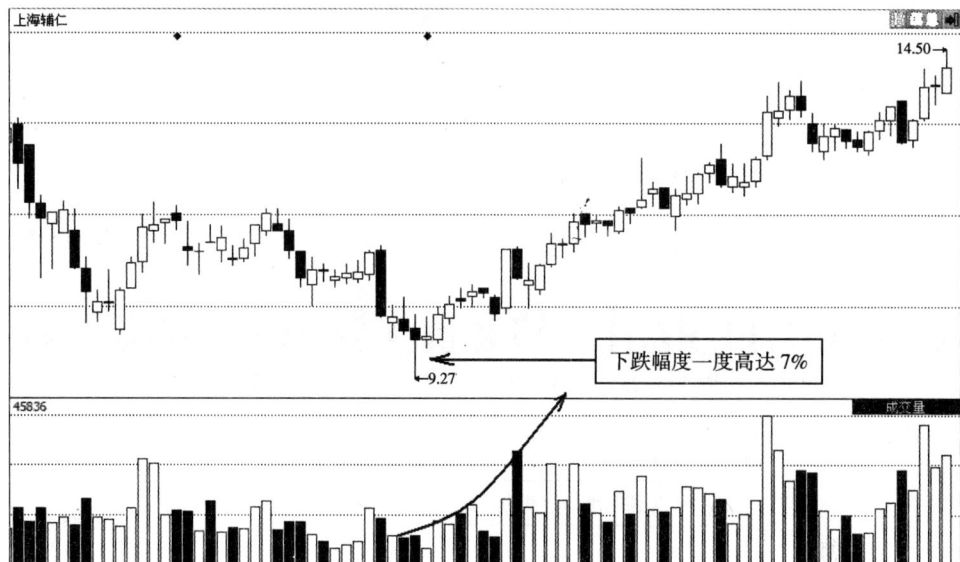

图 3-1-21　上海辅仁（600781）超跌形成下影线

如图 3-1-21 所示，上海辅仁的日 k 线中，股价在继续探底无望的情况下，出现了一根下影线非常长的小阴线形态。股价的缓慢放量见底回升的趋势，正是验证了这根小阴线的支撑效果，股价在量价齐增的情况下不断达到新高。判断这根带下影线的小阴线的支撑效果，从股价前后的走势以及成交量的放大状况，就能清楚地看出端倪来。

二、顶部长上影线 k 线

如图 3-1-22 所示，风神股份的日 k 线中，该股底部出现了 V 形反转的走势之后，就快速地冲高到了高位 13.68 元之上，形成的上影线非常长的下跌小阴线，恰好说明了该股的滞涨走势。从股价见顶前后成交量的变化上来看，只是在股价的顶部出现了放量见顶，这样进一步说明了这个上影线的见顶信号是比较有效果的。

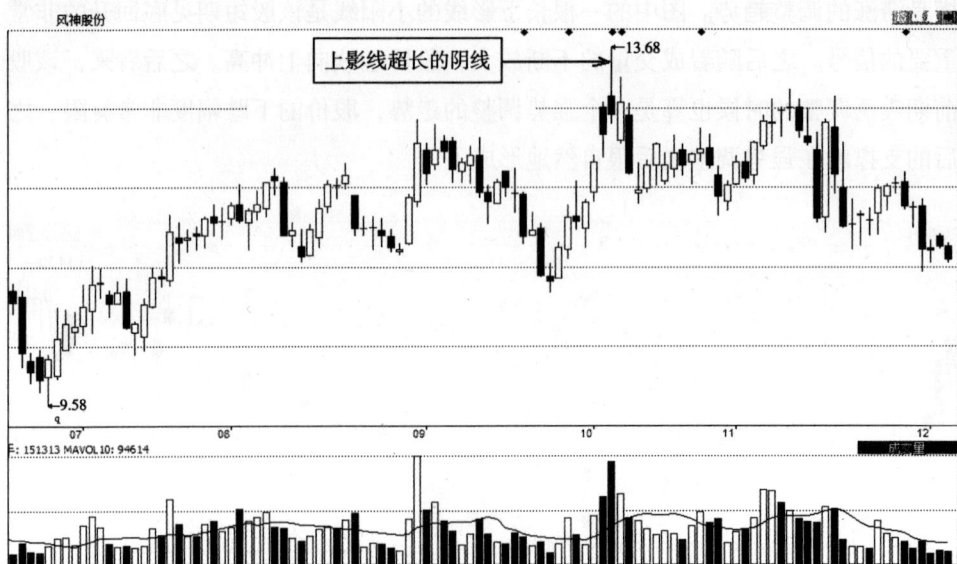

图 3-1-22　风神股份（600469）长上影线阴线

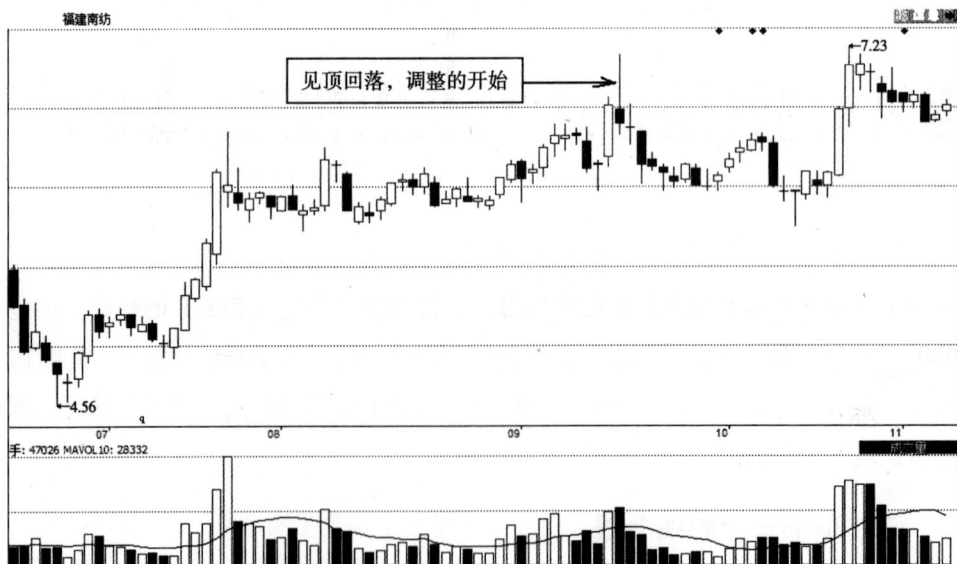

图 3-1-23　福建南纺（600483）长上影线阴线

　　如图 3-1-23 所示，福建南纺的日 k 线中，该股本身就处于高位横盘的调整行情当中，突然放量形成了上影线短期顶部后，股价在短期内即进入调整状态。从见顶的上影线前后成交量的变化上看，也是前高后低，前期放量后期缩量调整弱势下跌走势。

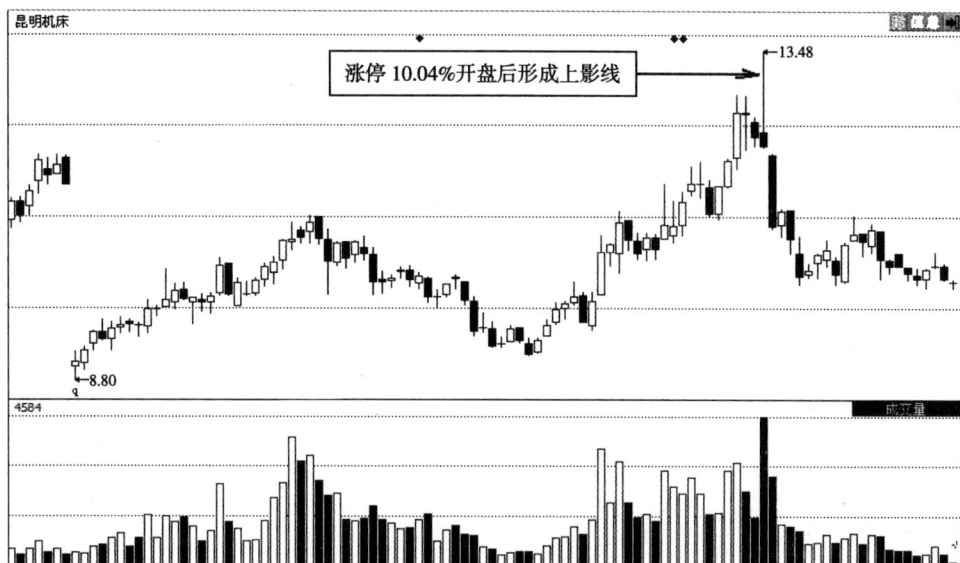

图 3-1-24　昆明机床（600806）涨停上影线

　　如图 3-1-24 所示，昆明机床的日 k 线中，该股从底部反弹之后持续上涨，在见顶最高价 13.48 元之后出现了一根见顶回落的小阴线。这根上影线的长度，足足有涨停板 10.04%还多。如此看来，若不是非常强势的股票的话，后期定会出现延续性的见顶回落走势。从该股出现上影线前后的走势上来看，也出现了成交量的明显萎缩状况。成交量的前高后低，恰好说明了股价见顶回落进入调整浪的走势。

第二章　个股与指数实战精解

第二部分针对艾略特8浪循环中每个浪的不同特征分门别类地对股价的波浪走势作了说明。相信投资者已经对各浪的走势，以及对应的操作策略有了很深刻的理解。对各浪在转变过程中的指标特征也有了一个全面的理解。本章将针对指数的8浪循环走势，以及个股的经典8浪循环模式，做一个总结性的说明。阅读完本章之后，投资者会对个股的操作更加娴熟。

第一节　上证指数8浪循环

投资者在买卖股票的时候，都知道首先应当了解指数的大概走势，只有清楚了指数的大致走势，才能够更好地操作个股。一般情况下，个股的走势与指数有很强的联动性，或者说是正相关性。股价上涨的时候，个股不管其上涨的幅度有多大，大致上应当是不断上涨的。而指数调整下跌的时候，个股的走势也不会强到哪里去，多数个股也会随着指数的下跌而不断创新低。

由此看来，投资者想要在个股上获得好的投资收益的话，首先了解指数的走势就相当有必要了。投资者只有在指数处于8浪循环的拉升行情中操作个股，获利的可能性才大。而同样地，投资者在指数下跌的过程中卖出股票，也会避免投资损失。因此，接下来具体说一下指数8浪循环的走势。

如图3-2-1所示，上证指数在2008年底顺利地进入牛市当中，形成了突破牛市的艾略特8浪循环中的1浪。从指数的日k线走势来看，指数顺利地突破了30日均线以及60日均线的压制（图中c标注），是1浪行情形成的重要标志。

从成交量上来看，长期以来的缩量趋势被缓慢打破，每日对应的成交量从不

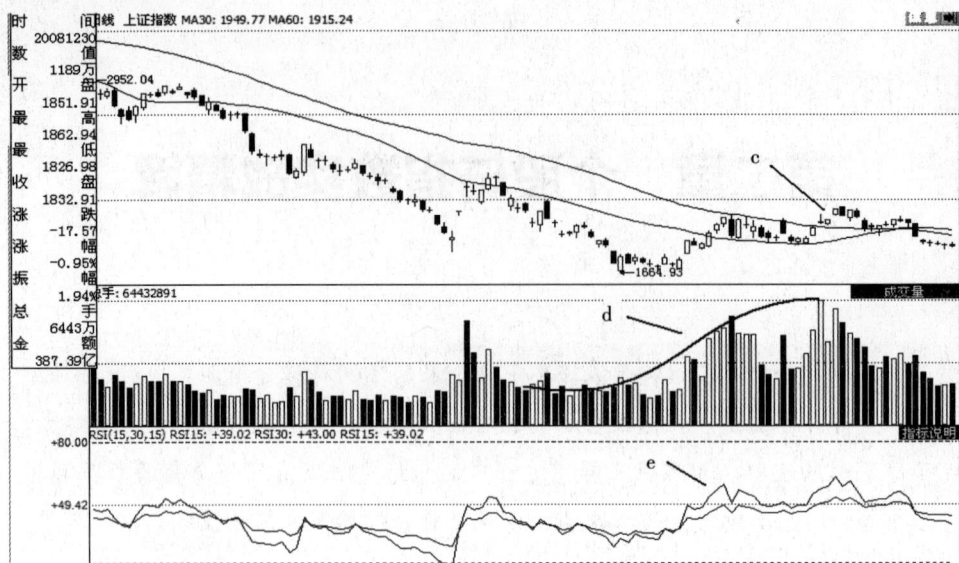

图 3-2-1　上证指数 1 浪行情

足 600 亿的水平猛增到了 1500 亿的水平（图中 d 标注）。也正是成交量的放大，才导致指数顺利完成了 1 浪的拉升。

最后，从 RSI 指标上来看，该指标顺利地站在了 50 线以上（图中 e 标注），正是上证指数走强的重要标志。前期 RSI 指标也曾有过大的上涨，但是终究没有站稳 50 线，这次 50 线被顺利地突破之后，代表多方将在今后占据主动，市场将由此进入牛市行情。

如图 3-2-2 所示，在上证指数放量完成了 1 浪行情之后，2 浪的调整行情紧跟着就出现了。对应的成交量与股价都呈现出了先放大后萎缩的状态。而接下来 3 浪的形成，同样是伴随着图中 e 处的成交量不断放大而出现的。在图中所示的 1 浪、3 浪的推动下，股价再创新高；而在 2 浪、4 浪的调整浪的打压之下，指数又出现了连续两次的缩量回调。

从 RSI 指标上来看，2 浪的调整过程中，该指标在 50 线处不断震荡，而没有再持续下跌。在指数放量形成 3 浪的时候，RSI 指标在图中的 f 位置形成了金叉，并且逐渐接近超买状态。4 浪调整行情就出现在了 RSI 指标在图中的 g 位置超买之后开始调整的。

投资者判断上证指数在这次反弹当中能否不断地创新高，成交量的大小是一个非常大的因素。推动浪 3 浪对应的成交量显然比推动浪 1 浪对应的成交量要大，而调整浪 4 浪对应的成交量也同样大于调整浪 2 浪对应的成交量，因此股价后期还会有更大的上涨空间。

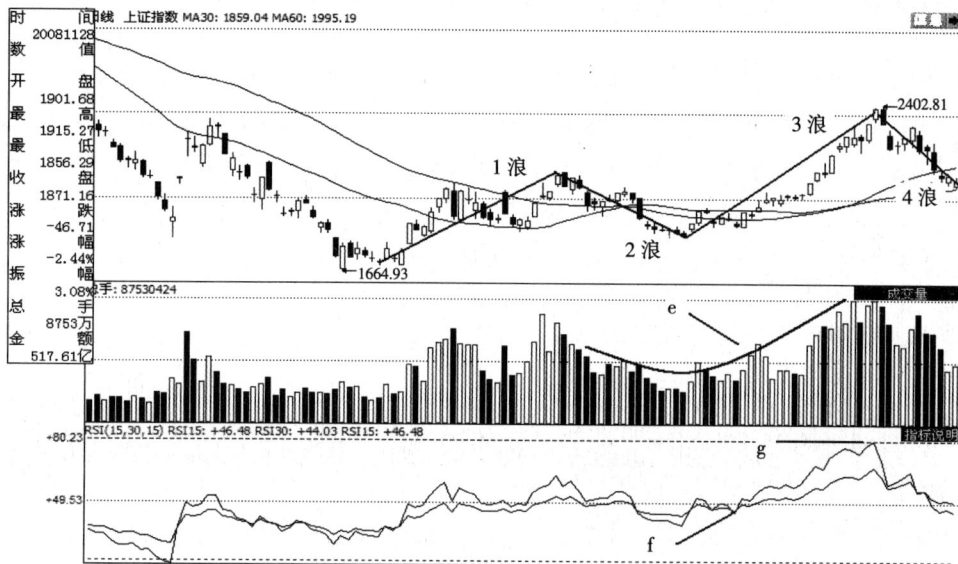

图 3-2-2　上证指数——两波行情形成 4 浪

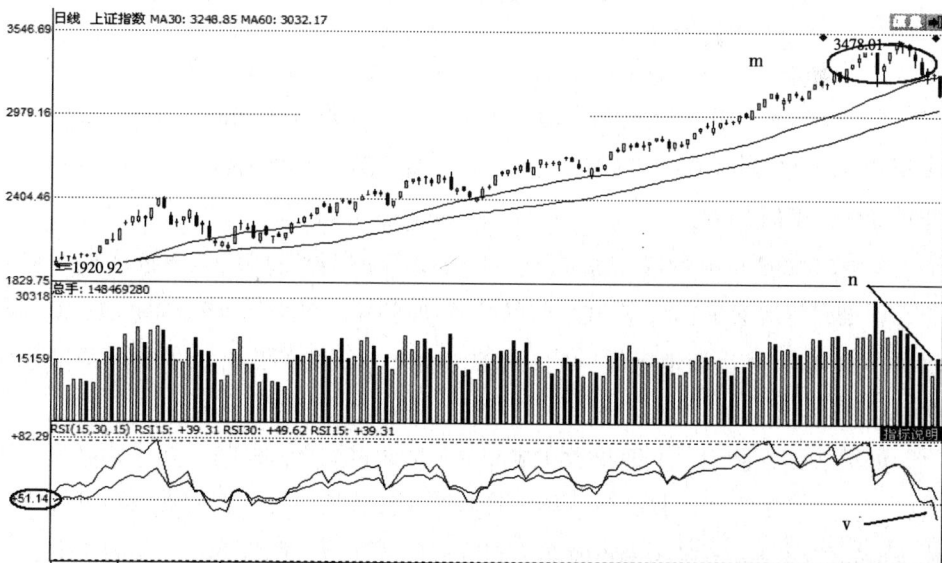

图 3-2-3　上证指数——5 浪见顶

如图 3-2-3 所示，成交量不断放大，上证指数的 5 浪逐渐得到了延续。直到该指数在图中的 m 处出现了双顶形态后，指数才逐渐见顶回落。对应的 n 处的成交量也开始萎缩，RSI 指标同样由超买状态下跌形成看空的死叉形态，并且顺利地跌破了 50 线（图中标注 v），指数终于出现 5 浪见顶的信号了。

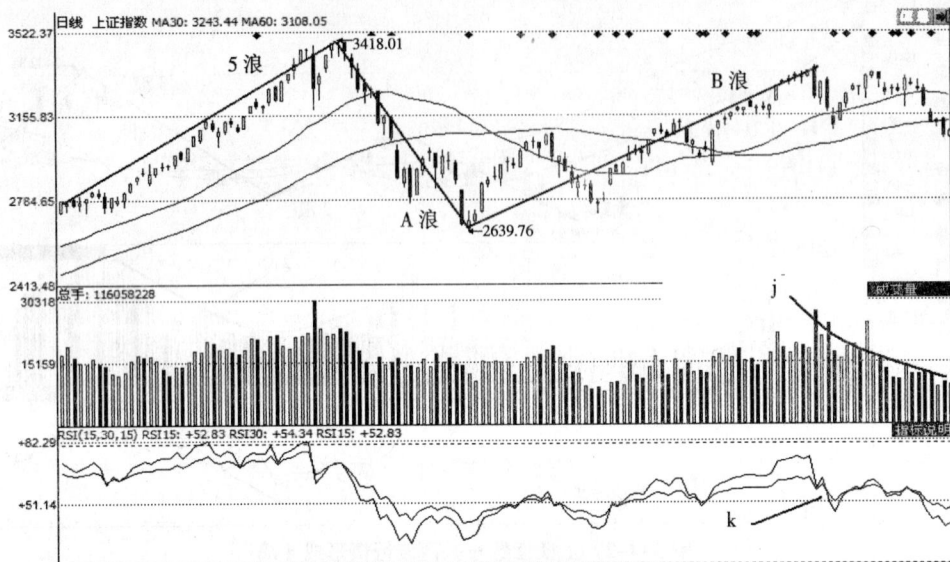

图 3-2-4　上证指数——B 浪弱势反弹

如图 3-2-4 所示，量能不断萎缩，A 浪的调整行情也在指数跌破了 60 日均线后得到了确认。指数从见顶回落，再到企稳回升形成后来的 B 浪行情过程中，成交量也由萎缩的趋势重新回复了起来。而 RSI 指标已经从超买后下跌至 50 线，并且开始企稳回升了。

A 浪之后的 B 浪行情上涨过程中，指数之所以没有顺利地突破前期 5 浪顶部，就是因为成交量在图中 j 位置开始逐渐地萎缩。对应的 RSI 指标也从顶部回落到了 50 线并且逐渐地走低。成交量萎缩与指标的逐渐走坏，使得上证指数最终见顶回落。

如图 3-2-5 所示，上证指数在成交量不能跟着放大的时候，在 5 浪中见顶回落，并完成了艾略特 8 浪循环走势。对照上证指数的走势，在指数的拉升浪中操作个股定能够获得不错的投资收益。

图 3-2-5　上证指数——完成 8 浪循环

第二节　个股的 8 浪循环

第二部分的内容当中，已经针对个股的不同浪的特征解释了投资者操作股票的方法，以及对应的指标出现的相应的买卖信号。那么现在就针对个股的典型 8 浪循环走势，全面介绍一下股价出现的 8 浪循环的买卖信号，以及投资者针对不同浪的操作方法。下面介绍的方法中，不一定全部包括书中第二部分的所有指标的不同用法，只是侧重个股的综合操作方法。

一、安阳钢铁（600569）

如图 3-2-6 所示，安阳钢铁的日 k 线当中，成交量持续一周放大至 5 倍以上，说明看涨的投资者已经占据了市场的主动。主动做多正是该股 1 浪行情到来的信号。

从对应的 RSI 指标的走势上看，15 日的该指标强势反弹至 50 线之上，正是该股走强的显著信号。而股价顺利地突破了 30 日均线的压制，并且继续挑战 60

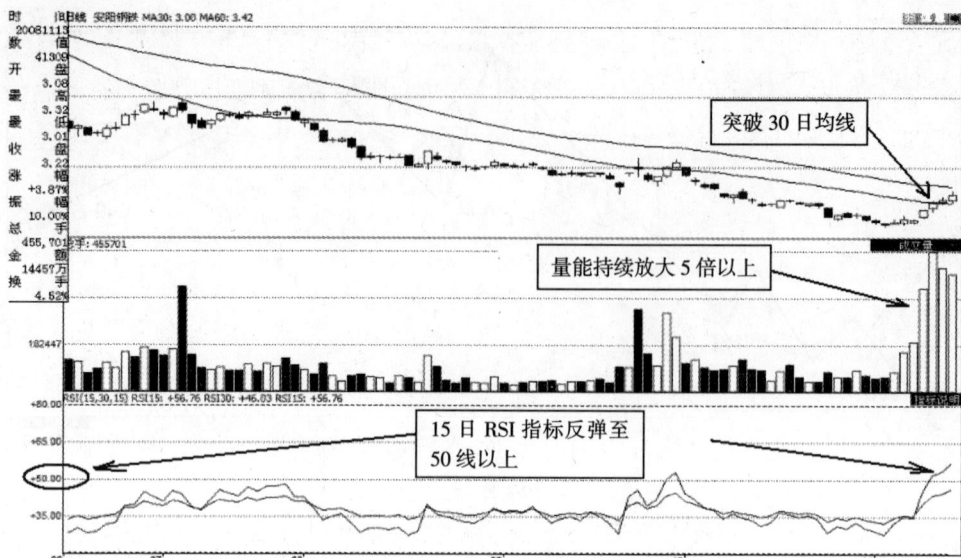

图 3-2-6　安阳钢铁（600569）1 浪开始

日均线的阻力，说明该股的上涨动力还是比较足的。继续创新高之后，该股有望顺利地完成艾略特 1 浪行情。

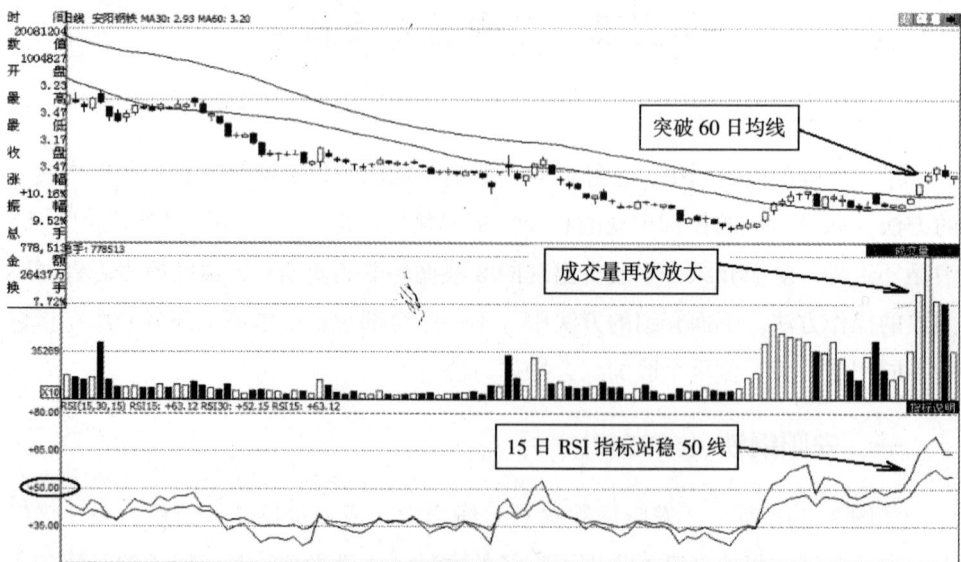

图 3-2-7　安阳钢铁（600569）1 浪延续

　　如图 3-2-7 所示，在股价震荡走高的过程中，成交量又一次出现了放大，这种走势与当时的指数强势反弹走势如出一辙。随着人气的回升，股价在成交量的

推动下顺利地突破了 60 日均线的压制，这样该股就已经延续了 1 浪的行情。RSI
指标也在 50 线处获得支撑后触底反弹，并且创出新高，显示出该股上涨的趋势
非常好。1 浪的突破性走势已经出现。

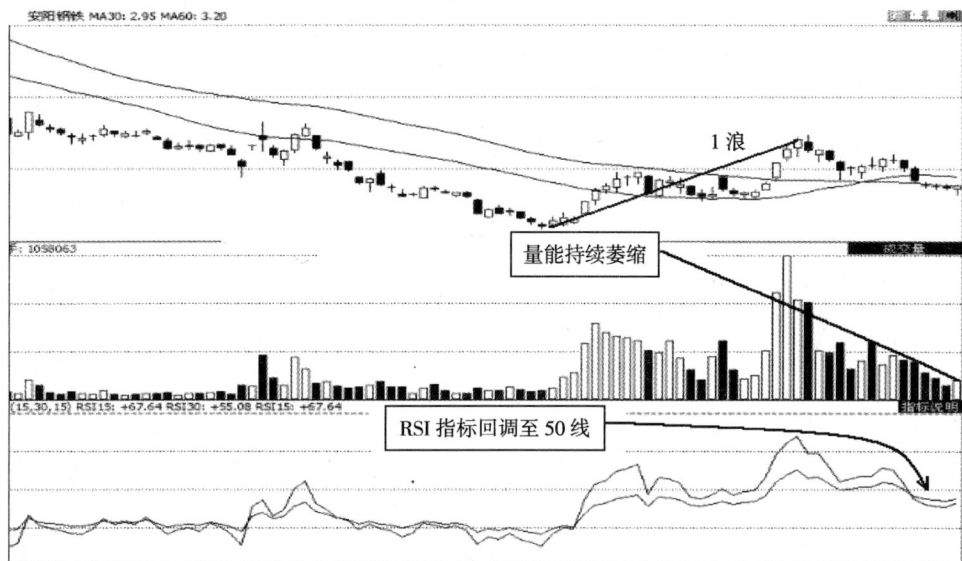

图 3-2-8　安阳钢铁（600569）2 浪开始

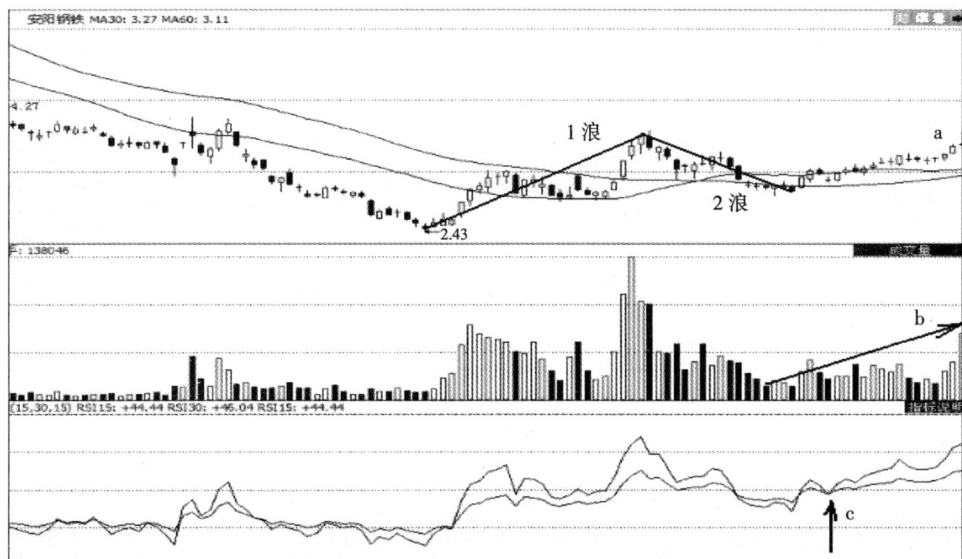

图 3-2-9　安阳钢铁（600569）2 浪完成

如图 3-2-8 所示，安阳钢铁在放量突破了 60 日均线的束缚后，开始逐渐缩量回调，形成了 2 浪调整的行情。在股价缩量下跌至 60 日均线的过程中，RSI 指标随之向下调整到了 50 线以下。既然前期 1 浪的突破是有效果的，那么 2 浪的调整绝不会使股价再次进入熊市当中，RSI 指标必将在 50 线处企稳回升，投资者可以顺势买入股票，等待该股进入到 3 浪的拉升行情中。

如图 3-2-9 所示，安阳钢铁的日 k 线中，随着成交量再次不断放大，该股以十分缓慢的拉升方式进入到 3 浪行情中。图中 b 处的成交量的持续放大，就说明该股的 3 浪行情还会延续下去。RSI 指标在图中的 c 处出现金叉后，15 日与 30 日均线发散向上突破，这也是 3 浪得以延续的证据。

既然 3 浪的行情已经开始了，并且成交量和指标同步走好，成交量的有效放大也是股价今后得以创新高的条件。此时开始建仓买入股票的话，投资者将获得丰厚的投资收益。

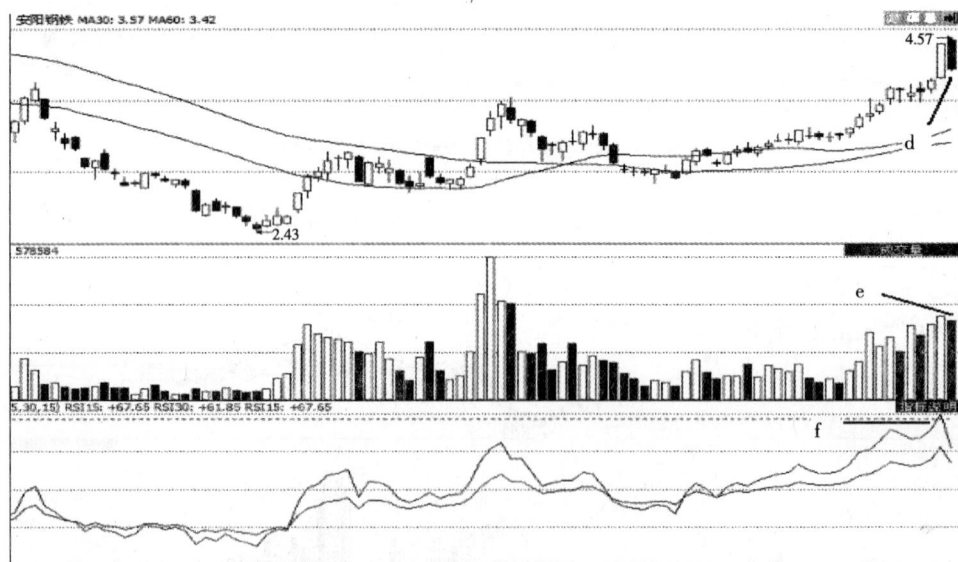

图 3-2-10　安阳钢铁（600569）3 浪见顶

如图 3-2-10 所示，安阳钢铁的日 k 线中，成交量不断放大到前期高位之上，是该股有效创新高的前提。股价最终出现了 4.57 元的高位。而一根突如其来的顶部大阴线打破了该股上涨的趋势（图中 d 位置）。

从技术指标上来看，这个时候 RSI 指标也在超买状态见顶回落了（图中 f 位置）。既然指标已经走坏了，并且日 k 线中也是一根大阴线的吞噬形态，那么投资者及时出货就显得非常重要了。即便不完全卖出股票，也应当减仓观望为好。等待股价再次走好之后再买入股票，同样也会获得相同的收益。

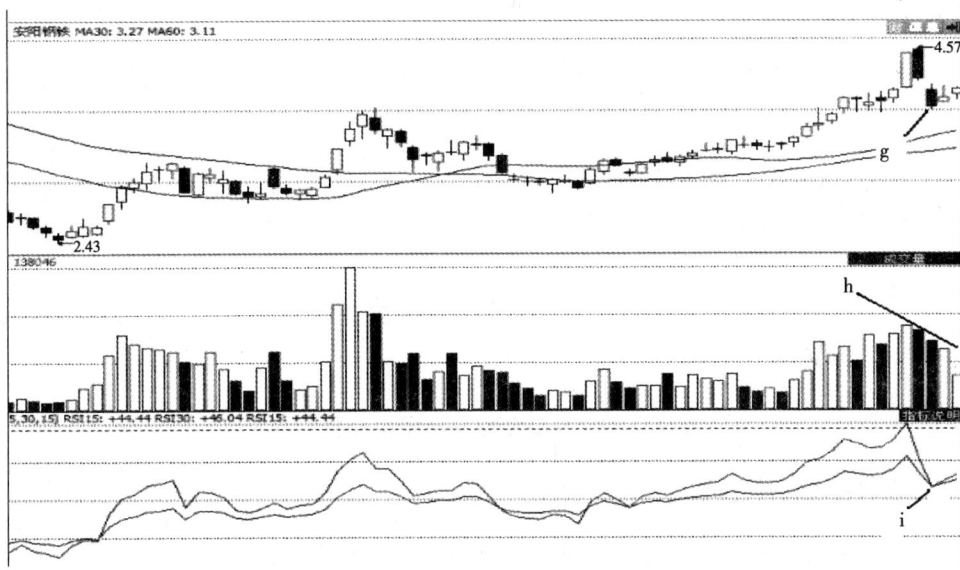

图 3-2-11　安阳钢铁（600569）3 浪确认

如图 3-2-11 所示，安阳钢铁在下跌之后缩量调整，一点走强信号也没有了（图中 g 所示）。而从图中 h 处看出，成交量已经在股价下跌调整之后萎缩了。股价未曾继续创新低，而成交量率先萎缩了下来，这样的话，投资者也不必再持有股票了。股价将在成交量萎缩之后继续创新低。

而从指标上来看，RSI 指标同样是从超买状态开始持续下探。量能在短期内没有再次放大，投资者是不宜继续持有股票的，减仓才是好办法。

如图 3-2-12 所示，安阳钢铁的日 k 线走势中，股价见顶回落的过程持续了下来，并且一直持续到了 60 日均线处才开始企稳回升。该股在逐渐走高之后，形成了图中的三角形 ABC 的调整形态。股价在调整的时候，RSI 指标也没在高位横盘，该指标一度下跌至 50 线附近而逐渐横盘调整。图中 E 位置所示的 RSI 指标横盘调整，正是为股价今后的企稳回升做准备。预期该股在图中形成了三角形 ABC 的整理形态之后，必将有一个真正的突破行情出现。突破点一定出现在该三角线的 C 点附近。

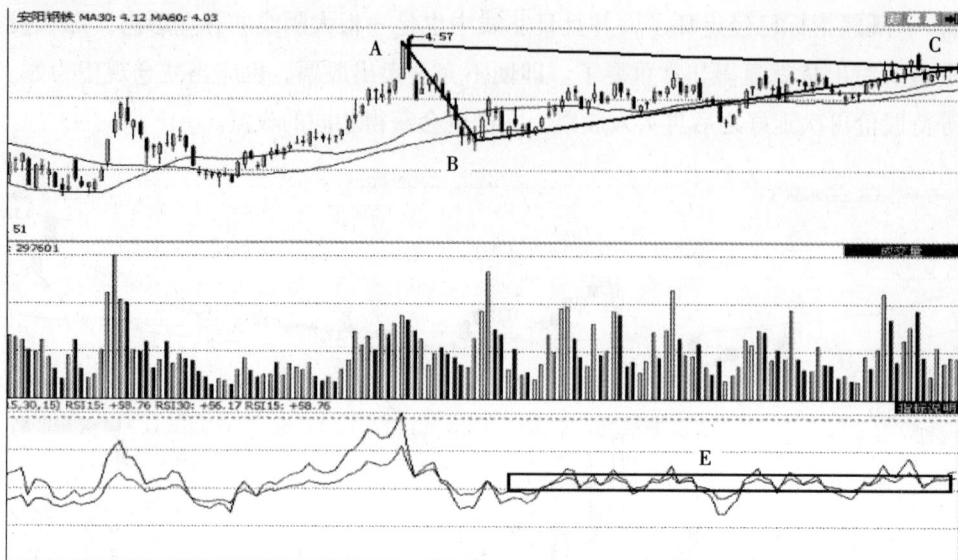

图 3-2-12　安阳钢铁（600569）调整形态

　　在股价有所突破之前，投资者可以先行买入一些股票，等待股价出现突破的时候获得收益。因为这个时候，股价的调整的形态基本上已经有一个雏形了，并且从 RSI 指标上来看，下跌的空间也是非常小的，投资者提前建仓之后，短期的少量亏损绝不会掩盖股价突破之后的丰厚收益。

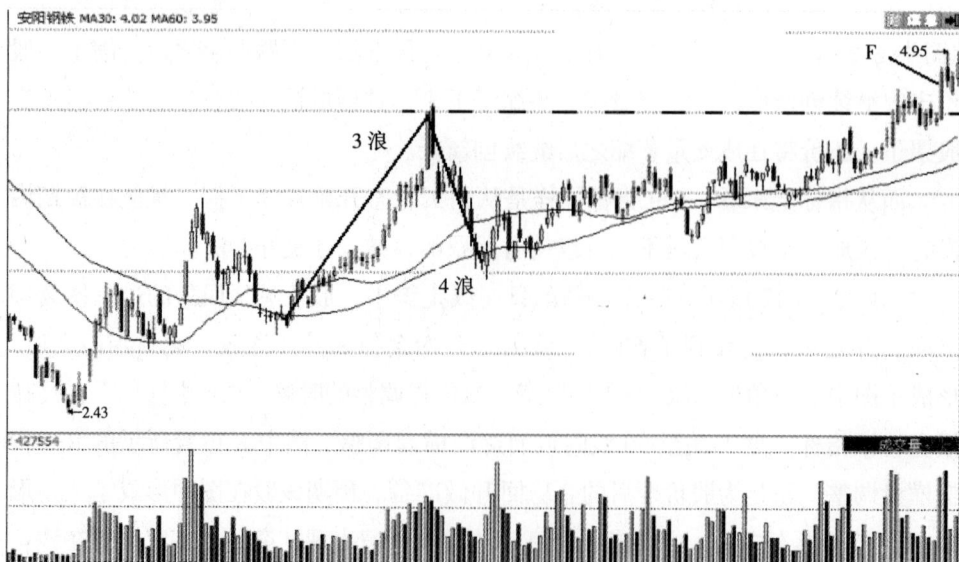

图 3-2-13　安阳钢铁（600569）5 浪开始

　　如图 3-2-13 所示，安阳钢铁的日 k 线中，该股终于完成了调整的趋势，在图中的 F 位置顺利地放量上涨了。前期在该股调整的时候买入股票，这会儿应该有所收获了。股价的 4 浪调整行情虽然来势汹汹，调整的时候又非常的缓慢，但是最终还是在股价调整到了前期 3 浪高位的时候顺利上涨。

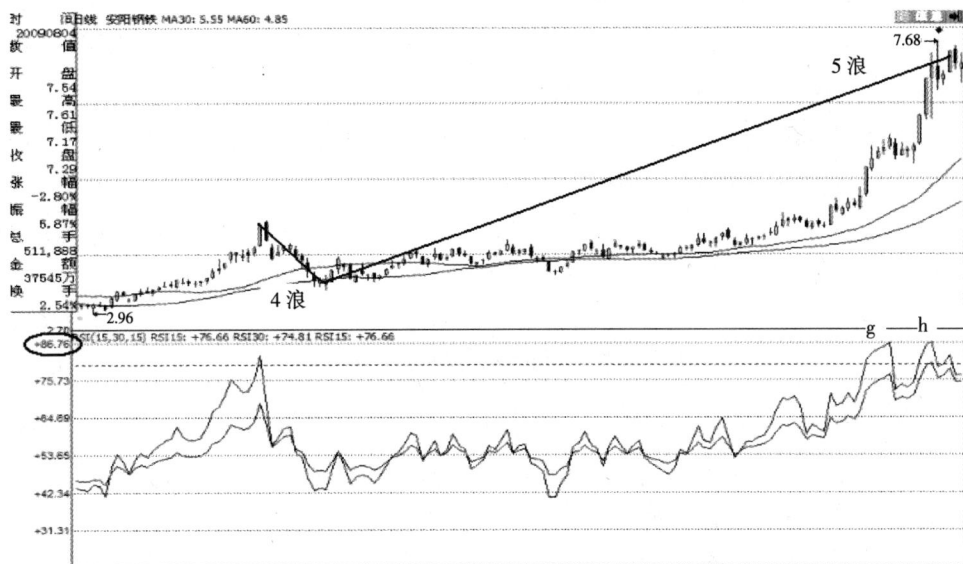

图 3-2-14　安阳钢铁（600569）5 浪见顶

　　如图 3-2-14 所示，安阳钢铁顺利地突破了前期 3 浪的高位之后，该股的上涨趋势又一次得到了延续。震荡上行的过程中，30 日均线与 60 日均线同步向上发散，而 15 日与 30 日的 RSI 指标也同时震荡上行，指标与股价的良好互动是该股上涨的动力来源。只要上涨趋势没有出现大的变化，不断持有可以获得更好的收益。

　　没有不见顶回落的牛市行情，该股不断被拉升的过程中，终于出现了 15 日 RSI 指标形成的 g、h 两个双顶形态。该 RSI 指标双顶形态正是在指标超买之后出现的，投资者对这种顶部形态要十分小心才是。倘若股价前期的涨幅不大的话，股价可能会延续强势上涨的趋势。而该股自从突破了 3 浪顶部之后，上涨的空间已经是非常之大了，投资者这个时候应该减少仓位，这样才不至于在股价快速见顶回落之后遭受太大的损失。

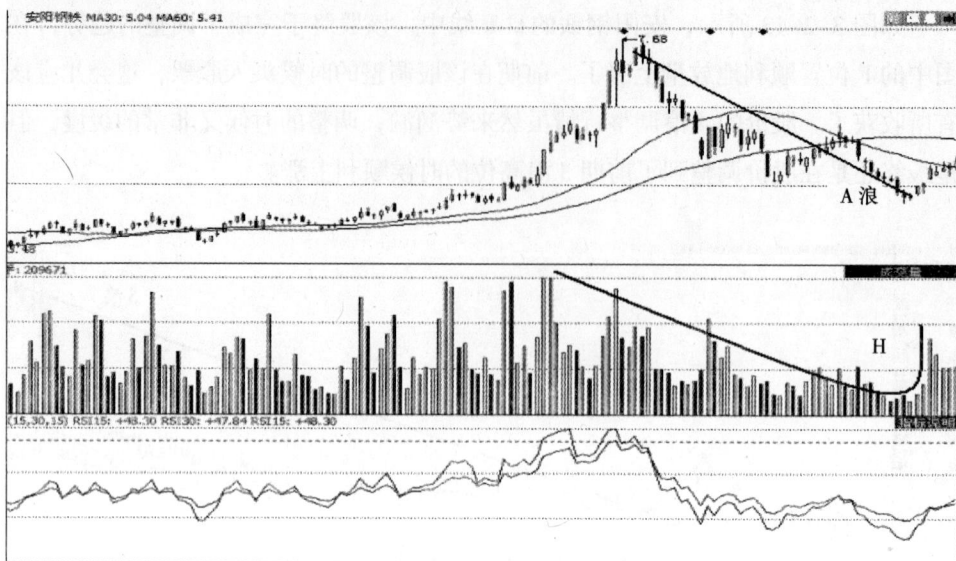

图 3-2-15　安阳钢铁（600569）A 浪确认

　　如图 3-2-15 所示，前期在 15 日 RSI 指标出现双顶形态之后，该指标的不断回落进一步确认了指标的顶部。最终，RSI 指标从超买状态一直调整到了 50 线附近，才有了震荡企稳的趋势。

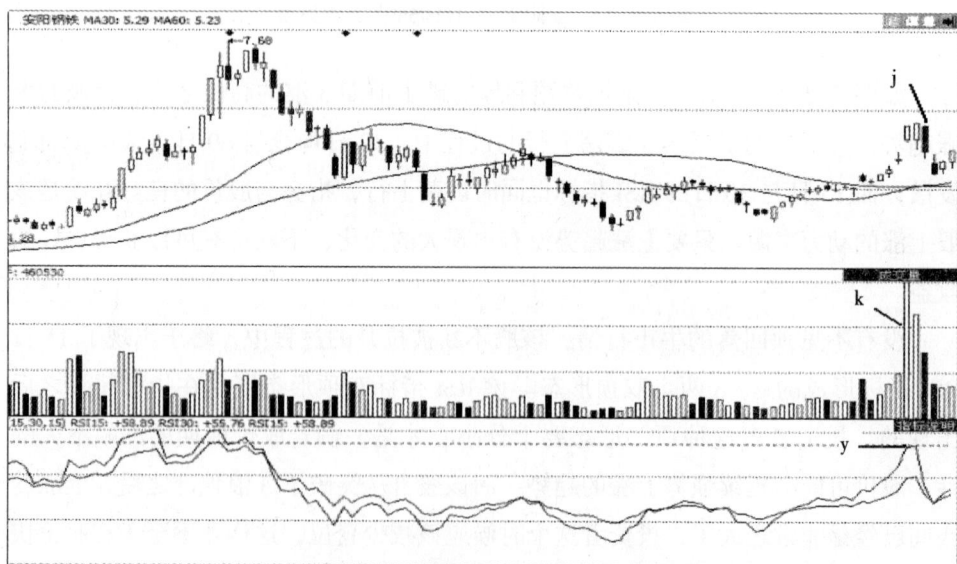

图 3-2-16　安阳钢铁（600569）B 浪反弹

而从股价的变化上来看，该股见顶 7.68 元之后就出现了回落的走势。股价的下跌趋势一直延续到成交量出现了图中 H 所示的放量走势。这样，8 浪循环当中具有很大破坏性的 A 浪下跌行情就完成了。

如图 3-2-16 所示，在该股见顶回落并且形成了 A 浪行情之后，成交量逐渐萎缩下来，一直到图中 k 位置成交量再次放大，股价终于出现了 A 浪之后的短暂调整浪——B 浪。为什么这么说呢？从该股 j 位置出现的大阴线下跌、图中 k 位置的天量成交量以及图中 y 位置出现的 15 日 RSI 指标超买后回落，都是该股反弹的 B 浪见顶信号。如果投资者等待 B 浪完成之后再寻找更好的出货位置，那是不可能再有了。B 浪之后的 C 浪破坏性将更大，股价在 C 浪的推动下，股价下跌的幅度是深不见底的，这一点，投资者要有清醒的认识。因此，安阳钢铁在涨停冲高之后，显然就是出货的位置，如果这时不舍得卖出股票的话，今后遭受损失就在所难免了。

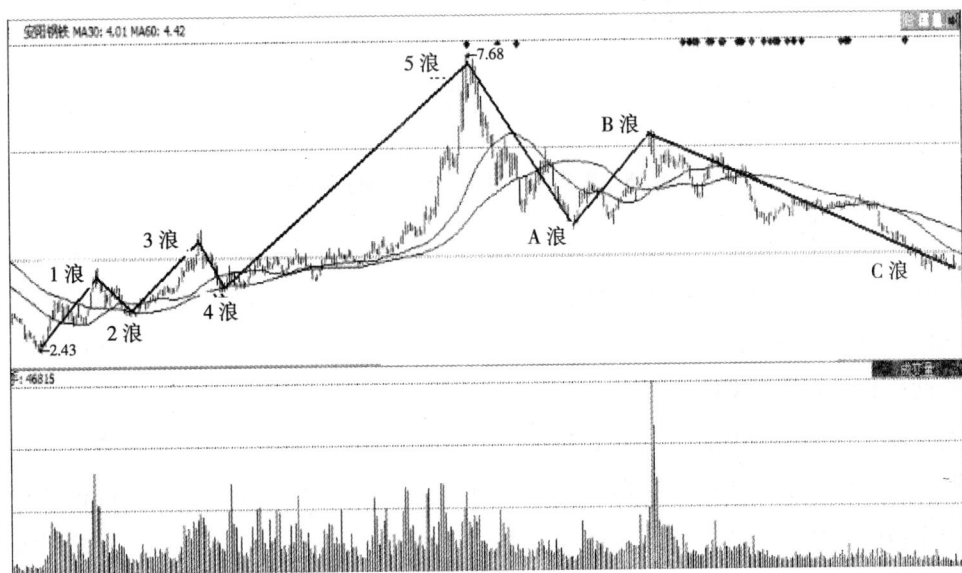

图 3-2-17　安阳钢铁（600569）完成 8 浪

如图 3-2-17 所示，前期安阳钢铁天量见顶之后，短期内该股再也没有回到这样的高位。股价在随后的 C 浪下跌行情中越走越远。最终，该股完成了 8 浪循环的整个过程。值得一提的是，该股的 8 浪循环过程中，3 浪的上涨幅度并没有5 浪的上涨幅度大。之所以出现这种现象，是因为该股在 5 浪的上涨过程中不断地出现延伸浪，这样才导致股价不断地创新高。即便如此，并不影响投资者在不同的波浪走势中进行相应的操作。

二、康缘药业（600557）

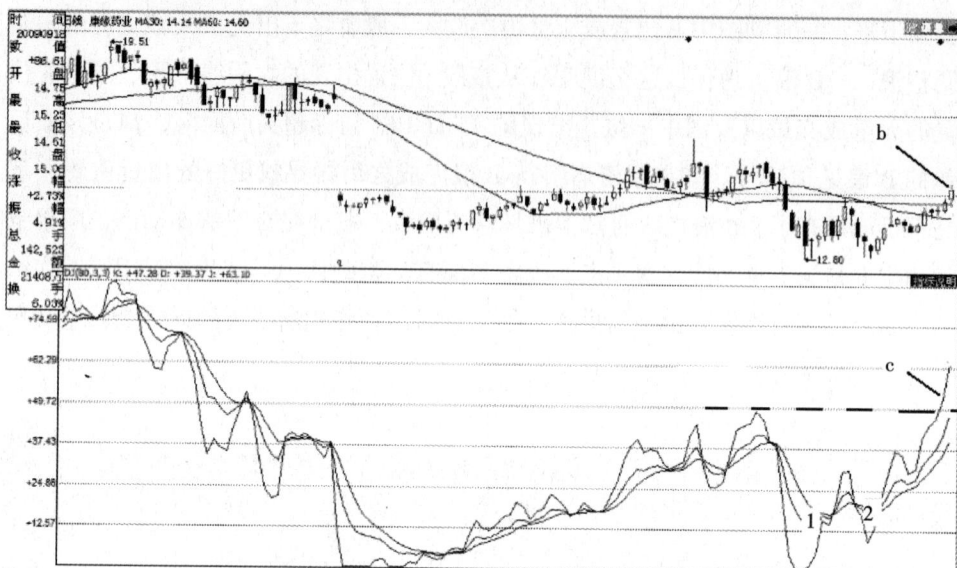

图 3-2-18　康缘药业（600557）KDJ 双底反弹

如图 3-2-18 所示，康缘药业的日 k 线中，该股自从除权之后就出现了短暂反弹后下跌的走势。而图中 b 显示出，该股再一次从底部震荡走高了。特别值得一提的是，图中股价突破的位置正是 30 日和 60 日均线所在的地方，这样的突破显然是具有看涨意义的。

而从图中 KDJ 指标的走势上来看，同样是一个反转趋势。股价在图中的 c 处顺利地突破了 KDJ 指标的双底形态的颈线部位，进入到了再次飙涨的行情当中。KDJ 指标在前期 1、2 位置形成的两个不断抬高的底部，显然对股价今后的走势构成了非常强的支撑。该股有望在今后走出一个完整的艾略特 8 浪循环。

如图 3-2-19 所示，随着图中 e 位置出现放大的巨大成交量，该股顺利地达到了新高。而从 KDJ 指标中的 J 线来看，也在图中的 f 位置进入到了超买状态当中，该股因此不断地走出调整的行情来。这样看来，股价从放量见顶并且开始横盘整理的走势后，1 浪飙涨和 2 浪横盘调整的走势就同时出现了。这期间里，前期形成 1 浪前股价企稳的时候，投资者就应当买入股票了。而 2 浪的调整过程

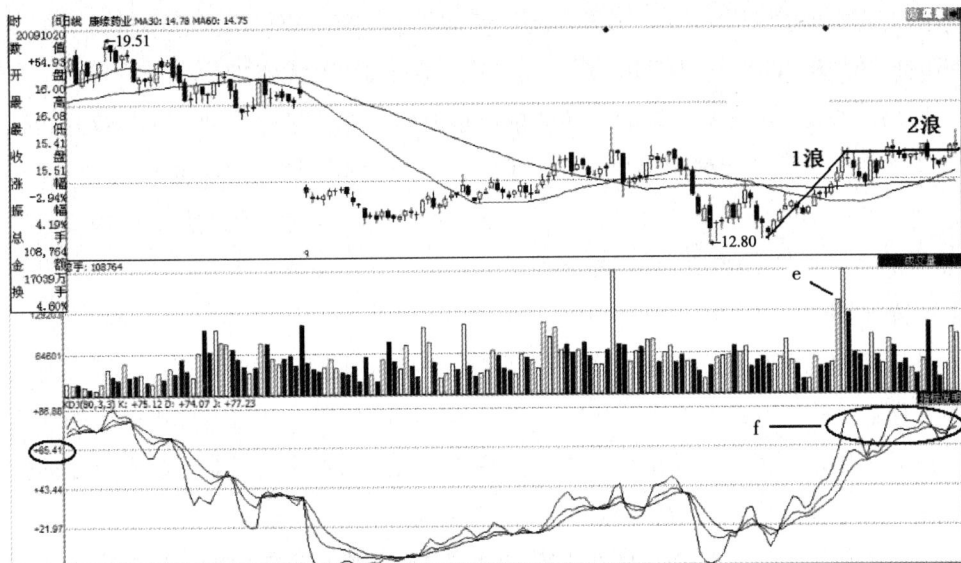

图 3-2-19　康缘药业（600557）强势横盘

中，下跌的幅度并不是很大，投资者也可以稍微卖出一些股票。前期 1 浪中股价的上涨幅度并不是很大，意味着这次 2 浪的调整空间是非常有限的，即便持股度过 2 浪的调整行情也不会有太大的损失。

如果 KDJ 指标可以在 2 浪当中向下调整一些，再次企稳的话，那么今后该

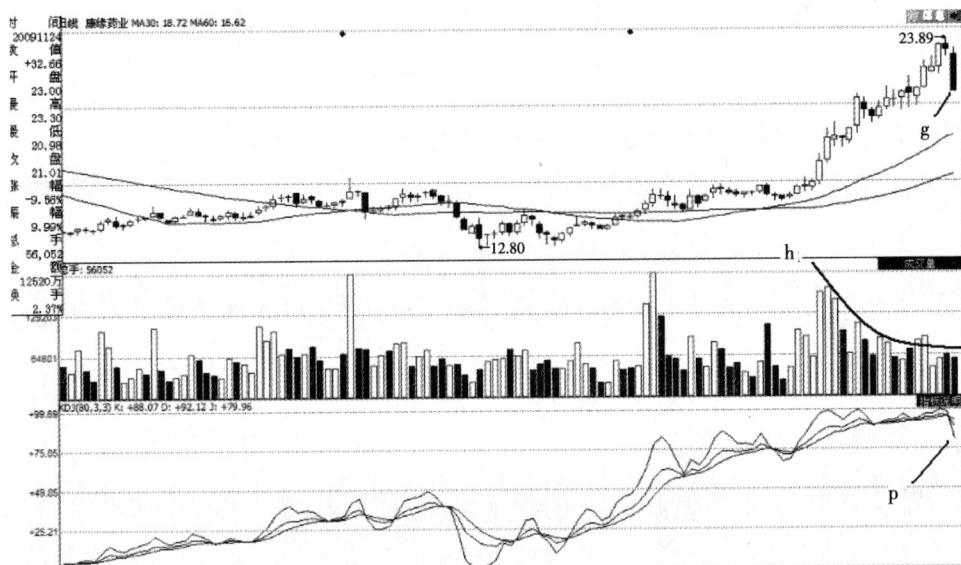

图 3-2-20　康缘药业（600557）3 浪见顶

股的上涨空间会更大一些。该股在图中所示的 f 位置，KDJ 指标已经超买了，今后股价的上涨幅度定会受到该指标不能创新高的制约而大打折扣。

如图 3-2-20 所示，该股短期缩量横盘之后，即放量进入到了 3 浪拉升的行情当中。但是，任何的 3 浪拉升都有见顶回落的时候，该股同样也不例外。就其前边 1 浪的小幅上涨走势来看，之后的 3 浪行情也不会是漫无边际的。该股最终在图中的 g 位置出现了一根跳空下跌的大阴线，在日 k 线上来看，结束了该股的 3 浪拉升行情。

从成交量的变化上来看，也是出现了图中的 h 位置的缩量状态。可以说前期 3 浪开始时的放量是该股创新高的动力，而之后的自然缩量也造成了股价的快速下跌行情。可以说，股价的 3 浪见顶回落是多头力量不足的结果。没有更多的投资者推高股价，造成了股价的自然见顶回落。

从指标上来看，KDJ 指标在不断的超买之后，终于在图中的 p 位置出现了死叉下跌的走势。指标与股价的同步回落，必然造成该股今后难看的走势。

在操作上，既然股价开始下跌，并且成交量萎缩，指标也有走坏的迹象，投资者应当减少持股的数量，以免使前期的收益白白地损失掉。

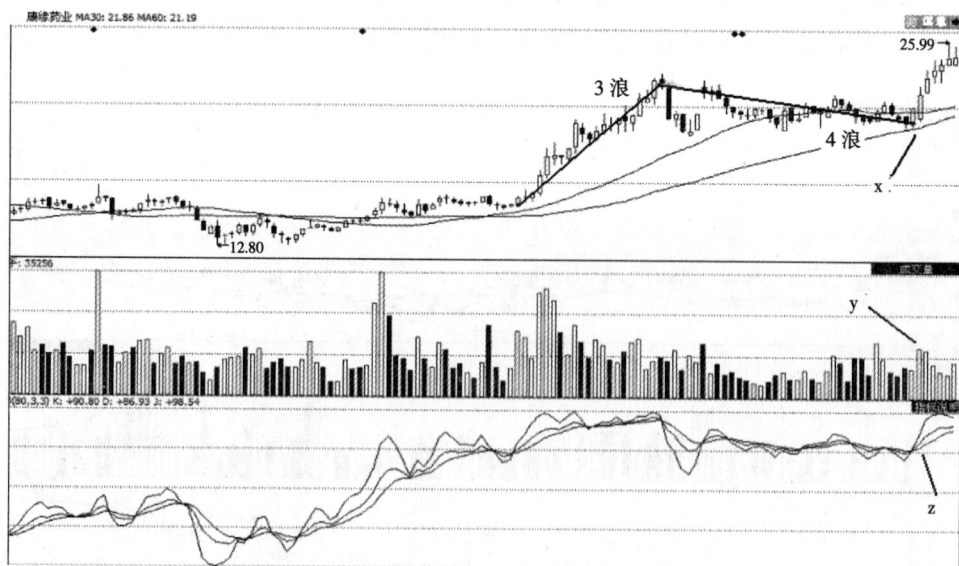

图 3-2-21　康缘药业（600557）5 浪延续

如图 3-2-21 所示，该股的调整趋势真的开始了，4 浪行情在股价不断走弱的情况下形成了。前期适当减仓的话，对于投资者还是有好处的，毕竟难以揣测调整的真正跌幅有多大。等待该股调整到位之后，或者是有效突破 4 浪调整形态之时再买回股票，也未尝不是好的办法。

图中股价在 x 位置调整到了 60 日均线之上，并且随即出现了连续上涨的小阳线，显然股价受到了非常强的支撑，不然的话不会有这么大的上涨幅度。4 浪几乎接近水平横盘的调整行情完成之后，该股正是在 60 日均线处受到支撑而快速上涨了。

从该股的成交量的变化来看，出现了图中 y 处的放量现象。量能放大的程度虽然不及 3 浪开始上涨时的成交量，但是显然已经足够使该股继续创新高了。

从 KDJ 指标的变化上来看，该指标自从 4 浪调整行情开始之后，就从超买状态跌至低一些的横盘调整状态。而这个时候在图中的 z 位置形成的金叉看涨信号，就是对该股价上涨趋势发出的提前信号。

在操作方法上，投资者可以在这个股价突破的位置继续加仓买入股票，等待 5 浪这一最后的推动浪将股价带入更高的位置。

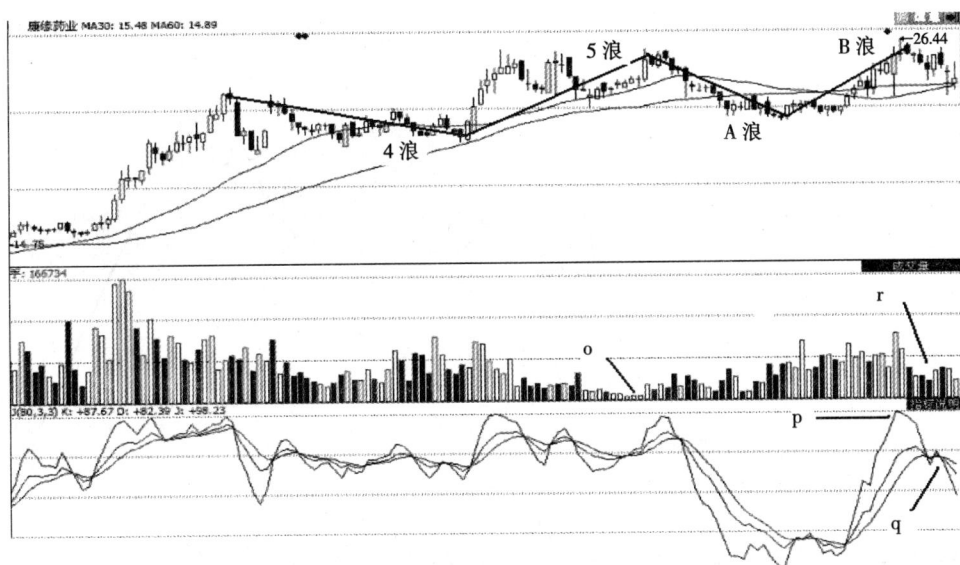

图 3-2-22　康缘药业（600557）双峰见顶

如图 3-2-22 所示，5 浪的飙涨行情持续的时间并不长，股价在此浪的上涨幅度也不是很大，随着成交量在图中的 o 位置萎缩到了地量状态，该股见顶回落形成了 A 浪的下跌行情。

在该股的 A 浪行情完成之后，成交量再次出现了放大，股价随着飙涨到了最高 26.44 元的高位，形成了该股的 B 浪反弹调整行情。投资者都知道，B 浪的反弹幅度再高也只能算是 8 浪循环中熊市的短期调整浪，股价并不会在此浪中有太大的上涨幅度。而该股继续放量上冲到了前期 5 浪的高位附近，显然已经是顶部位置了。见顶 26.44 元之后，该股将出现 C 浪的大幅度下跌的推动浪。投资者要早有准备才行。

从 KDJ 指标来看，该股在 B 浪达到新高 26.44 元的位置，也恰好是该指标进入超买状态的时候。在超买之后，该指标突如其来的死叉形态将指标的上涨趋势完全走坏了。指标的突然变坏，显然预示着 C 浪行情将来势凶猛。

从成交量上来看，该股见顶之后量能也在图中的 r 位置出现了萎缩的现象，B 浪中股价的确是在反弹而不是延续牛市行情的反转。

在操作策略上，投资者可以在 B 浪中股价达到前期高位附近时卖出股票。后市该股的走势将更加难看，投资者要提前做好准备才行。

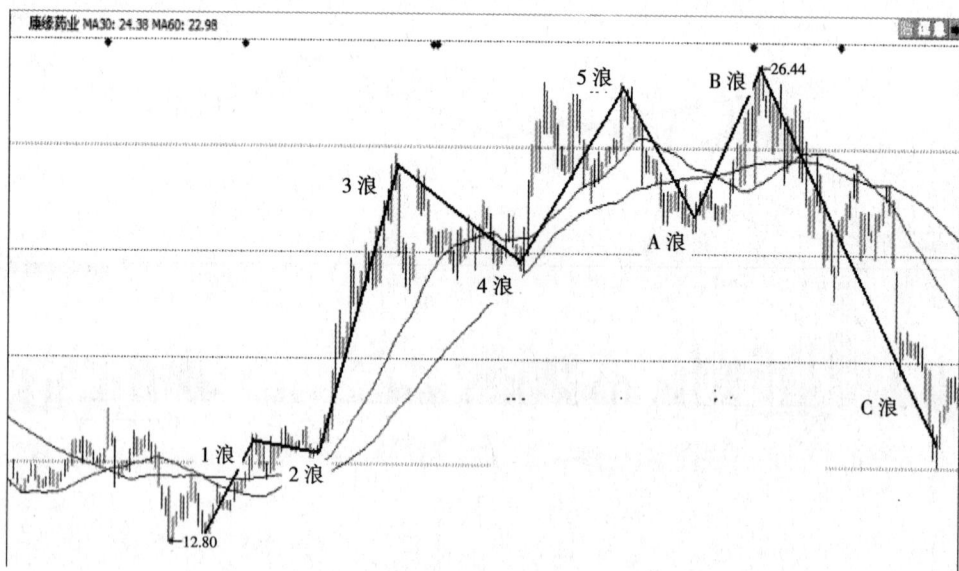

图 3-2-23　康缘药业（600557）完成 8 浪

如图 3-2-23 所示，B 浪中该股终于见顶 26.44 元，并且完成了该股的 8 浪循环走势。股价在 B 浪最终反弹无望后，下跌的趋势一致延续了下来。即便在股价下跌的途中出现了几次短暂的反弹，也只能看做是短期的调整浪，C 浪大的下跌趋势并没有出现太大的变化。

三、江西铜业（600362）

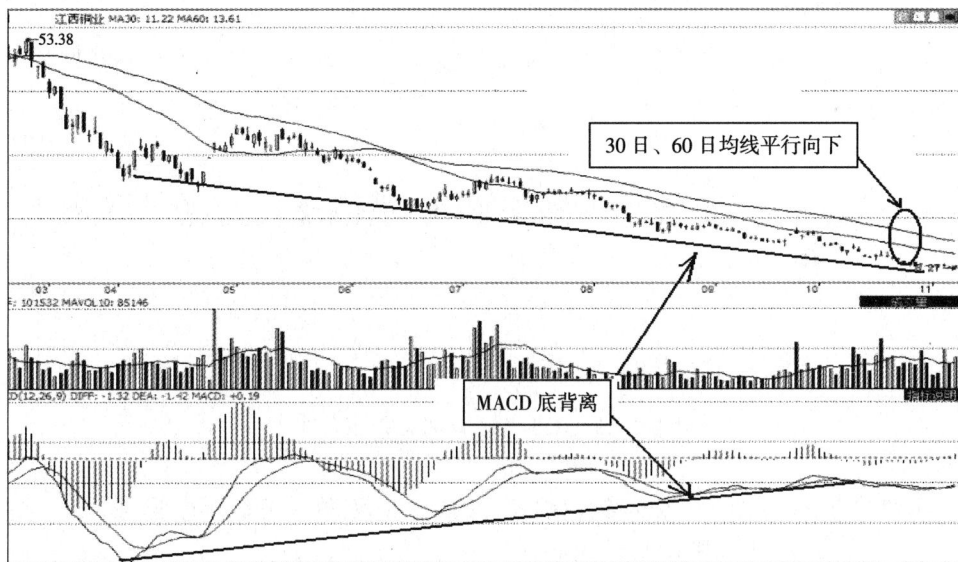

图 3-2-24　江西铜业（600362）MACD 底背离

如图 3-2-24 所示，江西铜业的日 k 线中，该股在持续下跌的熊市当中，任何反转的迹象都没有出现，行情之大是难以想象的。

首先，从均线上来看，代表中短期趋势的 30 日和 60 日均线始终处于下跌的趋势当中，并且平行下跌的趋势没有一点反转的迹象可言。看到这样的均线排列方式，不由得让众多投资者都不敢买入股票，持币观望成为市场中多数投资者的操作手段。

其次，从该股的 MACD 指标的走势上来看，虽然该指标已经与股价的下跌走势形成了背离，并且持续了长达七个月之久。但是从图中看出，该指标并没有出现任何企稳突破迹象。MACD 指标在震荡走高的过程中，始终没有突破零轴线的压制。这样看来，如果该趋势继续下去的话，投资者也只有等待该指标企稳于零轴线，才能买入股票了。在该指标企稳之前买入股票，有可能获得超额的利润，但是短期套牢的风险也不小。接下来，看一下该股后期的走势如何，再决定是否开始建仓。

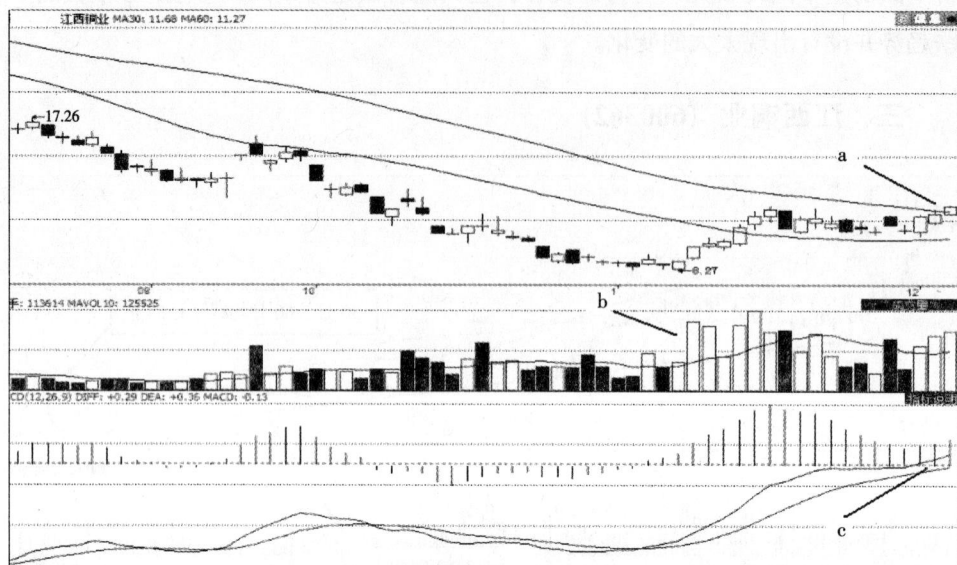

图 3-2-25　江西铜业（600362）股价突破

　　如图 3-2-25 所示，江西铜业的日 k 线中，该股终于开始了反转的走势。图中 a 位置，股价已经站稳了 30 日均线，并且突破了 60 日均线的压制。该股牛市行情由此开始了。今后该股有望进一步放量创新高。

　　从成交量上来看，图中的 b 位置出现的成交量不断膨胀的信号，是股价上涨的真正动力。该放量状态一改以往的量能萎缩的颓势，说明市场中人气已经大大增加了。连续一个多星期的放量，正是多方力量增大的结果。而之后该股在突破 30 日均线之后短暂的缩量，只是市场短暂的调整行为，之后成交量再度放大并且带动股价突破 60 日均线的压制，才是该股转牛市的真正趋势。

　　从该股 MACD 指标的变化上来看，该指标已经在图中的 c 位置顺利突破了零轴线的束缚，更加确认了该股牛市开始信息。借助该股股价的突破、成交量的放大以及 MACD 进入零轴线这三个信号，投资者可以判断出该股的 1 浪行情正在形成之中，适当买入股票是个不错的选择。即便马上出现 2 浪的调整行情，短期内套牢也不会使投资者在长期的操盘中损失太多。

　　如图 3-2-26 所示，江西铜业的日 k 线中，股价的 1 浪行情确实得到了确认。该股在顺利地突破了 60 日均线不久，就出现了三连阴下跌的走势。说明 2 浪的

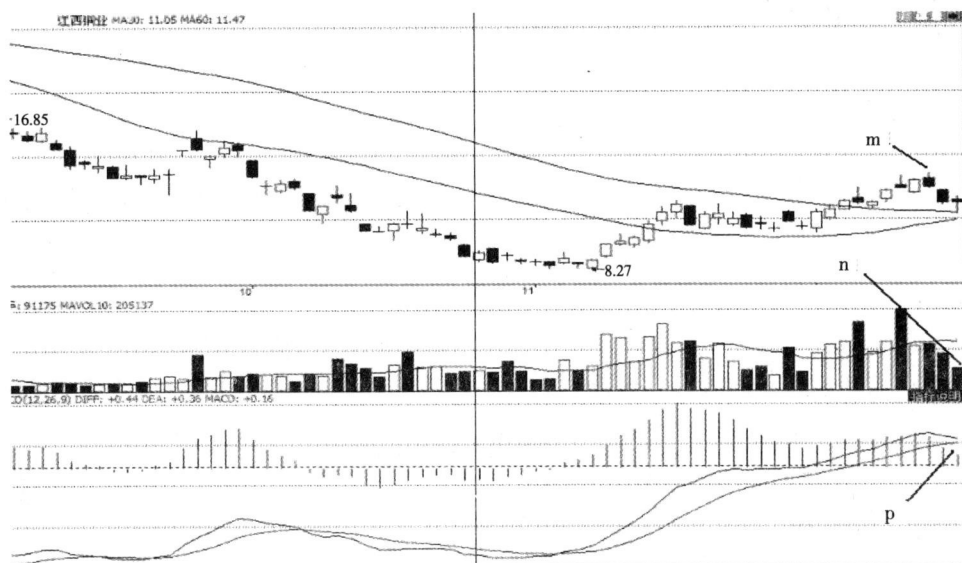

图 3-2-26 江西铜业（600362）完成 1 浪

调整行情很快到来了。投资者应当对这个 2 浪调整行情有所准备才行，不然短期内会遭受损失了。

从成交量上来看，图中 n 位置出现的萎缩的成交量，正是说明了该调整浪真正到来了。2 浪的下跌虽然不会是新的熊市的开始，但是还是需要出现短时间的下跌来调整的。成交量的短时间内萎缩，正是市场中持股的投资者惜售的表现，3 浪的拉升行情出现之后，成交量会随之再度放大，投资者可以耐心等待这一波行情的到来。

从 MACD 指标上来看，该指标在零轴线之上冲高回落，也是调整的正常反应，今后该指标企稳的位置还应当在零轴线附近，投资者可以在该指标在零轴线有企稳迹象后买入股票，到时候一定是个不错的二次建仓机会。

如图 3-2-27 所示，该股的日 k 线中，股价出现了 e 位置所示的小阴线下跌走势。在股价刚刚企稳反弹出现 1 浪后，连续七天出现这样的小阴线，显然该股已经没有足够的下跌能量了。市场中的卖压减轻了许多，才导致该股票没有大幅度下挫的原因之一。

从成交量上来看，随着成交量持续萎缩到了前期股价上涨前的水平，这样看来，股价的下跌已经没有任何的动力了。该股有望在地量见底的时候形成 2 浪调整行情，并且在今后的放量中形成之后的 3 浪飙涨行情。

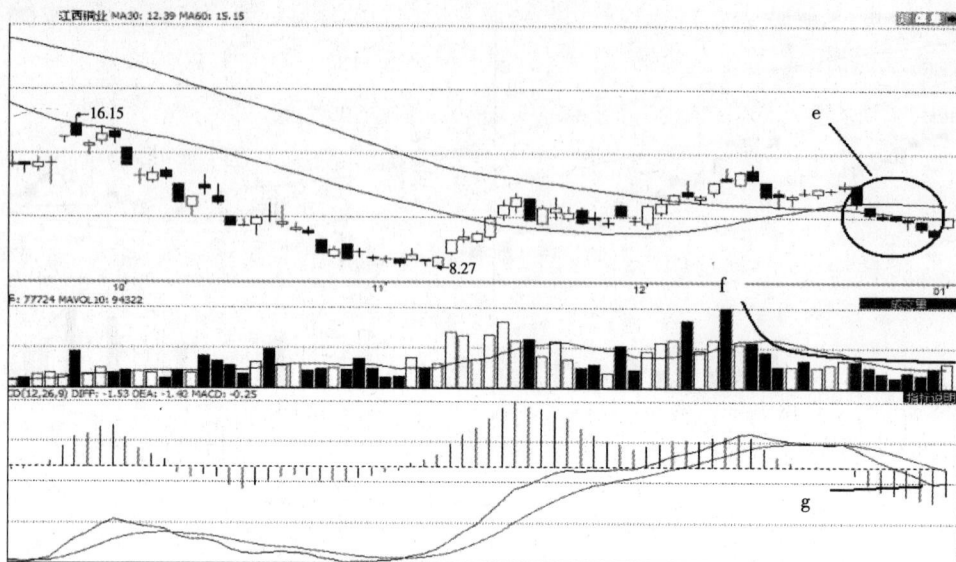

图 3-2-27　江西铜业（600362）缩量回调

从 MACD 指标上来看，该指标已经在图中的 g 位置调整到了零轴线附近，这样指标的下跌空间也已经很小了，投资者可以适当加仓买入股票了。2 浪完成之后，该指标必然会在零轴线附近企稳回升的。

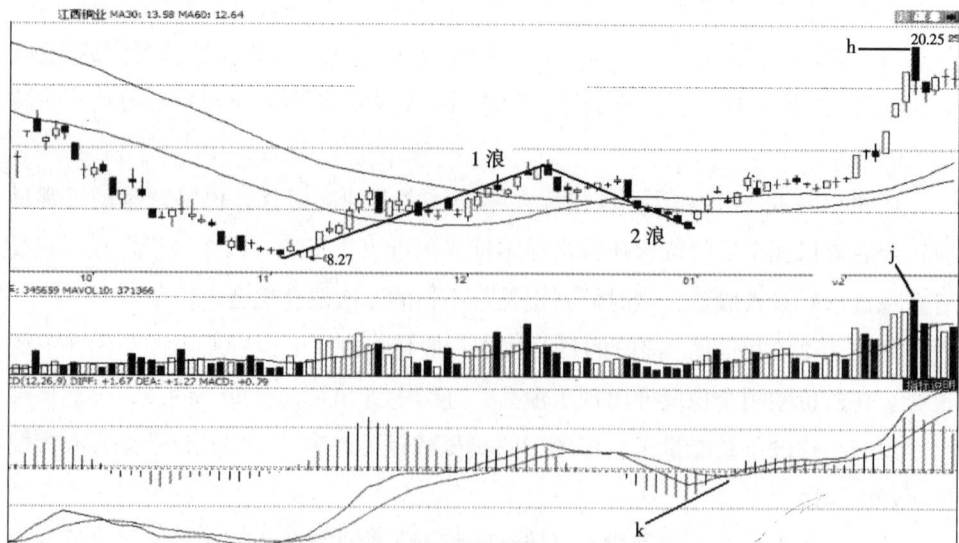

图 3-2-28　江西铜业（600362）完成 2 浪

如图 3-2-28 所示，该股的走势就像我们预料的那样，股价在缩量回调之后已经失去了再次创新低的能量。之后该股随之企稳回升也就是顺理成章的事情了。在该股企稳回升的同时，1 浪和 2 浪行情就已经算是结束了。

日 k 线中，股价在大涨的过程中，终于出现了一根跳空高开形成的大阴线，至此，该股的 3 浪飙涨行情就暂时见顶了。

从成交量上来看，在 2 浪的调整过程中，连续出现的七天连续阴线中，成交量早已经萎缩到地量。不能够再萎缩的成交量终于放大了，并且随着股价的不断企稳而进入了更大的区间里。一直到该股出现大阴线的时候，成交量才在图中 j 位置出现了放量见顶的量能。

从 MACD 指标的变化上来看，前期 2 浪中股价调整的过程中，该指标持续下跌到零轴线之下，已经算是低点了。之后该指标在图中的 k 位置出现了金叉买入信号，该指标随即开始了拉升走势。指标从零轴线企稳回升，并且形成金叉的过程，已经向投资者展示了买入股票的时机。

在操作手法上，前期 2 浪的底部继续加仓买入股票之后，投资者已经在 3 浪的拉升中有了不错的收益，既然 3 浪将迎来调整行情，那么二次减仓就成为投资者必不可少的操作手段了。减仓之后，等待更好的买入时机，是投资者的操作目的。这样一来，投资者不仅可以保住收益，还可以为下一次的拉升行情做好低吸

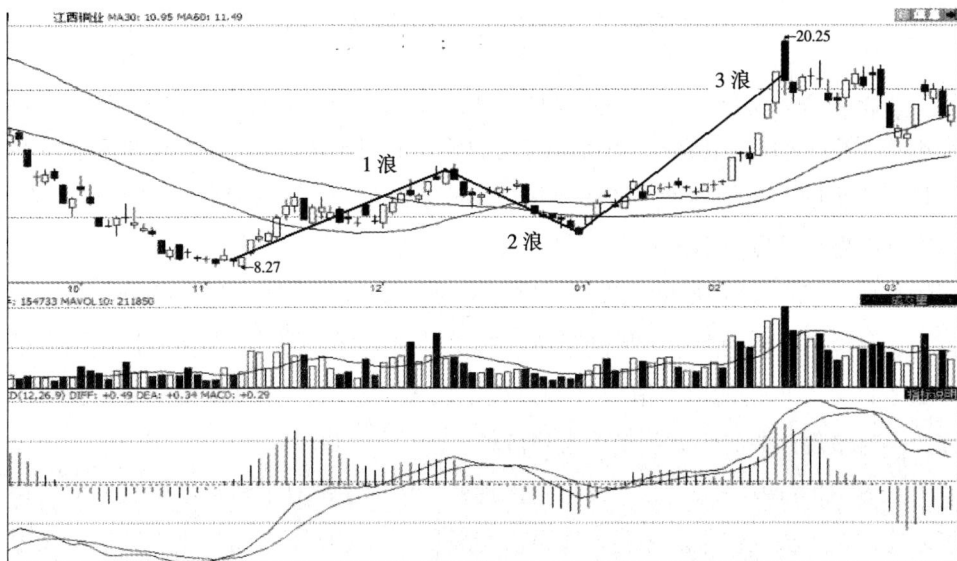

图 3-2-29 江西铜业（600362）完成 3 浪

的准备，可谓一石二鸟。

如图 3-2-29 所示，江西铜业在 3 浪短期内见顶回落之后，就完成了艾略特 8 浪循环中的前 3 个浪。之后该股在调整到位之后，是延续拉升的行情，还是出现 5 浪见顶回落的走势，我们就拭目以待了。不管是何种走势，依照前期的操作手法来买卖股票，就不会有太大的失误。

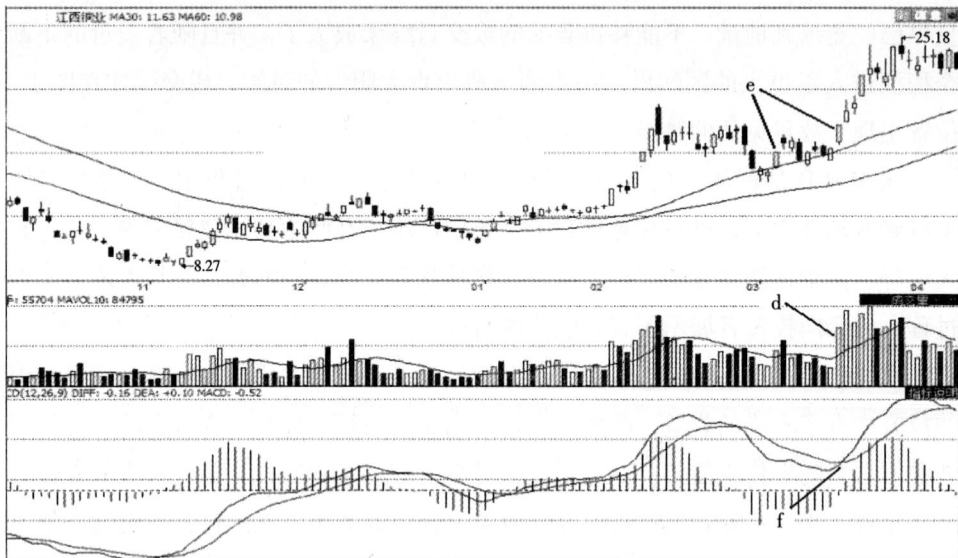

图 3-2-30 江西铜业（600362）再次飘涨

如图 3-2-30 所示，江西铜业的日 k 线中，见底 30 日均线之后绝地反弹，再次创造了牛市中的新高价。图中 e 所示的位置，正是该股从 30 日均线两次反弹的位置，说明股价的牛市行情还是可以不断延续的。投资者继续买入股票的话，将会获得更好的投资回报。

从成交量的变化来看，图中 d 位置的成交量再次配合该股的反弹而快速放大，正是说明了该股牛市行情的延续。其实，这次成交量不仅仅是比调整的时候放大了许多，也比前期 3 浪拉升的过程中放大了，这样大的成交量配合股价上涨，不难发现该股的牛途还是非常稳健的。

从 MACD 指标来看，图中 f 位置出现的该指标还没有下调至零轴线，就出现了对应的金叉买入信号。之后该股再次与股价同时创出了新高，就是股票延续牛市行情的真实写照。

　　总的来说，30日均线支撑效果还是非常好的，成交量也得到了放大，MACD指标再次走强，都反映了该股稳稳当当的牛市行情是值得期待的。

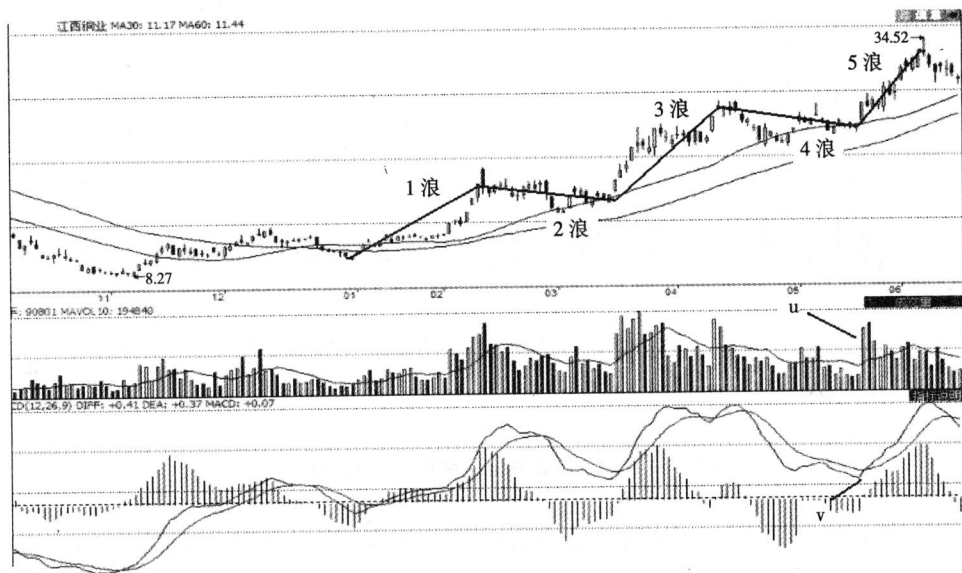

图3-2-31　江西铜业（600362）复合3浪完成

　　如图3-2-31所示，江西铜业在之后的上涨中，不断拉升出来了飙涨的推动浪，最后形成了图中5个小浪组成的3浪行情。说明该股的上涨趋势还是非常不错的。在股价不断上涨并回调的过程中，投资者可以不断调整持有的仓位，获得更好的投资回报。

　　从成交量上来看，图中u位置再次出现的放大的成交量，正是说明了该股的牛市行情还未完结。成交量的再次放大，促成了股价出现了图中标注的第5个浪。也正是在这5浪的推动下，股价顺利地达到了3浪的最高价位。

　　从MACD指标来看，图中v位置出现的该指标再次企稳于零轴线附近，并且形成了金叉买入信号，是该股能够走强的基础。股价最终在量能放大与指标企稳的情况下创造了新高价位。

　　如图3-2-32所示，江西铜业在前期已经完成了艾略特8浪循环中的前3浪大行情，而之后的4浪调整和5浪冲高再度连续上演了。

　　从股价的日k线走势上来看，该股冲高至顶部后形成了双顶形态。图中c位置对应的双顶形态就是该股5浪见顶的证据。这次出现的双顶形态，之所以会成

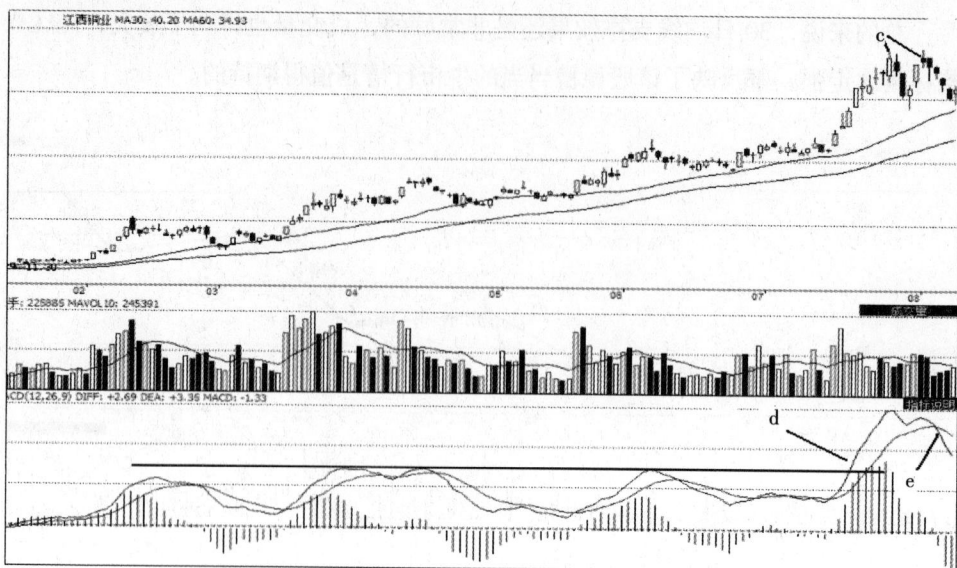

图 3-2-32　江西铜业（600362）5 浪结束

为见顶信号，与该股加速上涨的过程是有很大的关系的。加速上涨之后，短短几天就完成了双顶，预示着该股走势将不会太好。

　　从 MACD 指标上来看，该指标自从企稳回升之后，在图中的 d 位置顺利地突破了前期指标创造的诸多高位，并且很快又见顶回落形成了图中 e 位置的死叉形态。图中 d 位置突破的前期指标的三个顶部，就是 3 浪在上涨过程中形成的顶部形态，而指标冲高回落，正是 5 浪见顶的信号。图中 e 处的死叉确认了这一见顶过程。

　　在操作上，该股高位双顶形态见顶后，投资者应当卖出股票才是。不然，等待 A 浪行情持续进行下去的时候，损失就会特别的大了。那个时候，别说 5 浪中获得的收益保不住，就连前期 3 浪中获得的收益也会有一定的损失。因此，投资者减仓出货就势在必行了。

　　如图 3-2-33 所示，江西铜业在见顶之后，很快就形成了 A 浪行情。至此，该股的艾略特 8 浪循环当中的前 6 个浪就算完成了。之所以这么说，可以看一下图中 s 位置对应的 MACD 指标。该指标在前期 2 浪之后就从未跌破过零轴线。这次该指标顺利地跌破了零轴线，显然是 A 浪开始的最大信号了。既然 A 浪已经形成了，牛市行情就算是结束了，今后，投资者在操作上的首要目标是保住收益，见高位完成出货的动作，这样才不至于在漫长的熊市中造成太大的亏损。

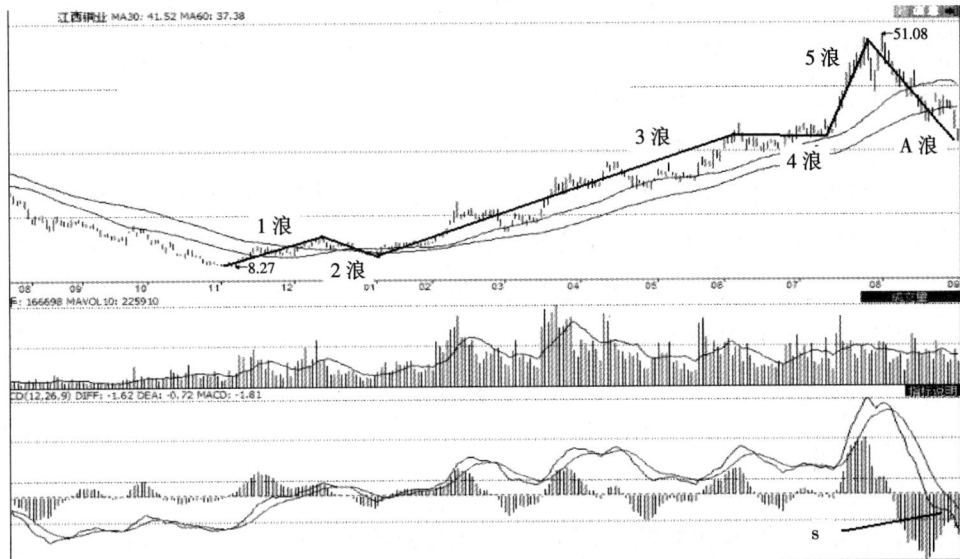

图 3-2-33　江西铜业（600362）完成 A 浪

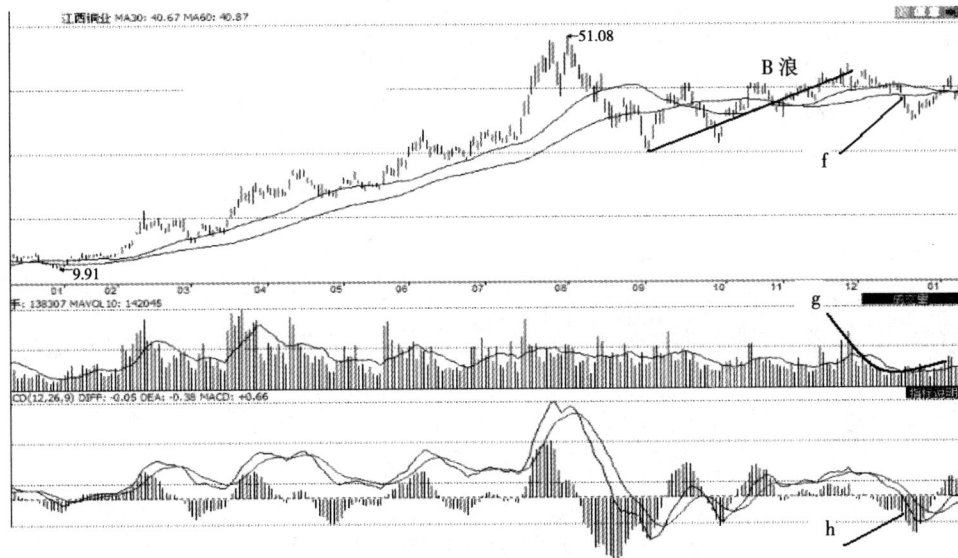

图 3-2-34　江西铜业（600362）无量反弹

　　如图 3-2-34 所示，江西铜业的日 k 线中，股价见底回升之后震荡走高，并且形成了 B 浪反弹的走势。而 B 浪的出现，并不是该股走势完成的时候。图中 f

位置的再度破位下跌，并且一举跌破了 30 日和 60 日两条均线的支撑，证明 C 浪行情到来了。图中可以看出，本来股价在 A 浪中已经跌破了 30 日和 60 日均线了，只是在 B 浪的回调过程中，股价重新回到了这两条均线之上。而之后再度跌破两条均线，进一步证明了该股的熊市行情。

从成交量上来看，图中 g 位置出现的突然萎缩的成交量，恰好说明了股价再也没有足够的成交量来支撑股价高位运行了，既然成交量提前萎缩了下来，股价下跌的趋势将在很长一段时间内延续下去。一直到该股的 C 浪行情结束为止。

从 MACD 指标上来看，该指标在 A 浪下跌之后，出现了 B 浪中的短暂反弹，而图中 h 位置的再度跌破零轴线说明该指标已经不再是看涨的了。今后在 C 浪的下跌过程中，指标也不会出现任何有效的反弹，这一点，投资者需要清楚才行。

在操作上，B 浪是投资者出货的最后时机，今后 C 浪中将不会有更好的卖出股票的机会。即便在 B 浪中止损出局，对于投资者保住收益也是非常必要的。

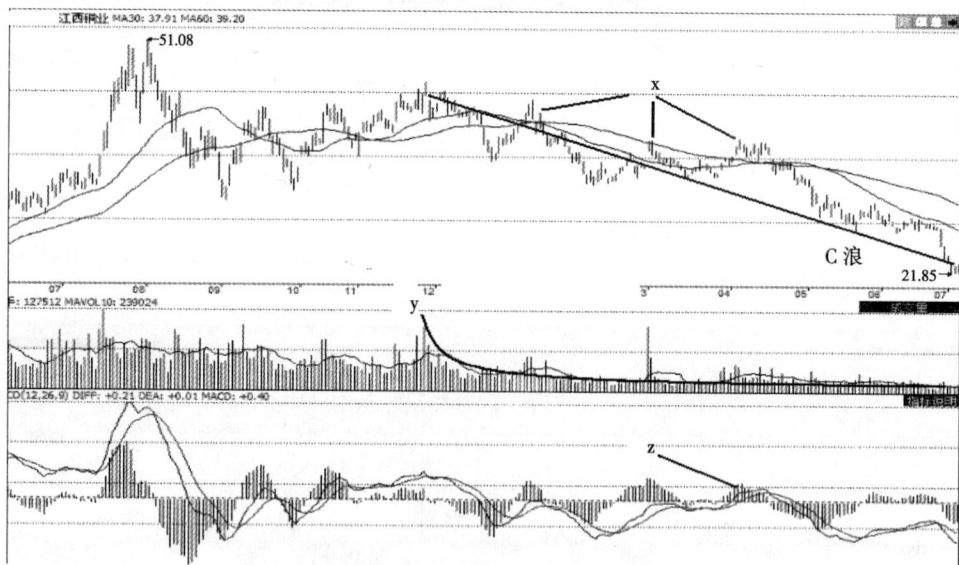

图 3-2-35　江西铜业（600362）完成 C 浪

如图 3-2-35 所示，江西铜业完成了 8 浪循环中的 C 浪行情，股价持续下跌并且最终跌至最低价格 21.85 元。

从该股的日 k 线中看，B 浪之后出现的 x 位置的三个反弹的机会，恰好是投资者出货的最佳时机。这三个位置因为 30 日和 60 日均线的作用，股价并没有任何的反弹机会，之后股价下跌的趋势越来越明显。最后 30 日均线都已经成为该股下跌的显著压力线。

　　从成交量上来看，自从该股在 B 浪完成短暂的反弹之后，成交量就出现了图中 y 标注的缩量走势。B 浪见顶，股价最终持续阴跌不止，这是 C 浪的下跌行情之所以有这么大的破坏力的原因。

　　从 MACD 指标上来看，该指标在图中的 z 位置再次受到了零轴线的压制，并且很快回落下来。说明股价并未有一点反弹的力量，市场走势将延续弱势下跌行情。

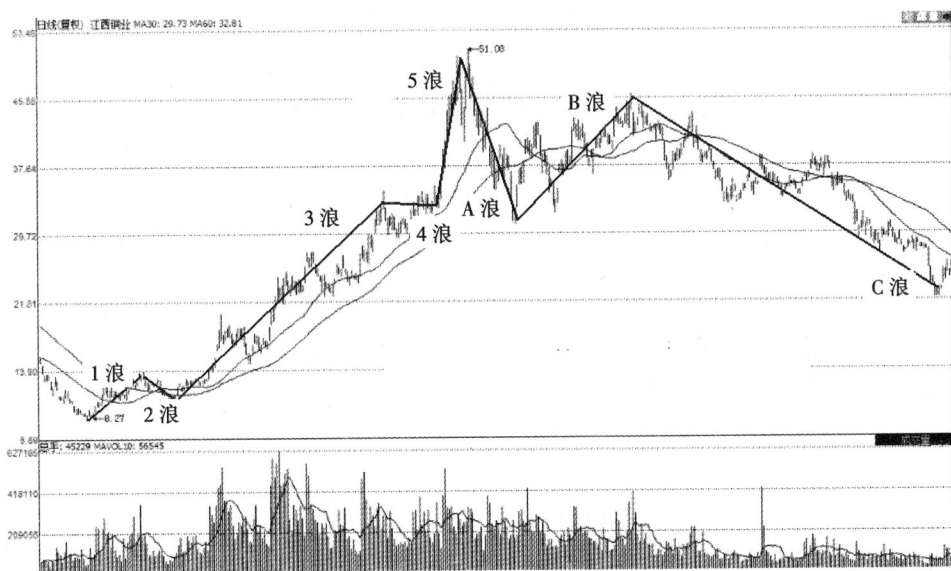

图 3-2-36　江西铜业（600362）8 浪循环（1）

　　如图 3-2-36 所示，江西铜业的 8 浪循环就形成了。在这个 8 浪循环当中，最为复杂的浪是 3 浪的飙涨行情，该浪是由 5 个小浪组成的一个大的推动浪。其次是 B 浪的反弹行情，该浪是由几个小浪共同组成的熊市中的一个大的调整浪。

　　如图 3-2-37 所示，该图是以上 8 浪循环当中的 3 浪分解出来的 5 个小浪。3 浪这个牛市中最大的推动浪，就是由这 5 个小浪所共同组成的。

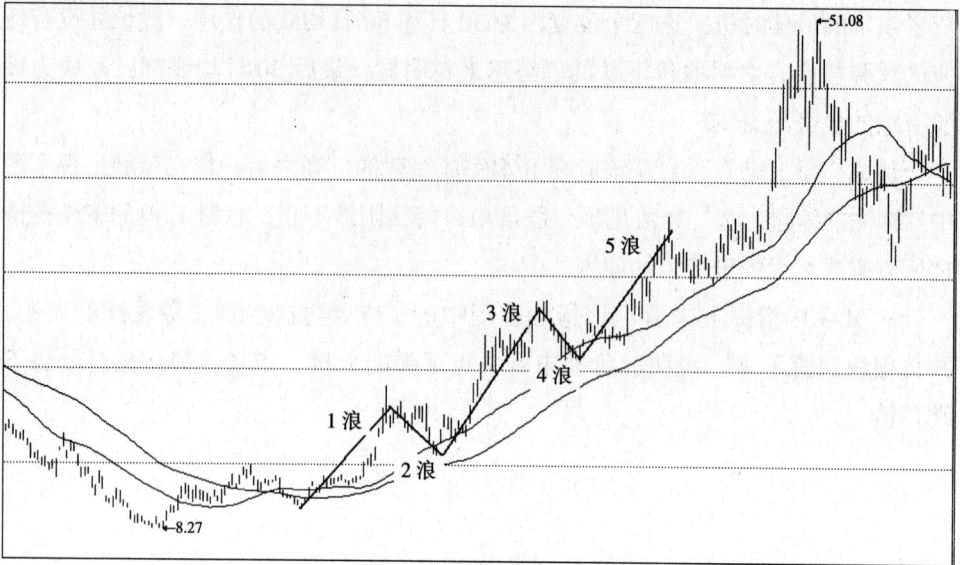

图 3-2-37　江西铜业（600362）8 浪循环（2）

参考文献

［1］［美］普莱切特，［美］弗罗斯特.艾略特波浪理论：市场行为的关键［M］.陈鑫译.北京：机械工业出版社，2010.

［2］［美］R.N.艾略特.艾略特波浪理论：自然法则［M］.何君译.北京：地震出版社，2012.

［3］［美］艾略特.波浪理论经典［M］.何平林，李艳玲，郭亦玮译，天津：天津社会科学院出版社，2012.

［4］肖晓.艾略特波浪理论在中国股市的实战［M］.北京：中国铁道出版社，2012.

［5］吴稚炫.波浪理论应用秘籍：最有效的波浪计数方法［M］.北京：中国经济出版社，2012.

［6］［美］艾略特.艾略特波浪理论全集［M］.北京：法律出版社，2011.

［7］许沂光.波浪理论［M］.广州：广东经济出版社，2011.

［8］何造中.波浪理论新解［M］.广州：广东经济出版社，2009.